ものづくりからキャッシュの創造へ

CASH FLOW

キャッシュフロー 生産管理

青柳六郎太・上岡恵子 [著]

同友館

はじめに

　著者らは，事業会社の情報システム化を指向した業務革新に対するコンサルティングを仕事としてきました。著者のうち，青柳は原価管理を，上岡は生産管理を得意領域の1つとしています。

　著者らがコンサルティングを行う中で不思議に思ったことは，生産管理と原価管理は，製造業であればどの企業にも存在する基幹的なビジネスプロセスであるのに，これらを関連ある業務として統合して説明する本がないことでした。その理由を考えてみると，学問領域として両者の交流が少ないことがあると思います。生産管理は経営工学系であり，原価管理は商学系です。著者青柳が客員教授として教鞭をとっている大学は商学系で生産管理は講座にありません。また，企業の実務の世界でも，両者は隣接しているビジネスプロセスであるのに，統合されておらず，遂行する部門も異なり，部門をまたいだ人事交流も少ないことがあると思います。

　また，企業の業務改革，システムインテグレーションのプロジェクトの状況もあります。最近では生産管理と原価管理の再構築が同時に進められている全社型プロジェクトも多くなっていますが，著者らが直面する案件では，必ずといってよいほど両者は別のサブプロジェクトに分かれており，生産管理業務では生産オペレーションの最適化に焦点を絞った要件定義を行い，その機能に特化したパッケージソフトを選定します。しかし，原価管理業務からの生産管理業務への情報連携要求が明らかになると，生産管理の機能不足がクローズアップされ，プロジェクトでは問題が発生するのです。

　たとえば，生産プロセスにとっては，原価管理は生産プロセスの結果から適当な情報を持っていくだけの存在です。製造に使用した材料費，加工費，材料の使用量を月に1回（それも遅れ気味に），一方通行で原価計算部門に渡せばよいと思っています。しかし，原価管理プロセスにとっては，企業の製品売上原価や棚卸資産の財務会計での正しい原価を把握し，工場の各組織の業績を的確に評価することが必要で，そのための情報が欲しいのですが，

生産プロセスでは廃棄した材料の費用を捉えていない，不良の手直しの加工費を捉えていない，材料を投入すると流れ作業で製品が生産されていくため，材料の受払がない，途中の工程の進捗がわからず，またこの時点の費用を把握できない，製造にかかった費用をまとめるタイミングが月に1回のため，予定していた費用に対して実績が乖離していても，対処するには遅すぎるなど，歯がゆい思いをしています。

さらに，生産管理は，財務管理や販売管理などと同列な経営戦略の1つの機能のため，成果は企業価値として捉える必要があるのに，「使用した費用」という原価の概念だけを扱っています。本来なら，企業評価と同等のキャッシュフローの尺度を持つ必要があるのではないかと感じていました。

そこで著者らは，自らが試行錯誤でやってきた「生産管理と原価管理を統合して業務を再構築する体系」「企業価値を創造する生産管理」を，知見として，新たにこの領域を手がけられる方々に伝えていきたいという思いにかられました。

本書は，生産管理プロセス，原価管理プロセス，生産管理と原価管理を統合して業務を再構築する体系，企業価値を創造する生産管理プロセスの「教科書」であり，「チェックリスト」です。

本書の構成は，第1章では，生産管理，原価管理，キャッシュフローの概論を説明しています。第2章，第3章で詳しく説明していく業務プロセスの前提となる生産管理や原価管理の考え方，なぜキャッシュフローが重要なのか，キャッシュフローとは何かを整理します。

第2章では，生産管理の業務プロセスの中で計画機能を持つ業務プロセスと生産コントロール機能を持つ業務プロセスについて説明しています。実務経験者，システムインテグレーター，コンサルタントでも，自らが担当した業務領域や顧客の業務はわかっていますが，では一般的な業務プロセスはどうなっているのかというと自信がないことが多いものです。このような方々，また生産管理，原価管理の初学者にとって，基本的な業務プロセスを体系立てて整理することに役立つと思います。

第3章は本書が提案する「キャッシュフロー生産管理」の肝であり，経営戦略とキャッシュフロー生産管理の関わり，生産パフォーマンス評価をキャ

ッシュフローで行う場合の評価指標を提起しています。さらに，内部統制の要件，決算日程短縮について実務視点で整理しました。コンサルティングの場でのチェックリストとして活用してもらえると思います。

　第4章では，第1章，第2章，第3章の知識をベースに，事例企業を取り上げて，「キャッシュフロー生産管理のケーススタディ」を行っています。コンサルタントになったつもりで，一緒に㈱未来プリンの工場の業務改革に取り組んでください。コンサルティングの過程を体験し，知った知識をどのように実践で活用していくかを体得できると思います。

　第5章は，読者が生産現場の方にヒアリングを行うとき，飛び交う用語に戸惑わないように，生産現場の方々が困っていることを聞き出すための一言になるように役立つ用語を選んで解説をしています。現場の方々は，自分たちの業務が理解できる人と問題・課題を共有したいという思いが強いため，「共通言語」を持つことは，課題を共有する第一歩になります。

　参考資料では，生産現場に対して効果的なヒアリングを行うためのヒアリングリスト，原価計算から会計への基本的な仕訳類型を掲載しています。システムエンジニア，ITコーディネータ，コンサルタントの方々が顧客の業務ヒアリングを行うとき，要件定義を行うときのチェックリストとして活用してください。

　本書を執筆するにあたり，同友館の鈴木良二氏，千田敬氏にアイデア，構成などさまざまな面でアドバイスを頂きました。また，日本事務器株式会社殿，同社染村哲也氏，その他の事業会社の関係各位殿から貴重な情報を提供して頂きました。ここに深く感謝の念を表したいと思います。

2007年5月吉日

青柳　六郎太
上岡　恵子

目　　次

■ 第1章　生産管理，原価管理，キャッシュフローの概論

第1節　生産管理の概要 …………………………………………………2
1. 生産管理 ……………………………………………………………2
   （1）生産のための要素と条件　（2）生産管理の役割
2. 生産管理の下位機能 ………………………………………………3
3. 生産計画の概要 ……………………………………………………5
   （1）生産計画　（2）生産計画の種類　（3）生産計画の流れ
   （4）基準日程　（5）生産計画の緩衝機能
4. 生産コントロールの概要 …………………………………………11
   （1）生産コントロール　（2）工程管理

第2節　原価管理の概要 …………………………………………………13
1. 製造原価管理 ………………………………………………………13
   （1）製造原価とは　（2）総原価と製造原価の関係　（3）製造
   原価管理の役割
2. 製造原価計算の仕組み ……………………………………………15
   （1）原価要素　（2）製造間接費計算の特徴　（3）生産形態と
   原価計算の種類　（4）製造原価計算の財務会計への連携
3. 製造原価計算情報の経営意思決定への活用 ……………………17
   （1）コスト維持およびコストダウン活動への活用　（2）目標利益
   を達成するための売上高の予算化　（3）受注価格への判定

第3節　キャッシュフローの概要 ………………………………………19
1. キャッシュフローの概要 …………………………………………19
   （1）キャッシュフロー　（2）図表で理解するキャッシュフロー
   （3）キャッシュフロー方程式
2. キャッシュフローの重要性 ………………………………………22
   （1）キャッシュフローで財務要素の変化がわかる　（2）キャッシ

ュフロー計算書　（3）キャッシュフロー計算書と貸借対照表と損益計算書の関係　（4）「キャッシュフロー／原価管理」の必要性

■ 第2章　生産管理のプロセス

第1節　生産計画機能 …………………………………………………32

1. 研究開発……………………………………………………………32
   （1）研究開発の概要　（2）研究開発費管理会計の必要性と活用場面　（3）開発プロセスのパフォーマンス管理　（4）グループ内でのライセンス活用と移転税のリスク

2. 設計・開発…………………………………………………………37
   （1）設計・開発の概要　（2）技術部門（設計・開発部門）の業務　（3）技術部門（設計・開発部門）の関連部門

3. 原価企画……………………………………………………………38
   （1）原価企画の定義　（2）原価企画の歴史　（3）原価企画での課題　（4）原価企画の課題に対する解決策　（5）原価企画のプロセス　（6）開発購買のプロセス　（7）顧客価値原価管理

4. 需要予測……………………………………………………………47
   （1）需要予測　（2）需要予測の狙い　（3）需要予測の役割　（4）サプライチェーンの視点での需要予測の重要性について　（5）需要予測の手法　（6）需要予測，販売計画プロセスと管理ポイント

5. 基準生産計画………………………………………………………50
   （1）基準生産計画の概要　（2）基準生産計画の立て方　（3）基準生産計画のキャッシュフロー予測への反映　（4）生産能力計画　（5）日程計画　（6）所要量計画　（7）業務プロセス設計，パッケージシステム適用設計でのポイント

6. 基準情報管理………………………………………………………56
   （1）基準情報管理の概要　（2）BOMの種類　（3）分離されたBOMを持つ場合の留意点　（4）分離されたBOMの連携　（5）オーダ，コード体系例　（6）生産管理とキャッシュフロー／原価管理の共有情報　（7）キャッシュフロー／原価管理でのBOMの

　　　　活用　（8）工程別原価情報　（9）製造間接費等の配賦基準情報
　　（10）活動基準情報　（11）設備情報
　7．資材管理 ·· 65
　　（1）資材管理　（2）資材管理の機能
　8．購買管理 ·· 66
　　（1）購買管理の概要　（2）購買管理の基本業務　（3）取引先
　　の選定　（4）購買方式　（5）価格管理　（6）資材のコスト
　　ダウンとキャッシュフロー向上　（7）納期管理　（8）購買品の
　　品質管理　（9）受入検査（10）購買業務で使用する管理手法とツ
　　ール　（11）購買プロセスのパフォーマンス管理　（12）キャッ
　　シュフロー向上視点での購買プロセス革新
　9．外注管理 ·· 79
　　（1）外注とアウトソーシング　（2）外注の種類　（3）外注す
　　る目的　（4）外注管理の基本業務　（5）外注先選定での検討事
　　項　（6）納期遅れ対策　（7）外注管理プロセス設計のポイント
　　とベストプラクティス　（8）外注業者の評価　（9）外注先企業
　　に対する日常管理　（10）外注先の指導，育成　（11）下請代金支払
　　遅延等防止法　（12）外注先の内部統制品質評価　（13）外注管理
　　とキャッシュフロー／原価管理
　10．在庫管理 ··· 88
　　（1）在庫管理の概要　（2）在庫管理の基本業務　（3）在庫の
　　メリット，デメリット　（4）在庫計画　（5）在庫補充の方式設
　　計　（6）安全在庫の設定　（7）在庫管理手法　（8）棚卸
　　（9）倉庫管理（10）払出原価の決定方法　（11）資材在庫管理の
　　課題　（12）在庫管理プロセスの有効性チェックリスト　（13）在
　　庫管理プロセス設計のポイントとベストプラクティス
　11．労務管理 ·· 110
　　（1）製造現場における労務管理の視点　（2）労務費計算　（3）
　　労務費のコストダウンとキャッシュフロー向上
第2節　生産コントロール機能 ·· 115
　1．工程管理の計画機能 ··· 115

　　　　（1）工程管理の中の「計画機能」と「コントロール機能」　（2）
　　　　手順計画　（3）負荷計画　（4）日程計画　（5）材料計画
　　　　（6）新しい日程計画立案のコンセプトの提起～最適化生産パス選定
　　　　の考え方
2．工程管理の生産コントロール機能 …………………………………120
　　　　（1）手順統制　（2）余力統制　（3）進度統制　（4）現品統
　　　　制　（5）部品調達管理　（6）製品の入出庫管理　（7）製品
　　　　出荷，売上管理　（8）予実差異　（9）情報収集のためのプロセ
　　　　ス　（10）制約工程の派生損失計算の提起
3．品質管理 ………………………………………………………………131
　　　　（1）品質とは　（2）品質の種類　（3）品質管理　（4）社内
　　　　標準の遵守　（5）標準の種類　（6）検査と監査　（7）品質
　　　　問題解決の手順　（8）品質管理のツール
4．総合的品質管理（TQM）……………………………………………145
　　　　（1）総合的品質管理とは　（2）TQMの実施手順　（3）TQM
　　　　推進の効果
5．品質保証活動 …………………………………………………………146
　　　　（1）品質保証活動とは　（2）クレーム対応　（3）トレーサビ
　　　　リティ
6．品質原価管理 …………………………………………………………150
7．設備管理 ………………………………………………………………151
　　　　（1）設備管理の定義　（2）設備管理保全方式の変遷　（3）自
　　　　主保全　（4）設備の信頼性　（5）故障のパターン～バスタブ曲
　　　　線　（6）信頼性計算　（7）設備投資の経済性計算　（8）設
　　　　備の活用における経済性計算
8．製造原価管理 …………………………………………………………162
　　　　（1）原価要素　（2）生産形態と製造原価計算の類型　（3）製
　　　　造原価計算の基本的なプロセス　（4）材料費計算　（5）労務費
　　　　計算　（6）直接経費計算　（7）製造間接費計算　（8）製造
　　　　（仕掛品）勘定管理プロセス　（9）製品勘定管理プロセス　（10）
　　　　売上原価勘定計算プロセス　（11）経営意思決定のために活用され

る原価計算　（12）グローバル生産展開とキャッシュフロー／原価管理

■ 第3章　経営戦略とキャッシュフロー生産管理

第1節　経営戦略と生産管理　………………………………………202

1. 経営戦略における生産管理の役割　……………………………………202
   （1）販売計画との関係　（2）製品ミックス戦略との連携　（3）生産戦略との連携　（4）人事計画との関係　（5）設備計画との関係　（6）財務計画との連携　（7）サプライチェーン戦略との関係　（8）情報化計画との関係　（9）CSR・内部統制との連携

2. 生産活動とキャッシュフロー／原価管理の関係　……………………208
   （1）生産プロセスにおけるキャッシュフロー増加要因　（2）製造リードタイムをキャッシュに換算する　（3）キャッシュフロー向上の効果　（4）公開企業の製造リードタイムを財務情報から割り出す方法　（5）生産ROA

3. 生産プロセスにおける意思決定　………………………………………216
   （1）製品ミックスの決定や製品別貢献利益の改善を検討する　（2）生産計画代替案の選択　（3）加工速度の有効性を事前評価する　（4）歩留率改善対象の製品別・工程別プライオリティをつける　（5）購買プロセスの効率性を改善する　（6）生産設備を選択する　（7）代替的資材を選択する　（8）加工資源を選択する　（9）生産計画において，製品ミックスの工順に複数の代替的パスがある場合の選択

4. 生産プロセスのパフォーマンス評価指標　……………………………222
   （1）開発プロセスのパフォーマンス管理　（2）購買プロセスのパフォーマンス管理　（3）直接製造プロセスのパフォーマンス管理　（4）製造支援プロセスのパフォーマンス管理　（5）総生産プロセスのパフォーマンス管理

5. 決算日程短縮　……………………………………………………………239
   （1）材料費計算確定の早期化　（2）労務費計算確定の早期化　（3）外注費計算確定の早期化　（4）製造間接費計算の早期化

6. 内部統制 …………………………………………………………… 241
　（1）内部統制の構成要素　（2）内部統制の有効性の評価と報告
　（3）生産管理・原価計算業務の内部統制要件の特性　（4）生産計画におけるキーとなる内部統制活動要件　（5）生産コントロールにおけるキーとなる内部統制活動要件　（6）生産管理・原価管理とIT統制要件

7. CSR ………………………………………………………………… 254
　（1）JISマーク表示制度　（2）ISO 9000　（3）HACCP
　（4）トレーサビリティ　（5）PL法　（6）ゴミゼロ，リサイクル，汚さないための取組み「3R」　（7）ゼロ・エミッション
　（8）リサイクル関連個別法

■ 第4章　キャッシュフロー生産管理の事例研究

第1節　キャッシュフロー生産管理 …………………………………… 262

1. キャッシュフロー生産管理の成功要因 ……………………………… 262
　（1）「モノの製造」から「キャッシュの創造」への変革　（2）新たなパフォーマンス・インディケータとパフォーマンス・ドライバの設定　（3）「キャッシュを創造する」ための施策　（4）差異管理を改善にフィードバックする方法　（5）発生した不具合による機会損失は企業価値向上の秘策　（6）基準情報の整備が必要
　（7）内部統制を組み込む

第2節　㈱未来プリンの事例研究 ……………………………………… 270

1. ㈱未来プリンの現状 ………………………………………………… 270
　（1）㈱未来プリンのプロフィール　（2）㈱未来プリンの経営ビジョンと課題　（3）現状の㈱未来プリンの経営方針　（4）今後の㈱未来プリンの経営方針

2. 業務プロセスの課題と改革仮説 …………………………………… 274
　（1）製品開発プロセスの課題と改革仮説　（2）販売計画プロセスの課題と改革仮説　（3）生産計画プロセスの課題と改革仮説
　（4）生産コントロールプロセスの課題と改革仮説　（5）資材管理の課題と改革仮説　（6）要員管理の課題と改革仮説　（7）品質

管理の課題と改革仮説　（8）物流プロセスの課題と改革仮説
（9）営業支援の課題と改革仮説　（10）パフォーマンス管理の課題
と改革仮説

3. 現状の問題・課題と改革仮説の検証 ………………………………280
4. 変革前の㈱未来プリン工場の業務プロセス …………………………282
　　（1）販売計画と需要予測　（2）生産計画　（3）資材管理
　　（4）MES　（5）要員管理　（6）品質管理　（7）物流管理
　　（8）原価管理　（9）業績評価
5. 改革後の㈱未来プリン工場の業務プロセス …………………………287
　　（1）見込補充型をベースとした需給計画モデル　（2）販売計画と
　　需要予測　（3）生産計画　（4）資材管理　（5）MES
　　（6）要員管理　（7）品質管理　（8）物流管理　（9）原価管
　　理　（10）キャッシュフロー成果管理　（11）内部統制
6. キャッシュフロー生産管理導入で経営はこう変わった ……………312
　　（1）販売計画と需要予測　（2）生産計画　（3）資材管理
　　（4）MES　（5）要員管理　（6）品質管理　（7）物流管理
　　（8）原価管理　（9）業績評価

■ 第5章　基本用語解説

第1節　生産管理の基本用語 ………………………………………320

1. 生産性の考え方 ………………………………………………………320
　　（1）生産性の指標
2. 生産の形態 ……………………………………………………………321
　　（1）生産形態を分類する視点　（2）作る技術での分類〜組立加工
　　型とプロセス型　（3）受注と生産のタイミングでの分類〜受注生
　　産，見込生産　（4）生産する数量や製品の種類での分類〜多品種
　　少量生産，中品種中量生産，少品種多量生産，一品生産　（5）機
　　械の配置の仕方での分類〜ライン生産〈ジョブショップ，フローショ
　　ップ，GTショップ〉，セル生産　（6）流し方・生産指示の単位で
　　の分類〜個別生産，ロット生産，連続生産　（7）生産指示の仕方
　　での分類〜プッシュ型生産方式，プル型生産方式

3．トヨタ生産管理方式，かんばん，平準化生産，JIT……………325
　　　（1）トヨタ生産管理方式とかんばん，平準化生産，JIT の関係
　　　（2）TPS を実現するための重要なポイント　（3）かんばん
　　　（4）JIT 生産方式　（5）7つのムダ　（6）平準化生産
　4．デカップリングポイント ………………………………………329
　5．5S，3S，目で見る管理 …………………………………………330
　　　（1）5S　（2）3S　（3）目で見る管理
　6．IE …………………………………………………………………332
　　　（1）作業研究の内容

第2節　原価管理の基本用語 …………………………………………334
　1．バックフラッシュ・コスティング ……………………………334
　2．四要素原価計算 …………………………………………………335
　3．知的資産・無形資産の原価 ……………………………………337
　4．ライフサイクル・コスティング ………………………………339
　5．環境会計 …………………………………………………………340
　6．TOC 制約理論・スループット会計 ……………………………341
　7．バランスト・スコアカード（BSC）……………………………344
　8．棚卸資産の評価替え基準 ………………………………………346
　9．アメーバ会計 ……………………………………………………348

第3節　生産にかかわる情報システム ………………………………350
　1．生産にかかわる情報システムテーマの変遷 …………………350
　2．生産にかかわる情報システムの全体像 ………………………352
　3．需要予測システム ………………………………………………354
　4．販売計画システム ………………………………………………354
　5．生産計画システム ………………………………………………355
　6．正味所要量計画 …………………………………………………355
　7．工程管理システム ………………………………………………356
　8．資材・外注管理システム ………………………………………357
　9．在庫管理システム ………………………………………………357
　10．製造原価管理システム …………………………………………358

11.	品質管理システム	360
12.	設備管理システム	360
13.	基準情報管理システム	361
14.	設計開発システム	361
15.	CAD, CAM, CAE, CAT, PDMの活用	361
16.	MES	364

（1）MES登場の経緯　（2）MESの役割と提供機能

17.	MRP（Material Requirements Planning）	367

（1）MRPの歴史　（2）MRPの仕組み

18.	ERP（Enterprise Resource Planning）	370
19.	SCM, SCP	371

（1）SCM（Supply Chain Management）　（2）SCP（Supply Chain Planning）

20.	CRMの活用	373

（1）CRM（Customer Relationship Management）　（2）CRMのツール

■ 参考資料

①	基本的な生産管理プロセスの業務確認用チェックリスト	380
②	基本的な原価計算プロセスの業務確認用チェックリスト	388
③	原価計算プロセスから会計への基本的な仕訳類型	406
索　引		412

キャッシュフロー生産管理

第1章

生産管理、原価管理、キャッシュフローの概論

本章では、本書の前提知識として、生産管理、原価管理、キャッシュフローの概要、原価だけではなく、キャッシュフローまで拡大して原価を捉える「キャッシュフロー／原価管理」の重要性を説明する。

第 1 節　生産管理の概要

1.　生産管理

（1）　生産のための要素と条件

　工場では，材料，人，機械，生産方法という資源を投入して，製品やサービスなど付加価値をつけたものを生み出している。このような付加価値をつける活動を生産といい，材料（Material），人（huMan），機械（Machine），生産方式（Method）を「生産の4M」という。

　企業は生産活動によって生み出した製品やサービスを顧客に販売し，利益を得ることで継続的な経営活動を続けることができるが，顧客は欲しいとき（D）に，欲しいと思っている機能（品質，Q）を適正な価格（C）により，製品を通して獲得しようとしている。このため，顧客の購買行動を促すには，顧客が満足するQCDを満たす生産を行うことが条件となる。

　生産活動では，調達した材料などに，組立・加工（変形や変質）などの処理を加えて，求められる品質，コスト，数量の製品を，求められる時期（納期）のQCDを満たすように4Mを駆使して，運用していくことが重要となる。

（2）　生産管理の役割

　このようなQCDを満たす生産活動を行うためには，あらかじめ目標となる品質やコスト，機能の計画を立て，途中で状況をモニタリングし，目標や予定からはずれ始めたら調整をし，製作していくことが必要である。また，調整結果を生産活動自体に反映し，よりよい生産活動ができるような修正措置を行う必要もある。

　そのための仕組みが生産管理であり，生産管理とは，「調達した材料を，作業者が，設備・機械，生産方法を用いて，組立・加工を行い，製品を製作

第1章 生産管理，原価管理，キャッシュフローの概論 3

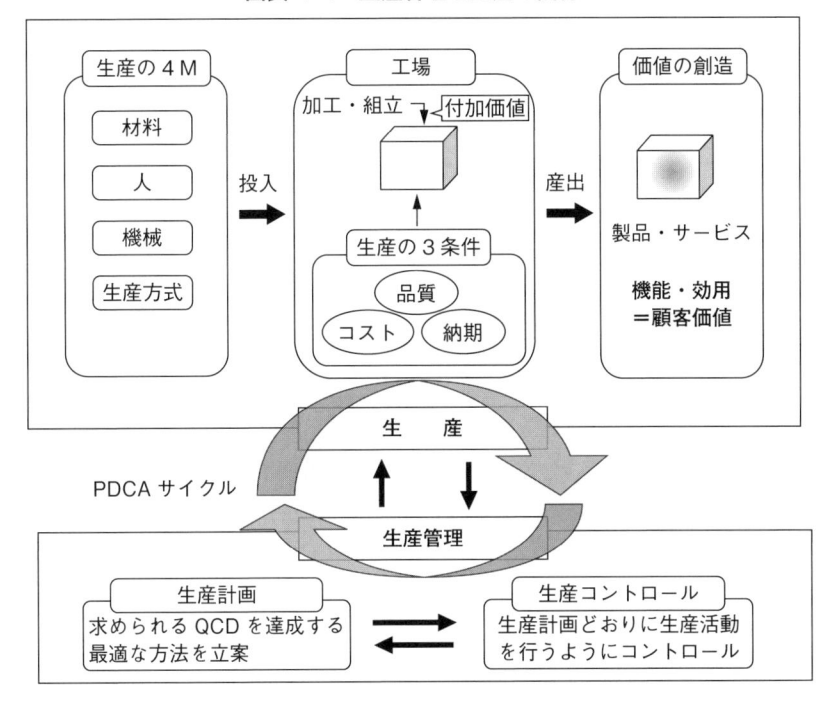

図表 1-1 生産管理と生産の関係

```
┌─────────────────────────────────────────────────────────┐
│  ┌──────────┐    ┌──────────┐       ┌──────────┐       │
│  │ 生産の4M │    │  工場    │       │価値の創造│       │
│  │ ┌──────┐ │    │加工・組立│       │          │       │
│  │ │ 材料 │ │    │ ┌──┐付加価値│   │  ┌──┐   │       │
│  │ └──────┘ │ 投入│ └──┘←──│ 産出 │  └──┘   │       │
│  │ ┌──────┐ │ →  │   ↑      │  →   │製品・サービス│    │
│  │ │ 人   │ │    │生産の3条件│      │機能・効用│      │
│  │ └──────┘ │    │  品質    │       │=顧客価値│       │
│  │ ┌──────┐ │    │ コスト 納期│     │          │       │
│  │ │ 機械 │ │    │          │       │          │       │
│  │ └──────┘ │    └──────────┘       └──────────┘       │
│  │ ┌──────┐ │                                           │
│  │ │生産方式│                                           │
│  │ └──────┘ │                                           │
│  └──────────┘                                           │
└─────────────────────────────────────────────────────────┘
              生　産
   PDCAサイクル ⟲
              生産管理
   ┌──────────────┐      ┌──────────────────┐
   │  生産計画    │  ←→  │ 生産コントロール │
   │求められるQCDを│      │生産計画どおりに生産│
   │達成する最適な │      │活動を行うようにコン│
   │方法を立案    │      │トロール          │
   └──────────────┘      └──────────────────┘
```

する活動において，求められる品質・期間・数量を期待される原価（コスト）で生産することを目的として，生産を予測し，いろいろな活動を計画，統制，調整して，生産活動全体の最適化を図ること」「効率的，経済的に生産活動のPDCAサイクルを回すこと」であるといえる。

このような生産管理であるから，まず目標となる効率的で合理的な生産計画と，目標や予定のとおりに生産が行えるように生産コントロールをしていくことが重要となる。生産管理の中心的な機能は，生産計画と生産コントロールである。

2. 生産管理の下位機能

生産管理は，財務管理，販売管理，労務管理，情報管理などの企業の経営管理の一機能として位置づけられ，その目標や活動計画は，経営計画などの

図表 1-2　生産管理のサブ機能

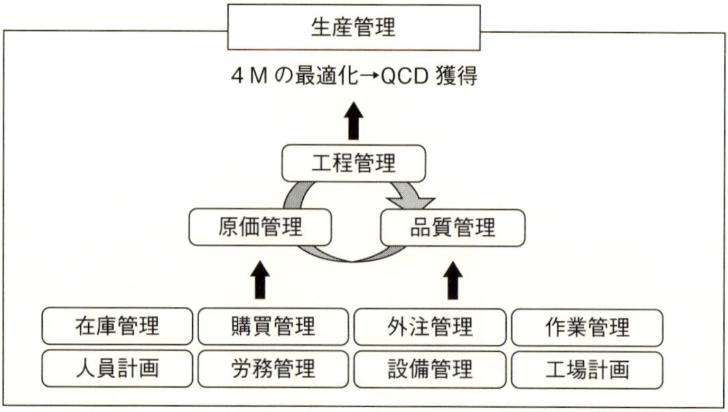

```
                    生産管理
              4Mの最適化→QCD獲得
                        ↑
                     工程管理
              原価管理      品質管理
                        ↑
     在庫管理  購買管理  外注管理  作業管理
     人員計画  労務管理  設備管理  工場計画
```

　企業の目標・計画に基づくと同時に，受注から出荷までの多岐にわたる業務と関連している。このために，生産管理は個別の下位機能を持ち，これら全体で体系的にQCDを満足するような生産の4Mの最適化を行っている。
　生産管理の下位機能の中心になるのは，QCDを満足させるための，品質管理，原価管理，工程管理である。
　品質管理は，顧客の要求を反映する品質計画を立案し，それを満足する製品をつくり上げるように活動を行い，また顧客に対して，品質面やアフターサービスで安心と信頼を保証する活動を行うものである。
　原価管理とは，与えられた生産条件から，設定された標準的なコストを目標にして，この目標を達成するために実際の作業をコントロールしていく管理活動である。使用する部品の選択や材料の購入，製造工程でのコストダウン活動を行い，原価低減を行う。
　工程管理は，QCDを満足させるために，生産の4要素である，材料，人，機械，生産方法を決定し，運用し，調整・対処を行う管理活動である。
　これらの3つの機能がスムーズに機能するように，生産の4Mを最適化するための下位機能には，在庫管理，購買管理，外注管理，作業管理，人員計画，労務管理，設備管理，工場計画などがある。また情報は，これらの下位機能を結びつけ，生産管理を体系的に行うための神経網の役割を持つ。
　このように，経営管理の中の一機能として生産管理は位置づけられ，また

生産管理は個々の下位機能に分化して、それぞれの下位機能が体系的にQCDを満足させるように生産の4Mを最適化しながら管理活動を行うことで、全体として企業の目標や計画を達成する仕組みになっている。

COLUMN 「生産」と「製造」

　生産と製造は、似たような場面で、似たような対象に使われるが、この2つの用語に違いがあるのだろうか。

　生産計画と製造計画、生産指示と製造指示は同義で使用されているが、生産活動の場面においては、設計開発では「生産」を使用し、試作、量産では「製造」を使用することが多いようである。

　アイディアを練り、設計図やCAD上に作ることは「生産」であり、実物の部品や機械を使って、実物のモノを作るところが「製造」なのだろうか。そうすると、ファブレス企業は「生産」で、外食産業は「製造」になりそうである。

　『生産管理用語辞典』(社団法人日本経営工学会編)では、工業的な意味合いにおいては、「生産」と「製造」はほぼ同義で使用されるが、製造は人工的なものを指し、生産は自然活動も含み、製造より広い意味で使われているとしている。

---

3. 生産計画の概要

(1) 生産計画

　生産計画は、財務計画や販売計画などの経営管理レベルでの計画と整合性を確保しながら、目標となる売上・利益の目標を立て、顧客が求めるQCDを満足させつつ、最適なコストで、それを達成するための手順や方法、日程の計画である。「何を、いくつ、いつ、どこで、いくらでつくるか」という活動計画である。

　生産計画の目的は、
　・需要予測、販売計画に対する納期や生産数量を確保する
　・販売計画に対する生産資源の所要量を経営計画や予算に提示する

- 工場の適正な稼働率・操業度を維持する
- 設備や作業者の補充や手配を行う
- 在庫水準を適正化する
- 原料・材料の手配基準とする

ことにある。

生産計画のインプットには，需要予測，販売計画，生産能力，在庫量があり，アウトプットは，製品の生産量と生産時期，在庫水準，労働時間，原料・材料の所要と必要タイミングである。

（2） 生産計画の種類

生産計画は，計画を立てる対象により，期間別生産計画，製品別生産計画，部門別生産計画がある。

期間別生産計画は，その計画期間の長さにより，大日程計画，中日程計画，小日程計画に分けられ，徐々に細かい計画を立てるのが一般的である。

製品別生産計画は，新製品を生産する場合に必要な計画で，設計，資材，治工具などの関連部門の業務も含んでおり，製品単位で，設計，材料，購買，製造，出荷までの一連の計画を総合日程計画表として作成する。期間別生産計画では大日程に位置づけられる。

部門別生産計画は，部門単位での月次計画で，部品や工程単位で，どのような順序で組立・加工を行うかの計画である。期間別生産計画では中日程計画に位置づけられる。

① 大日程計画

大日程計画は，経営計画の期間に合わせた年または期における，生産マップ・設備計画・人員計画・資材計画・生産数量の大枠を計画するものである。見込生産では販売計画と生産能力のギャップを埋めるために計画する。

大日程計画の目的は，

- 販売計画と生産計画の整合性を確保する
- 売上目標を達成，適正な工場の操業度を維持するために，生産品目，数量，時期の概要を明確化する
- 受注や販売計画の品目・数量・納期を保証できるように，設備機械，作

業者，原材料や部品の所要とタイミングを計画する
・上記の生産資源所要量とキャッシュフロー／原価管理を通じて財務計画情報として財務計画に連携する

ことにある。

生産マップとは，生産能力計画の立案にあたり，どの機種を，どこで生産するかといった生産地別生産機種の内訳である。ある特定機種の生産をできるラインがあるのはどの国，どの地域か，また，どの国，地域で生産を行うと，原料・部品の原価，関税などを含む調達コストが最小になるかなどを検討したものであり，生産地の概要はこのタイミングで決まることになる。

そのため，どこの生産地で生産を行うべきかを意思決定できる生産地別コストテーブルを一元管理したシステムが必要とされる。

② **中日程計画**

中日程計画は，大日程計画に基づき，四半期別，月別，旬別における生産マップ・設備計画・人員計画・月次の資材計画・生産数量の具体的な決定を行う。中日程計画は，毎月向こう数ヵ月をローリングで計画する。前月までの販売・生産実績と受注状況，販売予測を積み上げて，販売計画，在庫計画，生産計画，資材所要量計画，資材発注量計算と手配，生産能力の確保，と順次行われる。毎月ローリングで向こう数ヵ月分を計画するのは，計画と実績の差を統制し，過剰在庫によるキャッシュフローの悪化や欠品による機会損失を最小限に抑えるためである。

中日程計画の目的は，
・生産を行う品目・数量・納期を確定する
・各工程の負荷と能力を明確化し調整する
・必要な設備機械と作業者を確保する
・原材料や部品の所要量と必要時期を確定し，購買計画や外注計画に渡す。またキャッシュフロー／原価管理を通じて財務計画情報を財務計画に連携する
・治工具製作などの生産準備，資材の手配時期を決定する

ことにある。

③ 小日程計画

小日程計画は，日～月の期間で，受注や生産品目・数量が確定したものに対して，どの品目を，どの職場で，いくつ，いつから開始し，いつまでに完了するか，といった日程計画（スケジューリング）を立案する。

小日程計画の目的は，
- 中日程計画で立案された生産計画を，効率的に，納期を遵守して製造できるようにする

具体的には，
- 機械別，装置別，作業者別に，仕事を割り当て，作業日程を立てる
- 機械別，装置別，作業者別に，稼働率を高める，停滞時間を減らし製造リードタイムを短縮する
- 受注の追加，キャンセル，変更などを吸収する

ことにある。

見込生産では，販売部門や営業部門の需要予測，販売計画が基点となり，製品在庫を考慮して生産時期，生産数量を求め，製品の入庫計画を立案する。

また，受注計画でも，予算編成や人員計画，設備計画などの大枠を確保するために需要予測は必要であるが，基本的には，確定受注が基点となって，客先納期をベースに，各工程のリードタイムを前倒しして工程ごとの着手日を求めていくというバックワードスケジューリングにより，日程計画を立案する。

（3） 生産計画の流れ

実際の生産計画は，次のような手順で策定され，実施，コントロールされる。

ⅰ） 需要予測
　① 需要予測，販売計画
　② 総合計画

ⅱ） 生産計画
　③ 受注・製造・在庫計画，出荷計画

④　基準生産計画
　　⑤　生産能力計画，所要量計算
ⅲ）工程管理
　　⑥　材料計画，手順計画，負荷計画，日程計画
　　⑦　手順統制，余力統制，進度統制，現品統制

　まず，需要予測，販売計画を生産計画のベースとして，期間別計画では大日程計画にあたる総合計画を立案し，生産品目と製品ミックス，製品品目ごとの全体の数量，納期の概要を決定する。次に，総合計画を受けて，品目ごとの受注・製造・在庫計画，出荷計画を経て，中日程計画にあたる基準生産計画で，品目ごとの生産量と生産時期を決定する。
　このような基準生産計画を実現するための生産能力の計画，必要な資材の所要量計画を行う。
　次に，生産計画を遵守して製造を行うために，工程管理において，必要な能力の手当，資材の発注を行う，または，手当が難しい場合には基準生産計画に戻って計画の見直しを行うこともある。
　小日程計画の立案，作業者や設備・機械の割当，製造指示を出し，製造の進捗管理を行って，計画と実績の差異を調整し，生産計画を達成していく。

（4）基準日程

　生産計画立案対象は製造対象となる品目であり，企業によって品目数に多少はあるが，その1つひとつについて，最適な生産数量，生産日程を決めていくのは，非常に時間がかかる作業である。そのため，最適な生産計画を効率的に立案するために，日程計画の基本的な尺度である基準日程（製造リー

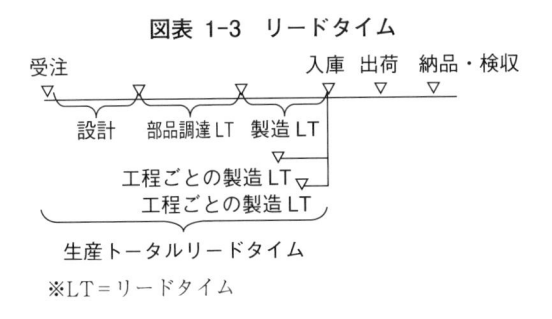

図表 1-3　リードタイム

受注　　　　　　　　　　　　　　　入庫　出荷　納品・検収
　　　設計　部品調達LT　製造LT
　　　　　　　　工程ごとの製造LT
　　　　　　　　工程ごとの製造LT
　　　　　生産トータルリードタイム
　　※LT＝リードタイム

ドタイム）を用いる。

　基準日程（製造リードタイム）とは，過去の実績をベースに努力目標を加味して，機械別，工程別に設定された，標準ロットサイズで作業を行う場合に平均的な作業時間（日数）である。

　顧客納期，入庫日が決まると，その日を基点に基準日程で逆算して，各工程の着手日を求める。

（5）　生産計画の緩衝機能

　生産計画では，綿密な需要予測やきめ細かな顧客動向の把握と計画への反映を行ったとしても，計画が変更されることはある。また，取引先との力関係により，確定受注であっても変更を受け入れざるを得ないこともある。

　このように，計画変更があることを前提として，変更を何らかの形で吸収し，変更の影響を最小限に留める工夫が必要である。このような変更を吸収する機能を「緩衝機能」といい，生産計画においては，モノによる緩衝，能力による緩衝，時間による緩衝がある。

①　モノによる緩衝機能

- 資材在庫による，納品遅れ，不良品・数量不足の納品による欠品リスクの回避。
- 製品在庫による，需要変動による販売機会損失リスクの軽減。
- 仕掛在庫による，加工不良，外注先からの不良品の納品による欠品リスクの回避。

②　能力による緩衝機能

- 余分の能力確保による，生産数量変更，不良加工が発生した場合の追加加工，機械設備の故障発生による製造停止のリスク回避。
- 余分なスペースを確保することによる，保管スペース不足リスクの回避。
- 工程能力をオーバーする負荷量の吸収，残業，外注化による余裕能力による，受注変動が次工程に影響するリスクを回避。
- 各工程の加工時間の作業域に余裕を持たせることにより，加工時間の変動を吸収し，手待ち，仕掛在庫増加リスクを軽減。

③ 時間による緩衝機能
・発注納期を実際必要納期よりも前倒しにすることにより，原料・材料の納入遅れリスクを軽減。
・個別生産において，生産リードタイムや生産期間の長さを適宜設定することにより，生産品種の変動や納期変動リスクを吸収。
・計画に余裕（バッファ）を持たせることにより，計画どおりに作業が完了できるようにする。

4. 生産コントロールの概要

（1） 生産コントロール

生産コントロールは，「何を，いくつ，いつ，どこで，いくらでつくるか」という生産計画に対して，計画どおりに実施されているか管理を行う活動である。

生産計画どおりに生産を実施できるように，詳細な実行計画を立てて製造を行い，目標を達成できるようにモニタリングし，調整・是正措置を行う。

生産コントロールの目的は，
・生産活動のPDCAサイクルのCに位置し，
・予算達成のために立案された生産計画のとおりに生産を実施する
・さらなる原価低減，リードタイム短縮などの改善活動につなげる
ことにある。

（2） 工程管理

生産管理業務のプロセスを大別するとき，主として生産コントロールを担う機能は工程管理である。工程管理は，そのプロセスの中に「計画」と「コントロール」の2つの機能を持っている。

計画機能は，生産計画を達成するための製造実施に対するブレークダウンした計画を立案する機能であり，生産計画で立てた目標である納期，数量を，効率的に製造するために作業者や機械設備の割当を行い，最適な作業方法を決めるものである。材料計画，手順計画，負荷計画，日程計画がある。

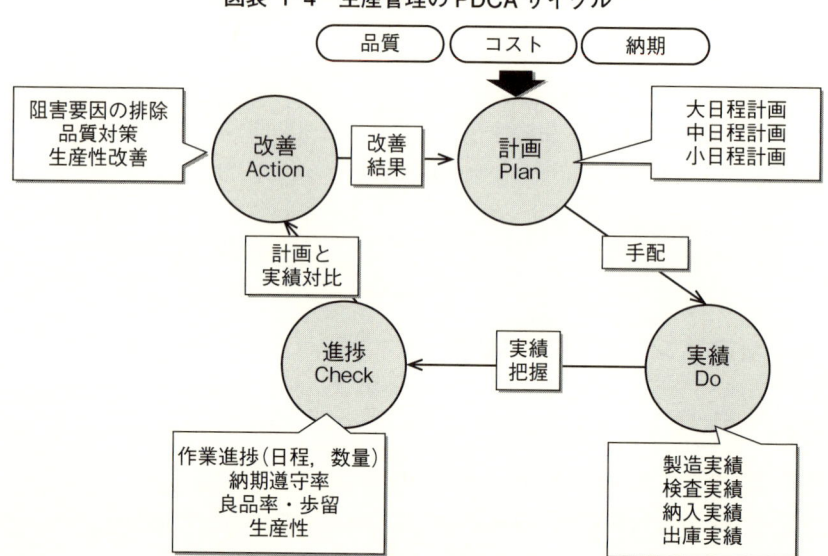

図表 1-4　生産管理のPDCAサイクル

```
         品質    コスト    納期

阻害要因の排除                              大日程計画
  品質対策    改善 ─改善─→ 計画         中日程計画
  生産性改善   Action  結果   Plan         小日程計画
                ↑                ↓
              計画と            手配
              実績対比
                │                ↓
              進捗 ←─実績─ 実績
              Check    把握    Do

作業進捗（日程，数量）              製造実績
  納期遵守率                       検査実績
  良品率・歩留                     納入実績
  生産性                           出庫実績
```

　コントロール機能は，製造の進み具合を把握し，目標と実績を捉えて評価する。トラブルや不具合への対処と再発防止により，ブレークダウンした計画に従い，計画と実績の差異を調整する機能である。手順統制，余力統制，進度統制，現品統制がある。

　計画機能とコントロール機能は互いに補完しあう機能であり，ブレークダウンされた計画には対応するコントロール機能がある。これにより，計画，実施，評価，処理のPDCAサイクルを回しながら，確実に生産計画を遂行していく仕組みになっている。

第1章 生産管理, 原価管理の概論　13

第2節　原価管理の概要

1. 製造原価管理

（1）製造原価では

　企業活動の中で，開発済みの製品を製造するための原料・部品の調達から製造により製品が完成するまでに使用した材料・部品，製造のための機械・設備や作業者，外注加工などの費用（これらをまとめて，「経営資源を投入した価値」という）を原価という。特に，製品の製造に係わる費用であることを明確にするために製造原価という。製造原価は，使用した生産資源の種類により，材料費，労務費，経費に大別され，製造原価計算はこれらを計算の対象とする。

（2）総原価と製造原価の関係

　原価も対応するビジネスプロセスの範囲によって定義が変わってくる。もっとも広い範囲が，総原価で，図表1-5のように，企業の事業活動のほとんどで発生する費用が包含される。

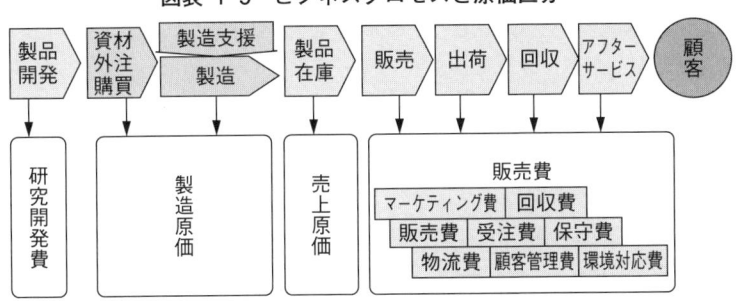

図表 1-5　ビジネスプロセスと原価区分

製品開発	資材外注購買	製造支援／製造	製品在庫	販売	出荷	回収	アフターサービス	顧客
研究開発費	製造原価		売上原価	販売費			

販売費：マーケティング費　回収費　販売費　受注費　保守費　物流費　顧客管理費　環境対応費

企業の総費用の中で，総原価に入らないものは，金融費用などを計上する営業外費用や特別損失だけである。

一方，製造原価は，製造する製品について，資材調達から完成までのプロセスで発生する費用を意味する。つまり新製品や既存製品の著しい改良など製品企画や設計などの製品開発プロセスで発生する費用は含まないし，製品完成以降の保管コストや売上原価，輸配送コストも含まない。

新製品開発等の費用管理は，研究開発費として管理される。

製品完成以降の保管や顧客への提供やアフターサービスにかかわるコストは，売上原価計算，販売費会計として取り扱われる。

（3） 製造原価管理の役割

製品を製造・販売し獲得する利益は，「売価－製造にかかる費用（原価）＝利益」の関係がある。いくらで売るかの決定（価格決定），いくら儲かるかの計画（利益計画）をするときに，その製造にはいくらかかるのかという情報が必要である。また決算において，売れずに残った製品や製造途中の仕掛品がいくらあるのかという期末棚卸資産価格の計算でも同様の情報が必要となる。

さらにまた，工場全体として生産活動にどれだけのコストがかかっているのかを把握していないと，その製造コストが適正なものか，もっとコストダウンを図れるのかの判断ができない。

このような目的のために製造原価計算は次のような役割を持つ。

・製品個々の原価を把握すること
・工場全体の製造プロセスで発生する原価を把握すること

（注） 1962年に策定された原価計算基準によれば，製造原価計算の目的は以下の5つに要約される。

① 財務諸表作成
② 製品価格設定
③ 生産効率改善
④ 予算編成，予算統制
⑤ 経営意思決定

図表 1-6　製造原価管理の目的

目的の種別	概　要
① 財務諸表作成	製造原価報告書作成を通じて製品，材料，仕掛品の棚卸価額を損益計算書，貸借対照表に連携する。
② 製品価格決定	製品原価に対して中長期や短期の各視点で収益性のある価格設定を行う。
③ 生産効率改善	製造原価の変動推移や標準原価と実際原価との差異から生産効率を評価する。
④ 予算編成，予算統制	過年度の製造原価実績や標準原価を基準にして次年度の製造予算や全社予算策定，策定した予算と実績の対比管理を行う。
⑤ 経営意思決定	生産計画の収益性や必要な生産資源所要量を検証する。製品ミックスについての収益性の適否を原価を通じて検証する。受注案件の収益貢献性を売上と変動費原価などの対比で検証する。設備投資計画の収益性を検証する。等

2. 製造原価計算の仕組み

(1) 原価要素

　製品の原価は，第一に製造に使用した経営資源の形態で，材料（材料費）と労務（労務費）と用役（経費）の3区分に分類し，これらを原価の構成要素としている。さらに，特定の製品の加工作業の材料として直接使用される資源とそうでない資源に分類される。前者を直接費といい，後者を製造間接費という。使用する材料が，特定の製品に特定できないときは間接材料費として中間集計し，最終段階で適切な基準で製品に配賦計算する。

　労務費は直接工が特定の製品の加工に携わった時間が直接労務費として製品別に計上され，それ以外の活動や動力部門など製造補助部門，生産管理部門など間接部門の要員の活動は間接労務費として中間集計し，最終段階で適切な基準で製品に配賦計算する。

　経費は，特許使用料や外注費は特定の製品の製造に紐付けができるので，直接経費として計上される。その他の経費は特定の製品の製造に特定することが困難なので，製造間接費として中間集計し，最終段階で適切な基準で製品に配賦計算する。

（2） 製造間接費計算の特徴

一般的には次の手順で製造間接費を製品別に配賦する。

① 製造間接費は，まず部門別に集計する。（部門別集計）
② 特定の部門に集計できない全社的な費用は，共通費として適切な基準で個別部門に配賦する。（共通費の部門別配賦）
③ 部門別製造間接費のうち製造補助部門と間接部門の製造間接費を製造直接部門に配賦する。
④ 製造直接部門に再集計された製造間接費を製品別に適切な配賦基準で配賦する。（製品別配賦計算）

以上が，原価計算基準で定められた手順である。

しかし，近年では，③，④の部門間配賦計算を行わず，製造間接費を製品完成への支援活動の価値に応じて直接製品に賦課するケースも増えてきた。この方法をとる原価計算には活動基準原価計算や四要素原価計算と呼ばれるものがある。

（3） 生産形態と原価計算の種類

原価計算には，生産形態に適した計算方法がある。

個別受注生産のように，顧客の仕様に基づいて個別の製品を製造する場合は，1つの受注ごとに直接材料費，直接労務費，直接経費を集計し，製造間接費を適切な基準で受注ごとに配賦する。これは個別原価計算という。

個別原価計算には，1個の生産に対応する単品個別原価計算と，1つの受注で複数個製造するロット別個別原価計算がある。

規格製品を見込生産で量産する場合には，製品種別ごとに月間に使用した製造原価総額を完成品と仕掛品に配分する。これは総合原価計算という。

総合原価計算も，部門別や工程単位に製品別に実施したり，製品個々ではなく類似製品グループ別に実施し，後で製品の個々のグレードに応じて原価を配分したりすることもある。

工程単位に実施する総合原価計算は，工程別総合原価計算という。1つの工程で複数の種別の製品を製造している場合は，工程別組別総合原価計算という。

製品グループ別に求めた原価を，後で個々の製品のグレードに応じて比例配分する総合原価計算を等級別総合原価計算という。一貫した製造プロセスで異種の製品が生成される場合は連産品と呼び，連産品総合原価計算という。

（4） 製造原価計算の財務会計への連携

製造原価計算の重要な目的の1つに，会計基準に対応した財務会計への製造原価の報告がある。

財務会計で必要な情報は，
・材料の購入高
・材料の外注先への支給高
・材料の自社での消費高
・材料の期末棚卸高（自社と外注先支給分）
・製造に投入した労務費
・製造活動で発生した経費
・製造活動で産出した完成品と未完成品（仕掛品）の原価
・製造活動以外に転用した製造原価の振替額

などである。

1ヵ月や四半期単位での製造活動全体の原価計算の報告は，通常「製造原価報告書」といわれる様式で作成され，財務諸表の一部としての取扱いがなされる。

3. 製造原価計算情報の経営意思決定への活用

製造原価計算の結果は，経営上の意思決定に利用される。

（1） コスト維持およびコストダウン活動への活用

材料費，労務費，経費について，製品単位での単価（1個当たりの費用）と使用量の推移を把握し，予め定めた標準値との比較を通じてコストが維持できているか否かを分析する。このとき使用するのが標準原価計算である。

さらに，コストダウンを計画するために，目標利益を実現できる目標原価を設定し，事前に見積原価と対比してコストダウンの余地を計画する。このとき使用するのが許容原価である。

（2）　目標利益を達成するための売上高の予算化

製造原価は，製造量に関係なく発生する固定費（給料や賃料等）と製造量に比例して発生する変動費（材料費等）の合計であるが，これを売上高が超えて初めて利益が出る。目標利益を達成するための売上高を製造原価情報から計画し事業計画や予算編成に使用する。このとき使用するのが直接原価計算である。

（3）　受注価格の判定

受注が利益を生み出すのは売上高が変動原価（材料費等，売上に比例して発生する費用）を上回る場合である。この最低限の受注価格の判定のために変動費の情報を活用する。このとき使用するのも直接原価計算である。

(注)　目標原価とは，製品の原価企画において，製品の事業計画期間を通じて目標となる原価の水準をいう。一方，許容原価とは製品の事業計画期間を通じて最低限達成しないといけない原価の水準をいう。意義の差異はあるが，一般的には同義語として使用されている。

第3節　キャッシュフローの概要

1. キャッシュフローの概要

（1）キャッシュフロー

　キャッシュフローとは、企業が保有する資産のうち、現金及び現金同等物の増減のことである。現金同等物とは現金化するのに拘束のない預金などをいう。黒字倒産とか、勘定あって銭足らずということがあるが、どんなに事業が活発に動いていて、利益が出ていてもキャッシュが枯渇すると企業は生存できない。そこで、生産努力や販売努力と並行してキャッシュの増減のマネジメントが必要となる。

　キャッシュの増減自体は、貸借対照表や総勘定元帳の現金及び現金同等物の残高の推移を見れば直ちにわかるが、これはキャッシュフロー管理とはいわない。キャッシュフロー管理とは、なぜキャッシュが増えたり減ったりするかの原因となる活動を把握し、このタイミングを計画的に制御することで必要なキャッシュを創造することである。

（2）図表で理解するキャッシュフロー

　キャッシュフロー計算は、企業の現金及び現金同等物（以下「キャッシュ」という）の増減要因を貸借対照表の構成要素である資産と負債と資本の増減で説明する方法である。これを図表1-7で図解する。

　図表の①左の貸借対照表では、キャッシュが3円、キャッシュ以外の資産が7円で、資産合計が10円、この調達源である負債が6円と資本が4円である。当期末の資本は、当期利益を含まない資本が3円で、当期利益で増やした分が1円である。

　今、この状態から、キャッシュ以外の資産だけが、仮に7円から8円になるものとする。負債と当期利益を含まない資本、当期利益は変わらないとす

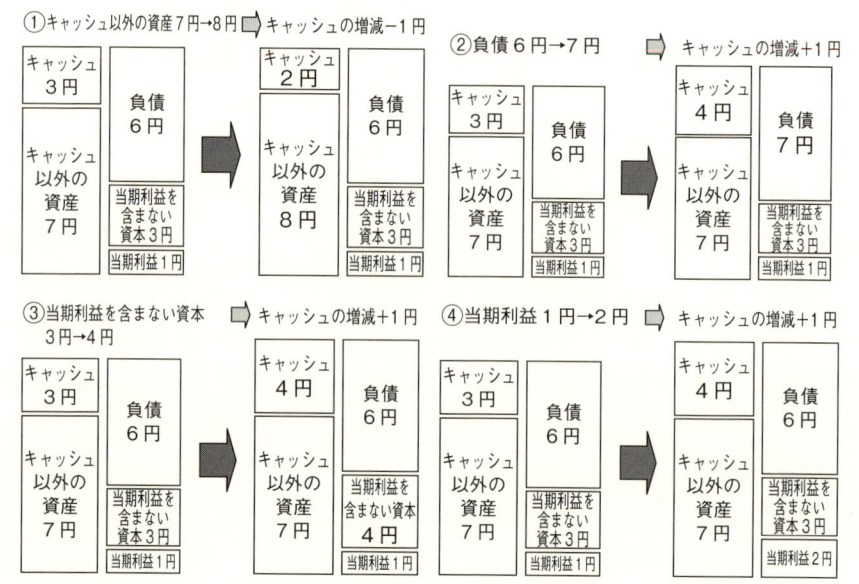

図表 1-7　図表で理解するキャッシュフロー

①キャッシュ以外の資産7円→8円　➡　キャッシュの増減−1円

キャッシュ 3円	負債 6円
キャッシュ以外の資産 7円	当期利益を含まない資本3円
	当期利益1円

➡

キャッシュ 2円	負債 6円
キャッシュ以外の資産 8円	当期利益を含まない資本3円
	当期利益1円

②負債6円→7円　➡　キャッシュの増減+1円

キャッシュ 3円	負債 6円
キャッシュ以外の資産 7円	当期利益を含まない資本3円
	当期利益1円

➡

キャッシュ 4円	負債 7円
キャッシュ以外の資産 7円	当期利益を含まない資本3円
	当期利益1円

③当期利益を含まない資本 3円→4円　➡　キャッシュの増減+1円

キャッシュ 3円	負債 6円
キャッシュ以外の資産 7円	当期利益を含まない資本3円
	当期利益1円

➡

キャッシュ 4円	負債 6円
キャッシュ以外の資産 7円	当期利益を含まない資本4円
	当期利益1円

④当期利益1円→2円　➡　キャッシュの増減+1円

キャッシュ 3円	負債 6円
キャッシュ以外の資産 7円	当期利益を含まない資本3円
	当期利益1円

➡

キャッシュ 4円	負債 6円
キャッシュ以外の資産 7円	当期利益を含まない資本3円
	当期利益2円

ると貸借のバランス上，キャッシュは3円から2円に減らなければならない。ここからキャッシュ以外の資産が増加すると同額のキャッシュが減額することがわかる。

②は，負債だけが1円増加した場合の変化を，左右の貸借対照表の差異で示している。この場合の変化は，キャッシュが1円増加する。

③は，当期利益を含まない資本だけが1円増加した場合の変化を，左右の貸借対照表の差異で示している。この場合の変化も，キャッシュが1円増加する結果になる。

④は，当期利益が1円の場合と2円の場合の差を左右の貸借対照表の差異で示している。この場合の変化も，キャッシュが1円増加する結果になる。利益はキャッシュを増やすのである。

このキャッシュを除く4つの要素（キャッシュ以外の資産，負債，当期利益を含まない資本，当期利益）の増減が，それぞれキャッシュにどのような変化を与えるかを総括したのが，図表1-8である。

第1章　生産管理，原価管理，キャッシュフローの概論

図表 1-8　キャッシュフロー増減原理

変動要素		キャッシュの増減
キャッシュ以外の資産	＋	－
負債	＋	＋
当期利益を含まない資本	＋	＋
当期利益	＋	＋

（3）　キャッシュフロー方程式

前図のキャッシュフロー増減原理を方程式にすると必要なキャッシュを計画するうえで便利である。キャッシュフロー方程式の構成を説明する。

貸借対照表は，資産＝負債＋資本と表すことができる。

（会社法では資本は純資産と表現が改められたが，ここでは資本とする）

資産をキャッシュ（以下 CS と記す）とキャッシュ以外の資産に分けて，資本は当期利益を含まない資本と当期利益に分ける。

資産（CS＋CS 外資産）

＝負債＋資本（当期利益を含まない資本＋当期利益）

CS を説明する式に書き直すと，

CS＝－CS 外資産＋負債＋当期利益を含まない資本＋当期利益

さらに表現を残高から増減（Δ）表現に書き直すと，ΔCS（キャッシュフロー）は，

ΔCS＝－ΔCS 外資産＋Δ負債＋Δ当期利益を含まない資本

　　　＋当期利益

と書き直すことができる。これがキャッシュフロー方程式である。

この式から，当期利益は計画できないため，これを除く3つの項目を対象として増減を計画することで，キャッシュフローや残高水準をコントロールすることができる。また，資産の圧縮や回転率がキャッシュフロー向上に寄与することがわかる。

資金ショートは困るが，キャッシュは，あくまでも事業活動継続の手段であるから，必要以上の手持ちは不要で，必要なときに必要なだけあればよい。

そこで将来の事業活動に必要な時系列でのキャッシュ残高を見通しておく

マネジメントが必要になる。

このキャッシュフロー方程式を用いることで，事業計画や予算で，売上高，生産高，製造原価，販売管理費，結果としての利益，納税額，材料，仕掛品，製品などの棚卸資産の在庫高，売掛金，買掛金，支払手形の発生と回収予定，設備の増強改廃などを見積れば，これに対応するキャッシュの増減を計算することができる。もしどこかの将来時点でキャッシュの不足があれば，事前に対策を立てることができる。

2. キャッシュフローの重要性

(1) キャッシュフローで財務要素の変化がわかる

貸借対照表は，ある時点での企業の資産と，資産保有の資金調達元の残高を負債と資本に分けて表示する。貸借対照表では企業の財務要素（資産，負債，資本）のすべてが残高で表現される。つまり，貸借対照表は，ある時点での企業の持ち物のスナップショットといえる。

損益計算書は，貸借対照表の資本のうち，期首から期末までに企業努力で増加した利益の明細を表示する。これは投資家に対する説明責任として詳細な内容が必要だからで，貸借対照表を補完するものである。損益計算書は，ある期間における企業の成績表ということができる。

しかし，損益計算書では増減は資本の一部である利益の部分はわかるが，それ以外の，財務要素の増減といった財務の実態は，この2つの財務諸表ではわからない。

では，財務要素の増減を見るにはどうしたらよいだろうか。貸借対照表を2期間比較して増減表にすると，企業のすべての財務要素の変化を知ることができる（図表I-9）。この変化表はキャッシュフロー方程式そのものである。

　　　資産の増減＝負債の増減＋資本の増減
　　　キャッシュの増減＋キャッシュ以外の増減
　　　＝負債の増減＋資本（当期利益を含まない資本＋当期利益）の増減

第1章 生産管理，原価管理，キャッシュフローの概論　23

図表 1-9　キャッシュフロー計算は経営資源の増減を捉える

財務諸表	経営資源				
	運用内容		調達源		
	資産		負債	資本（純資産）	
	キャッシュ	キャッシュ以外		当期利益を含まない資本	当期利益
貸借対照表	残高	残高	残高	残高	増減
損益計算書	—	—	—	—	増減明細
キャッシュフロー計算書	増減	増減	増減	増減	増減

・キャッシュフロー計算書は，事業期間の経営資源の増減を捉えることが本旨で，資金繰での活用目的は副次的な機能である
・損益計算書は，当期利益だけを詳細に表示する
・貸借対照表は，事業期間末の経営資源の残高を表示する
したがって，経営資源の変化を捉えるためには，キャッシュフロー計算書が最適でかつ，当期利益の詳細は損益計算書で補完することが望ましい。が望ましい。
（注）損益計算書には会計基準改訂により，当期利益に加えてその他包括利益も表示されることになる。

図表 1-10　製造原価と貸借対照表（BS），損益計算書（PL），キャッシュフロー計算書の連携概要①

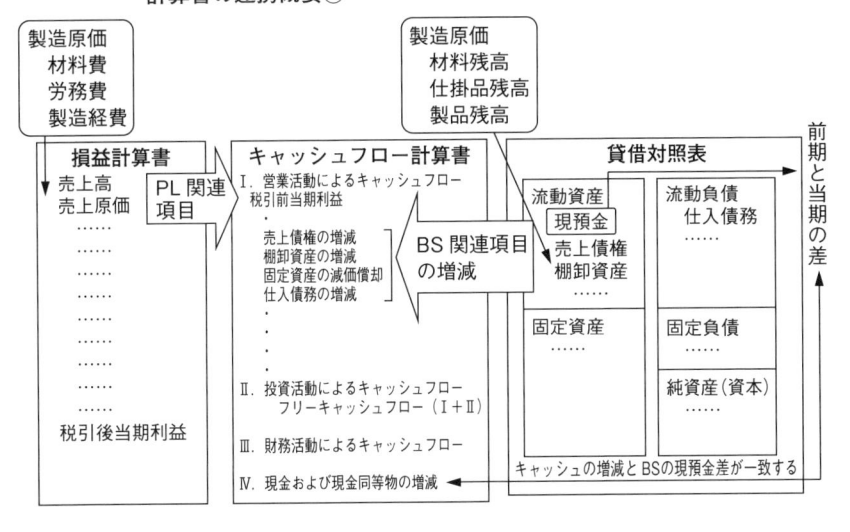

```
製造原価                      製造原価
材料費                        材料残高
労務費                        仕掛品残高
製造経費                      製品残高

┌─────────┐   ┌──────────────┐   ┌──────────────┐   前
│ 損益計算書│   │キャッシュフロー計算書│   │  貸借対照表  │   期
│         │PL関連│Ⅰ.営業活動によるキャッシュフロー│   │         │   と
│売上高   │項目 │  税引前当期利益      │   │流動資産 │流動負債│  当
│売上原価 │───→│                   │   │現預金  │仕入債務│  期
│……      │    │  売上債権の増減     │BS関連│        │……    │  の
│……      │    │  棚卸資産の増減     │項目 │売上債権 │        │  差
│……      │    │  固定資産の減価償却 │の増減│棚卸資産 │        │
│……      │    │  仕入債務の増減     │───→│        │        │
│……      │    │    ・              │   │固定資産 │固定負債 │
│……      │    │    ・              │   │        │        │
│……      │    │    ・              │   │        │純資産(資本)│
│……      │    │Ⅱ.投資活動によるキャッシュフロー│ │        │        │
│税引後当期利益│ │  フリーキャッシュフロー（Ⅰ+Ⅱ）│ │        │        │
│         │    │Ⅲ.財務活動によるキャッシュフロー│ │        │        │
│         │    │Ⅳ.現金および現金同等物の増減│←─│キャッシュの増減とBSの現預金差が一致する│
└─────────┘   └──────────────┘   └──────────────┘
```

（2） キャッシュフロー計算書

キャッシュフロー計算書は，会計制度で規定されたキャッシュフローの説明様式である（会計基準では「キャッシュ・フロー計算書」と表記する）。キャッシュフロー計算書の制度化は米国で始まった。米国では大衆の資金運用は銀行預金よりも株式投資が一般的であったから，簿記会計の知識がない投資家にも投資先企業の資金状態が平易にわかる説明内容が求められたと思われる。

直接法と呼ばれるキャッシュフロー計算書の形式では，科目名も簿記会計の用語は使っていない。一方，会計知識を有する経理業務の専門職や識者には，会計の用語を使用しないことはかえってわかりにくいとの主旨で，営業キャッシュフロー区分だけ当期利益と資産・負債科目による表現に直した間接法が使用されるようになっている。

図表 1-11　製造原価と貸借対照表（BS），損益計算書（PL），キャッシュフロー計算書の連携②

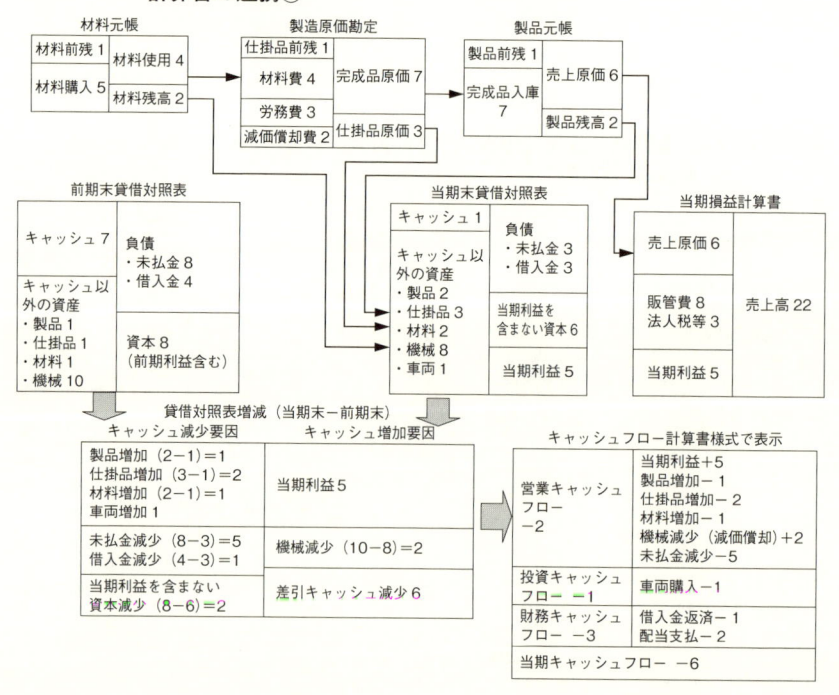

材料元帳
- 材料前残 1
- 材料購入 5
- 材料使用 4
- 材料残高 2

製造原価勘定
- 仕掛品前残 1
- 材料費 4
- 労務費 3
- 減価償却費 2
- 完成品原価 7
- 仕掛品原価 3

製品元帳
- 製品前残 1
- 完成品入庫 7
- 売上原価 6
- 製品残高 2

前期末貸借対照表
- キャッシュ 7
- キャッシュ以外の資産
  - 製品 1
  - 仕掛品 1
  - 材料 1
  - 機械 10
- 負債
  - 未払金 8
  - 借入金 4
- 資本 8（前期利益含む）

当期末貸借対照表
- キャッシュ 1
- キャッシュ以外の資産
  - 製品 2
  - 仕掛品 3
  - 材料 2
  - 機械 8
  - 車両 1
- 負債
  - 未払金 3
  - 借入金 3
- 当期利益を含まない資本 6
- 当期利益 5

当期損益計算書
- 売上原価 6
- 販管費 8
- 法人税等 3
- 当期利益 5
- 売上高 22

貸借対照表増減（当期末−前期末）

キャッシュ減少要因
- 製品増加 (2−1)=1
- 仕掛品増加 (3−1)=2
- 材料増加 (2−1)=1
- 車両増加 1
- 未払金減少 (8−3)=5
- 借入金減少 (4−3)=1
- 当期利益を含まない資本減少 (8−6)=2

キャッシュ増加要因
- 当期利益 5
- 機械減少 (10−8)=2
- 差引キャッシュ減少 6

キャッシュフロー計算書様式で表示

営業キャッシュフロー −2
- 当期利益 +5
- 製品増加 −1
- 仕掛品増加 −2
- 材料増加 −1
- 機械減少（減価償却）+2
- 未払金減少 −5

投資キャッシュフロー −1
- 車両購入 −1

財務キャッシュフロー −3
- 借入金返済 −1
- 配当支払 −2

当期キャッシュフロー −6

わが国では間接法が使用されることが多い。間接法によるキャッシュフロー計算書では，利益を出発点にしてキャッシュフローの増減の過程を示すので，両者の差異の要因が把握できるメリットがある。

（3） キャッシュフロー計算書と貸借対照表と損益計算書の関係

キャッシュフロー計算書と貸借対照表と損益計算書と製造原価の関係を図表1-10，1-11，1-12に示す。材料購入，使用，労務費発生，減価償却など

図表 1-12　製造原価と貸借対照表（BS），損益計算書（PL），キャッシュフロー計算書の連携③

事業活動	製造原価勘定	当期末BS	前期末BS	当期PL	取引の都度認識するキャッシュフロー明細		期末BSの増減で一括的に認識するキャッシュフロー
材料購入5					材料増加	−5	
					未払金増加	+5	
材料使用4	材料費4	材料残高2	材料残高1		材料減少	+4	材料残高増加に対応するキャッシュ減少−（2−1）=−1
					仕掛品増加	−4	
労務使用3	労務費3				仕掛品増加	−3	
					未払金増加	+3	
機械稼働2	減価償却費2	機械8	機械10		仕掛品増加	−2	
					機械減少	+2	減価償却による機械減少に対応するキャッシュ増加+2
製品完成7	完成品−7				製品増加	−7	仕掛品残高増加に対応するキャッシュ減少−（3−1）=−2
仕掛棚卸増加2	仕掛品前残1 仕掛品残高−3	仕掛品残高3	仕掛品残高1		仕掛品減少	+7	
製品在庫増加1		製品残高2	製品残高1				製品残高増加に対応するキャッシュ減少−（2−1）=−1
販売22				売上22	当期利益増加	+22	当期利益に対応するキャッシュ増加5
				売上原価−6	当期利益減少 製品減少	−6 +6	
販管活動8				販管費−8	当期利益減少	−8	
納税3				法人税等−3	当期利益減少	−3	
車両購入1		車両1			車両増加	−1	車両増加によるキャッシュ減少−1
未払金増減5		未払金3	未払金8		未払金減少	−5	未払金減少によるキャッシュ減少−5
			+期中8		期中発生未払金	−8	
借入返済1		借入金3	借入金4		借入金減少	−1	借入金減少によるキャッシュ減少−1
配当支払2		当期利益を含まない資本6	当期利益を含まない資本8		当期利益を含まない資本減少	−2	配当の支払によるキャッシュ減少−2
合計	製造原価7			当期利益5	キャッシュフロー	−6	キャッシュフロー　−6

経費発生の製造活動は，貸借対照表科目の資産の残高を増加させ，売上を通じて，製品原価が費用になって損益計算書に反映される。すべての製造活動や販売活動や設備購入や負債の発生から返済などあらゆる企業活動は，キャッシュフローに漏れなく反映されていることがわかる。

(注) 国際財務報告基準導入以降，貸借対照表は財政状態計算書に，損益計算書は包括利益計算書に名称と様式が変更される。

(4)「キャッシュフロー／原価管理」の必要性

これまで，生産管理は「モノをつくる」ことに焦点があり，コストは「使うもの」であって，作り出すものではなく，ましてや「キャッシュをつくる」といった錬金術のようなことは想定していなかった。しかし，これからは，製造業においては原価低減だけでなく，企業価値の重要な指標であるキャッシュをつくることに視点をあてた生産管理が必要になってくる。そのために，図表1-13に示すように，製造活動を原価だけでなく，キャッシュの増減で計測する仕組みが必要である。この仕組みにより，製造原価も売上原価もキャッシュフローの一部として包括的に捉えることが可能になる。

本書では，「生産管理の成果をキャッシュフロー視点で捉え，そのスコープで製造原価計算を実施すること」を提起し，これを従来の原価計算と対比

図表 1-13　生産管理とキャッシュフロー／原価管理の関係

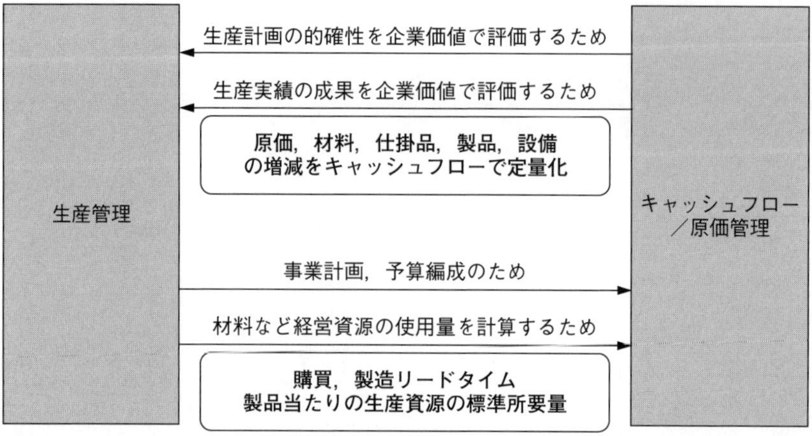

生産管理	→ 生産計画の的確性を企業価値で評価するため →	キャッシュフロー／原価管理
	→ 生産実績の成果を企業価値で評価するため →	
	原価，材料，仕掛品，製品，設備の増減をキャッシュフローで定量化	
	← 事業計画，予算編成のため ←	
	← 材料など経営資源の使用量を計算するため ←	
	購買，製造リードタイム 製品当たりの生産資源の標準所要量	

して"キャッシュフロー／原価計算"と呼ぶことにした。

(5) SCMキャッシュフロー方程式

　企業価値向上の重要な指標がキャッシュフローであり，キャッシュフロー向上のためには，営業キャッシュフローを高めることが必要である。

　この営業キャッシュフローは，企業の本業でキャッシュを稼いだかどうかを示すもので，次の式で計算される。

直接法：

　営業キャッシュフロー＝営業収益・債権収入－購買・製造支出－販売費・一般管理費・債務の支払±利息・配当金±その他の営業外費用・債権債務の収支

　　営業収益・債権収入：売上，売掛金・受取手形入金など
　　購買・製造支出：売上原価，買掛金・支払手形決済など
　　販売費・一般管理費・債務：人件費・債務の支払，販管諸経費・債務の支払
　　利息・配当金：利息の受取，支払，配当金の受取など
　　その他の営業外損益・債務の支払：法人税等と債務の支払，その他営業外費用と債務の増減など

間接法：

　営業キャッシュフロー＝税金等調整前当期純利益±特別損益の営業キャッシュフローからの除去振替額±事業用資産・負債の増減±利息・配当金±その他の営業外損益・債権債務の収支

　　税金等調整前当期純利益：損益計算書上の税引前までの全ての収益，費用
　　特別損益の営業キャッシュフローからの除去振替額：税金等調整前当期純利益に含まれた営業キャッシュフローではない特別損益を除去
　　事業用資産・負債の増減：売掛金・受取手形，買掛金・支払手形，棚卸資産，販管費未払債務，消費税債務など

非資金損益に伴う資産・負債増減：固定資産の減価償却・除却額，各種引当金・資産の評価損など
　利息・配当金：利息の受取，配当金の受取，利息の支払など
　その他の営業外損益・債権債務の収支：法人税等の支払，その他営業外費用と債務の増減など
　直接法は利益が表示されないため，キャッシュフローと利益との関係が明瞭な間接法が多く使用されている。
　この計算式は営業キャッシュフローを求めるものであるが，実は営業キャッシュフローを計算するだけでなく，営業キャッシュフローを向上し，企業価値を高めるために必要な業務プロセスの改革方針の考え方を示している。これについてみてみよう。
　間接法による営業キャッシュフロー計算式を構成する項のうち，サプライチェーンを構成する業務プロセスに関わる項は，
　税金等調整前当期純利益＝売上－（原価＋販売費・一般管理費）
　事業用資産負債の増減：棚卸資産の増減，売掛金・受取手形の増減，買掛金・支払手形の増減
　非資金損益による事業用資産の減少：減価償却による固定資産の減少
である。
　この項を用いて営業キャッシュフロー計算式を書き直すと，次のような式ができあがる。
　営業キャッシュフロー＝｛売上－（原価＋販売費・一般管理費）｝
　　　　　　　　　　　　×（1－税率）－棚卸資産増加＋減価償却費
　この式を SCM キャッシュフロー方程式と呼ぶことにする。
　SCM キャッシュフロー方程式の項の内容に関わる業務プロセスは，
・売上の向上は，商品の企画・開発プロセス，営業プロセス
・原価低減は，調達プロセス，製造プロセス
・販売費は，営業プロセス，物流プロセス
・一般管理費は，情報システムなどの IT 企画・運用プロセス，スタッフ部門の業務プロセス，オフィス用品など経費の意思決定に関わる業務プロセス

・棚卸資産の増減は，営業プロセス，製造プロセス，調達プロセス
・売掛金の増減，買掛金の増減は経理プロセス
・減価償却費の税法許容内での最大化は，設備稼働率を向上させる生産管理プロセス，設備保全管理プロセスが関係する。

　SCMキャッシュフロー方程式は，営業キャッシュフローを算出する計算式であるから，各項の，関わる業務プロセスにおいて，キャッシュを高めるための改革や改善を行うことにより，営業キャッシュフローを向上し，企業価値向上に向かうことができる。

　つまり，このSCMキャッシュフロー方程式は，サプライチェーンに関わる業務プロセス全体で行うべき企業価値向上の方針を示しているのである。具体的な，各項に対応する業務プロセスの企業価値向上のための改革方向性は図表1-14に示す。

　さらに，SCMキャッシュフロー方程式の各項の中で，重要な改革方針はリードタイム短縮であり，以下の式に要約される。

$$FCF = f(営業CF) = f(1/LT)$$

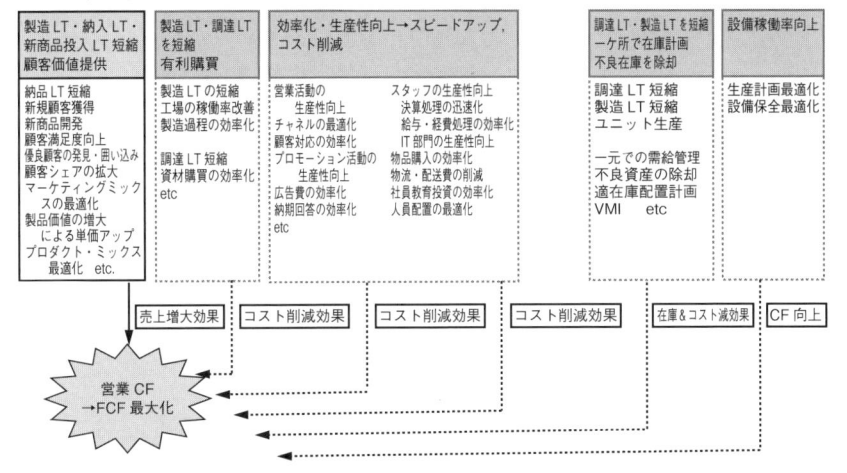

図表 1-14　企業価値の最大化のための SCM キャッシュフロー方程式

企業の目的は企業価値増大。そのためには営業キャッシュフローの増大がキー

営業CF ↑
＝ 売上↑ －（原価 ＋ 販売費・一般管理費）↓ ×（1－税率）－ 棚卸資産増加↓ ＋ 減価償却費↑

製造LT・納入LT・新商品投入LT短縮 顧客価値提供	製造LT・調達LT を短縮 有利購買	効率化・生産性向上→スピードアップ，コスト削減	調達LT・製造LTを一ケ所で在庫計画 不良在庫を除却	設備稼働率向上
納品LT短縮 新規顧客獲得 新商品開発 顧客満足度向上 優良顧客の発見・囲い込み 顧客シェアの拡大 マーケティングミックスの最適化 製品価値の増大による単価アップ プロダクト・ミックス最適化　etc.	製造LT短縮 工場の稼働率改善 製造過程の効率化 調達LT短縮 資材購買の効率化 etc	営業活動の 　生産性向上 チャネルの最適化 顧客対応の効率化 プロモーション活動の 　生産性向上 広告費の効率化 納期回答の効率化 etc	スタッフの生産性向上 決算処理の迅速化 給与・経費処理の効率化 IT部門の生産性向上 物品購入の効率化 物流・配送費の削減 社員教育投資の効率化 人員配置の最適化	調達LT短縮 製造LT短縮 ユニット生産 一元での需給管理 不良資産の除却 適正在庫配置計画 VMI　etc	生産計画最適化 設備保全最適化

| 売上増大効果 | コスト削減効果 | コスト削減効果 | コスト削減効果 | 在庫&コスト削減効果 | CF向上 |

営業CF
→FCF最大化

図表 1-15　企業価値の最大化の成功要因

> 企業価値向上の成功要因はリードタイム短縮すること

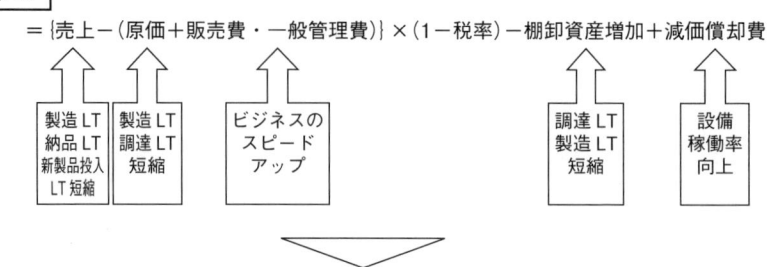

営業CF
＝{売上－(原価＋販売費・一般管理費)}×(1－税率)－棚卸資産増加＋減価償却費

- 製造LT／納品LT／新製品投入LT短縮
- 製造LT／調達LT短縮
- ビジネスのスピードアップ
- 調達LT／製造LT短縮
- 設備稼働率向上

$$FCF = f(営業CF) = f(1/LT)$$

つまり，企業価値向上のKFSはリードタイム短縮にあるといえる。

キャッシュフロー生産管理

第 2 章

生産管理のプロセス

本章では、キャッシュフロー生産管理における業務プロセスを、生産計画機能、生産コントロール機能に区分し、製品のライフサイクルに従い整理を行う。生産計画機能をになう業務プロセスとして、研究開発、設計・開発、原価企画、需要予測、基準生産計画、基準情報管理、資材管理、購買管理、外注管理、在庫管理、労務管理の順に解説する。生産コントロール機能をになう業務プロセスとして、工程管理の計画では、手順計画、負荷計画、日程計画、材料計画、工程管理の生産コントロール機能では、手順統制、余力統制、進度統制、現品統制を説明し、さらに、品質管理、設備管理、原価管理について概説する。

この際、業務プロセスのIPO（インプット・プロセス・アウトプット）、本書のテーマである、生産管理とキャッシュフロー／原価管理との情報連携、業務連携に焦点をあてて概説する。

第1節　生産計画機能

1. 研究開発

(1) 研究開発の概要

　研究開発は，顧客のニーズに合致した製品を作り出すためにイノベーションを推進する活動である。顧客のニーズに合致した製品をつくるためには，応用研究または，ある製品に特化したイノベーションの推進と基礎研究といわれる共通の土台となるイノベーションの推進がある。

　前者の場合は対象となる製品が明確なため，研究開発費はその製品開発プロジェクトの研究開発費にチャージする。後者の場合は，複数の製品にかかわる共通テーマの研究のため，共通のテーマ軸にチャージし，何らかの比率で各製品の開発コストにチャージする。

　このように，研究開発では製品個別の研究開発と横断的研究開発がある。会計基準では，研究とは「新知識の発見を目的とした計画的な調査探求や新製品または新技術の発明に係わる研究」として定義している。

　開発とは新製品，生産方法についての計画，もしくは設計または既存の製品等を著しく改良するための計画もしくは設計として，研究の成果その他の知識を具体化することをいう。新技術の採用は開発に該当する。

　ソフトウェアにも研究開発に該当する部分がある。市販目的のソフトのうち最初に製品化された製品マスタの完成までの費用や完成後の製品マスタや購入ソフトに対する著しい改良部分も研究開発に該当する。

　財務会計では，制度にのっとった損益計算上の取扱いの差異から，研究開発と恒常的な製造活動については異なるものとして，発生した原価を明確に区分しておく必要がある。

　研究開発費としては，会計基準では次のものが例示されている。

・従来にない製品・サービスに関する発想を導き出すための調査探究

- 新知識の調査探求の結果を受け，製品化または業務化などを行うための活動
- 従来の製品に比較して著しい違いを作り出す製造方法の具体化
- 従来と異なる原材料の使用方法または部品の製造方法の具体化
- 既存の製品，部品にかかわる従来と異なる使用方法の具体化
- 工具，冶具，金型などについて従来と異なる使用方法の具体化
- 新製品の試作品の設計，製作および実験
- 商業生産化するために行うパイロットプラントの設計，建設等の計画
- 取得した特許をもとにして販売可能な製品を製造するための技術的活動
- 研究開発目的のためのソフト制作
- 販売用ソフト制作で最初の製品マスタ作成までの費用ないしは著しい改造費用

一方，研究開発費に該当しない活動で製造活動とされるものには，次のものが会計基準に例示されている。

- 製品を量産化するための試作
- 品質管理活動や完成品の製品検査に関する活動
- 仕損品の手直し，再加工など
- 製品の品質管理，製造工程における改善活動
- 既存製品の不具合などの修正にかかわる設計変更および仕様変更
- 客先の要望などによる設計変更や仕様変更
- 通常の製造工程の維持活動
- 機械設備の移転や製造ラインの変更
- 特許権や実用新案権の出願などの費用
- 外国などからの技術導入による製品を製造することに関する活動

（2） 研究開発費管理会計の必要性と活用場面

同じ生産プロセスの範囲でも，製品の開発プロセスと製造プロセスで発生した原価は，会計基準上，異なる取扱いになる。製造プロセスでは，発生した原価は棚卸資産として計上され，棚卸資産が販売されるまでは費用にはならず，また税務計算でも損金としては認められない。製造過程の原価は，完

成品となり販売された後でなければ費用計上できないのである。

一方，試験研究や製品開発のために発生した研究開発費は，日本の会計基準では発生した年度限りの費用として計上しなければならない。価値・成果が蓄積できる研究開発であっても，資産として計上することは認められない。研究開発のための設備投資も原則として購入した会計年度の費用として処理する。このため，会計基準を超えて経営管理のために研究開発費を管理する仕組みが管理会計として必要である。なお導入が予定される国際財務報告基準（IFRS）では，適格な要件の開発費部分は資産計上が強制される。

研究開発費会計の役割には，① 財務会計報告目的，② 節税目的，③ ライセンス価値管理目的，④ R&D戦略支援目的の4つの機能がある。

① **財務会計報告目的**

研究開発費は，本質は投資といえるのであるが，日本の会計基準では資産計上を認めず，投資が発生した年度で全額を費用計上することを要請している。

一方，製造活動における発生原価は，仕掛品や製品という資産価値を形成する。したがって，生産プロセスにおける発生原価の中で，製品開発目的の発生原価と製造過程での発生原価とを的確に区分計上することが要求される。

② **節税目的**

研究開発費の中でも，特に試験研究費は，産業政策上の措置で継続的に支出が増加する場合等を条件として税額控除の適用が受けられる。したがって，試験研究目的の費用が製造原価や一般管理費として埋没しないように的確に計上するプロセスが要求される。

③ **ライセンス価値管理目的**

完成した研究開発だけでなく，開発途上にある未完成の中間成果物でも，知的財産価値として売買することが可能である。この場合，何を評価基準として対価を設定するかが当事者の課題となる。従来の会計基準では，研究開発費は発生した年度に費用計上するルールになっているものの，ライセンス価値評価のためには，会計基準や決算年度にこだわらず，管理会計として，当該プロジェクトの期間を通じて発生した原価を累積管理しておく必要がある。

④ **研究開発（R&D）戦略支援目的**

近年，企業業績の不透明化に伴って，研究開発プロジェクトを継続する効

果と未完に終わるリスクの評価は，経営戦略上重要な意思決定課題になってきた。ハイテク産業においては，R&D投資のない事業に将来の成長はないといわれる一方，企業の収益力を上回る巨額のR&D投資は，R&Dの成果の不透明さゆえに現在の企業価値を低下させる。R&Dプロジェクトごとの完成見通しと，継続か撤退かの意思決定をプロジェクトのマイルストーンごとに行っていかなければならない。

一般にR&D投資選択の意思決定は，当該プロジェクトの成果，すなわち将来の新製品の獲得キャッシュフローの現在価値額に成功確率を乗じた期待収益と，今後の継続投資の現在価値との比較で決定される。

このために，社内外の類似プロジェクトや製品の投資実績と製品化への成功実績情報を収集し，参照できる体制を確立しておく必要がある。このような情報を提供するデータベース企業も立ち上がっている。

研究開発プロジェクトの実績管理においては，プロジェクト番号に直接消費した原価を集計するとともに，複数のプロジェクトに共通な間接費，共通費を適切な配賦基準で配賦し，直接費と間接費の両者で集計を行い，実績値を把握する。実績値は，予算との差異比較，製品化以降の期待収益の現在価値との対比を評価する。

(3) 開発プロセスのパフォーマンス管理

開発プロセスのパフォーマンスをどのように管理するかについては，第3

図表 2-1 研究開発費管理の目的

研究開発費管理の目的
- IRでの積極的な研究開発投資訴求
- プロジェクト管理による研究開発投資の継続と選択，意思決定
- 試験研究投資による税額控除
- 研究開発投資による知的資産形成とロイヤルティ設定

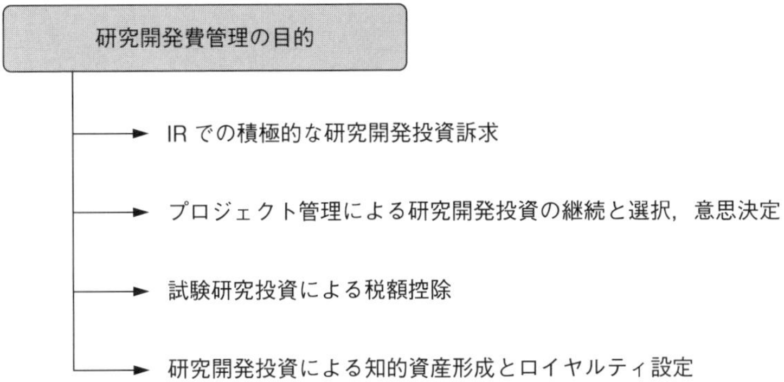

章第1節4.(1) で記述している。参考にされたい。

（4） グループ内でのライセンス活用と移転税のリスク

グローバル生産では，生産プロセスが複数の企業にまたがるので，生産に使用するノウハウやライセンスの共有が必要となる。ライセンスには特許権や意匠権などの工業所有権，生産管理システムなどのソフトウェアやデータベースがある。

以下，ライセンス利用に関する戦略とマネジメント要件を概説する。

自グループ内で開発したノウハウを内部で共有する仕組みとして，

① 親会社が集中的に保有するライセンスをグループ会社に供与するケース
② R&Dに特化したグループ内研究機関がグループ会社に供与するケース
③ グループ会社が自社開発のライセンスを相互に提供するケース

がある。

グループ内といえども，ライセンスを授受する場合は企業間契約として対価の支払を行うことが必要である。対価は，原価または市場価値を基準に客観的に設定する必要がある。節税や利益移転のために設定した不適正な価格での供与は，国内や国際間での税務当局の追加課税（移転税）の対象になる

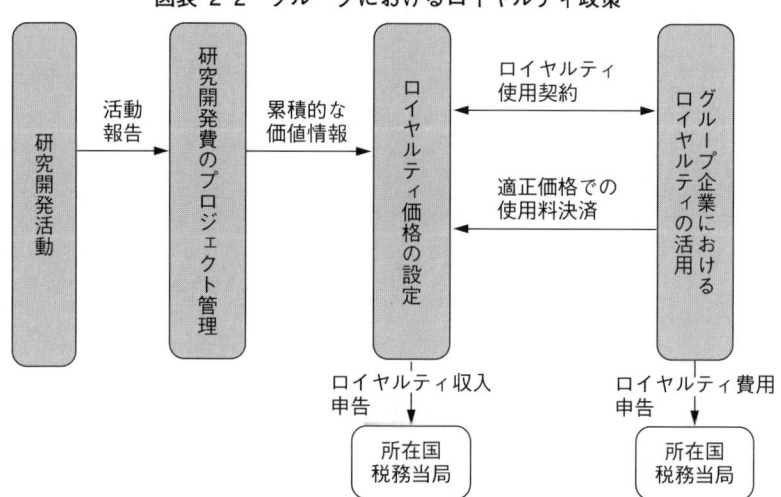

図表 2-2　グループにおけるロイヤルティ政策

ので注意が必要である。

このためにも，研究開発費は研究プロジェクトごとに活動ライフサイクルにわたっての投資内容を累積し，税務当局にその価値を証明できる仕組みをつくっておくことが必要である。会計基準どおりに期間費用に落としたままで，プロジェクト別の投資履歴を管理しないプロセスは片手落ちとなる。

2. 設計・開発

(1) 設計・開発の概要

設計・開発とは，マーケティングリサーチを行い，市場や顧客が求める製品・それを実現する技術のロードマップを作成し，市場でのポジショニングに基づいて，顧客のニーズと先端技術の融合を図りながら新製品の仕様を確定し，新製品の設計，試作を行う活動である。

技術部門（設計・開発部門）がこれらの役割を遂行する。

(2) 技術部門（設計・開発部門）の業務

技術部門は大きく3つの役割を持つ。第1に，新製品の企画や開発，第2に，新製品の設計，第3に，量産に移行するための試作を行うことである。それぞれの業務の詳細について図表2-3に示す。

図表 2-3 技術部門（設計・開発部門）の業務

技術部門 （設計・開発部門）	①製品企画	マーケティングリサーチ，シリーズやファミリーなどのプロダクトミックス企画，製品や技術のロードマップ作成，新製品のビジネス性検証，原価企画
	②製品開発	ポジショニング決定，製品のスペック決定
	③設計	部品，LSIなどの組み込みソフト，機構部品などの設計，性能・機能評価，設計変更，BOMの作成，金型設計
	④試作	試作品生産，試作品の評価と実績データの分析，設計変更，製造仕様確定
生産技術部門	⑤量産準備	工程設計，金型・設備などライン導入，設備情報のメンテナンス，品質目標設定など

（3） 技術部門（設計・開発部門）の関連部門

　技術部門（設計・開発部門）は新製品開発や技術ロードマップを作成するために，社内のマーケティング部門，社外のマーケティング調査会社などと連携を行う。また，技術ロードマップに関しては，製品の仕様を決める重要な部品（キーパーツ）を委託している外注先との技術情報交換，社内の技術関連部門との技術者会議などを通して作成する。

　新製品開発では，ビジネスとしての収益性の検証も必要であり，ビジネスプランをつくり，部門長や事業計画部門などに対して検証と承認を得る必要がある。

　製品のスペック検討や設計においては，この段階から原価をつくり込む必要があるので，求める機能でより安く購入できる部品，その価格情報などに関して，調達・購買部門から，アドバイスや指導を受けることがある。部品設計では，部品の外注先との進捗やレビューを通して連携し，時には共同研究・共同開発を行うこともある。

　また，試作を行う場合は生産技術部門の支援を受けることになる。

3．原価企画

（1） 原価企画の定義

　従来は，個々の部品の原価や加工費などの工程作業の費用を積み上げてその製品の原価を求め，これに欲しい利益をのせて製品の売価を設定していた。しかし，現在では製品の販売価格は市場原理によって決められ，その売価をベースに，獲得すべき利益を得るための原価をつくり込んでいかなくてはならない。このような製品の原価企画において，製品の事業計画期間を通じて達成の目標となる原価の水準を目標原価という。

　また，製品の原価低減活動は，量産体制に入ってからの資材コストや製造コストの削減をターゲットにして行われてきた。しかし，実際は製品企画や設計段階でコストの約80％が決まってしまい，量産に入ってからの原価低減活動には限界がある。

　このため，原価を上流である製品の企画，設計・開発からつくり込もうと

いうフロントローディングの考え方が出てきた。これが原価企画である。

　原価企画とは，設計・開発を行う新製品の仕様を決定する段階で，獲得すべき利益を得るための目標とすべき許容原価を設定し，上流で原価をつくり込んでいく活動であり，開発設計者に加え，関連部門や取引先などの協力を得て，全社的に行うものである。また，目標とすべき許容原価の達成は，原価見積りによって評価される。

　原価企画の役割は，原価低減に加えて，その原価の範囲内で設計，製造，販売，使用・廃棄といった製品のライフサイクルを活動できるようにする新製品などの開発の行動指針であり，設計案の評価尺度になるものである。

　原価企画では，主にゼロ・ルックVE，ファースト・ルックVEによってコスト削減を行う。ゼロ・ルックVEとは企画段階のVE (Value Engineering) であり，ファースト・ルックVEとは製品の企画，開発，設計の段階で行うVEを意味する。それも，自社のみならずサプライヤーの協力を得て，共同開発を通してコスト削減を行うのである。また，製品の企画，設計・開発段階から原価をつくり込むために，上流で有利な価格の部品選定，部品の調達も重要になる。この段階での部品調達を開発購買という。

　開発購買においても，共通部品を使用することによるスケールメリットを狙った集中購買が有効であるが，設計・開発部門では独自の新規部材を使いたがる傾向がある。また，品目・材料コードが事業部，工場ごとに異なり，集中購買をしようとしたところ，同じ品目，材料であっても，そのコードで

図表 2-4　従来の原価低減と原価企画の比較

	従来の原価低減	原価企画
基本的な考え方	無駄の発見⇒排除 部門内活動の効率化 短期利益計画の一環	製品コスト競争力向上 開発設計体質の強化 品質安定向上，顧客満足度向上 開発期間短縮 中長期利益計画の一環
利益の考え方	売価－原価＝利益	売価－利益＝原価
管理対象	現在発生している原価	将来発生が予測される原価
活動	自部門での業務改善	新製品の開発の流れに従った部門横断的・コンカレントエンジニアリング活動
効果	部分（部門内）的効果 改善効果	全社（全事業部）的効果 改革的効果

まとめきれないということが発生することも少なくない。

設計・開発段階で，推奨部品を使用するように，全社的な啓蒙活動を行う，購買部門に部材選定グループを設置，購買部門選定部品のみ使用可能とする仕組みの構築（たとえば，部品管理情報システムによるしばり等）などを行い，さらに購買部門選定部品を採用した場合，担当者，部門へのインセンティブを与えるといった評価制度の改編を行うことも有効である。また，品目・材料コードの統一，またはコードが異なっても同じ品目・材料であると連携させる仕組みにより，共通部品の集中購買による開発購買を進めていく必要がある。

このような活動を通じて原価企画が進められていくのである。

（2） 原価企画の歴史

原価企画は，トヨタ自動車の原価管理の3本柱が源流といわれている。

原価企画は，1963年に原価管理の3本柱（原価維持，原価改善，原価企画）として位置づけられた。1965年頃，カローラ開発の計画段階で合目的に原価をつくり込もうとする目的で，当時の車両担当主査を中心に原価検討を行った。しかし，設計段階，試作段階で原価引下げ活動を行ったが，組織的な活動としては不十分であった。

1967年に「原価企画実施規則」を制定し，原価企画の推進手順と担当部門を明確化し，組織的活動としての定着を図った。ここでは，VE法を採用して，開発設計段階で原価低減を組織的に実施した。

1969年，カローラのモデルチェンジで，内製品と外注企業が一体になった原価企画を実施し，「外注部品原価企画委員会」「外注ボディ原価企画委員会」が発足した。しかし，まだこの段階では，「目標原価を達成すれば結果的に××円の利益が達成できる」「この新車から××円の利益を確保すべきだ」との考え方には至っていない。

1969年以降，企画対象車だけでなく，グループ全体を対象として車種グループごとに目標利益を設定し，これを達成するように考え方を変えていった。全社の中長期利益計画と一体になって，新車の開発設計段階における車種グループ別の目標利益確保の活動へ移っていった。

（3） 原価企画での課題

原価企画における一般的な課題について整理を行う。部門，戦略立案や評価，情報共有，情報活用における課題は次のようである。

① 部門にかかわる課題
・企画から量産まで，複数の部門が原価管理にかかわり，一貫した活動になっていない。

② 戦略立案や評価の課題
・足が長い，デザインにかかわる先行開発を行う部品のコスト戦略と商品戦略の適正化が難しい。
・足が長い基幹部品原価が製品原価の多くを占めているため，製品開発以降の原価低減活動だけでは目標達成が困難である。
・達成が難しい原価目標が設定される。
・原価管理で必要なデータを集めきれない。
・ティアダウン（テアダウン，リバースエンジニアリング，ベンチマーキングともいわれ，製品を分解，解析して，その仕組みや使用，構成部品などを調査，分析することを意味する）が不十分。

③ 情報共有，情報活用の課題
・コストテーブルがなく，部品情報，価格情報を共有化できていない。
・設計者がBOM（部品表）作成時にコストを把握できない。
・関連部門で部品情報の共有化ができていない。
・価格情報を，価格交渉に活用できていない。
・情報の鮮度維持が難しい。
・設計BOMが個別に管理されている。
・関連部門は原価を欲しいときに参照できない。
・原価積上に時間がかかっている。

④ 開発段階での調達活動
・新製品の企画，設計・開発段階において，設計・開発部門は独自の新規部材を使用する傾向がある。
・部品サプライヤーとの共同開発，技術交流会が活発でない。

（4） 原価企画の課題に対する解決策

原価企画の課題に対する解決の方向性として，① 上流での原価のつくり込み，② コストテーブルの整備，③ 情報共有の仕組みづくりの視点から整理を行う。

① 上流での原価のつくり込み

LSIなどの組込ソフトの部品は，設計，開発に時間がかかり，製品の開発を始める段階では，製品原価の80％程度を占める基幹部品の選定が完了しているために，製品原価はほぼ固まっていることが多い。そのために，効果的な製品原価低減を行うためには，「コスト競争力がある基幹部品を選定する開発購買の強化」と，「基幹部品の目標原価設定と原価低減活動統括を行う原価企画の強化」が重要である。

② コストテーブルの整備

また，部品選定においては，部品のコスト情報をデータベース化し，設計者が最新の部品原価を把握しながら設計することが好ましい。これにより，企画・開発段階で関係する経営・開発・生産のメンバーが原価情報を共有することが可能になる。さらに，設計・開発，製造の各段階で，関連する部門である経営・開発・生産のメンバーに実際原価をタイムリーに提供するコストテーブルの整備が有効である。

③ 情報共有の仕組みづくり

さらに，関連部門が最新の情報を共有できる，次のような機能を提供するコストマネジメントシステムの構築が求められる。

- 原価企画部門の商品企画から量産段階までの一気通貫での原価低減活動を支援
- 商品開発部門の部品選定をプッシュ型で支援し，推奨部品の提示，グリーン調達等の情報を提供
- 製品原価をリアルタイムで集計
- 開発購買部門の部品発掘支援
- 関連する部門で製品・部品原価情報を共有化
- 原価低減状況の可視化

（5） 原価企画のプロセス

　原価企画は，商品企画部門，商品開発部門，生産部門，販売部門が連携して行うプロセスである。原価企画は，採算性検討，目標原価設定，機能別・部品別目標原価割付け，原価集計，目標原価設定，原価低減管理，原価低減推進，他社ティアダウンの下位プロセスから構成される。

　それぞれの下位プロセスは，図表 2-5 のように製品の企画，開発，試作・設計のフェーズにかかわっている。

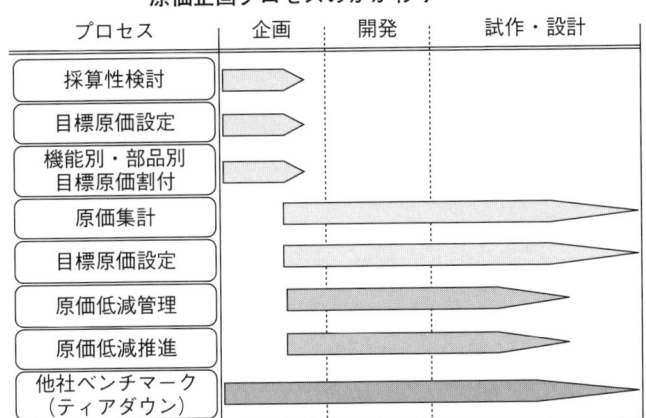

図表 2-5　製品の企画，開発，試作・設計のフェーズでの原価企画プロセスのかかわり

プロセス	企画	開発	試作・設計
採算性検討	→		
目標原価設定	→		
機能別・部品別目標原価割付	→		
原価集計		────────→	
目標原価設定		────────→	
原価低減管理		────────→	
原価低減推進		────────→	
他社ベンチマーク（ティアダウン）		────────→	

（6） 開発購買のプロセス

　開発購買は，資材購買部門，開発購買部門と開発部門が行う。

　資材購買部門では，購買戦略策定，具体的購買活動，購入データ評価分析のプロセスを行い，安定供給と在庫削減の責任を持つ。

　開発購買部門では，

① ソーシング機能として，

・調達戦略策定（make or buy, 共同開発）

・要素技術ロードマップ作成

・キーパーツ選定

・キーパーツロードマップ作成

- ・MAP 戦略策定
- ・MAP 選定
- ・サプライヤー発掘（情報収集と現地調査）
- ・RFQ（Request For Quotation）
- ・サプライヤーリレーションシップ強化
- ・サプライヤー選定
- ・価格交渉・決定
- ・購入実績評価
- ・市場・コンペティタ価格調査
- ・サプライヤー評価
- ・購入実績評価
- ・目標価格決定
- ・サプライチェーン設計
- ・部品データベース登録
- ・主要部品のコストテーブル作成，鮮度維持

のプロセスを行い，

② 部品技術機能として，

- ・テクノロジーロードマップ（技術のステップアップ計画を意味する）策定
- ・部品選定評価
- ・部品技術評価
- ・信頼性機能試験
- ・部品標準化
- ・認定・データベース登録
- ・主要部品のコストテーブル作成，鮮度維持

のプロセスを行い，サプライヤー・部品選定責任，部品価格責任，調達責任を持つ．

③ 購買機能では，

- ・入札
- ・価格交渉

・価格決定
・EOL（End Of Lifecycle）窓口
のプロセスを行い，調達責任を持つ。

開発部門では，製品戦略・企画，部品要求仕様作成，製品実機評価，使用部品採用，製品開発，製品評価のプロセスを行い，部品使用責任，製品コスト責任，製品品質責任を持つ。

（7） 顧客価値原価管理

原価企画のために活用する実績原価情報としては，類似する既存製品の製造プロセスで消費する材料費，人件費，経費など要素別原価があるが，それだけでは不十分である。顧客に製品のどのような効用を提供するのか，顧客主体での製品価値設計に立った顧客価値の要素別での原価情報の提供が必要である。

顧客価値とは，顧客が当該製品を使用して得ようとする期待効用である。製品が業務用の用途であれば，製品供給者は，顧客に代わって，顧客が必要とする機能をつくり込む必要がある。このため，これに掛かるプロセスの原価要素は設計費となる。当該製品を顧客に代わって製造するために，原価要素は加工費となり，そのマネジメントは生産管理費である。また，顧客が余分な在庫を持つことなく，必要なタイミングで製品の使用が可能になるということは，原価要素は保管費・配送費となる。顧客に代わって一定以上の品質を担保するために，原価要素は品質管理費となる。さらに顧客や社会に対する環境負荷を防止する。すなわち環境管理費となる。

以上の視点が顧客価値原価の原価要素である。当社の製品が顧客のどの効用を満たすのかによって顧客価値原価のウエイトは異なってくる。

次に，顧客価値原価要素ごとの経営資源の消費高を企画する。すなわち，顧客価値原価要素ごとに，材料をどれだけ消費するのか，労務費や外注費をどれだけ消費するのか，減価償却費として設備をどれだけ使用するのか，光熱費をどれだけ消費するのかの資源形態分類による原価要素別の企画を行うことになる（図表2-6）。

顧客価値原価管理とは，発生する原価を顧客指向で構成された原価要素ご

とに，かつ経営資源の原価要素ごとに企画・管理するプロセスである。

そのため，マトリクスセグメントでのデータベースが構成されている必要がある（図表2-7）。

顧客価値原価計算の情報化にあたっては，情報入力が課題となる。1つの活動を2つの視点から原価計上を行う必要があるのだが，資源形態分類では総勘定科目を使用し，顧客価値科目では補助科目を使用し，総勘定科目に対

図表 2-6　顧客価値原価と資源消費原価の差異

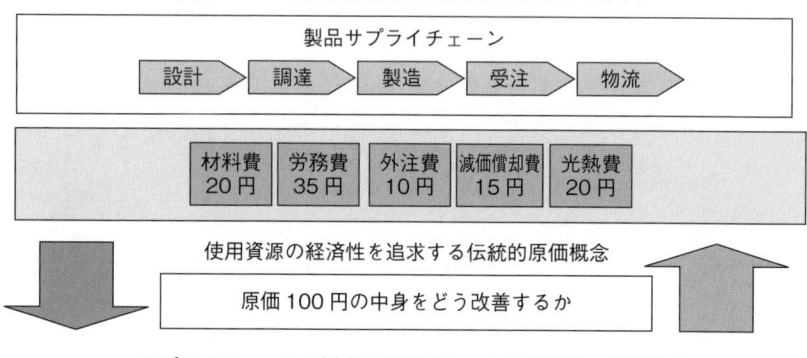

製品サプライチェーン
設計 → 調達 → 製造 → 受注 → 物流

材料費 20円　労務費 35円　外注費 10円　減価償却費 15円　光熱費 20円

使用資源の経済性を追求する伝統的原価概念
原価100円の中身をどう改善するか

サプライチェーンの構成と顧客視点での効用価値で原価管理

設計費 18円　生産管理費 15円　加工費 44円　保管配送費 8円　品質管理費 9円　環境管理費 6円

図表 2-7　顧客価値原価の構造

（単位：百万円）

		顧客価値視点での原価分類						
		設計費	生産管理費	加工費	保管配送費	品質管理費	環境管理費	合計
生産資源経済性視点での原価分類	材料費	5	0	15	0	0	0	20
	労務費	10	8	9	3	3	2	35
	外注費	0	2	4	2	1	1	10
	減価償却費	2	3	3	1	4	2	15
	光熱費	1	2	13	2	1	1	20
	合計	18	15	44	8	9	6	100

図表 2-8 顧客価値原価の入力システム

財務会計システムで顧客価値原価計算を実施する場合は，補助科目で顧客価値視点での科目を入力し，生産資源の形態視点での科目（伝統的科目）は総勘定科目で入力する。

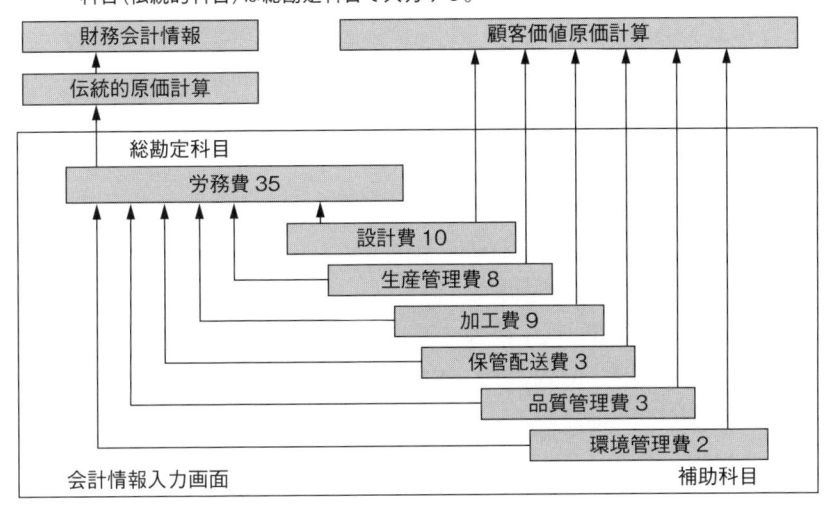

```
財務会計情報          顧客価値原価計算
   ↑                      ↑↑↑↑↑↑↑
伝統的原価計算
   ↑
┌─────────────────────────────────────┐
│ 総勘定科目                           │
│  ┌──────────────┐                   │
│  │ 労務費 35    │                   │
│  └──────────────┘                   │
│      ↑  ┌──────────────┐            │
│         │ 設計費 10    │            │
│         └──────────────┘            │
│         ┌──────────────┐            │
│         │ 生産管理費 8 │            │
│         └──────────────┘            │
│            ┌──────────────┐         │
│            │ 加工費 9     │         │
│            └──────────────┘         │
│            ┌──────────────┐         │
│            │ 保管配送費 3 │         │
│            └──────────────┘         │
│               ┌──────────────┐      │
│               │ 品質管理費 3 │      │
│               └──────────────┘      │
│               ┌──────────────┐      │
│               │ 環境管理費 2 │      │
│               └──────────────┘      │
│ 会計情報入力画面           補助科目 │
└─────────────────────────────────────┘
```

して，補助科目での活動をどれくらい行ったかという情報入力を行う仕様にすることで一元的に情報を入力することが可能になる（図表 2-8）。

4. 需要予測

（1）需要予測

　需要予測は，物の需要を短期的，あるいは長期的に予想することである。需要予測にはさまざまな手法があり，移動平均法（moving average）と指数平滑法（exponential smoothing）の手法が広く利用されている。

　需要の推移はトレンド要因，季節要因，不規則要因などに分解される。

　生産管理の業務プロセスの中では，販売計画策定プロセスの中で計画策定の原案となる情報を提供したり，策定されたいくつかの計画案を比較評価し，合理的な計画を選択したりするために使用される情報を提供する。

（2） 需要予測の狙い

統計的手法を用いても，未来の事象を100％正確に予測することは不可能だが，より100％に近い予測を実現することにより，そのリスクを最小限にすることが可能となる。

生産管理場面におけるリスクは過剰在庫と欠品による販売の機会損失であり，これらをできるだけ最小限に抑えることが需要予測の狙いである。

（3） 需要予測の役割

① 見込生産での生産計画の基点

見込生産においては，需要予測は販売計画を経て生産計画の基点となる。これを生産部門が受けて，工場の設備能力や作業者の工数，操業度や稼働率などの判断を加えて，売上予算を達成できる生産計画を立案する。また，受注生産においても，予算立案のために需要予測を行う。

② 調達リードタイムが長い部品の先行手配情報を提供

受注から顧客納品までの製造リードタイムよりも，資材の調達リードタイムが長い場合，受注してから資材の注文を行ったのでは，製造するときに資材が間に合わない。需要予測は，このような調達リードタイムが長い部品の先行手配情報を提供する。

③ その他の計画立案への情報提供

長期は工場の新設や増強の設備能力の決定，中期・短期では人員計画への情報を提供する。

（4） サプライチェーンの視点での需要予測の重要性について

需要予測，販売計画は，サプライチェーン計画の基点であるため，需要予測，販売計画の精度が低いと，膨大な在庫を抱える，不要なものに経営資源を投資する，ビジネスチャンスに及んで欠品という機会損失を被ることになり，サプライチェーン全体のパフォーマンスに大きな影響を与える。このため需要予測，販売計画は，サプライチェーン全体の計画の1つとして取り組む必要がある。

（5） 需要予測の手法

　需要予測の手法は数々あり，データの特徴により適した手法を選択する。また，イレギュラーな要因の影響を予測の際に実績データから取り除く手法も重要である。代表的な手法を図表2-9に整理した。

　これら以外に，ボックス・ジェンキンス法，離散データモデル，クロストン周期性モデル曲線近似，多重レベルモデル（地域や商品カテゴリーといった視点からの商品のSKU階層を考慮するもの），イベント調整モデルなどもある。

　予測精度を高めるためには，予測する目的を明確化して必要なデータだけを集める，傾向変動や季節変動などの要因を加味して，実際の適用場面に近づける，実績と誤差を分析して数式や係数を修正する，イレギュラーデータを除去する，適切な参照する期間を設定する，適した手法を採用するなどが必要である。

（6） 需要予測，販売計画プロセスと管理ポイント

　需要予測，販売計画は，一般的には次のようなプロセスで実行される。
　ⅰ）　過去の販売実績データの収集

図表 2-9　需要予測の代表的な手法

手法	概　要	用　途
移動平均法	・単純移動平均法～最近のいくつかの実績値の単純平均を求めて，それを次期の予測値とする方法。 ・加重移動平均法～過去の実績値の平均を求める場合に，それぞれに異なる重みを与えて平均値を求める方法。	時系列データの不規則変動を除去し，傾向変動を分析する。
指数平滑法	前期の予測値＋（前期実績値－前期の予測績）×a （a：平滑化指数　$0<a<1$）	需要の不規則な変動を平滑化し，かつ需要の変化に追従させたい場合に使用する。
回帰分析	需要に影響を与える要因（説明変数）と需要との関係を分析し，回帰式で表し，この式を用いて需要予測を行う。	予測時に考慮すべき要因が明らかな場合に用いる。
センサス	センサスX-11は米国商務省センサス局によって開発され，1965年10月から正式に採用されている手法。	国家経済データの季節性を消去して，トレンドサイクルを決定する等に使用されている。

ⅱ) 過去の失注実績データの収集
ⅲ) 過去の販売実績のイレギュラーデータの除去
ⅳ) 需要予測
ⅴ) 今期の製品改廃，販売施策を加味した販売計画確定
ⅵ) 自社の経営資源の供給能力の調整
ⅶ) 経営計画が求める利益，キャッシュ予算との調整による販売計画確定

これらのプロセスにおける重要な管理ポイントは，

① 「ⅰ) 過去の販売実績データの収集」においては，顧客属性別，製品別，時系列でデータを捉える必要がある。

② 「ⅱ) 過去の失注実績データの収集」では，成注データだけでなく，失注データも含めて需要予測を行うことが予測精度を向上させるため，確実に行う必要がある（失注計上を行っている企業は少ない）。

③ 「ⅲ) 過去の販売実績のイレギュラーデータの除去」では，イレギュラーデータにより真のトレンドを撹乱されることがあると予測精度は低くなるため，何をイレギュラーデータと捉えるかの視点とその要因の特定，イレギュラーデータの除去が重要である。

④ 「ⅴ) 今期の製品改廃，販売施策を加味した販売計画確定」では，需要予測の結果に対して，前月までの実績が当てはまらない変動要素をふまえて計画を修正することが必要になる。

⑤ 「ⅵ) 自社の経営資源の供給能力の調整」においては，CRPなどを用いて生産能力の負荷検証を行う。

などがある。

5. 基準生産計画

(1) 基準生産計画の概要

基準日程とは，日程計画の基礎となる標準的な生産期間（生産着手から完了までの所要時間）を指し，基準日程計画で立案する。

基準生産計画はMPS（Master Production Schedule）とも呼ばれ，顧客の要求する最終製品または中間組立品などのエンドアイテムの必要量と必要

時期をタイムフェイズされたバケット（タイムバケット，仕事の時間単位）上に設定したものである。

　基準生産計画の設定対象となる品目をエンドアイテムといい，エンドアイテムは必ずしも最終製品とは限らず，中間組立品や保守部品，サービス品の場合もある。また，組立工程などの最終製品に近い，ネックとなる重要工程で生産する中間品（例：製造リードタイムが長く，重要な部品であるLSIなど。キーパーツと呼ばれる）を基準生産計画の基準とする考え方もある。基準生産計画では，エンドアイテムから展開される下位の品目の計画は行わない。

　基準日程の作成方法には，バックワード方式とフォワード方式の2つがある。

・バックワード方式……完成納期に合わせて，最終工程の生産着手日を求め，その生産着手日を前工程の生産完了日にして，初工程の生産着手日，部品や材料の納品日を決定する方法である。
・フォワード方式……初工程の生産着手日から，次の工程へと順番に製造リードタイムを加え，各工程の生産着手日・生産完了日を決め，基準日程を決めていく方法である。

　基準生産計画は，1ヵ月以内は日単位で，2〜3ヵ月先は週単位で，4ヵ月〜1年先は月単位などのタイムバケット別に生産量を計画する。

　工場の生産管理部門は，この基準生産計画をベースにして，中間組立品の生産計画や部品・材料の発注計画を作成するため，工場にとって重要な計画である。このため，計画にあたっては，下位の中間組立品や部品の生産ラインの負荷計算を行い，過負荷になっていないかどうかチェックをして生産量を調整する。これを能力・負荷計画（RCCP：Rough Cut Capacity Planning）という。

　MRP（正味所要量計画，MRP：Material Requirements Planning）システムやERPパッケージでは，基準生産計画を基準として以後の処理を展開していることが多い。このため，システムを導入する場合には，最終製品以外をエンドアイテムと設定する場合，最終製品から基準計画対象のエンドアイテムまでの連携時間や連携方法を考慮して，基準情報を設定する必要がある。

（2） 基準生産計画の立て方

図表2-10に，生産活動にかかわる業務とモノと情報の流れを示す。この図表から，各業務プロセスの間をどのような情報やモノが流れ，連携していくかを読み解くことができる。さらに，基準生産計画は，需要予測に基づく販売計画，総合計画で計画する在庫計画，プロダクトミックス，操業度計画のアウトプットの長期にわたる生産品種・品目や数量，納期，在庫情報，資材所要量計画などの連携する計画と整合をとる必要があることがわかる。

また，立案された基準生産計画は，資材の所要量計画のインプット情報となり資材が発注され，また下位の中間組立品の製造計画のインプット情報となり製造指示が作成される。

基準生産計画の策定手順は，企業により特性があるが，基本的な業務プロセスは図表2-11のようになる。

（3） 基準生産計画のキャッシュフロー予測への反映

基準生産計画は，計画の成果がキャッシュフローに置き換えられて初めて

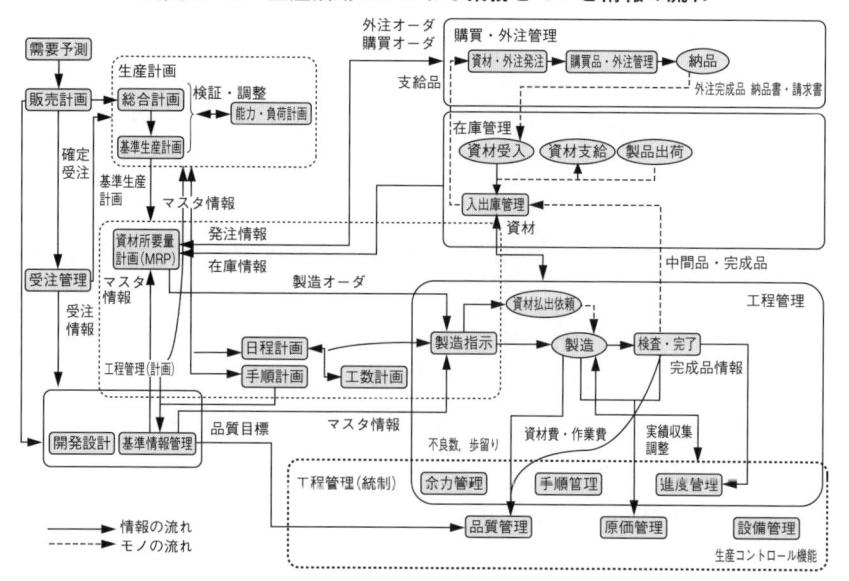

図表 2-10　生産活動にかかわる業務とモノと情報の流れ

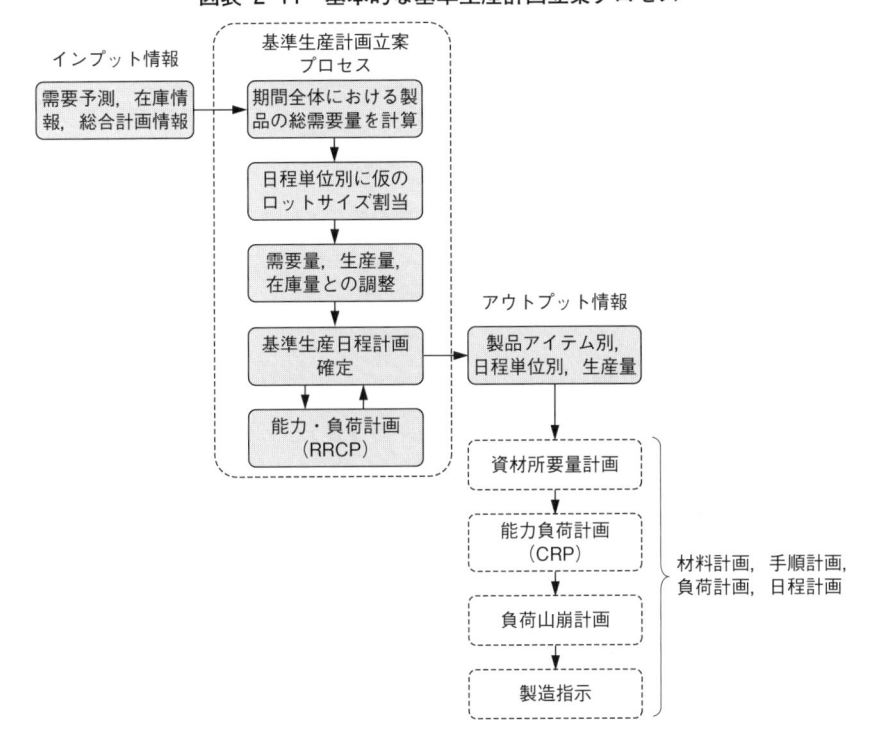

図表 2-11 基本的な基準生産計画立案プロセス

インプット情報
- 需要予測，在庫情報，総合計画情報

基準生産計画立案プロセス
- 期間全体における製品の総需要量を計算
- 日程単位別に仮のロットサイズ割当
- 需要量，生産量，在庫量との調整
- 基準生産日程計画確定
- 能力・負荷計画（RRCP）

アウトプット情報
- 製品アイテム別，日程単位別，生産量

- 資材所要量計画
- 能力負荷計画（CRP）
- 負荷山崩計画
- 製造指示

材料計画，手順計画，負荷計画，日程計画

経営計画としての収益的有効性が評価される。

販売・生産プロセスの範囲のキャッシュフローは，

　　税引後（売上－売上原価）－棚卸資産（材料＋仕掛品＋製品）の増加額
　　＋購買債務の増加額－設備資産簿価増加額

に置き換えることができる。

生産管理の巧拙によって，製品単位当たりの製造原価が低下できる。一方，資材調達計画の不具合によって材料在庫が増加し，工程間の作業ペースに不整合が生じると，仕掛在庫が増加する。販売計画と生産計画との不整合によっても，製品在庫が増加しキャッシュフローが低下する。

キャッシュフローを最終評価基準とするときには，売上－売上原価＝売上総利益と在庫回転の2つの要素で，基準生産計画の適否を事前評価しなければならない。この2つの指標はトレードオフの関係にあるので，原価削減の

ためにスケールメリットを狙い，大量に生産を行った結果，過剰在庫が生じる。一方，在庫削減だけに偏重した場合，品切れによる売上機会損失が発生する。したがって，この2つの背反する目標達成を両立させるためには，第1章で記述した，

　　　生産ROA＝税引後売上総利益÷棚卸資産

の統合指標と上下適正値内での棚卸資産回転率との2つの指標で複数の計画の有効性を比較評価する必要がある。

　　　棚卸資産回転率＝売上高÷棚卸資産

（4）生産能力計画

　生産能力計画は，需要予測，販売計画から生産量を予測し，総負荷を求めたもので，長期的な視点に立った，生産マップ，機械設備，作業者等の調達計画である。

　新工場の設置，設備の増強，人員の採用などは，需要が急激に増加したといっても，急に手当ができないため，長期的な視点に立った戦略的な計画が必要である。期間生産計画では，大日程計画で半年～1年先の製品・生産量を見据え，生産マップ，機械設備，作業者などの計画を行う。月次生産計画では，これらの具体的な決定を行う。

（5）日程計画

　生産計画の最終的なアウトプットは日程計画である。これに基づき製造指示が出され，生産の進捗管理が行われる。日程計画は，入庫計画に関連して各工程をいつ開始し，いつ完了するかというスケジュールである。

　見込生産の場合には，需要予測や販売計画をベースとした入庫計画をもとに，ロット（まとめて生産を行う単位）を構成し，ロットごとの日程計画を立案する。受注生産の場合には，確定受注の顧客納品日を基準に，各工程の生産リードタイムをもとに逆算して，各工程の着手日，完了日を求め，日程計画を立案する。

（6） 所要量計画

　製造において使用する部品は，部品ごとに調達期間が異なり，数日で調達できる部品もあれば，数ヵ月を要する部品もある。調達リードタイムが長い部品（足長部品）では，受注が確定してから調達したのでは，顧客納期に間に合わないものもある。そのために，調達リードタイムが長いものを中心に「いつ，何の部品が，何個」必要かを需要予測，販売計画，または月度生産計画から展開して，予測・決定する。これを部品所要量計画という。

　部品所要量計画の目的は，
　・部品の手配
　・部品サプライヤーに対する先行手配情報として提示
　・資材費計画
である。

（7） 業務プロセス設計，パッケージシステム適用設計でのポイント
① 生産管理部門のヒアリングのポイント

　ITプロフェッショナルや中小企業診断士，税理士，コンサルタントなどの実務家が顧客企業の生産管理部門のヒアリングを行う場合には，受注情報がどのように基準生産計画となり，さらに各工程計画へ展開されていくのか，出荷計画をどう立てているのかを確認していくと顧客企業の業務の流れを理解しやすい。

② 関連する業務プロセスと情報の期間，管理メッシュ，サイクルを整理すること

　基準生産計画は，中間組立品の生産計画や，部品・材料の発注計画を作成し，工場における生産活動の基点となる計画であり，販売計画，総合計画，基準生産計画，日程計画などの関連する各計画情報と整合が取れていることが必要である。このためには，計画単位，計画期間，仕事単位（日次，週次，月次など）をどのようにするか，計画情報をどのように詳細化していくのかのルールを明確に定義することで，各計画の整合性確保が可能になる。

　図表2-12に示すように，それぞれの計画の処理サイクル，計画が対象とする期間，メッシュ（管理を行う仕事の単位時間）を整理し，それぞれの調

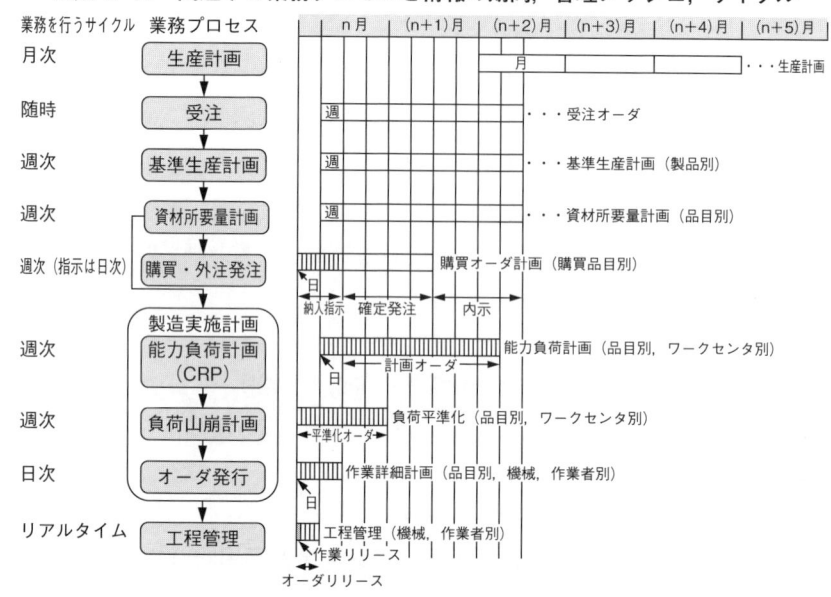

図表 2-12 関連する業務プロセスと情報の期間，管理メッシュ，サイクル

業務を行うサイクル	業務プロセス
月次	生産計画
随時	受注
週次	基準生産計画
週次	資材所要量計画
週次（指示は日次）	購買・外注発注
週次	製造実施計画 能力負荷計画 （CRP）
週次	負荷山崩計画
日次	オーダ発行
リアルタイム	工程管理

（図中右側）n月／(n+1)月／(n+2)月／(n+3)月／(n+4)月／(n+5)月
月…生産計画
週…受注オーダ
週…基準生産計画（製品別）
週…資材所要量計画（品目別）
購買オーダ計画（購買品目別）
納入指示 確定発注 内示
能力負荷計画（品目別，ワークセンタ別）
計画オーダ
負荷平準化（品目別，ワークセンタ別）
平準化オーダ
作業詳細計画（品目別，機械，作業者別）
工程管理（機械，作業者別）
作業リリース
オーダリリース

整ルールを定義していくと，目に見える形になり，顧客企業の業務を理解しやすくなるとともに，顧客企業内の関連部門で合意形成をしやすくなる。

③ 基準生産計画の追加・変更のルール

業務プロセス設計では，基準生産計画の追加・変更については，営業部門，製造部門の合意のうえ行うなどのルール決め，下位の中間組立品や部品の生産ラインの負荷計画により実現可能性チェックを行い，実現可能な基準生産計画立案が可能な業務プロセスにすることが重要である。

6. 基準情報管理

（1） 基準情報管理の概要

基準情報管理とは，情報システムで使用するマスタ情報を登録，更新，維持を行う管理活動である。

管理対象となる基準情報には，品目情報，製品構成情報，工程（作業系列）情報，購入単価情報，取引先情報，保管区優先順位情報，カレンダ情報

などがある。

　品目情報は，システム上で管理する製品，ユニット（半製品），部品，材料に関する情報で，品目番号，品目名称，手配区分，リードタイム，内外作区分などを持つ。

　製品構成情報は，品目間の親子関係や構成数を登録し，ストラクチャー型の部品表情報を管理するもので，版数，有効開始日・終了日，構成リードタイムなどを持つ。

　工程（作業系列）情報は，加工，組立，外注などの製造工程に関する情報で，品目ごとの工程作業順，作業区，系列別リードタイムなどの工程情報を持つ。

　購入単価情報は，購入品ごとの取引先優先順位とロットサイズ別の購入単価情報を持つ。

　取引先情報は，仕入先・外注先・顧客・出荷先などの取引先に関する情報で，取引先名称，取引先コード，取引窓口，銀行口座などを持つ。

　保管区優先順位情報は，購入品をどこで受入れするか，また，どの保管区から工程払出しするかの優先順位の情報で，受入場所，保管区，優先順位などを持つ。

　カレンダ情報は，工場，倉庫，各ラインの稼働日・非稼働日の情報である。

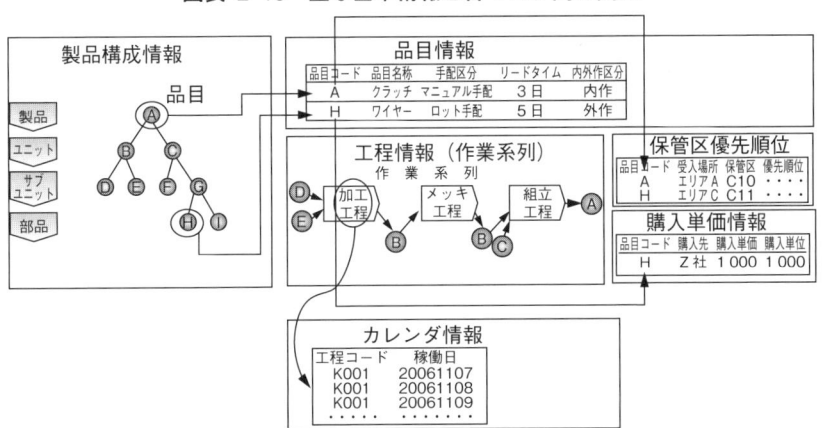

図表 2-13　主な基準情報と各マスタ間の関連

図表2-13に主な基準情報と各マスタ間の関連を示す。

（2） BOMの種類

BOM（Bill of Material）は部品表と呼ばれ，最終製品を構成する部品の種類，数量を記述したもので，親子の関係をつなげたツリー構造や一覧表で示す形式がある。BOMは企画，構想，設計，購買，外注加工，製造，サービスといったサプライチェーンのすべてのプロセスで，企画，構想を製品にするために情報を変換・伝達するものである。

このため，使用する部門や企画，構想，設計，製造，サービスなどの時間軸によって，求められる情報が変わってくる。

たとえば，企画，構想を行う企画部門では製品のイメージ図，イラストを扱い，これらを設計部門に伝達する。設計部門では機能仕様の実現方法，使用する部品を扱い，BOMに部品表，組立図，部品図を登録し，出図を行う。購買部門は，BOMの図面やMRPがBOMを展開して出力する計画購買オーダー一覧や手配計画表から発注すべき品目，納期情報を取得し，さらに発注先，単価をどうするかの情報が必要になる。また，外注先には，加工・組立方法，支給品を発注情報として渡し，部品を受入れる。製造部門では，BOMをもとに必要な部品を出庫し，つくる順番やつくり方，リードタイム，検査方法，納期に関する情報が欲しい。さらに出荷された後，保守サービス部門では，部品交換のサイクル，メンテナンス・タイミング，交換単位の情報が必要である。

このようにBOMには，製品になっていく時間軸，使用目的軸により，必要な情報の内容や粒度が異なっているため，実際のBOMも時間軸，使用目的により別物であり，データの形も異なっていることが多い。

設計段階で製品構成を定義するBOMはEngineering-BOM（E-BOM，設計部品表）といわれ，製造段階ではMRPで資材手配に使用，製造指示に使用するManufacturing-BOM（M-BOM，製造部品表）である。原価管理用に品目ごとの標準原価，実際原価などを持つ原価管理用BOMを持つこともある。また，購買用に，品目ごとの単価，購買先，複社購買比率などを持つ購買管理用BOMを持つこともある。

（3） 分離されたBOMを持つ場合の留意点

使用目的によりBOMが分離されている場合の留意点として，購買，原価管理，メンテナンスといった各プロセスが必要とする品目の管理単位よりM-BOMにおける製品構成単位の定義が大きいと，欲しい情報を取得できず，QCD向上施策の打ち手につながらない。半面，粒度が細かいと管理が煩雑になる。

また，設計変更や新製品の登録により，M-BOMの構成が変更された場合，二重，三重のBOMメンテナンスが必要になるとともに，適時に連携して他のBOMの変更を行う必要がある。

（4） 分離されたBOMの連携

E-BOMとM-BOMの連携は設計生産インタフェースといわれ，切望される機能であるが，現状では生産技術部門，生産管理部門が頭を使い，再登録を行っていることが多い。

（5） オーダ，コード体系例

生産計画に引き続き，生産管理部門は入庫計画に基づき，関連部門に生産指示を行う。工場への製造命令は，工場への発注書（または工場注文要求書）の発行によって行われる。工場への発注書（または工場への注文要求書）には，通常，製造番号（オーダ番号）が付与される。製造番号（オーダ番号）は経理システムに登録されて発番され，この時点からこの製造番号（オーダ番号）での原価が発生する。工場への発注書（または工場への注文要求書）は製造指示であり，技術部門，製造部門，資材購買部門は資材の発注を指示し，設計開発部門は設計を，製造部門は製造を開始する。

工場への注文書には，製造対象，数量，完了日，設計日程，発注手配などの日程，部品調達日，出庫配膳日，各工程の基準日程などが記述されている。

なお，オーダ番号の体系は企業によって異なる。以下に例を掲載する。

```
┌─┬─┬─┐   ┌──────────┐   ┌───┐
│X│X│X│ ─ │XXXXXXXXXX│ ─ │XXX│
└─┴─┴─┘   └──────────┘   └───┘
 ① ② ③         ④            ⑤
```

① 工場区分

② 事業部区分

③ 製品区分

④ 事業部内で任意の番号を設定可能

⑤ 枝番用

例) 1AZ―0703040001―002

　　1：九州工場

　　A：デザート事業部

　　Z：プリン

　　0703040001：2007年の下2桁＋月＋日＋連番

　　001：親番号を000とし，その下位に（少なくても）01と02がある

（6）生産管理とキャッシュフロー／原価管理の共有情報

キャッシュフロー／原価管理業務では，生産管理で管理する大半の情報共有が必要になる。情報共有の視点でも生産管理と原価管理は不可分な関係にあるといえる。以下，共有情報を示す。

① 製品・材料など品目情報

② 製番，製造オーダなど製造単位

③ 製品構成情報（BOM，レシピなど）

　生産管理では，製品の生産に必要な部品と数量を明らかにするのに必要だが，キャッシュフロー／原価管理では，製品の製造に必要な原価を積み上げるために必要となる。

④ 工程（作業系列）情報

　生産管理では生産の工程と工順を作業者に指示するのに必要であるが，キャッシュフロー／原価管理では，製品の製造工程別の原価を積み上げるために必要となる。

⑤ 工程で作業する要員情報

生産管理では製品の製造に必要な要員工数の手当に必要であるが、キャッシュフロー／原価管理では、製品原価のうちの労務費を算出するのに必要となる。

⑥ 工程で使用する機械装置の情報

生産管理では製品の製造に必要な機械装置の能力負荷を検証するのに必要であるが、キャッシュフロー／原価管理では、製品製造原価の機械装置の償却費やリース料を積み上げるのに必要となる。

⑦ 材料ごとの入出庫・在庫数量情報

生産管理では製品の製造に必要な材料の引当に必要であるが、キャッシュフロー／原価管理では、製品製造に消費した材料の消費原価と残存する材料棚卸高を算出するために必要である。

⑧ オーダごとの工程ごとの材料の消費量情報

生産管理ではオーダごと工程ごとの材料消費歩留りを評価するために必要であるが、キャッシュフロー／原価管理では、工程ごとの材料原価を標準値で計算するために必要である。

⑨ オーダごとの工程ごとの作業時間情報

生産管理ではオーダごと工程ごとの加工歩留りを評価するために必要であるが、キャッシュフロー／原価管理では、工程ごとの労務費または加工原価を標準値で計算するために必要である。

なお、作業時間は、良品製造にかかった正味作業時間だけでなく、不良品の製作や修復、段取替えや清掃の時間、手待ち時間、計画外の停止時間、会議時間、休憩時間などの要素別の作業時間情報が必要である。

⑩ オーダごとの工程ごとの機械・設備稼働時間情報

生産管理ではオーダごと工程ごとの加工歩留りを評価するために必要であるが、キャッシュフロー／原価管理では、工程ごとの加工原価を標準値で計算するために必要である。

なお、加工時間は、良品製造にかかった正味作業時間だけでなく、不良品の製作や修復、段取替えや清掃の時間、調整運転時間、計画外の停止時間などの要素別の稼働時間情報が必要である。

⑪ オーダごとの工程ごとの仕掛品・製品製造数量

生産管理ではオーダごと工程ごとの生産実績と生産性，歩留りを評価するために必要であるが，キャッシュフロー／原価管理では，製造原価を計算するために必要である。

なお，良品製造数量だけでなく，減損数量，状態別仕損数量，仕掛品の完成進捗度情報が必要である。

（7） キャッシュフロー／原価管理でのBOMの活用

キャッシュフロー／原価計算のために活用されるBOMの活用目的には2つある。

① 原価企画・基準生産計画評価

原価企画および策定された基準生産計画の収益性評価のため，参照すべき各アイテムの予定原単価または標準原単価，および単位数量情報を提供する。

② 原価計算早期化

原価計算は，本来は各工程での製品別・オーダ別の製造原価要素の実際消費量を計測しなければならないが，限られた計算日程と事務工数の制約を考えるならば実測が困難なケースが多い。そこで代替プロセスとして，BOMに登録された基準値で各工程の産出製品や中間品の完成実績から構成材料の標準所要量，標準加工時間を参照し，原価要素の消費量を理論的に計算する方法が採用される。具体的には，完成実績数（または量）から，その完成数（または量）を生産するために使われたであろう材料を「完成数（または量）×材料の標準所要量」で論理的に計算する。

（8） 工程別原価情報

製品単位，オーダ単位だけではなく，工程単位での生産性も生産プロセスとして評価されなければならない。予定原価や標準原価制度を採用している事業体では，製品別原価計算と並行して各工程の標準単価，標準加工量を設定し，実績と対比することにより生産性を改善している。

一方，製品単位の製造原価計算では，工程別原価を，当該工程を通過する製品に配賦し，製品軸で工程別原価を集計する製品別工程別原価計算の仕組

第2章 生産管理のプロセス 63

図表 2-14 BOMによる消費量計算

① 工程ごとの完成数量からBOMで材料消費数量を展開する

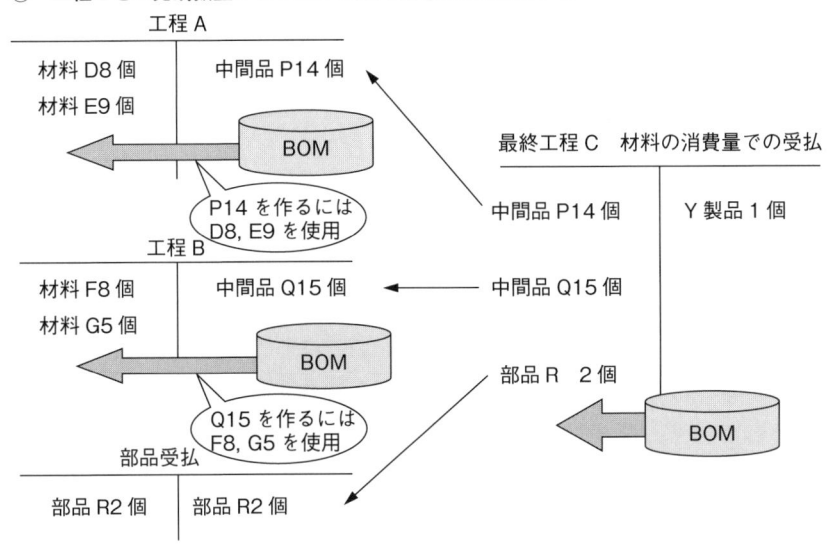

工程A

材料 D 8個　　中間品 P 14個
材料 E 9個

BOM

P14を作るには D8, E9を使用

工程B

材料 F 8個　　中間品 Q 15個
材料 G 5個

BOM

Q15を作るには F8, G5を使用

部品受払

部品 R 2個　｜　部品 R 2個

最終工程C　材料の消費量での受払

中間品 P 14個　　Y製品 1個
中間品 Q 15個
部品 R　2個

BOM

② 金額計算は工程順に積み上げる

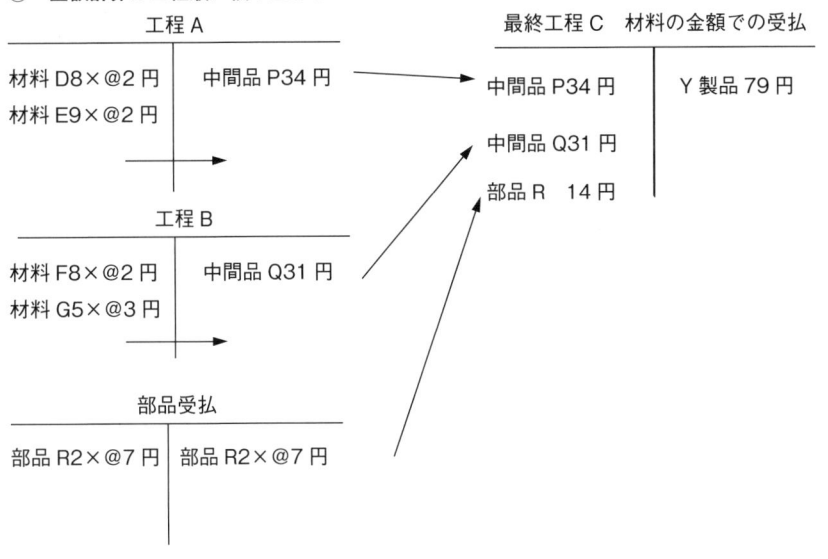

工程A

材料 D 8×@2円　　中間品 P 34円
材料 E 9×@2円

工程B

材料 F 8×@2円　　中間品 Q 31円
材料 G 5×@3円

部品受払

部品 R 2×@7円　｜　部品 R 2×@7円

最終工程C　材料の金額での受払

中間品 P 34円　　Y製品 79円
中間品 Q 31円
部品 R　14円

みがとられている。

この意味で，工程別原価情報は，工程の生産性改善と製品のコストダウンの2つの目的を持って運用されるのである。

（9） 製造間接費等の配賦基準情報

製造間接費は，製品個別に発生要因を特定できないので，直接製造部門を支援する意味での補助部門単位で集計後，補助部門からの支援実績によって直接製造部門に配賦し，次に配賦後の直接製造部門費を製品別に再度配賦して製品ごとの製造原価を確定する（170頁，製造間接費計算参照）。

この配賦基準値としては，まず部門間配賦では部門間の支援時間や生産設備資源の使用を捉えての床面積や光熱費の消費量等を使用し，製造部門から製品へは直接材料費や直接労務費，機械作業時間，出来高などを使用する。これらの配賦基準情報を生産管理で適切なサイクルで収集し，原価管理で基準情報として参照可能にする必要がある。

（10） 活動基準情報

活動基準原価計算は，補助部門等で発生した製造間接費の製品への配賦を，製造部門経由での配賦や振替を行わず，製品製造への補助部門機能としての付加価値生成活動（コストドライバという）を定義して，当該活動量に比例して配賦する方法である。

生産基準情報としては，この補助部門の活動別の活動量を原価計算期間に合わせて収集し，配賦計算に参照可能とする。

（11） 設備情報

生産管理上の設備単位としては，マシンセンターという。生産管理上は，生産計画に対して能力の過不足を計算するため，設備の能力情報をデータベース化する。一方，設備の減価償却費やリース料など原価情報も併せて登録し，基準生産計画に対する時間単位の設備コストを参照する。しかし，設備コストは既に投資された既決コストであるので，使用された時間だけでなく，使用されなかった遊休分のコストは，投資の失敗として要因を明らかに

して原価または期間費用に反映することが望ましい。

経営資源の有効活用の評価では、設備の稼働率や投資回転率、投資利益率が評価指標として用いられる。

7. 資材管理

（1） 資材管理の概要
資材管理とは、生産計画に基づいて資材を確保し、適切な時期に、適切な品質で必要数量だけ調達し、かつ資材の購買・保管等の費用を最小にする活動である。

資材管理は、① 生産活動で重要な資材を供給すること、② 資材費（材料費）は製造原価の中の50〜80％を占めているため、生産合理化上、資材費を削減する購買管理は重要課題となること、経営活動における外部との接点となることから、生産管理上重要な役割を持つ。

（2） 資材管理の機能
資材管理は次のような機能を持っている。
① 購買管理
資材を必要な品質・数量・時期、適切な価格で調達する活動。
② 外注管理
取引先から部品を購入、組立加工を委託し、高品質・低価格を確保しながら納期を遵守する活動。
③ 在庫管理
生産計画に対応して、必要な資材を、調達期間、在庫保管費用、保管場所等を考慮して、最適な費用で確保するための活動。
④ 倉庫管理
在庫を最適な状態で保管し、出庫要求に対して、必要な数量・時期・場所を守って供給する活動。
⑤ 運搬管理
工場内、工場間の資材の取扱いや運搬、運搬に必要な機器の管理や保守を

行う活動。

これらの機能により，4Mの中の，Materialを最適化する管理活動が資材管理である。次項よりそれぞれの機能を概観する。

8. 購買管理

（1） 購買管理の概要
購買管理は，資材を，必要な品質・数量・時期，適切な価格で調達する活動である。製品の50〜80％は資材費といわれており，原価構成比率が大きい資材費を引き下げることはコスト戦略面で重要な課題であるため，購買管理が重要視されている。

（2） 購買管理の基本業務
購買管理の役割は，購入方法を決定する，発注先と契約する，契約した内容の品質と納期を確保することにある。このため，購買管理の基本業務は次のようになる。

① **購買調査**
購買方針や購買計画立案，または発注業務遂行のための情報収集，資材の市場価格の調査，発注先の調査などを行う。

② **購買方針策定**
購買に関する基本方針決定，購買方式，品目，品質，数量，時期，価格，発注先の選定基準，契約条件，業務分担や手続きなどの方針を策定する。購買方針は，経営戦略にかかわる事項のため，経営方針に従い，トップマネジメントの承認を必要とする。

③ **購買計画**
購買方針に基づき，主に購買部門によって立案される実行的な計画であり，購入する品目，数量，時期，価格，発注，契約条件などを決めるものである。

④ **発注・契約**
取引先調査・選定，価格の交渉・決定，契約手続きといった中心的業務で

ある。

⑤ **納期管理**

発注した資材の納入状況の把握や遅延督促などを行い，納期と契約条件が遵守されるようにする管理活動。受入後の支払も行う。

⑥ **購買改善**

新規の取引先を探す，取引先の育成や業務のQCD改善を指導する。

（3） 取引先の選定

必要な品質・数量・時期，適切な価格で，安定的に調達を行うためには，適正な購買先を選定することは重要課題である。取引先を選定する場合，一般的に，次のような手順で行われる。

① 取引先の選定……候補を品目当たり3～4社に絞る。品質・納期・価格，取引先の継続性，取引先の複数性，相互利益性，生産技術，ISO，グリーン調達などを検討する。

② 候補先調査……選定基準をもとに，設備，技術水準，財務状況，資金力，経営方針などを調査する。

③ 取引適正確認……QCD，生産能力，協力性などを検討する。

④ 試行取引……一定期間や数回取引を行い，QCDを評価する。

⑤ 取引先決定……1品目当たり2社程度，品目別取引先台帳などに登録し，以降の取引先とする。

特に，新規取引先開拓の場合には，

（a） 新規取引先開拓方針の設定と開拓計画立案

（b） 新規取引先の情報収集

（c） 新規取引先候補の企業評価

の後に，①の取引先の選定を行い，⑤の取引先決定後，④新規開拓実績の調査のフォローアップを行う。

（4） 購買方式

購買方式は，業務分担面，購買先面，購買時期や数量面，契約面からみて，いくつかの方式があり，より有利な価格で調達を行うために，適切な購

買方式を採択することが求められる。

■業務分担からみた購買方式

① 集中購買方式

本社が全工場・全部門の購買を行う方式。

まとめ買いによる購入単価や業務費用低減，全社的な在庫削減を狙う。

② 分散購買方式

工場や部門ごとに個別に購買を行う方式。

工場や部門の個別の生産条件に適した購買が可能，地元産業育成，地域社会とのつながり強化を狙う。共通使用度が低い，購入先が分散，購入金額が低い資材に適する。

■購買先の面からみた購買方式

① 連帯購買方式

発注した取引先が自力調達できない場合に，発注者が代わりにその資材を購入する方式。

② 委託購買方式

指定した1社に一括して資材を調達させる方式。

消耗品など少量で多品種の安価な資材購入に適する。

③ 共同購買方式

企業や系列企業が共通で使う資材を共同購入する方式。

大量購入による単価低減が可能だが，運用が難しい。

④ 系列購買方式

自社と資本的に同系列の業者から優先的に資材を購入する方式。

⑤ 相互購買方式

自社の得意先から資材を購入する方式。取引先選定の自由度が低くなる。

⑥ 店頭購買方式

資材を展示販売している展示会場や販売店に出向いて購入する方式。

■購買時期や数量からみた購買方式

① 当用買い方式

必要なとき，必要な量だけ購入する方式。在庫を持たずに済むが割高になる。

② 見込仕入方式

対象資材が長期・継続的に使用され，量も金額も大きく，相場変動が大きい場合に，相場の低い時期にまとめ買いする方法。生産計画や仕様変更があると大量在庫になる可能性がある。

③ 継続的購買契約 CRP（Continuous Replenishment Program）

購入側企業が一定期間の購買予測数量を供給業者に提示し，契約単位を確定してしまう。

以降，購入側が提供する在庫情報と売上情報に基づいて供給側が在庫補充を行う。

④ 供給業者在庫管理 VMI（Vender Managed Inventory）

購買側企業が売上・在庫情報を供給業者に開示し，両者が設定した基準在庫量を基準に供給側責任で在庫を補充する。在庫が供給者持ちであることがCRPとの差である。

■契約面からみた購買方式

① 一般競争入札方式

入札資格がある業者によって入札され，最低価格を提示した業者と契約する方式。公平性がある競争により低価格の契約が可能になる半面，不正業者の参入危険性もある。

一般規格品や市販品の購入に適している。

② 指名競争入札方式

入札資格者を選定・指名して，競争入札する方式。不正業者の参加を防止し，適正価格での購買を可能にする半面，応札者同士の談合の危険性が高くなる。

③ 見積合わせ方式

指名した複数の業者から見積りを取り，比較して最適な業者と契約する方式。価格に加えて，品質やサービスなども考慮して契約できる。

一般規格品，市販品，特殊仕様品や高額資材の購入に適している。

④ 随意契約方式

購買先が複数社限定されており，購買担当者の意思で業者を選定して契約する方式。

特殊仕様品などの購入に適している。
■簡易購買方式
　・簡素化した事務手続きで，購買，納品，代金支払いを行う方式。
　・預託方式，通帳（かよいちょう）方式，即納契約方式などがある。
　・契約後，即納できる仕組みで，単価の安い資材の購入に適している。

（5）　価格管理
　購買品は，より有利な価格で調達を行いたいが，価格決定での検討事項としては，次のものが考えられる。
　・需給バランス
　・価格
　・事業特性
　・競合有無
　・物流条件
　・為替変動
　・購入ロット
　・決済条件
　・取引先との関係
　これらは，価格構成要素といわれる。

（6）　資材のコストダウンとキャッシュフロー向上
　①　材料費のコストダウンの重要性
　業態によって差異はあるが，製造業では一般に製造原価に占める材料費率は 50~80% を占める割合が多くコストダウンの重要な要素である。コストダウンをどのように行うかを考えるとき，その着眼点として，わが国の流通経路の複雑さがある。多段階の流通経路を経ることにより，材料費に占めるコスト構造は商流・物流コストのウエイトが高い。そのため，材料のコストダウンは取引先と一体となった商流条件，物流条件の変革によって更なる成果を得る可能性が高い。
　また，有利な価格で購入するための購買管理や他の業務プロセスでの工夫

がある。設計段階において共通に使用できる部品を設計，採用することで，工場全体として使用する部品の種類を絞り，大量購入することでスケールメリットを狙う方法，同種の資材を複数の企業から購入することで，企業同士を競わせて安価で購入できるようにする方法，取引先に継続的にその資材を発注し，同じ資材を製造することにより，より安価に製造できるようになる経験曲線効果を狙う方法，内作する場合と外作する場合のコスト面での比較を行い，内外作を検討するなどが考えられる。

また，購買方式を決定する際に，より有利な購買ができる方式を検討，採用することも重要であり，たとえば集中購買がよいか，分散購買がよいかなどの検討を行う。分散購買を行う場合，同じ資材を購入する場合でも購買する部門や工場ごとに購買単価が異なることがある。より安価に購入するためには，購入単価情報の共有，有利購買情報の共有もポイントになる。

資材のコストダウン施策の要点は次のように整理できる。

・商流，物流コストの見直し
・共通化
・スケールメリット
・競争
・経験曲線
・内外作の検討
・集中購買 or 分散購買
・有利購買情報の共有

② 購買データの解析

資材のコストダウン施策を検討する際，過去の購買データを分析することは効果がある。購買価格は，常に一定ではなく，素材の市況変動，季節変動，発注ロットのサイズ，物流手段，発注先国，予約期間条件，決済条件，為替変動，税制など，さまざまな要素により変動する。価格変動はこれらの要因が複合するので，購買価格が決定したときに，これらの環境に関する情報（コーザルデータ）をあわせて取得し，購買価格との関連を分析し，有利な購買価格を設定できた条件を整理する。

図表 2-15　購買データの解析によるコストダウンの施策策定

- 購買価格を本体価格と数量割引，決済割引分と物流費，為替変動明細に分解する。
- 購買価格変動を時系列，発注者，取引先，産地，物流条件など属性要因で分析する。
- 検収情報に，発注者情報，取引先情報，産地情報，発注数量情報，決済条件情報，物流諸掛情報，取引通貨，関税率情報なども加える。

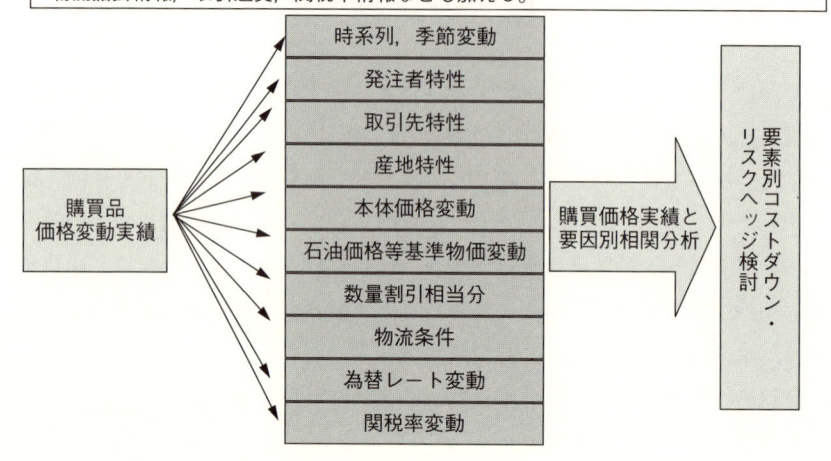

```
                    ┌─ 時系列，季節変動 ─┐
                    ├─ 発注者特性 ──────┤
                    ├─ 取引先特性 ──────┤
                    ├─ 産地特性 ────────┤        ┌──────────┐
  購買品           ├─ 本体価格変動 ────┤ 購買価格実績と │要素別コスト│
  価格変動実績 ──→├─ 石油価格等基準物価変動┤ 要因別相関分析 →│ダウン・リスク│
                    ├─ 数量割引相当分 ──┤        │ヘッジ検討 │
                    ├─ 物流条件 ────────┤        └──────────┘
                    ├─ 為替レート変動 ──┤
                    └─ 関税率変動 ──────┘
```

③ 資材のコストダウンの進め方

これまで企業では，機械化やIT活用，生産の合理化を通して，あらゆるコスト（原価）の見直しを行ってきた。しかし，技術の進展や海外企業の参入など，市場の競争は激化し，コストダウンは永遠の課題となっている。そのために，効率のよいコストダウンの進め方が重要である。

(a) 効率がよいコストダウンの進め方

効率がよいコストダウンの進め方は，まず，優先順位をつけることが必要である。優先順位の基準は，

① 原価の比率が高いもの
② 原価引下げ効果が大きいもの
③ 取り組みやすいもの

が考えられる。

また，コストテーブルを利用することも効果的である。設計，購買，製造などの各プロセスから発生する，すべての無駄なコストを組織的，系統的に排除するために，コストに関するデータをまとめたコストテーブルを利用して，コストダウン活動そのものを低コスト化する。

技術面の考慮としては，コストダウンによる開発納期延長，製品の品質，性能，安全性への影響なども考慮して，実態に見合った形で段階的にコストダウンを行う。

（b） コストダウンの施策

材料費は製造原価の中で高い比重を占めるために，コストダウンでの最優先項目である。一方，固定費は長期的な効果を狙ったものが経営資源の投資であることが多いため，削減を行う場合には十分な検討が必要である。

〈材料費〉

●材料単価の改善
① 購買方針の改善，適用購入，適正価格の設定，調達先・調達方法の再検討
② VE利用による設計仕様の再検討，過剰品質，代替部品・品目減少の検討
③ 新材料の採用，代用材の利用

●材料消費の改善
① 設計の改善，部品標準化，加工のしすぎの改善
② 設備改善，工程作業の誤り改善，原材料不適合の改善，運搬・保管中の損傷の改善

〈労務費〉

●稼働率と作業能率の向上（歩留率向上）
① 作業方法の改善，手作業の機械化
② 有効作業の効率化，無効時間の短縮
③ 仕様欠陥の排除，非能率的な製造方法や作業方法の改善

●賃金の引下げ
① 人員配置計画の適正化，低賃金の未熟練工の利用
② 作業の標準化，段取り改善

〈外注加工費〉

●外注施策の適正化
① 操業度に応じた内外作の決定と再確認
② 格付け評価による外注先適正化

〈製造経費〉

●省エネ対策と工具管理
　① 使用方法適正化による電力費改善，燃料のリサイクル
　② 3R（Reduce, Reuse, Recycle）の推進
　③ 工具の使用方法適正化，原価意識改善

〈固定費〉

●スリム化，固定費の変動費化
　① 倉庫や工場の集積統合，IT化による業務効率化（人員削減）
　② パートタイマー，契約社員などの活用
　③ 業務のアウトソーシング

（7）　納期管理

　資材の納期遅れは，生産工程の停滞，設備・機械の遊休や作業者の手待ち，製品出荷の納期遅れにつながる可能性が大きい。このため，納期どおりに指定数を納品させるような管理が重要である。このための管理活動を納期管理という。

　納期管理においては，次のような基本姿勢が必要である。
　① ジャストインタイムを基本方針とする。
　② 適正な発注数量と取引先の負荷の考慮を行う。
　　　適正な発注数量や適正な負荷の決定要素としては，製造計画，倉庫面積の占有率，棚卸資産圧縮と欠品ロス発生のバランス，購入先の能力などがある。負荷が高いと考えられる場合には，購入先に対する外注指導を行う，または，複数社購買を採用してリスク分散を行うことなどがある。
　③ カムアップシステムを採用して納期管理を行う。

（8）　購買品の品質管理

　購買品の品質とは，製品の要求に見合った「適切な品質」である。品質確保のための施策としては，次のものがある。

第2章　生産管理のプロセス　75

① よい購入先の開拓と適した購入品の選定

取引開始時点および発注前の品質管理で，取引先の調査，購入対象品の調査を十分に行う。また，取引先決定後も，品質のフォローを行う。

② 検査の実施

製作途中での品質管理と受入時の品質管理があり，製作途中の品質管理としては，立合検査，書類審査があり，受入時の品質管理としては，受入検査がある。

③ 外注育成

購買先も自社工場の1工程と捉え，1つのサプライチェーンの上のプレイヤーとして，業務改善やQCD改善を指導し，購買先の管理精度を向上させ，よい品質のものを製造できるようにする。

（9）　受入検査

受入検査の目的は，
・購入したものを判定基準に基づき，受入れてよいかを判定する
・要求品質に対し満足できる発注先を選定または育成する
にあり，その方法としては次のものがある。

① 全数検査

購入ロット内のすべてについて良品か不良品かを調べ判定する。ロット数が少なく，検査に手間がかからず，しかも破壊検査の必要がないものに限られる。また，ロット内に1単位でも不良品が混入していると人命に影響するなど，社会的または経済的に重大な結果になる場合に行う。

② 抜取検査

購入ロットからサンプルを抜き取って検査し，そのロットすべてを合格か不合格かを判定する。ロットサイズが大きく，ある程度の不良品の混入が許される場合に適用される。また，破壊検査が必要な場合や粉末，液体などのようなものは抜取検査になる。

(10) 購買業務で使用する管理手法とツール

① MRP（Material Requirements Planning）

生産予定がある製品に関して，その製品を生産するために，どの部品が，何個，いつ必要かを計算（部品展開）し，生産に必要な部品の総量を算出した後，有効在庫数量と既に発注しているがまだ到着していない部品の数（発注残）を差し引くことで，本当に不足する部品（発注が必要な部品）の数量を算出する方法，または仕組みである。

② 製番管理

個々の注文について，最初から部品を引当て，すべての加工と組立指示書を用意し，同一の製造番号をつけて管理する方式である。

これに対し，MRP部品は共通部品として生産を計画，製造され，組立のときに初めて特定の部品が特定の製品に引当てられる。

③ かんばん

かんばんは作業指示書の一種である。生産の指示を行う生産指示かんばん（仕掛けかんばん），運搬の指示を行う運搬指示かんばん（引き取りかんばん）などがある。

生産指示かんばんには，「品名，品番，工程名，生産指示量，完成品置き場名」などが記載されており，運搬指示かんばんには，「品名，品番，コンテナ収容数，前工程の完成品置き場名（または仕入先名），受入場所名」などが記載されている。

かんばん方式とは，後工程が使った分だけを前工程に生産させるという生産の仕方を行うために，かんばんという生産指示票を使って，生産指示，運搬指示を行う仕組みである。

④ 発注点

発注点は，在庫が一定量まで減少した時に発注を行う，在庫水準である。後述する定量発注方式，定期発注方式では，どちらも，資材が納品されるまでの間に需要変動や納期変更による品切れが起きないように，一定の在庫を保持する必要がある。これを「安全在庫」といい，定量発注方式では発注点設定の要素として，定期発注方式では発注数量算出の要素として用いる。

第2章 生産管理のプロセス　77

(11)　購買管理のパフォーマンス管理

購買管理業務プロセスのパフォーマンスをどのように管理するかについては，第3章第1節4.(2)で記述している。参考にされたい。

(12)　キャッシュフロー向上視点での購買プロセス革新

購買プロセスは，企業の製商品リードタイムを決定する重要なプロセスである。したがって，購買プロセスを構築する場合はリードタイムに焦点を絞って下記のように機能方針を定める必要がある。

①　購買業務プロセスの革新視点

（a）　受注後，納品までのリードタイム短縮を指向し，かつ自社で在庫を節約するために，調達リードタイムが短く，商品・部品・資材を必要数量だけ調達できるJIT対応が可能な仕入先との連携を確立すること。

（b）　定番的な回転率の高い補充型資材は仕入業者に在庫管理を任せ，必要量だけ買い取る預託方式を採用する（CRPやVMI契約の締結）。

継続的購買契約CRP（Continuous Replenishment Program）は，購入側企業が一定期間の購買予測数量を供給側に提示し，契約単価を確定してしまう。以降，供給側が，購入側が提供する在庫情報と売上情報に基づいて在庫補充を行うシステムである。供給側の需要予測能力が課題になるが，それだけにメーカ主導力の強いサプライチェーンで導入される形態である。

メーカは他のチャネルの売上動向も横並びで見ているのでかなり精度の高い需要予測が可能であり，個々の購買販社の無駄な在庫が圧縮される効果がある。物流的には販社在庫はメーカ管理下に入るので購買管理コストも圧縮される。商流的には在庫の所有権は納入段階で購買側に移る。

供給業者在庫管理VMI（Vender Management Inventory）はCRPと同様，購買企業の売上・在庫情報を供給業者に開示し，両者が設定した基準在庫量を基準に供給側責任で在庫を補充する。在庫は供給者所有であることがCRPとの差異である。

（c）　将来，市況変動で価格が上昇し入手困難となる資材を先物相場で予約買付けできる能力を持つ。

（d）　購買から現場への供給プロセスのリードタイムを短縮し管理するこ

と。また，購買管理は仕入業者の納期遵守率を重点的に管理する必要がある。具体的には，個別発注についての要求納期に対しての業者の遵守率を統計的に管理する。制度化された報奨制度，ペナルティ制度を履行する。

（e）購買から入庫検収プロセスを ERP で管理し，発注単位別の各プロセスの通過時間を把握し，リードタイム短縮の施策を講ずることが必要である。

ベストプラクティスとして仕入先への調達計画の事前通知，伝票，荷姿のバーコードによるポイント通過管理，仕入先との連携によるノー検品，製造現場への直送，経由物流センターでのクロスドッキング仕分けなどが採用されている。

② 商流による改革視点

商流による革新としては，

（a）MRP を使った資材所要量計算による手持在庫引当と不足分自動発注
（b）EDI による仕入先発注通知，バーコード付発注書を発行
（c）仕入先への調達計画の事前通知
（d）仕入先への補充委譲（CRP）と消費分買取方式（VMI）

がある。

③ 物流による改革視点

物流による改革としては，

（a）EDI による納品予定通知受領
（b）発注単位にバーコードによるポイント通過管理
（c）物流センターでのクロスドッキング仕分け
（d）仕入先との連携によるノー検品
（e）製造現場への直送方式

などがある。

9. 外注管理

(1) 外注とアウトソーシング

外注とは，本来，企業内で製作・作業を行うべきものを外部の業者に発注することをいい，企業の生産活動の補完をするものである。

近年はアウトソーシングサービスの活用事例が多くなってきているが，一般的には，従来の外注の意味は，自社の生産プロセスや生産資源の一部分を補完させることであるのに対して，アウトソーシングは，自社のビジネスプロセスを高い専門性とマネジメントを含めてプロセス単位で全面的に委託したり，業務プロセスの大半を業務委託したりする業態を意味することが多い。

ここでは，従来の部分的な製造外注とアウトソーシングを包含して，外注管理のあり方を述べる。

(2) 外注の種類
① 外注の種類

外注には，製品外注，部品外注，加工外注，作業外注がある。また，外注先の業態には以下のようなパターンがある。

・独立の製造ラインを保有
・一貫した生産ラインを保有して一括受託（アウトソーシング）
・発注者と一体となった製造ライン（専属）（工場内，工場外）
・独立の生産管理システムで運用
・発注者と一体となった生産管理システム共有

② 外注先との業務連携

サプライチェーンの業務プロセスの中で，自社工場の業務プロセスと外注先との業務プロセスが連携するのは，次のような業務プロセスである。

・製品データ（PDM）の開示
・発注内示
・発注

- 材料の無償支給・有償支給
- 支給材料の在庫管理
- 加工生産状況の進捗管理
- 直前納期確認
- 受入準備
- 検査
- 入庫
- 支払

(3) 外注する目的

すべてを自社の工場で生産することは理想的であるが，設備や技術の不足，納期，コスト低減などの観点から外注を利用することは，効率的な生産活動では重要である。外注を利用する目的としては，

① 自社にない技術を活用
② 過剰投資の回避
③ 需要変動への緩衝
④ コストの切り下げ
⑤ 固定費の変動費化
⑥ 協力企業の育成
⑦ 廃止部門の代替，業務移管
⑧ 社員の残業軽減などの労務管理上の対策

などがあり，外注を利用することにより，外部の経営資源を活用して，低コストで品質のよい製品を生産することを狙う。

(4) 外注管理の基本業務

外注管理の基本業務には，① 内外作区分の決定，② 外注業者のデータベース作成・更新と各外注業者の評価，③ 外注先企業に対する日常管理，④ 外注先企業に対する指導，育成がある。

① 内外作区分の決定

外注管理において，内外作区分は経営方針により決定されるものであり，

あらかじめ選定基準を決めておく必要がある。内外作区分の選定基準は，技術，コスト，品質，納期などにより決定されるが，一般的な選定傾向は次のようになっている。

外注するか内作するかの判断観点は，品質・技術的な観点，必要納期の観点，コスト・採算性の観点である。

特に，内作に適するものは，
・自社の設備でしか生産できないもの
・技術上機密保持が必要なもの
・少品種大量生産をするもの
・受注先から内作指示のあるもの
であり，外作に適するものは，
・自社にない設備や技術が必要なもの
・自社で作るより安価に生産できるもの
・単純作業で，加工が簡単なもの
である。

（5） 外注先選定での検討事項

外注を利用する目的を最大限に達成するためには，外注先の選定は重要な業務となる。外注先の選定を行う場合，次の項目を検討する。
① 人材・設備面などで技術水準はどうか
② 資本・組織・規模など経営面はどうか
③ 安定性，信用性はどうか
④ 運用面で問題が生じないか
⑤ 取引上における便宜や秘密保持に支障はないか

（6） 納期遅れ対策

多品種少量生産，製品ライフサイクルの短縮化により，短納期発注は増加し，早期納入や納期遅延が企業に与える損失は大きくなっており，資材の調達と同様に，外注作業の納期管理の重要性も高まっている。納期管理のポイントは，外注も，社内の生産工程を支える「1つの工程」であるという意識

のうえに行うことが前提である。

互いに納期や品質を確保できる適切な日程計画での発注，受注を行うこと，進度管理を行える納期管理体制を確立すること，外注先の能力や特徴に合った品目を，適切な量だけ発注すること，外注先の能力を把握し指導育成を行うこと，コンピュータ化などにより事務作業を合理化し，ミスをなくし効率的に行うなどがある。

さらに，発注を行う際には，次のような納期遅れにつながる原因を理解し，それらに配慮しながら発注・受注を行うとよい。

発注側に起因する納期遅れ原因は次のように整理できる。

① 生産計画不備による無理な短納期の押しつけ
② 設計の図面遅れや仕様の変更
③ 材料や治工具の支給遅れ
④ 発注事務ミスによる飛び込み，追加
⑤ 低価格による意欲喪失

また，外注先に起因する納期遅れの原因とその対処については，次のように整理できる。

① 能力以上の受注
　発注側で能力を考慮した発注品目，発注数を発注することで対処する。
② 工程管理能力の不足
③ 品質管理不足による不良の多発
④ 納期を守る意識の欠如
⑤ 自己調達材料の遅れ

なお，外注先に起因する②～⑤の原因については，外注先の指導・育成を行うことで対処する。

（7） 外注管理プロセス設計のポイントとベストプラクティス

サプライチェーン効率化とリードタイム短縮の視点から，自社の製造管理システム，製造実行システム（MES：Manufacturing Execution System）の仕組みを外注先の自社専用生産ラインに組み込むべきである。自社工程と外注先工程の中間に在庫バッファと輸配送プロセスが介在する拡張生産ライ

ンと考えるべきである。

　計画レベルでは自社の基準生産計画情報を提供し，リードタイムに応じて事前発注し材料を先行供給する。受注設計対象の部品等を発注する場合は，製品データの電子開示など技術情報の共有も検討する必要がある。

　また，自社の MES を外注先に組み込めない場合は，発注ロットごとに納期日別に納期確認するカムアップシステムを適用すべきである。

　検査については外注先に品質検査責任を持たせて二重の検査にならないようノー検品を指向し，納入は自社の受入工程へ直接納品させ，リードタイムを短縮する運用も考慮すべきである。

　発注と支給と納品は 1 つのオーダで同期しない場合があるため，実績管理は納品主体に管理する必要があり，納品時に分納になる場合には納品書番号に枝番（追番）をつけ，複数回行われた納品を枝番をとった納品番号でまとめ，受注と対応づけられるようにする。

(8)　外注業者の評価

　効果的な外注管理を行うためには，外注業者の格付けを行い，結果をフィードバックし，育成に役立てることが重要である。格付けは定期的に行い，結果をデータベースに更新し，最新の状態にしておく必要がある。

　外注業者の格付け評価検討項目は，協力度，経営安定度，重要度，品質，価格，納期などがある。

(9)　外注先企業に対する日常管理

　外注先企業に対する日常管理は，発注品目，発注数量，単価などの管理，発注書の発行や納期管理などの業務がある。

(10)　外注先の指導，育成

　一般的に外注先は小規模で体力がない企業が多く，人材や管理システムなども不足していることが多い傾向がある。

　優れた品質の材料を製造し，納品してもらうために，発注業者は自社の合理化とともに外注先もレベルアップさせていくことが望ましい。このとき，

外注先の自主性や独自能力などを尊重し，相互に足りない部分を補い合うという協力を求める姿勢が重要となる。

指導の内容には，経営管理面の指導である組織人事管理，経理指導，経営者や幹部の教育，技術面の指導である工程管理や作業方法，品質管理などがある。また，指導方式には，巡回指導，集合教育，出向指導などがある。

(11) 下請代金支払遅延等防止法

外注先との契約において，遵守しなければならない法律に下請代金支払遅延等防止法がある。

下請代金支払遅延等防止法は，下請取引の公正化・下請事業者の利益保護を目的として制定された法律である。

① 物品の製造・修理委託および政令で定める情報成果物作成・役務提供委託（政令で定める情報成果物作成委託＝プログラム，政令で定める役務提供委託＝運送，物品の倉庫における保管，情報処理）については，親事業者が資本金3億円超で，下請事業者が資本金3億円以下（個人を含む），または，親事業者が資本金1,000万円超3億円以下で，下請事業者が資本金1,000万円以下（個人を含む）の場合，また，

② 情報成果物作成・役務提供委託（政令で定めるものを除く）では，親事業者が資本金5,000万円超で，下請事業者が資本金5,000万円以下（個人を含む），または，親事業者が資本金1,000万円超5,000万円以下で，下請事業者が資本金1,000万円以下（個人を含む）の場合，

親事業者の義務として，

（ア）　書面の交付義務（第3条）
（イ）　書類の作成・保存義務（第5条）
（ウ）　下請代金の支払期日を定める義務（第2条の2）
（エ）　遅延利息の支払義務（第4条の2）

禁止事項として，

（ア）　受領拒否の禁止（第4条第1項第1号）
（イ）　下請代金の支払遅延の禁止（第4条第1項第2号）
（ウ）　下請代金の減額の禁止（第4条第1項第3号）

(エ) 返品の禁止（第4条第1項第4号）
(オ) 買いたたきの禁止（第4条第1項第5号）
(カ) 購入・利用強制の禁止（第4条第1項第6号）
(キ) 報復措置の禁止（第4条第1項第7号）
(ク) 有償支給原材料等の対価の早期決済の禁止（第4条第2項第1号）
(ケ) 割引困難な手形の交付の禁止（第4条第2項第2号）
(コ) 不当な経済上の利益の提供要請の禁止（第4条第2項第3号）
(サ) 不当な給付内容の変更・やり直しの禁止（第4条第2項第4号）

を定めている。

違反したときは50万円以下の罰金（第10条）が科せられる。

違反行為に対する勧告措置（第7条）として，

・下請事業者が被った不利益の原状回復措置

(ア) 受領拒否…受領するよう勧告
(イ) 支払遅延…支払うよう勧告，遅延利息（年14.6％）を支払うよう勧告
(ウ) 下請代金の減額…減じた額を支払うよう勧告
(エ) 返品…返品したものを引き取るよう勧告
(オ) 買いたたき…下請代金を引き上げるよう勧告
(カ) 購入・利用強制…購入させた物を引き取るよう勧告
(キ) 報復措置…不利益な取扱いをやめるよう勧告
(ク) 早期決済
(ケ) 割引困難な手形下請事業者の利益を保護するために必要な措置をとるよう勧告
(コ) 不当な利益の提供要請
(サ) 不当なやり直し等

・その他必要な措置

(例) ① 本法遵法管理体制を確立するよう勧告
② 本法遵守マニュアルの作成および社内に周知徹底するよう勧告
③ その他必要な再発防止措置をとるよう勧告

を規定している。

(12) 外注先の内部統制品質評価

J-SOX法が規定する内部統制は，会社法で規定する大会社および上場企業を対象として，企業の財務諸表に数値が連携する業務プロセスの統制リスクに対する整備状況の自主評価と報告義務である。

さらに，自社の取引先企業に対しても，自社の財務情報に連携する業務プロセスがある場合，その業務プロセスの統制品質の有効性と不備が発生するリスクについて評価を求められることになる。具体的には，外注先からの自社への納品報告，請求情報，無償提供した資材の在庫移動情報などがある。

(13) 外注管理とキャッシュフロー／原価管理

① 外注費の原価要素

製造工程のアウトソース化が進む中で，外注費の製造原価に占める割合は大きくなる傾向がある。したがって，製造原価の構成要素を戦略的に管理し，コストダウンを構造的に推進していく場合は，この外注費の内容を材料費，工程別加工費，生産管理費，品質管理費，環境対応費，物流費などにブレークダウンして把握する必要がある。

② 有償支給・無償支給区分別外注費の計算プロセス

外注費は，資材を外注先に支給する場合に，外注先が消費した材料の消費高と外注先の加工売上高で構成される。

材料を有償支給する場合は，外注費から有償提供した材料費を控除した金額を外注加工費として計上する。

無償支給の場合は，貸与した資材の棚卸管理の報告受領により材料費を計上し，移送コストを加算することが必要である。

③ 外注先との連結原価管理のプロセス

外注費の構成比が高まる中，製品の原価要素を把握し次世代の製品の原価企画に役立てるためには，外注費に占める外注先の要素別原価構成を把握することが有効である。一般的に，外注先から外注品の原価情報を取得することは企業機密に属することであるから困難と考えなければならない。

しかし，継続的で緊密な協業関係や資本関係にある場合は，組織的に外注先の委託製造工程の実績原価情報を入手することも可能であろう。この場合

図表 2-16　外注費をドリルダウンできる連結原価管理概念図

課題認識
サプライチェーンにまたがる外注先の原価構造が捉えられない。
連結外注企業との取引の内部利益が製造原価に混入する。

プロセス革新
外注先にまたがる原価要素を連結管理する。

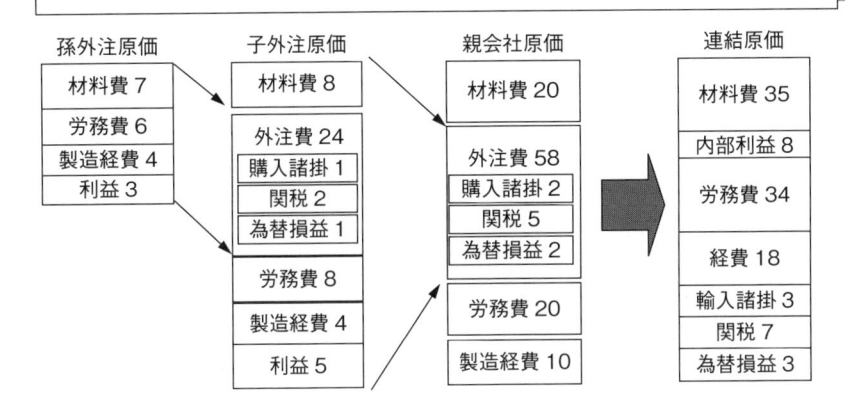

孫外注原価	子外注原価	親会社原価	連結原価
材料費 7	材料費 8	材料費 20	材料費 35
労務費 6	外注費 24	外注費 58	内部利益 8
製造経費 4	購入諸掛 1	購入諸掛 2	労務費 34
利益 3	関税 2	関税 5	経費 18
	為替損益 1	為替損益 2	輸入諸掛 3
	労務費 8	労務費 20	関税 7
	製造経費 4	製造経費 10	為替損益 3
	利益 5		

は，外注部分の原価情報を連結し製品の原価構成をドリルダウンできる情報システムを構築することが有効である。

④　内作か外作かの意思決定のための差額原価，機会原価計算

　製造外注を実施する要因は，自社の生産能力の補完と製造原価の比較優位である。後者による意思決定は，原価計算の結果によるが，この比較優位を検討する方法として差額原価計算と機会原価計算がある。差額原価計算とは，変動する原価のみの比較を行い優劣を評価する方法である。一方機会原価計算とは，採用しなかった代替費を採用していたら獲得できたはずの利益の犠牲を比較し優劣を評価する方法である。

　内作と外作の意思決定では，差額原価計算を用いて，変動費と固定費に分けて得失計算を行うのが有効である。変動費で内作と外作かを比較するのが一段階目の比較要件であるが，仮に内作より外注費のほうが高くても，固定費となる設備や人材に余裕が生じ，これを活用しての他製品の自製による外注費を上回る追加利益が期待できる場合がある。二段階目の比較として機会原価計算を用いて自製による新たな事業機会も含めて得失計算を行うことが妥当である。

⑤ 外注費のコストダウンとキャッシュフロー向上

外注費のコストダウンのためには，製造原価だけでなく，併せて外注先の設備稼働率，労働稼働率を把握することが有効である。稼働率に余裕があれば，価格は外注先の変動原価部分に限定して外注契約交渉を行うべきである。発注側が外注先の最終利益までカバーする価格を保証する必要はない。外注先企業の売上高－変動製造原価＝変動製造マージンがプラスになれば，外注先の実質的な収益性は確保されるからである。

外注には材料支給と非支給（外注先にて資材を手配する方式）の2通りがあり，材料支給には無償支給と有償支給がある。キャッシュフローの視点でみれば，無償支給は効率が悪い。材料の集中購買によるコストダウンのメリットはあっても，材料の在庫回転が低いと営業キャッシュフローが低下する。材料の品質や経済的陳腐化など保有リスクも発生する。

下請法の制約がない外注先であれば，有償支給は無償支給に比べて支給時から外注費支払期間分だけキャッシュサイクルは改善されるが，購入時から支給時までの在庫負担リスクには変わりはない。最も有効なプロセスは，材料仕様と購入先を指定し，外注先に直接適量の資材を適時に購入させる非支給方式を採用し，材料在庫を自社で抱え込まないことである。

10. 在庫管理

(1) 在庫管理の概要

在庫管理は，販売活動をスムースに行うために，顧客ニーズを満たす材料や部品，製品を予測，購入，製造することで，適正な在庫量を維持し，払出しを行う。さらに，在庫の維持・管理コストを適正化し，棚卸資産効率を上げる管理活動である。

在庫管理の目的としては，次のものがある。

① 製造部門への適切なタイミングでの資材供給，そのための適正な在庫確保を行い，納期遅れ，品切れを防止する。

② 在庫から払出した品目や在庫品目の的確な原価を計算する。

③ 維持・管理コストを適正化して，コストダウンを図るとともに，不要

な在庫を削減して運転資金を節約する。
④　より有利な価格で調達を行う。
⑤　業務の標準化，情報システム導入により，管理精度を向上させ，管理費用の低減を図る。また，発注・購買・入出庫の省力化を図る。
⑥　倉庫の効率的運用を図り，適正な保管を行う。
⑦　在庫のモニタリングにより，陳腐化を防止するとともに，在庫品の履歴から的確な評価計算を行う。

（2）　在庫管理の基本業務

在庫管理の基本業務は次のようになる。
①　在庫計画
適正在庫量の決定を行う。
②　入庫管理
納品・検品された部品や中間品を入庫する。
③　現品管理
経済的に現品を扱う，正確な数量や所在を把握するために資材，仕掛品，製品など運搬・移動や停滞・保管の状態を管理する。
④　出庫管理
工程に部品や中間品を出庫する。
⑤　作業準備・配給
工程に部品を出庫する前に，一次置き場などに必要な部品を集めて配給する。
⑥　在庫原価管理
在庫の払出原価および棚卸原価を選択した原価法，評価法で計算する。
⑦　棚卸
帳簿上の在庫やシステム上の在庫と現品在庫を一致させ，現品の保管状況を把握し，不要在庫や死蔵在庫を抽出する。一斉棚卸と巡回棚卸がある。資産の保全という視点で内部統制の重要な要件である。また，2008年度から適用される棚卸資産の低価評価の実施もこのプロセスの重要な要件である。
⑧　在庫統制
ABC管理（後述）などにより管理，統制を行う。

（3） 在庫のメリット，デメリット

在庫は，在庫を持つことにより，棚卸資産の増加によるキャッシュフローの減少，在庫管理工数の増加，倉庫設置などの費用や工数などのキャッシュフロー減少が発生するとともに，長期にわたる在庫は製品の陳腐化を招くというデメリットがある。

一方，在庫を持つことにより，品切れによる受注逸失を防いだり，需要変動を吸収したりなど生産面でのメリットもある。

在庫のメリット，デメリットは次のように整理できる。

① 在庫保有のメリット
・需要変動を吸収し，製品量や出荷納期を確保できる（緩衝材）。
・製品の製造期間を短縮できる。
・資材のまとめ買いによる資材費の低減，管理工数の低減。

② 在庫保有のデメリット
・維持費用（倉庫代，光熱費，運搬費，保管・管理費など）が増加する。
・在庫投資資金コスト（在庫品に消費した資金が顧客から回収されるまで自社が負担する借入金利，または預金等資金運用ができないことによる金利分の損失）。
・キャッシュフローが減少し運転資本が固定化する。
・必要以上の在庫は，生産管理の問題点を見えなくする。
・現品管理業務が増えて，生産性を低下させる。
・経年変化，設計変更などで廃棄したり，破損による目減り費用が発生したりする。
・長期にわたる在庫は，製品の陳腐化を招き，製品価値が実質的にも会計基準の低価法適用でも目減りする。

（4） 在庫計画

在庫にはメリットとデメリットの両面があるため，在庫に適した対象を，適した量で在庫管理を行うことが重要である。このような在庫運営における検討事項，留意点について整理を行う。

第2章　生産管理のプロセス

① 在庫管理対象の選定
在庫として管理を行うのに適した特性を持った対象を選定して，在庫管理を行う。そのための基本的な基準は次のように考えられる。
（a）　設計が安定し，製造技術にも問題がないもの
　設計変更が多い場合や製造技術が安定しない部品や製品は，在庫管理下において設計変更，製造技術変更が多発し，変更対応を余儀なくされる。
（b）　まとめ買いによる調達コストダウンの効果が出せるもの
　大量に購入しても，必要なときに数個ずつ購入しても，購入単価が変わらないようであれば，保管費用などの在庫維持費用も考慮すると，そのつど購入するほうが経済的なものもある。
（c）　保管による品質の劣化がないこと
　まとめ買いにより安価で調達できたとしても，倉庫で保管している間に劣化し，製造で使用できないようでは，結果的にまとめ買いによる製品の原価低減にはならない。
（d）　部品や材料の調達期間が，他の基準調達期間以上に長いもの
　受注が入ってから発注をかけたのでは出荷納期に間に合わないものは，需要予測や販売計画をベースに見込みで発注を行い，在庫管理を行う。
（e）　小ロットでは調達不可能なもの
（f）　先行の所要が確実にあるもの

② 経済性の比較検討
それぞれの対象に対して，都度，個別に手配を行う場合の調達価格，発注費用と，在庫品として手配を行う場合の調達価格，発注費用，在庫維持費用（半年間または1年間）の経済性の比較を行う。
　A　個別に発注する場合の調達価格と在庫品の調達価格差を算出
　B　個別に発注する場合の発注費用を算出
　C　在庫品として発注する場合の発注費用を算出
　D　在庫品の在庫維持費用を算出
　　　　(A＋B)−(C＋D)　＞　0　の場合　→在庫として運営するほうが有利
　　　　　　　　　　　　　＝　0　の場合　→どちらともいえない
　　　　　　　　　　　　　＜　0　の場合　→個別に手配するほうが有利

③ 適正在庫量の検討

在庫のメリットを享受するためには，在庫コストの削減と顧客・生産工程への利便性のバランスの両面から適正在庫量を検討することが重要である。

在庫管理の目的は，過剰在庫や欠品を防止し，経済的な在庫量を維持することにあるため，比較的使用量が安定している在庫品の場合には，

平均在庫量＝安全在庫量＋納入ロットサイズの1/2

で求めることができる。

つまり，平均在庫量を中心として，最大在庫量と最小在庫量（安全在庫量）の範囲内に在庫数量があれば，適正在庫量と判断するのである。

この場合も，平均在庫量からの触れ幅を小さくすることが重要であり，そのためには，納入ロットサイズ（一度に購入する単位）や出庫単位を小さくすることがポイントになるが，その際に購買部門や工程・物流部門の工数とのバランスを鑑みることが必要である。

④ リードタイムに応じた在庫戦略

在庫水準をどう設定するかは，顧客の引合いに対する許容供給リードタイムの設定で決まる。

ある製品の顧客の要求リードタイムが自社の供給リードタイムより長ければ在庫は要らないし，逆の場合では在庫を持たないと品切れがいつも発生し失注する。「自社の供給リードタイム－顧客の要求リードタイム」を在庫デカップリングポイントと呼ぶ。

自社が取り扱う製品・商品のマスタに需要のリードタイムと供給のリードタイムを調査し登録しておくと，在庫デカップリングポイント＝在庫日数が決定できる。顧客の許容リードタイムが0日，すなわち，受注即時納品が必要であれば最小在庫水準は供給リードタイムだけとなる。

これに需要のバラツキに対応する安全在庫が必要となる。

取扱製品・材料・部品の在庫水準の設定は，次のモデルが基本的な考え方になる。

各品の出荷高をABC分析の要領でランキングする。また同時に，材料や部品は調達リードタイムを，製品は生産リードタイムをランキングする。すると図表2-17のようなマッピング図ができ上がる。

図表 2-17 調達リードタイム分析による在庫水準設定戦略

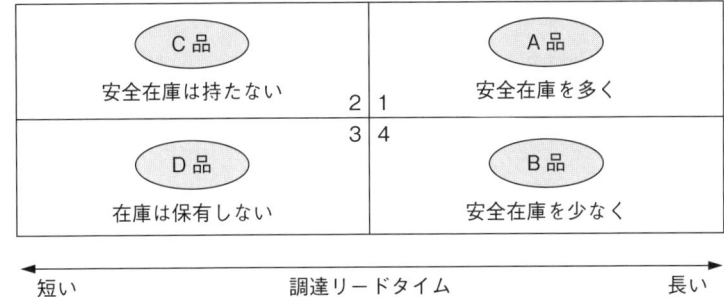

```
出荷高
  ↑
  │   ┌─────────────────┬─────────────────┐
  │   │    ( C品 )      │    ( A品 )      │
  │   │                 │                 │
  │   │  安全在庫は持たない │  安全在庫を多く   │
  │   │              2 │ 1              │
  │   ├─────────────────┼─────────────────┤
  │   │              3 │ 4              │
  │   │    ( D品 )      │    ( B品 )      │
  │   │                 │                 │
  │   │  在庫は保有しない  │  安全在庫を少なく │
  │   └─────────────────┴─────────────────┘
  │    ←短い      調達リードタイム       長い→
```

第1象限は安全在庫を多めに取らなければならない品目である。
第2象限は戦略的に安全在庫は不要である。
第3象限は戦略的に在庫は不要である。
第4象限は安全在庫を適量に取らなければならない品目である。

⑤ **在庫管理の評価方法**

個々の在庫品の在庫量が適正かどうかについての評価は、適正在庫量との比較を行うことが多いが、在庫品全体の評価においては、次の管理指標が用いられる。

（a） 在庫回転率

　一定期間に在庫が販売や払い出されて入れ替えられた回数。売上高（売上原価）や製造原価、材料費等を平均在庫高で割った比率。

（b） 棚卸日数（在庫回転期間）

　在庫として存在する平均的な期間。（a）とは逆に平均在庫高を売上高（売上原価）や製造原価、材料費で割り、月数や日数に置き換える。

（c） 適正在庫回転数

　生産・販売・在庫のバランスがとれ、在庫の発注費と維持費が最小となる回転率。

（d） サービス率

　受注に対してすぐに出荷できる割合。総出荷量を総受注量で割った比率。

（5） 在庫補充の方式設計

適正な在庫を維持するための補充発注方式について概説する。

① 定量発注方式

在庫が一定量（発注点）まで減少したときに，経済性を考慮した数量（経済的発注量）を発注することで，適正な在庫量を維持する方法。

需要予測が不要で，確実に手配ができて管理が容易。発注サイクルは不定期になる。単価の低い部品の補充に向いている。

　　　発注点＝平均消費量／日×リードタイム／日＋安全在庫量

　　　発注量＝期間所要量－保有在庫量－発注残＋安全在庫量

② 定期発注方式

一定の発注サイクルで発注する方式。発注量は，調達期間，発注サイクル，需要予測量，手持ち在庫量などを考慮して，毎回決定する。需要予測に手間がかかるが，発注時期が一定のため購買計画を立てやすい。

図表 2-18　定量発注方式と定期発注方式の比較

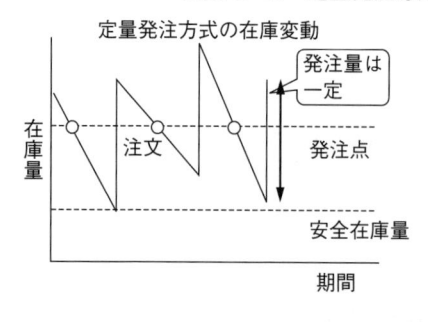

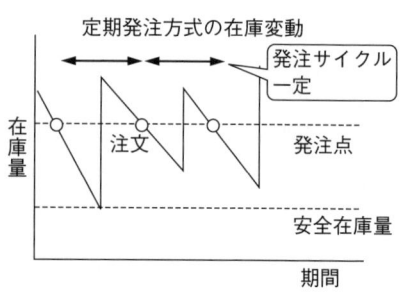

	定量発注方式	定期発注方式
発注の基準	数量(発注点)中心	時期(発注サイクル)中心
発注量・発注間隔	一定量・不定期	不定量・一定期間
対象品目	・低価格 ・消費量が安定している	・高価格 ・在庫調整がそのつど必要なもの
メリット	・需要予測不要 ・管理の自動化 ・事務手続きの簡素化	・需要変動に対応しやすい ・在庫量を低減しやすい
管理ポイント	定期的な発注点のチェックを行う	需要予測の精度向上が必要

③ 不定期不定量補充発注

需要予測や引合いからの受注確度，確定受注から調達所要量を決定し，そのつど納期を決めて補充する方式。リードタイム別にABC管理を行い，リードタイム分の期間所要予測を行う。部品，資材をリードタイム別に分類し，定期化し発注する。

長いリードタイムの品目については発注内示方式をとり，納期内に所要数を修正していく契約条件とする。リードタイムの短い品目は補充点による不定期発注を適用する。

④ 定期不定量補充発注

定期的に，次期発注時期までの所要量を計算して発注する。高額商品・部品の発注に適する。

⑤ 経済的発注量

発注コストと保管コストの合計が最も小さくなる発注量を決定する方式として経済的発注量（EOQ：Economic Order Quantity）がある。

相対的に単価の低い商品や部品でロット化により物流コストが低くなる商品や部品は，定量発注方式が適しており，このときの発注量にEOQを使用すべきである。もちろん，発注費用は発注量に比例しない固定費を除いた変動費に限定することが望ましい。

しかし，経済的発注量（EOQ）は，コスト削減にはなっても在庫水準の低下によるキャッシュフロー削減にはならない。在庫量の削減には，多少発注コストや物流コストが上がっても発注サイクルを短くすることが必要であり，単価の高い商品や部品ほど短サイクル発注にすべきである。このような場合には，定期発注方式が適している。

【定量発注方式での経済的発注量（EOQ）】

材料調達に必要な諸費用と在庫維持金額を合わせた費用が最小になる発注量をいい，次式で求められる。

$$Q = \sqrt{2AS/CI}$$

　　Q：経済的発注量
　　S：年間総所要量
　　A：1回当たりの発注費用

C：単価

I：年間在庫維持費率（％）

【定期発注方式での発注量】

発注量＝(T＋L)×D＋R′−S1−S2

T：発注間隔（月単位）

L：調達期間（月単位）

D：月当たり平均需要量

R′：安全在庫量

S1：現在の在庫量

S2：現在の発注残

⑥　ツービン法による定量在庫補充発注方式

不定期定量発注方式の一種であるが，情報システムで在庫管理をせず，常時，部品を2つのビンに入れて，片方から消化していき，1つのビンが空になったら，空のビン分を発注していくやり方である。現場で使用する小額部品に適している。

⑦　小包法

発注点に相当する在庫量を発注カードとともに小包にしておき，小包を開けて使用すると同時に同封のカードで発注を行う方法である。

⑧　三棚法

複棚法の一種で，棚または資材を3つの棚（山）に区分して管理をする方法である。1つの棚Aに安全在庫分の数量を入れ，棚Bには発注点の数量を入れ，棚Cの在庫を使用して，2つ目の棚Bの在庫を使用し始めるときに発注手配を行う。

⑨　在庫補充型発注（VMI，CRP）

使用頻度の高いAランク製品や部品，資材などは個々に購入側が発注をせず納入業者側に払出数量や在庫情報を開示し，品切れを起こさないよう補充を委託する方式である。

⑩　生産計画システム不要のかんばん方式

トヨタ方式として運用されている方式で，部品半製品を川下工程で消費されるだけ生産する方式で無駄な川上在庫が発生しない。

また，通い箱の運用だけで情報システムの支援も必要としない特徴を持つ。具体的には下記の要領で運用される。
（a） 品名・標準収納数SNP・前工程名・後工程名を通い箱に記載。
（b） 在庫する最大箱数と最小箱数を設定。
（c） 最小箱数になったら空箱を持って前工程に取りに行く。
（d） 空箱と同数の部品箱を取りに行く。
（e） 前工程は後工程から受け取った空箱数だけ部品を生産する。

ただし，この方式が運用可能なのは受注が平準化されていることが前提となる。

⑪ **資材外注加工先直納方式**

加工を外注する外注先に自社倉庫から資材を支給せず資材業者から直納させることによって在庫滞留時間を削減する方式である。

（6） 安全在庫の設定

安全在庫は材料が納品されるまでの期間中に消費量のばらつきや納期の変動に対して在庫切れを防ぐための在庫で，定期発注方式では次式のように表される。

$$R' = \alpha' \times \sqrt{(T+L)} \times \rho$$

　　α'：欠品率によって決まる安全係数
　　ρ：月間需要量の標準偏差
　　T：発注間隔（月単位）
　　L：調達期間（月単位）
　　※$T+L$：発注時点で考慮すべき在庫消費期間

安全係数は確率的な欠品率の設定によって設定する。
　Aランク製品など欠品率1%以内にしたいなら2.33を係数として設定する。Bランク製品で欠品率5%以内にしたいなら1.65を係数として設定する。Cランク製品で欠品率10%以内にしたいなら1.28を係数として設定する。
　消費量のバラツキは，過去の出荷実績を日別に捉え統計処理を行って，標準偏差を算出すればよい。表計算ソフトで個別に計算してもよい。

（7） 在庫管理手法

効果的な在庫管理手法として ABC 管理がある。

ABC 管理とは，管理対象品目数が多い場合に，その重要性により A，B，C のクラスに分類し，それぞれのクラスに適した管理を行い，管理労力を最少にして，管理目的を最大限達成しようとする手法である。

A グループに属する品目は重点管理品目として，定期発注方式を採用し，安全在庫はできるだけ少なくし，重点的に需要予測を行う。

B グループに属する品目では，定量発注方式を採用し，A グループより管理を簡素化する。

A ランク，B ランク品は在庫回転率を計算し，回転数の高いものの品切れ状況を調査する。品切れが多発しているようであれば安全在庫の水準を引き上げなければならない。

また A ランク，B ランク品は，生産・調達リードタイム順にランキングを行い，リードタイムに応じた在庫水準を決定する。

C グループに属する品目では，管理の労力低減を図るために，小包法，複棚法，三棚法などの簡易な在庫管理方式を採用する。特に，C ランク品は在庫保有日数を算出しワーストランキングを実施し，保有日数が多いものは処分を行い，調達リードタイムの短いものは原則として在庫を保有しないようにする。

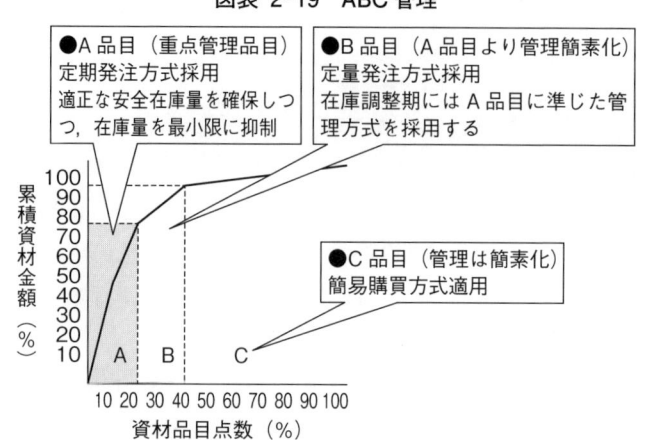

図表 2-19　ABC 管理

A，B，Cランク品とも，在庫引当を通じて，品切れが発生した場合は，在庫管理システムから自動的に品切伝票を起票し，機会損失額を記録し管理する。

（8） 棚卸

棚卸は，正確な在庫の残高を知るために実在庫を実地調査し，差異を確認することで台帳を修正し，台帳と実在庫の数量を一致させる業務である。

① 棚卸の目的

棚卸は地味な仕事だけに，何のために実施するのか，その意義を管理者から実施担当者まで浸透させておかなければならない。

第1義は，企業の利益を確定するためである。棚卸法の計算は，

　　　売上原価＝前期棚卸高＋当期製造原価(または仕入高)－期末棚卸高

である。ただし，帳簿棚卸が実施されている企業では，売上原価は払出時に計上されるので，棚卸は帳簿棚卸との差額を明確にし，損益計算を補正することに意義がある（税法では課税所得の計算は棚卸高を基準にしている）。

　　　帳簿棚卸高－実地棚卸高＝棚卸差額

棚卸差額は，数量差額と品質低下や陳腐化等および正味売却価額に比較しての低価による評価差額による。

第2義は，企業の資産を保全管理することにある。

目的の重要性を担当者に認識してもらうことで，地味な棚卸業務も的確に実施されるようになる。

② 棚卸方式

実地棚卸は，一定時期にすべての対象資産について実施する (a) 全部一括棚卸と，一定サイクルごとに資産を区分して実施する (b) 循環棚卸および，(c) ピッキングのつど棚卸の実施する方式に分かれる。(c)が実施できれば理想的である。

③ 重点管理棚卸

製・商品の多種化に伴って，全品目を月次決算に合わせて実施するのは実務工数的に合理的ではない。ABC管理の重要性の原則に従って，

　ⅰ）Aランク製・商品は月次全品棚卸を実施

ⅱ) Bランク製・商品は4半期循環棚卸を実施
ⅲ) Cランク製・商品は半期サイクル循環棚卸を実施
するなどが合理的である。

（9） 倉庫管理
① 倉庫管理の目的
倉庫の機能は次のように整理できる。
- 現品の受入や保管や払出しの現品管理機能
- 過剰在庫の防止・適正在庫の維持・不良在庫の防止の在庫統制機能
- 歩留率向上・残材の活用の材料切断などの資材節約機能
- 出庫のための現品取揃え・現品供給などの作業準備

② 倉庫管理システム要件
物流管理の一環としての倉庫管理システムは，入出庫オペレーションと連携して在庫管理システムに受払情報と在庫残数情報を提供することを前提に設計する。また入庫時に隣接棚番情報をスキャニングさせ，異なった棚番に製・商品が収納されないようにし，精度を向上するなどの手法も取り入れられる。

③ 先入先出管理の原則
収納棚からの払出は鮮度維持，設計変更時の対応，不良発生時のトレーサビリティの確保から先入先出しを徹底する必要がある。

④ 工程対応での部品在庫管理
直接的な在庫削減ではないが生産リードタイム短縮のために，
- 使用される製品グループごとに構成部品在庫を設定する
- さらに使用される工程グループに対応して部品在庫を設定する

など，払出使途に適合させた部品の在庫配備を行う。

⑤ 在庫管理のための標準荷姿の設定
- 在庫管理を意図した荷姿標準化を検討する。
- 部品の受払通い箱の入り数は原則として5か10の倍数を単位とするなど，現場での棚卸や受払オペレーションを容易にする設計を行う。

(10) 払出原価の決定方法

資材は、同じ品目でも購入を行ったタイミングにより単価が変動する。

このため、いったん倉庫に格納され在庫になった場合、今、出庫したその品目の単価はいくらとして計算すればよいのかという問題が発生する。これを出庫単価の決定方法といい、実用的な範囲で使用する頻度の高い方式から順に説明する。

① 月次総平均法

SKU（Stock Keeping Unit：在庫管理ユニット）単位に、月次一括で下記の受払計算を行う。

  ｛(前月繰越残高＋当月受入金額)÷(前月繰越数量＋当月受入数量)｝
   ×(前月繰越数量＋当月受入数量－当月払出数量)＝次月繰越残高

  払出原価＝前月繰越残高＋当月受入金額－次月繰越残高

  主旨：購入価額の期間変動を適正に吸収した在庫評価や払出原価を算定しようとするもので、税務上も適正とされる。

② 移動平均法

SKU単位に、払出しのつど下記の受払計算を行う。

  ｛(繰越残高＋受入金額)÷(繰越数量＋受入数量)｝
   ×(繰越数量＋受入数量－払出数量)＝次月繰越残高

  払出原価＝繰越残高＋受入金額－次月繰越残高

  主旨：購入価額の期間変動を受払いのつど吸収した在庫評価や払出原価を算定しようとするもので、最も適正といえる評価となる。物流管理上の在庫更新システムに組み入れて計算することが可能であり、推奨すべき方法である。また税務上も適正である。

③ 先入先出法

SKU単位に、月次一括または払出しのつど下記の受払計算を行う。

  払出原価＝払出数量×最も古い順に在庫の受入単価

  在庫原価＝繰越残高－払出数量×最も古い在庫の受入単価＋受入金額

  主旨：在庫評価を最新の購入価額の水準で計上しようとする時価主義に近い考え方である。税務上も適正とされる。値上がり傾向にあるアイテムの在庫評価に向いている。

④ 後入先出法（税法（2009年4月から），会計基準（2010年4月から）では廃止された）

SKU単位に，月次一括または払出しのつど下記の受払計算を行う。

　　払出原価＝払出数量×最も新しい順に在庫の受入単価
　　在庫原価＝繰越残高－払出数量×最も新しい在庫の受入単価
　　　　　　　＋受入金額
　　主旨：在庫評価を最も古い購入価額の水準で計上しようとする考え方である。値下がり傾向にあるアイテムの在庫評価に向いている。

⑤ 売価還元法

a. 税法では

棚卸資産のグルーピングは，種類等または通常の差益率（粗利率相当）の異なるごとに区分する。このグループの半期単位以上の期間での通常の販売総額×原価率＝売上原価とする。

$$原価率 = \frac{（期首棚卸資産の原価＋期中取得棚卸資産の購入原価）}{（期中販売棚卸資産の売上高＋期末棚卸資産の売価）}$$

で計算する（詳細は税法の規定を確認されたい）。

b. 会計基準では

棚卸資産のグルーピングは，種類は無視し値入率，回転率の類似性でグルーピングする。払出した棚卸資産の原価を求めるのではなく，期末棚卸高の原価を期末棚卸資産の売価×原価率＝期末棚卸資産の原価とし，売上原価は売上高総額－期末棚卸原価とする。

$$原価率 = \frac{（期首棚卸資産の原価＋期中取得棚卸資産の購入原価）}{（期首販売棚卸資産の売価＋当期取得原価＋値入額－値下額）}$$

で計算する（詳細は会計基準を確認されたい）。

原価率のとり方は，分母に期首棚卸高を計上するか（会計基準），期末棚卸高を計上するか（税法）の差がある。会計基準を適用する場合は，特別な方法として税務署長の承認を得て，税法計算との二重計算の必要がないように対処しておくべきである。

⑥ 標準・予定単価法

SKU単位に，他の原価法とは異なり，実際原価を用いず，あらかじめ設

定した標準原単価や予定単価で下記の受払計算を行う。

なお，他の方法で計算された実際原価との原価差額は，会計基準や税法の基準に従って正常分は売上原価に含め，異常分は売上原価と棚卸資産に配分する定めがある。材料受入価格差異は，すべて売上原価と棚卸資産に配分する。

払出原価＝払出数量×標準・予定単価

図表 2-20 払出原価の決定方法

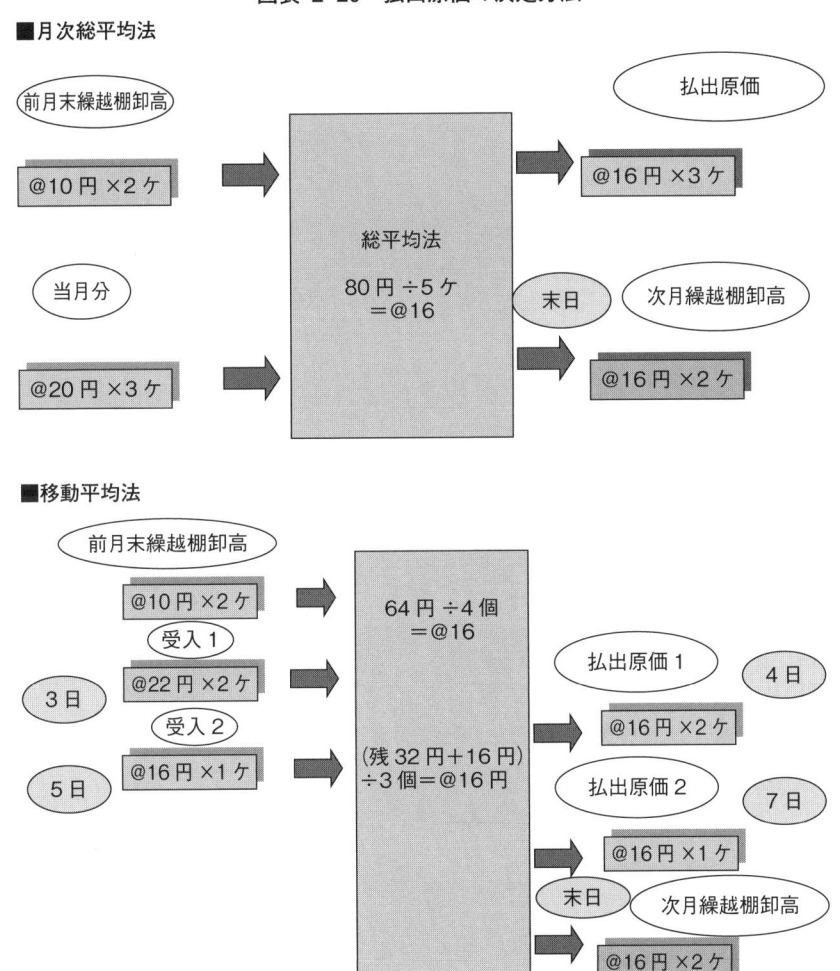

■月次総平均法

前月末繰越棚卸高
@10円 ×2ケ

当月分
@20円 ×3ケ

総平均法
80円 ÷5ケ
＝@16

払出原価
@16円 ×3ケ

末日

次月繰越棚卸高
@16円 ×2ケ

■移動平均法

前月末繰越棚卸高
@10円 ×2ケ

受入1
3日　@22円 ×2ケ

受入2
5日　@16円 ×1ケ

64円 ÷4個
＝@16

(残32円＋16円)
÷3個＝@16円

払出原価1
@16円 ×2ケ　4日

払出原価2
@16円 ×1ケ　7日

末日

次月繰越棚卸高
@16円 ×2ケ

■先入先出法

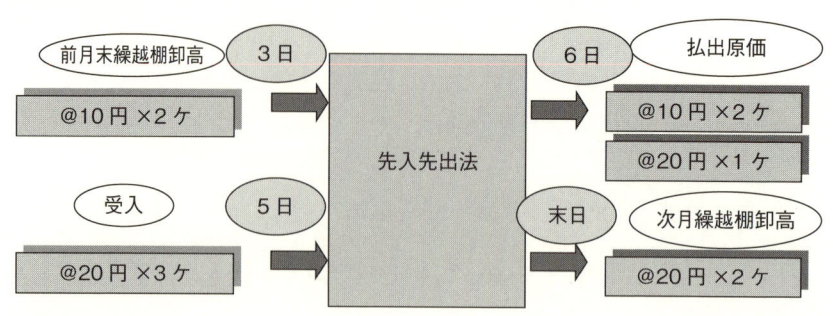

- 前月末繰越棚卸高: @10円 ×2ケ
- 3日
- 受入: @20円 ×3ケ
- 5日
- 先入先出法
- 6日 → 払出原価: @10円 ×2ケ / @20円 ×1ケ
- 末日 → 次月繰越棚卸高: @20円 ×2ケ

■後入先出法

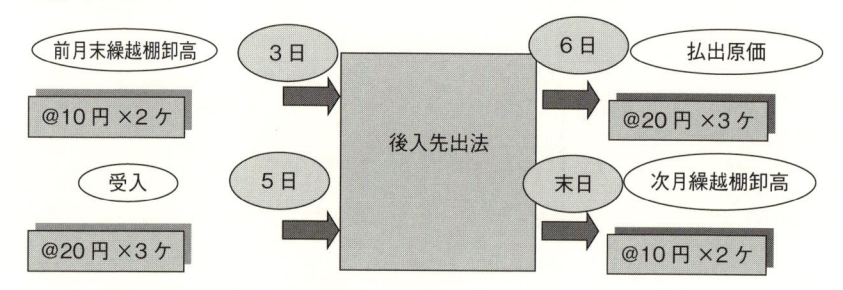

- 前月末繰越棚卸高: @10円 ×2ケ
- 3日
- 受入: @20円 ×3ケ
- 5日
- 後入先出法
- 6日 → 払出原価: @20円 ×3ケ
- 末日 → 次月繰越棚卸高: @10円 ×2ケ

■最終仕入原価法

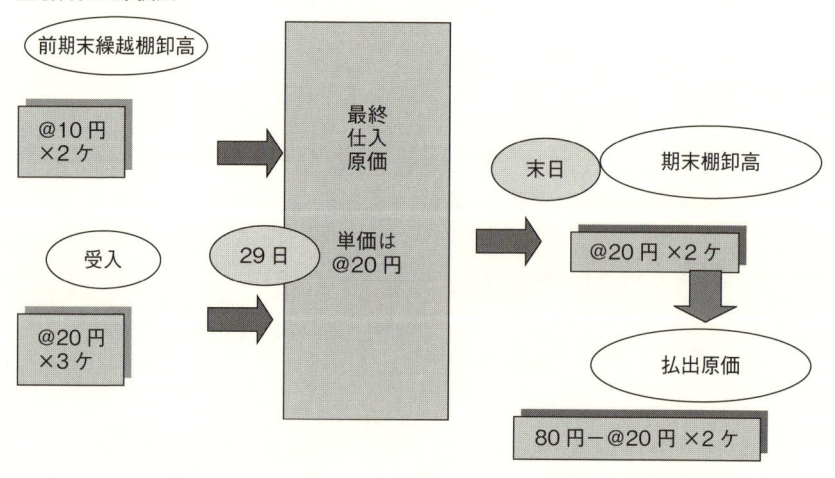

- 前期末繰越棚卸高: @10円 ×2ケ
- 受入: @20円 ×3ケ
- 29日
- 最終仕入原価 単価は@20円
- 末日 → 期末棚卸高: @20円 ×2ケ
- → 払出原価: 80円−@20円 ×2ケ

在庫原価＝次月繰越数量×標準・予定単価

　　主旨：実際原価の期間変動に左右されない普遍的な払出原価と在庫評価を行い、最後に原価差異を調整することで税務上や会計上の評価にも適合させようとするものである。

⑦ **最終仕入原価法**

SKU単位に数量ベースで下記の受払計算を行う。

　　　払出原価＝繰越残高＋受入金額－在庫原価

　　　在庫原価＝（繰越数量＋受入数量－払出数量）×最新購入単価

　　主旨：在庫評価を購入価額の期間変動を捉えずに、最終取引価格で最も簡便に計算しようとする便法であり、小企業の実務水準を勘案して税務上で認められている。結果として、在庫評価は最新の購入価額が反映される時価主義に近いものとなるが、期末ともなれば押込み販売など恣意性の高い価格で取引される可能性も高いので、客観的な価格傾向を反映したものにならないおそれが多い。税法では認められているが、会計基準では認められていない。

　このうち、総平均法、移動平均法、先入先出法、後入先出法、最終仕入原価法の計算例を図表2-20に示す。

　なお、税法だけで認められている個別法は、量産型の製造業では適用は原則として認められていない。単純平均法は税法で認められている原価法である。

(11) 資材在庫管理の課題

　企業にとって在庫はメリット、デメリットの両面がある。現在、JIT方式での生産・販売やキャッシュフローを重視する経営というと、在庫を持つことを否定するように誤解される傾向があるが、それは誤りである。

　在庫には、

① 回転在庫

② 安全在庫

③ 計画在庫

④　仕掛在庫

の戦略的な在庫と，意思決定の錯誤や管理不適合で生じた，

　　⑤　不良在庫
　　⑥　低回転在庫

がある。

　①　回転在庫は，安全在庫以外の，実際に消化される在庫量の幅をいう。
　②　安全在庫は，品切れを防止するための確率的な緊急需要に対応する在庫である。
　③　計画在庫は，生産能力を超える季節変動需要に対応して事前に生産する結果生じてしまう在庫をいう。
　④　仕掛在庫は，生産工程で発生する未完成の仕掛品が必然的に在庫として計上される状態をいう。
　⑤　不良在庫は，製造や販売プロセスで消化される可能性の極めて低い在庫で，安全在庫の水準を超えるものをいう。

　在庫管理プロセスだけではキャッシュフローを向上することはできず，調達や製造リードタイム短縮が，①から④までの性格を有する在庫の回転率を向上する重要な成功要因である。

　なぜなら，資材の調達リードタイムを短縮することで，顧客要求納期に対応する資材の安全在庫量を削減することが可能になり，製造リードタイムの短縮により計画在庫や仕掛在庫の滞留量を削減することが可能になるためである。

　資材の必要な在庫を保持することは，顧客の要求するリードタイムを満足するための経営資源確保である。しかし，この在庫がキャッシュフロー経営で不経済とされるのは，情報による管理や現場での眼による管理が行き届かず，死蔵在庫が溜まることによる。

　キャッシュフロー経営では在庫回転率を指標に死蔵在庫を排除し，機会損失視点ではあまりにも高い在庫回転率は品切れを疑う必要がある。

　在庫管理に必要な情報は，①実地棚卸在庫，②理論在庫，③帳簿在庫，④現在将来引当可能在庫の4つのレベルの情報である。

　実地棚卸在庫は，一定の時期に現実の在庫量と在庫金額を評価する。

理論在庫は，帳簿在庫と同義であるが，一定期間の入庫実績と払出実績の集計値から逆算して残存しているはずの在庫数量または在庫金額を弾き出す。

帳簿在庫は，入庫，払出のつど在庫数量と移動平均や総平均など一定の方法で在庫金額を更新計上する。

現在将来引当可能在庫は，帳簿在庫数量管理の仕組みのうえで時間軸を設定し，今日の未引当在庫数量に将来入庫予定数量を加算し，将来出荷予定数量を控除した時間軸別未引当の在庫数量を指す，論理的な有効在庫である。

実際のビジネスプロセスでは，将来引当可能在庫の仕組みがなければ在庫管理ができていることにはならない。

(12) 在庫管理プロセスの有効性チェックリスト

在庫管理の機能が有効に機能しているかを次のチェックリストで確認できる。

① 営業オペレーションの視点から
・いかなる引合いが入っても，確約できる出荷納期が応答できるか？
② リードタイム短縮の視点から
・予想される受注に対して競争優位なリードタイムで加工＋組立できるよう適切な在庫分岐点を設定し，部品・半製品在庫を用意しているか？
③ 購買管理，仕入管理の視点から
・調達リードタイムを把握した安全在庫水準を設定しているか？
・リードタイムが長い部品の在庫量が少なくないか？
・リードタイムが短い部品の在庫量が多すぎないか？
④ 生産管理の視点から
・MRP計算を実施する場合に仕掛中の在庫も資源としてカウントされているか？
・生産プロセスにおいてネックとなる制約工程と前工程の間に適切な安全在庫を確保してあるか？
・出荷プロセスと前工程の間にも適切な安全在庫を確保してあるか？

⑤　キャッシュフロー向上の視点からの在庫水準管理
・ABC管理に応じた在庫管理が適用されているか？（定量発注化，定期発注化，ツービン法適用などの明確化）
・積送在庫，安全在庫等の必要悪となる在庫が把握されているか？
・在庫回転率，交叉比率など在庫効率をチェックできる指標管理を実施しているか？
・死に筋在庫は何か，それだけでキャッシュフローでいくら損しているか？

(13)　在庫管理プロセス設計のポイントとベストプラクティス
①　在庫管理システムの機能構成
在庫管理のシステム化にあたって必要な機能を以下に示す。
（a）　引合いに対する在庫仮引当
（b）　受注に対する在庫確定引当
（c）　払出に対する在庫更新
（d）　入庫に対する在庫更新
（e）　発注，生産計画に対する在庫入庫予定更新
（f）　受払に伴う払出・在庫原価計算
（g）　先日付の在庫予定情報提供による納期回答
（h）　現在および先日付の時間軸別在庫補充点管理
（i）　棚卸表作成
（j）　棚卸更新と棚卸差異算出
（k）　連結取引在庫未実現利益情報の提供
（l）　MRP計算，SCP計画への情報提供
（m）　原価計算・会計記帳への情報連携
（n）　在庫有効性に関する情報提供

②　在庫管理プロセス設計のポイントとベストプラクティス
前記のシステム機能に対する設計上のキーとなる要件を説明する。
（a）　引合いに対する在庫仮引当
本来在庫引当を行うのは受注段階からであるが，営業実務上，引合いが入

ったら実質的に在庫を引当てておく必要がある。引当優先権は低い仮引当の機能が要求される。

引当可能な在庫水準の定義を行うと，

　　　　日別有効在庫数＝現在在庫数－当日迄引当済在庫数＋当日迄入庫予定数

である。

（b）受注に対する在庫確定引当

引合いから商談が成立し受注を得た段階で在庫の確定引当を行う。引合い時点で在庫の仮引当を行わず，受注段階で在庫引当を行う場合は，直ちに確定引当を実施する。

（c）払出に対する在庫更新

生産消費や出荷に限らず，貸出や無償提供や社内移動に伴う在庫払出を捉え現実在庫を減額更新する。また返品など出庫の戻しは入庫に計上せず，出庫をマイナス計上する。

（d）入庫に対する在庫更新

製造完成や仕入による現実在庫増加を計上する。なお，原則として出庫の返戻は入庫に計上せず，出庫のマイナス計上とする。

（e）発注，生産計画に対する在庫入庫予定更新

計上された発注情報や計画された生産情報に基づいて納期日で予定在庫を更新する。

（f）受払に伴う払出・在庫原価計算

97頁で前述した次の原価法のいずれかを採用し払出と繰越される在庫残高の原価を算定する。

① 月次総平均法
② 移動平均法
③ 先入先出法
④ 後入先出法（税法では2009年4月から，会計基準では2010年4月から廃止）
⑤ 売価還元法
⑥ 標準・予定単価法
⑦ 最終仕入原価法（税法だけが規定）

（g）先日付在庫予定情報提供による納期回答

引当てられた予定払出，計画された予定入庫を捉えた先日付の在庫受払と残高情報を管理し，追加引当や納期照会に対して回答を提供する。

（h）現在および先日付の時間軸別在庫補充点管理

システムに組み込まれた在庫補充点を実在庫および予定在庫残量が切った時点で在庫補充勧告を時間軸別に発信する。予定在庫の補充点割については，調達リードタイムを踏まえたうえで発注勧告に連携する。

（i）棚卸表作成

ERPでの帳簿棚卸を補完するための実地棚卸の調査記入シートを出力する。ピッキングリストと同様に，実施する人が現場で棚卸しやすい区分と配列でアイテムと帳簿残数を出力する。棚卸用の携帯システムによる直接入力が普及しているが，この場合はデータを携帯システムと連携した電文でダウンロードする。

（j）棚卸更新と棚卸差異算出

実地棚卸のデータを取り込み，帳簿棚卸数量および正味売却可能価額や再調達価額等の比較による低価法による評価金額を更新する。また，帳簿棚卸数量と原価について実地棚卸結果との差額を数量，金額について記録する。

（k）連結取引在庫未実現利益情報の提供

株式公開企業で連結決算を実施しなければならない企業集団を構成する企業は親会社，子会社にかかわらず連結取引で購入した資産の未実現利益を把握し，最終的に連結決算上で消去しなければならない。

同一商品で連結関係会社以外の仕入先から購入しているものがある場合は同一商品でも在庫受払，残高を区分しなければならないことになるが，実務上は困難であるので，期末在庫を会社別の仕入額など合理的な基準で配賦する必要がある。

（l）MRP計算，SCP計画への在庫情報提供

製品生産計画に対する部品の所要量計算後，部品の最終発注リードタイムに予定する在庫数量を参照し，不足があれば発注予定を計上する。

（製品完成納期→部品組立着手日→部品調達リードタイム時点で在庫引当

可能数量を参照する。）

　（m）　原価計算・会計記帳への情報連携

　在庫の使途事由別受払数量と原価から製造費用となる払出は原価計算に連携し，期間費用となる払出を損益計算情報に連携する。

　繰越在庫数量は貸借対照表に計上されるが，製造原価計算や損益計算の計算過程にも使用される。

11.　労務管理

（1）　製造現場における労務管理の視点

　製造現場における労務管理の視点は，中日程計画における負荷計画での工数確保と労務費の計画にある。

　中日程計画は，大日程計画に基づく，四半期別，月別，旬別における生産マップ・設備計画・人員計画・月次の資材計画・生産数量の具体的な計画である。

　労務管理視点では，月単位の生産計画を達成するために負荷計画を行い，必要な作業者の確保を行うか，確保が難しい場合には生産計画を調整する。作業者の確保については，負荷の調整で述べたように，作業者は，社員や準社員といった固定的に費用が発生する要員と，パートタイマーや契約社員など比較的必要なタイミングと期間で費用を用意すればよい要員とに分けられる。前者による費用は固定費であり，後者による費用は変動費となる。

　また，作業に要するコストは，（作業時間×賃率）の総合計になる。

　労務費を計画するにあたり，固定費と変動費の割合，変動費の中で，どのような賃率の要員をどのように確保するかの検討を行う。

（2）　労務費計算
①　労務費の原価要素

　労務費には，製品の製造プロセスに直接かかわる直接労務費と，製品に対しては間接的な付加価値を提供する間接労務費の2種類がある。また，労務

費の支給構成からみるならば，福利厚生費や賞与，退職給付は間接労務費とされる。一方，変動費か固定費区分でいえば，残業代や休日出勤手当は変動費であるが，その他の基準内手当は固定費とされる。

② 労務費の計算プロセス

実際原価計算でも，通常は計算日程を早くするため，実際賃率を使用せず，予定賃率を用いて，予定賃率×実際作業時間で計算する。この後で実際額との差異を計上する。

また，計算期間は給与計算の締め日サイクルとは別に，月単位で計算する。したがって，給与計算と製造原価計算において人件費の計算サイクルにギャップが生ずる。このギャップのために給与計算の締め日から月末日までの労務費の計算が必要になり，二重入力の工数と月次決算の遅れが生ずる。

この課題の解消策としては，給与計算の締め日自体を月末日に変える方法をとる場合がある。または原価計算上，月次の労務費は給与計算の締め日で締めてしまい，月末分までの労務費は無視する方法をとる場合もある。

また給与計算システムで，締め日から月末日までの仮計算を実施する場合もある。

実際には，以上の3種類の対応策のいずれかが選択されている。

(3) 労務費のコストダウンとキャッシュフロー向上

① 労務費の管理によるキャッシュフロー向上

労務費の生産性向上は，人的要素ですべて向上するものではない。生産計画や生産設備の稼働率と比例して増減するものである。

労務費の投下効率は，一般的に稼働率で評価することができる。製造プロセス全体でみれば，計画された労務可能時間で，いかに良品を算出する活動時間を生み出したかの正味稼働率を評価することができるのである。これは設備総合効率といわれている。

設備の効率によって，労務費の生産性も大部分は決定される。設備効率指標は，月間勤務時間から，良品を産出するのに必要な時間の正味率を段階別に分けて評価する図表2-22のような体系になっている。

この定義をベースに負荷時間を基準に良品を産出する時間効率を段階別に

図表 2-21 労務費の生産性指標

指　標	定　義
負荷時間 (計画稼働時間)	月間勤務時間−(計画停止時間＋許容段取・調整時間)
実際稼働時間	負荷時間−停止時間
実際投入量 × 実際サイクルタイム（実際時間）	実際投入量 × 投入量単位の実際サイクルタイム
実際投入量 × 理論サイクルタイム（理論時間）	実際投入量 × 投入量単位の理論サイクルタイム
良品産出量 × 理論サイクルタイム	良品(完成品＋仕掛品)産出量 × 良品単位の理論サイクルタイム ※仕掛品は製品換算する
設備総合効率	＝良品産出量 × 理論サイクルタイム ÷ 負荷時間 ＝時間稼働率 × 正味稼働率 × 速度稼働率 × 良品率
時間稼働率	＝実際稼働時間 ÷ 負荷時間
正味稼働率	＝実際投入量 × 実際サイクルタイム ÷ 実際稼働時間
速度稼働率	＝(実際投入量 × 理論サイクルタイム)÷(実際投入量 × 実際サイクルタイム)
良品率	＝(良品産出量 × 理論サイクルタイム)÷(実際投入量 × 理論サイクルタイム)

図表 2-22 労務生産性指標の体系

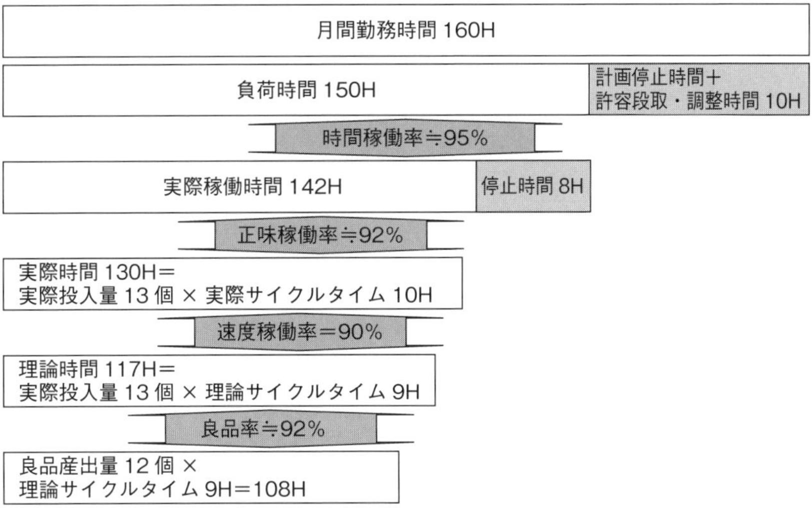

月間勤務時間 160H

負荷時間 150H ／ 計画停止時間＋許容段取・調整時間 10H

時間稼働率≒95%

実際稼働時間 142H ／ 停止時間 8H

正味稼働率≒92%

実際時間 130H＝実際投入量 13個 × 実際サイクルタイム 10H

速度稼働率＝90%

理論時間 117H＝実際投入量 13個 × 理論サイクルタイム 9H

良品率≒92%

良品産出量 12個 × 理論サイクルタイム 9H＝108H

評価する。

　この指標をベースに，労務時間のロスを要素別に分解して手待ちや他工程の制約発生による遊休発生などをとらえ，ロス削減に活用することができる。

② 労務費のキャッシュフロー特性

労務費は，通常給与計算サイクルで支払がなされるので，キャッシュアウトのサイクルは1ヵ月以内であり，他の生産資源のキャッシュアウトに比較しても短い。

原価要素の中で労務費構成の高い事業では，製品の販売対価の回収によるキャッシュインとのバランスを的確に管理し，外注化などの施策によるギャップの解消を検討しなければならない。

第2節 生産コントロール機能

1. 工程管理の計画機能

（1） 工程管理の中の「計画機能」と「コントロール機能」

　生産管理業務のプロセスを大別するとき，主として生産コントロールを担う機能は工程管理であるが，コントロールプロセスである工程管理も，そのプロセスの中に「計画」と「コントロール」の2つの機能を持っている。
　「計画機能」は，生産計画を達成するための製造実施に対するブレークダウンした計画を立案する機能であり，生産計画で立てた目標である納期，数量を，効率的に製造するために作業者や機械設備の割当を行い，最適な作業方法を決めるものである。このブレークダウンした計画には，材料計画，手順計画，負荷計画，日程計画がある。
　一方，「コントロール機能」は，製造の進み具合を把握し，目標と実績を捉えて評価する，トラブルや不具合の対処と再発防止により，ブレークダウンした計画に従い，計画と実績の差異を調整する機能である。これには，手順統制，余力統制，進度統制，現品統制がある。
　ここではまず，工程管理の「計画機能」である手順計画，負荷計画，日程計画を概観する。材料計画はMRPの項で説明を行う。

（2） 手順計画

　手順計画は作業者や機械・設備を有効活用し，効率的な製造を行うことを目的として，設計情報に基づき，合理的な生産方法，加工方法，工程，作業順序，作業条件を決定する活動である。
　受注生産や新製品の生産のように工程，作業方法，作業条件が決まっていない場合や，量産の場合の初期ロットの製造では手順計画が必要になるが，継続して生産を行う場合や製造工程や方法が決まっている場合には不要であ

図表 2-23　手順計画の IPO（Input, Process, Output）

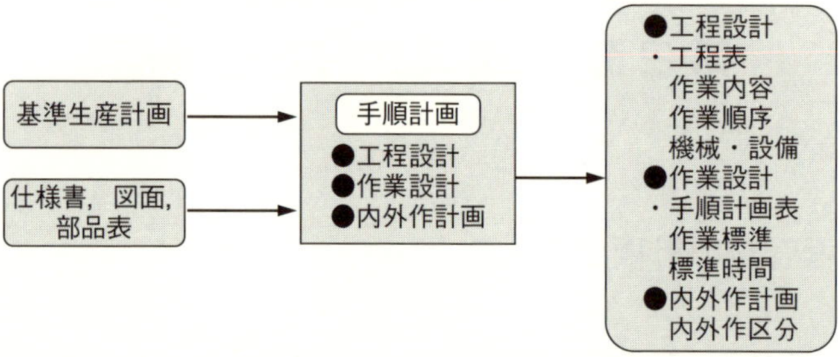

```
                                          ●工程設計
                                          ・工程表
                                            作業内容
  ┌──────────┐                              作業順序
  │基準生産計画│──┐                        機械・設備
  └──────────┘    │   ┌──────────┐       ●作業設計
                  ├──→│手順計画  │──→   ・手順計画表
  ┌──────────┐    │   │●工程設計│          作業標準
  │仕様書,図面,│──┘   │●作業設計│          標準時間
  │部品表      │       │●内外作計画│     ●内外作計画
  └──────────┘       └──────────┘          内外作区分
```

る。手順計画の策定においては，大きく，工程設計，作業設計，内外作計画がある。

工程設計では，生産する数量，使用する部材，使用できる機械・設備や治工具を考慮して，製造完了までの作業内容，作業順序，使用する機械・設備を決定し工程表を作成する。工程設計の手順は次のようになる。

① 部品表から工程順序を検討，決定
② 個々の部品ごとに必要な加工，組立内容を検討，決定
③ 個々の部品ごとの作業順序，作業タイミングの決定
④ 使用する機械・設備，治工具の決定

作業設計では，作業の標準化，標準時間の設定を行い，作業方法，作業条件，作業動作を明確化し，手順計画表を作成する。作業設計の手順は次のようになる。

① 仕様・検査基準を確認し，作業方法を検討
② 標準作業の決定
③ 個々の作業の標準時間の決定

また，部品ごとに社内で製造を行うか，外注に委託するかの内外作の計画も立案する。

（3） 負荷計画

負荷計画では，工程能力表や余力表をもとに工程の生産能力と仕事量のギャップを把握し，必要に応じて計画を修正し，実現可能な計画にして，生産ラインや職場・班に対して仕事の割付けを行う。

図表 2-24　負荷の調整イメージ

図表 2-25　負荷計画のIPO

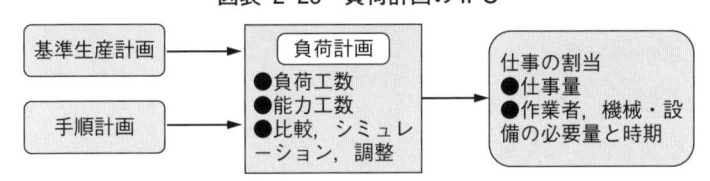

　工程の生産能力と仕事量のギャップがある場合の調整は，負荷の山積みと負荷の山崩しである。負荷の山積みとは，工程別，期間での負荷を集計することであり，負荷の山崩しは，能力の限界を超えた部分を前倒しや後倒しをすることで調整を行い，負荷を平準化し，日々の負荷変動を小さくすることである。
　具体的な負荷の調整では次のような施策を行う。
　① 能力が不足し，過負荷の場合
（a）過負荷な作業者や設備・機械の受け持つ作業を，余力がある作業者や設備・機械に割り振る。
（b）残業時間の追加で対応する。
（c）休日出勤で対応する。
（d）他部門からの応援をもらう。
（e）外注委託を行う。

② 能力に余裕があり，適正な負荷水準に上げる場合
（a） 作業者を他の職場に異動，作業時間の短縮を実施する。
（b） 外注作業の内作化を行う。
（c） 作業の前倒しを実施する。

負荷計画の目的は，生産能力と負荷の差である余力をできるだけ小さくして稼働率を上げること，製造に必要な作業者，機械・設備を確保するタイミングを把握し，手当てを行うことにある。

（4） 日程計画

日程計画は計画対象期間によって大日程計画，中日程計画，小日程計画などに分類されるが，工程管理では，ある製品を生産するための日々の工程ごとの作業予定を対象とし，期間別生産計画では小日程計画に位置づけられる。

日程管理の目的は，

基準生産計画の納期，数量を遵守する生産を行うために，

・作業順序を決定する

効率的な生産を行うために，

・日々の負荷を平準化し，作業者や機械・設備の遊びや過負荷をなくす
・同期生産を行い，工程の停滞をなくし製造リードタイムを短縮する

ことにある。

工程ごとの着手日，完了日を決定するためのスケジューリング手法には，

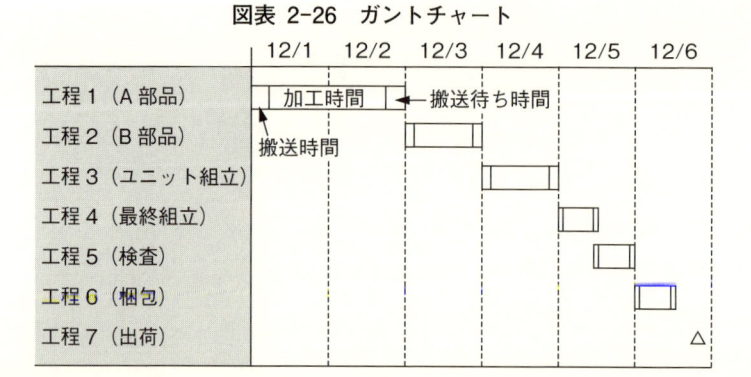

図表 2-26　ガントチャート

第2章　生産管理のプロセス　119

図表 2-27　日程計画の IPO

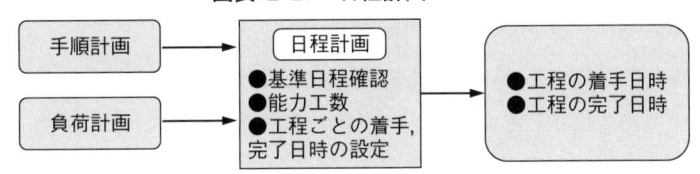

```
手順計画 ──┐
          ├─→ ┌日程計画─────────┐   ┌──────────┐
負荷計画 ──┘    │●基準日程確認      │──→│●工程の着手日時│
               │●能力工数          │   │●工程の完了日時│
               │●工程ごとの着手，  │   └──────────┘
               │　完了日時の設定    │
               └──────────────┘
```

ジョブショップスケジューリングでは，順序付け手法として Johnson 法，完全列挙法，ブランチアンドバウンド法，優先番号法，Jackson 法などがあり，ディスパッチング手法として，先着順，最小加工時間順（SPT），最早納期順（EDD）などのディスパッチングルールがある。

また，プロジェクトスケジューリングには，ネットワーク手法として PERT（Program Evaluation and Review Technique），CPM（Critical Path Method）などがある。

日程計画を立てる場合のツールには，ガントチャートが使用される。

（5）　材料計画

材料計画は MRP の項を参照されたい。

図表 2-28　材料計画の IPO

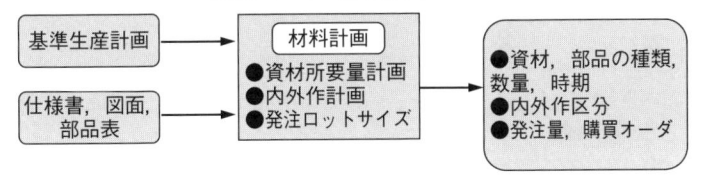

```
基準生産計画 ──┐
              ├─→ ┌材料計画──────┐   ┌──────────────┐
仕様書，図面， │    │●資材所要量計画│──→│●資材，部品の種類，│
部品表       ──┘    │●内外作計画    │   │　数量，時期        │
                   │●発注ロットサイズ│  │●内外作区分        │
                   └──────────┘   │●発注量，購買オーダ│
                                        └──────────────┘
```

（6）　新しい日程計画立案のコンセプトの提起～最適化生産パス選定の考え方

従来，納期遵守，設備・機械の稼働率の最適化，負荷の平準化などが小日程計画であるスケジューリングの制約条件となってきた。しかし，キャッシュフローを成果指標と考える場合，1つの製造指示（製造オーダ）または複数の製造指示に対して，選択可能な工程の中でトータルで最少のキャッシュフローまたは原価になるように工順を設定する日程計画を立案する必要が出

てくる。

この場合の，工順の最適設定の制約条件は次のとおりとなる。
① 複数の生産オーダの各々の納期は守らなければならない。
② 生産パスは指定どおりの順序で実施されなければならない
③ 調達に制約のある生産資源は100%以上使用できない。

一方，最適化目標には次の要件が想定される。
① 比較したキャッシュフローが最大な計画を選択する。
② 同じキャッシュフローなら変動原価を最小にする計画を選択する。
③ 上記②まで同じ条件なら，キー設備の稼働率が最大になる計画を選択する。
④ 上記③まで同じ条件なら，期間の稼働率が最も平準化できる計画を選択する。

このような目標要件を満足する生産計画を線形計画法等を用いて選択し，実施結果を試算できるプロセスを構築することが望まれる。

2. 工程管理の生産コントロール機能

工程管理の「コントロール機能」には，手順統制，余力統制，進度統制，現品統制がある。ここでは，これらの各統制について概観する。

（1） 手順統制

手順統制とは作業が手順計画どおりに行われるように調整する活動で，手順計画に対応する統制活動である。手順統制の目的は，計画どおりの手順，時間で進め，効率的に製造を行うことである。

手順統制は作業手順・方法と作業時間の統制があり，それぞれ実際の作業

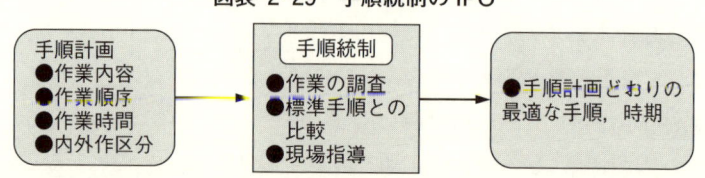

図表 2-29 手順統制のIPO

手順計画	手順統制	
●作業内容 ●作業順序 ●作業時間 ●内外作区分	●作業の調査 ●標準手順との比較 ●現場指導	●手順計画どおりの最適な手順，時期

現場の実態調査，手順計画との差異分析，実施指導がある。

手順計画との差異分析では，手順計画と差異があった場合，作業者の熟練度，作業方法，機械の操作などの検討を行う。

（2） 余力統制

余力統制とは負荷管理に対する統制活動であり，製造における実際の負荷と作業者，設備・機械の能力を調整する活動である。

余力管理の目的は，日々の負荷変動に対して対処を行うことで適切な余力を維持し，飛び込み注文や注文キャンセル，機械・設備の故障などの対処を行いつつ，効率的な作業で納期を遵守することにある。

多品種少量生産や個別受注生産など詳細な生産計画を立てにくい場合や計画変更が起こりやすい場合に，余力管理は重要な役割を持つ。

余力管理は，余力の把握，余力の調整，作業の見直しの手順で行う。余力は生産能力と負荷の差であり，その差は小さいほうがよい。そのため，具体的な余力の調整は負荷計画での負荷調整と同様になる。

余力調整では次のような施策を行う。

① **余力が不足し，過負荷の場合**
（a） 過負荷な作業者や設備・機械の受け持つ作業を，余力がある作業者や設備・機械に割り振る。
（b） 残業時間の追加で対応する。
（c） 休日出勤で対応する。
（d） 他部門からの応援をもらう。
（e） 外注委託を行う。

② **余力があり，適正な負荷水準に上げる場合**
（a） 作業者を他の職場に異動，作業時間の短縮を実施する。

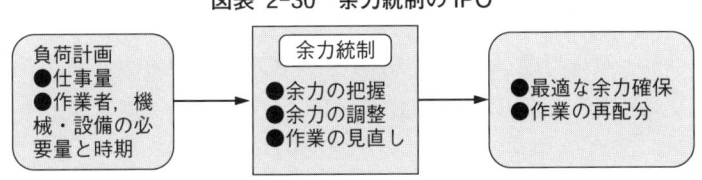

図表 2-30　余力統制のIPO

負荷計画	余力統制	
●仕事量 ●作業者，機械・設備の必要量と時期	●余力の把握 ●余力の調整 ●作業の見直し	●最適な余力確保 ●作業の再配分

（b） 外注作業の内作化を行う。
（c） 作業の前倒しを実施する。

COLUMN　余力管理の進め方

　余力管理は，作業者や機械・設備の能力と負荷を調整して，手待ち時間をなくすことと，進度の適正化を図る業務である。特に，作業を負荷と能力のバランスからみていくことに特徴がある。

　生産計画を立てた時点では，生産能力と負荷のバランスはとれているが，生産を開始すると機械・設備が故障したり，作業者が休暇を取得したり，前工程から材料が遅れたり，追加注文や飛び込み注文が来たりして，相対的に能力が不足し，あらかじめ決めた負荷を処理できなくなることがある。また，急に注文がキャンセルされると作業者や機械設備に遊び，手待ち時間ができ，コストが増大することになる。このような，事前の負荷計画の微調整として余力管理を使用することが多い。

　余力管理の進め方は，
① 生産能力を把握する
② 仕事量を把握する
③ 余力を把握する
④ 作業を再配分する
⑤ 余力を確認する

という手順で行う。負荷が大きい場合の対処は，納期遅れを回避するために他部門からの応援，外注利用，最悪は納期の延期の申入れなどを行い，余力が大きい場合には，他部門に応援に行く，仕事量を確保する活動を行うなどで対処する。

（3） 進度統制

　進度統制は，日程計画に対して作業の進み具合を確認し，計画どおりに作業が進むように調整を行う活動である。進度管理の目的は，生産計画で立てられた納期と数量の遵守である。計画と実績の差が大きくなりすぎる前に対処を行う必要があるため，作業進捗を適時，正確に捉えることがポイントとなる。

進度統制では，進度の調査と計画と実績の差異分析，緊急的な遅延対策，回復の確認，恒久的な改善策の立案と実施の手順で実施する。

進度管理は，生産活動にかかわる部門として，設計・開発部門，資材購買部門，製造部門の日程管理が必要である。

① 設計の進度統制

従来，設計業務は聖域といわれ，日程管理や設計図の共有にはなじまず，全社パソコンの共通化においても特殊なOS（Operating System）を使用するため，この部門だけメーカが異なるパソコンを導入するなど，足並みを揃えることや業務改革着手が難しい領域といわれてきた。しかし，受注生産においても，顧客に納期を提示できなければ失注という機会損失が発生する可能性があり，受注しても納期までに設計を完了し，生産を行い，納品しなくては顧客満足の低下を招く。見込み生産であっても，市場が求めるタイミングで市場に製品を投入できなければ，販売の機会損失につながる可能性が大きい。

図表 2-31　進度統制のIPO

図表 2-32　部品構成管理

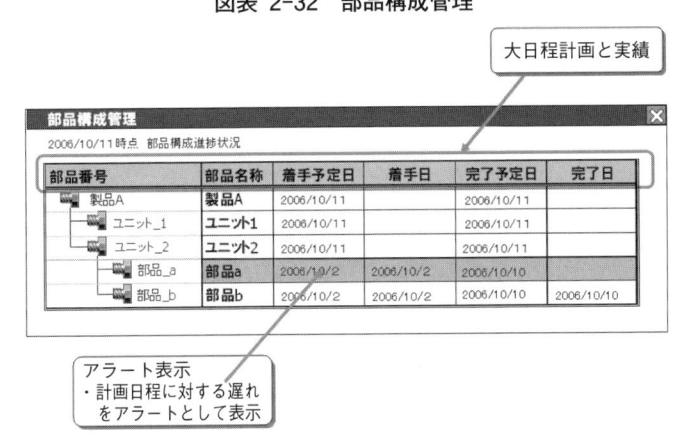

このため，高度な職人技といえども，市場，企業のサプライチェーンの中のプレイヤーとして，技術部門との密なる連携，納期やリードタイムにかかわる日程管理が重要である。

また，製品開発プロセスの進捗を可視化することで経営判断を支援し，製品開発プロセスの企画，開発，設計，試作，評価，量産のプロセスのスループットを向上させ，ビジネススピードを加速する必要がある。

また，設計の対象はハードウェアに加えて，ソフトウェア自体，組込ソフトウェアもある。ソフトウェア設計とハードウェア設計の同期化も生産管理上重要である。たとえば，部品構成ごとに設計の着手予定日，着手日，完了予定日，完了日を表示するようなITシステムがあるとよい。

② 製造現場の進度統制

製造部門が，工程に払出す部品を用意し，払出，組立，検査，入庫までの日程管理を行う。払出す部品を集めて配膳する日，工程に払出す日，各工程の作業予定日，入庫予定日を日次で日程を立て，それをキープできるように，負荷状況を見て日程を調整する，部品の欠品，仕損，部品の不良，設計変更などの製造上発生する問題への対処などを行う。

製造上影響が大きい問題は部品の欠品であり，部品調達管理の役割は大きい。また，設計変更も生産計画に与える影響が大きい問題である。設計変更は，量産に入った製造仕様書に対する変更であり，客先からの要望による変更，VE活動による変更，設計ミスによる変更などがある。

生産計画に大きな影響を与えるとともに，コストアップにつながる可能性もあるため，変更内容を見極め，納期をにらんで，関係する部門の早期の調整を行う必要がある。

（4） 現品統制

① 現品統制のポイント

企業が利益を上げていくためには，材料費，労務費，経費という原価要素ごとに管理を行い，原価を常に正しく把握することが必要である。

原価要素の中の材料費はモノ（物品）にかかる費用であり，資材，仕掛品，製品，設備や金型，治工具などが対象となる。これらの資材，仕掛品，

製品を管理することを現品管理という。

現品統制は現品管理ともいわれ，単品（1つ1つのモノ）での管理が基本であり，資材，仕掛品，製品などが，どこに，何が，何個，どういう状態であるかを的確に把握することである。紛失や破損，数え間違う場合もあり，生産が計画よりも遅れが生じたり，加工中に不良や破損が生じたり，廃棄したりする場合には，あるべき数量と実際の間に差異が生じる。そのため，効率的に管理を行うためにモノに現品票という品名，品番，数量，保管場所，加工進度，バーコードなどを記載した票を添付し，スキャナやバーコードリーダでこの現品票を読み，コンピュータに送信するITの導入が進んでいる。また，金型などにRFIDを付与し，RFIDによって位置の管理を行うことも可能である。

自動車部品製造メーカにおいて，取引先がかんばんを運用している場合，時間指定で出荷便のトラックに製品を載せて，取引先の工場のラインやデポ倉庫に出荷することを求められることがある。たとえば，50分，1時間ごとに1日14便〜16便のトラックで多頻度小口配送をする場合，出荷指示とは違う製品を出荷するリスクも出てくる。このような場合に，出荷指示リストと出荷する製品の現品票をマッチングし，誤品出荷チェックを行う機能があると出荷物流業務の効率化が図れる。

現品管理のポイントとしては，
・保管場所を明確化すること
・保管状態を視覚化すること
・記録を迅速化，徹底すること
・起票，移動の手続きを明確化，遵守し，実際のモノと管理上の情報を一致させること

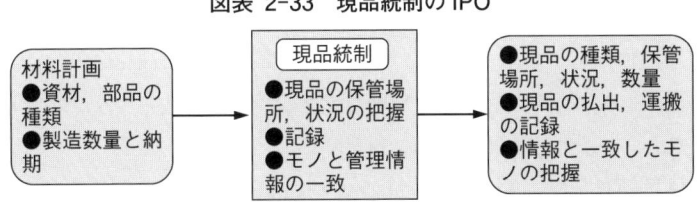

図表 2-33 現品統制のIPO

がある。さらに，紛失や破損，数え間違いについては，食い違いを発見した時点ですぐに紛失・破損の登録，データの修正を行うことが重要である。

これにより，現実世界と情報システムの中の情報の不整合がなくなり，リアルタイムマネジメントが可能になる。

また，生産途中での不良や破損，廃棄についても，MESの実績収集システムで，不良原因と不良数を登録し，廃棄した場合にも廃棄理由と廃棄数または廃棄量などの登録を行い，これらを捉えていく。生産活動の中では完成品の数量を捉えることが中心になるが，原価を管理するという観点では，不良数や廃棄数・廃棄量まで捉えて，製品1個にどれだけの原価がかかったかを把握していくことが必要なためである。

また，現品管理を行うことで，どこに，何が，何個，どういう状態であるのかが正確にわかるようになり，現品を探すムダの時間の削減（労務費の削減），不用品の削減（保管場所の削減），過剰在庫の解消（材料費の削減）が可能になる。

② 仕掛品管理

仕掛品は現品管理で管理されるが，さらに仕掛品の位置，量，流れ，完成度（進捗率）を管理することで，仕掛品の滞留時間の短縮や生産リードタイムの短縮（労務費の削減）が可能になり，財務体質の改善，キャッシュフローの改善につながり，企業をスリムな財務体質に変える効果がある。このような仕掛品を管理することを仕掛品管理という。

仕掛品管理の対象には加工仕掛品と組立仕掛品があり，それぞれに対して位置管理，量管理，流れ管理，完成度（進捗率）評価を行う。位置管理は表示や分別を行い，量管理は適正量の維持，削減を行う。流れ管理は加工順番や停滞時間の管理を行う。

③ 設備や金型，冶工具の管理

設備や金型は減価償却費という視点で管理を行う必要がある。何時間稼働させたか，何回ショットを行ったかを正確に把握し，設備や金型を導入したときに見積った予定の使用期間や回数との比較を行い，その差の管理を行う。これらは固定資産管理に情報を提供する。

冶工具は消耗工具，器具備品であり，材料費や棚卸資産または金額によっ

ては固定資産に属するため，購入や棚卸，廃棄などの管理も必要になる。

(5) 部品調達管理

部品は，必要なときに，必要な分だけ調達することが望ましい。また，製造を行うために工程に部品を払出す時点で未調達の部品（欠品と呼ぶ）があると，生産計画の混乱を招く。そのためには，発注する時点でジャストインタイムを念頭に置き，適正な発注数量の決定，倉庫面積の占有率，棚卸資産圧縮と機会ロスのバランス，購入先の能力の見極め（外注指導，複数社購買），製造計画などの負荷管理を行ったうえで発注を行うことが必要である。

さらに，発注後は，発注した製品を納期どおりに納入されるように管理する方法であるカムアップシステムを採用する。

カムアップシステムの例としては，納期確認用カムアップ箱，納期確認済みカムアップ箱を用意する。これは発注したときに，納期確認をする日に該当する箱に注文書を入れ，その日になったら箱から注文書を出し，電話などで納期確認を行い，納期確認済み箱に入れるというものである。

このように，注文書を出したあと，途中途中で調達進度を確認し，地道にフォローを行うことが必要になる。

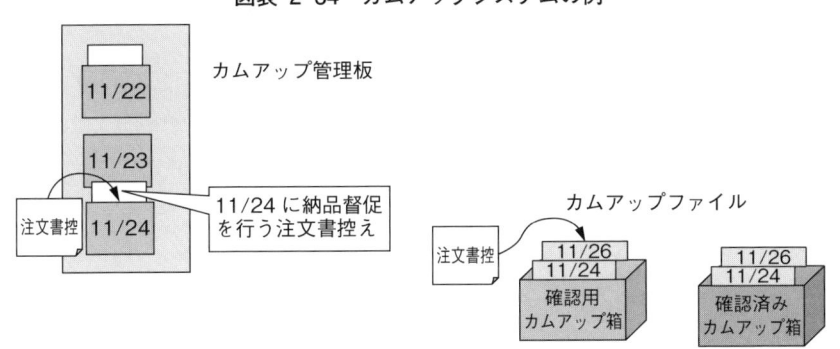

図表 2-34 カムアップシステムの例

(6) 製品の入出庫管理

加工，組立，検査を終了すると製品として入庫される。入庫された時点で，経理の視点では仕掛勘定から製品勘定に変わり，進度管理対象から外れ

ることになる。入庫後は製品としての出荷を待つことになるが，その間の管理視点は見込生産と受注生産で異なっている。

　見込生産の製品は，適正な在庫量の維持が管理ポイントである。そのために，入庫量と出庫量の管理に重点を置く。一方，個別受注生産の製品は，客先納期のキープが管理ポイントである。生産計画は，客先納期をベースにバックワードに生産計画を立てるために入庫後即出荷ということも多いため，客先納期に間に合わせる日程管理，入庫管理が重要となる。

（7）　製品出荷，売上管理
①　製品出荷管理

　顧客からの注文は，営業・販売部門から受注として生産管理部門に通知される。見込生産においても，製品在庫，生産計画を調査し，受注に対する数量納期を満足できるかを判断し，満足できない場合には，不足数量や製造短縮日程などを製造部門に連絡し，生産計画の見直しを行う。

　受注内容や生産計画の見直しから出荷計画を立案し，出荷前検査，梱包，輸送リードタイムなどを考慮した払出伝票を作成し，検査・運輸部門に出荷検査日程，発送先，発送日時の指示を行う。

　出荷は，工場の倉庫から行う場合，関連する地方の工場から行う場合，量産品などはデポ倉庫から直接顧客に出荷される場合もある。

　出荷日時については，日単位ではなく50分ごと，1時間ごとなどの時間指定で出荷指示が来る場合もあり，特に自動車部品製造業では顕著である。このような時間指定の出荷指示に対応した出荷計画が求められることもある。

　個別受注生産の場合，顧客の立会い検査があるため，立会い・搬入日程，立会い後の製品解体，梱包，トラックへの積込を考慮した日程を立案し，営業・販売部門を通して顧客との日程調整を行う。また，搬入先の搬入ルートの確認，搬入や立会い検査に必要な機材の確認，運搬要員を準備する必要がある。

（8） 予実差異

工程管理での予実差異には，① 手順統制における手順計画と実績の差異，② 余力統制における生産資源の余力の計画と実績との差異，③ 進度統制における進度（日程）の計画と実績との差異，④ 現品統制における欠品の発生，⑤ 仕掛品の進捗度の予定と実績との差異，⑥ 設備の稼働率の計画との差異，⑦ 部品調達における納期の計画との差異，⑧ 製品入庫の計画との差異がある。

これらの差異は，PDCA サイクルで発生の原因を解析し，より適正な計画値の策定にフィードバックされる。一方，工程管理の巧拙は，金額面ではキャッシュフロー／原価管理を通じて評価される。

材料消費の差異については，歩留率の変動，仕損の発生，環境変化や事故による減損，不注意による配合率の差異が発生する。副産物の生成歩留り，不適切な現品管理，製造目的以外の払出，作業屑の回収効率の変動，棚卸数量減耗などが差異の要因となる。金額の重要性で重点を絞ったロスの発生を発生レベルで的確に情報収集することが予算実績差異の解消の成功要因となる。

加工費の差異については，手順統制，設備のメンテナンスの適不適など余力管理，進度統制，内製や外注加工の生産性のバラツキが予実差異の要因となる。

原価差異情報（材料費数量差異，歩留差異，混合差異，加工時間差異）からも乖離が発生する構造を把握し，工程管理に適時にフィードバックしていくことが要求される。

（9） 情報収集のためのプロセス

MES（Manufacturing Execution System）は，製造現場の指示（どのように作るか）と実績収集（何が作られたか）をする製造実施システムである。

MES では，日程計画で立案された小日程計画に基づいて，工程ごとに日単位のスケジューリングを行い，作業指示情報を出力し，社内工程には作業指示書の発行を，また外注工程に対しては注文書の発行を行う。この作業指

示に基づいて工程作業が進んでいくと，作業日報や作業実績収集システムやPOP（Point Of Production）から作業実績情報を取り込み，外注先からは納品による在庫情報の更新があり，作業実績を加味した作業指示情報を出力し，社内工程には作業指示書の発行を，また外注工程に対しては注文書の発行を行う。

MESでは，作業日報の入力やPOP情報の連携，外注受入情報の入力をもとに，作業進捗管理を行う。作業工程の80～90%は停滞・待ち・無駄な稼働と分析されているため，MESの作業進捗管理機能を活用することで，物の停滞を発見，排除し，遊休コストの削減が可能になる。

(10) 制約工程の派生損失計算の提起

一定の速度でのバランスのよい工程間の製造連携は，同期化生産と呼ばれ，生産管理の求める姿である。

生産計画の失敗や各工程の想定外の停止などにより工程間のバランスが崩れると，全体の製造の流れの中で渋滞を起こす制約工程が発生する。制約工程発生の弊害は，当該工程の停止によるロスのほか後工程の遊休の原因となり，連鎖的に生産事業所全体の収益性の低下を発生させる。ところがこのロスは，各工程で個別に原価計算の標準差異として扱われるので，そのままにしておくと各工程のロスとして誤認されてしまう結果になっている。

制約工程だけでなく，工程の一過性の停止も同様の影響を与える。そこで各工程の原価差異のうち，遊休による差異が自工程の不具合に起因するものなのか，他工程の不具合によるものだったのかを明確にする必要がある。他工程に起因する原価差異であれば，これは当該他工程に付替えなければならない（図表2-35参照）。

このように各工程で発生した原価差異を原因となった工程に付替えし，制約工程や不具合を発生した工程が及ぼした製造事業所全体の遊休ロスを明らかにするのが派生損失計算である。このようなプロセスは，先験企業でもほとんど導入されていない。

派生損失計算を的確に行うためには，生産管理の実績情報が月次一括ではなく，日々に原価計算システムに連携され，日々で認識された工程ごとの原

図表 2-35 制約工程の派生損失の区分と付替え

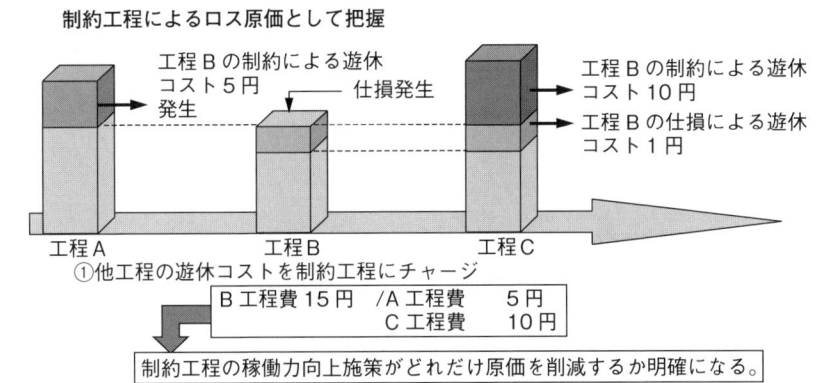

制約工程によるロス原価として把握

[工程A] → 工程Bの制約による遊休コスト5円発生 — 仕損発生 — 工程Bの制約による遊休コスト10円／工程Bの仕損による遊休コスト1円
[工程A] [工程B] [工程C]

①他工程の遊休コストを制約工程にチャージ
　B工程費 15円　／A工程費　 5円
　　　　　　　　　C工程費　10円

制約工程の稼働力向上施策がどれだけ原価を削減するか明確になる。

②制約工程での仕損費は，後工程の計画外遊休コストを加算
　B工程費　1円　／C工程費　1円

制約工程の品質改善がどれだけ原価を削減するか明確になる。

派生損失	要因	派生損失の処理
連携工程の原価差異	制約工程の能力制約による稼働待機	予定された損失として制約工程に付替え
	制約工程や連携工程の不具合発生による稼働待機	予定外の派生損失として不具合発生工程に付替え

価差異について要因を入力し積上げるプロセスが必要となる。

3. 品質管理

（1） 品質とは

　品質とは品物の良し悪しを表す性質である。製品の品質は，さまざまな要素によって決定される。この品質を構成する要素を品質特性という。たとえば，シャープペンシルの芯の品質特性は，芯の硬さ，消しやすさ，磨耗性となる。品質特性を数値化したものを品質特性値といい，計量値と計数値に分けることができる。

　品質特性の計数値とは，キズ，色むら箇所などのように不良品の数や欠点数で考えるもので，計量値とは，寸法，重量などのように測定できるものを

いう。品質特性は，品物の良い悪いの判断基準となるため透明性があり，公平な何らかの数値で表すべきであるが，顧客が要求する品質（たとえば，自動車のエンジンならば燃費や騒音など）をそのまま測定することが難しいことが多く，代用特性で評価する場合がある。たとえば，外観の良し悪しを傷の数（計数値）で評価するなどがこれにあたる。

（2） 品質の種類

品質は製品の生産段階で，設計品質，製造品質，使用品質に分類できる。

設計品質とは，買い手の要求を製品に反映しているか，企画した品質を設計できたかという品質で，「狙いの品質」ともいわれている。

製造品質とは，製造工程で作り込まれる品質で，設計の狙いどおりに製造できたかの「できばえの品質」ともいわれている。

使用品質とは，消費者が使用中に故障が発生した場合，速やかに処置を行い，消費者の期待どおりの状態を維持するサービス行為で，「サービスの品質」ともいわれている。

図表 2-36　品質の構成要素

品質を構成する要素＝品質特性
- 計数値……キズ，色むら箇所などのように，不良品の数や欠点数で考えるもの
- 計量値……寸法，重量などのように，測定できるもの

（3） 品質管理

品質管理とは，顧客の要求に合った品質を経済的に作り出すための管理活動である。顧客の要求に基づき，作る側にとって最も有利な品質を目標として，この品質を持つ製品を最も経済的なコストで作り上げること，これを全員が協力して行うことが基本となる。

生産活動における品質管理は，サプライチェーンの設計・試作から出荷・販売のすべてのプロセスにおいて活動される。大別すると，どのような品質にしていくかという品質計画，標準維持や改善といった製品そのものの品質を対象とする品質管理，出荷後の製品の品質に対する安心感・安全性を顧客に保証を行う品質保証がある。

サプライチェーンの各プロセスでの品質活動は次のようになる。

① 設計・試作での品質管理

品質計画，設計評価として，3次元 CAD やシミュレーションソフトによって設計段階で製造段階の不具合を洗い出す，品質標準作成，設計書・図面・試作品デザインレビュー，改善指導などを行って品質を管理する。

② 量産初期での品質管理

量産初期流動品質管理として，歩留りや品質安定性調査，改善活動を行う。

③ 量産での品質管理

工程管理では，進度統制で製造工程の進度調整，不具合監視を，作業管理で作業標準作成，現場指導を，工程能力の適正化，品質ポカヨケ，品質ヒヤリハット運動，チェックシート活用，不良品サラシ台などで品質管理を行う。設備保全では，設備の点検・整備を行う。

④ 検査での品質管理

検査基準作成，検査（受入時，工程完了時，出荷時），不適合品処置，検査・計測器管理を行う。

⑤ 監査での品質管理

品質工程監査（製造工程の適正性），ISO 内部監査（組織体制，仕組みの適正性）などがある。

⑥ 出荷・販売

広報・販売では，品質を正しく広告・宣伝するためカタログなどを発行してその品質を正しく提示し，販売員，サービスパーソン，その他流通過程の各担当者を教育・訓練し販売時に顧客に正しい品質と使用法を説明できるようにする。納品・保管に際して，製品が破損・劣化したり誤送されたりしないように工夫・注意を行う。

アフターサービスでは，顧客の意見や問題を設計開発にフィードバックを行う。クレーム対応では，クレームや品質トラブル受付け，重要な品質問題のエスカレーション，改善活動，不具合処理，再発防止対策，標準化などにより品質管理を行う。

(4) 社内標準の遵守

品質管理を進めるうえで必要なものが「標準」である。標準とは，手順，方法，手続，性能などを統一化した規格である。

標準を設定し，関係者がそれを実施・遵守することを「標準化」という。全社的に標準化を行うことで，属人的な業務の進め方を排除し，作業方法を統一化することで安定した品質を確保し，効率的な生産活動を行えるようになる。社内で規定した標準を社内規定といい，製品仕様，購買仕様，作業標準，受入検査規定，工程内検査規定，クレーム処理規定などがある。

(5) 標準の種類

企業には企業独自の標準があり，呼び方はさまざまであるが，一般的には次のような標準がある。

① 作業標準

作業方法について定めたもので，作業マニュアル，作業要綱，作業指示書などと呼ばれている。品質保証部門，技術部門が作成する。

② 品質標準・技術標準

品質基準について定めたもので，品質標準書，技術標準書，企画書，管理標準，図面，仕様書などがある。品質保証部門，技術部門が作成する。

③ 業務標準

業務の責任，権限，手続などを定めたもので，職務分掌，責任権限規定，業務要綱，業務マニュアルなどと呼ばれている。各部門で作成し，全社的に承認される。

標準類の作成では，組織として標準として認め，全員で遵守していくことが求められるため，標準ごとに作成する部門，承認者が存在する。変更を行う場合には，作成した部門に変更を依頼し，承認者にその変更の承認を求める必要がある。

(6) 検査と監査

① 検査の目的

検査の目的は，良品と不適合品がラインで混在するのを防止し，不適合品

が出荷されるのを未然に防ぐことである。また，検査によって得られた品質情報を関係部門に提供し，不良品や不良ロットの発生防止に役立てること，納入者や前工程に対してよい品物を提供しようとする意欲を持たせることを目的としている。

さらに，検査の結果，添付される合格章や検査記録により品質保証活動を実施した証拠を顧客や次工程に示し，信頼を確保したり，認証を取得したりするための証拠として活用する。

② 検査の種類

検査には，目的，判定方法，実施方法によりさまざまな種類がある。生産プロセスによる分類，検査の判定方法による分類，検査の実施方法による分類に大別できる。

（a） 生産プロセスによる分類

生産プロセスで分類する検査には，受入検査，構内検査，最終検査，出荷

図表 2-37　検査の種類

分類	内容
生産プロセスによる分類	内容
(a) 受入検査	部品や材料を受け入れてよいかどうかを判定する検査
(b) 工程内検査	次の工程に流してよいかを，各工程の半製品の品質を判定する検査
(c) 最終検査	製品としての品質基準を満たしているかどうか，最終製品を判定する検査
(d) 出荷検査	最終製品を出荷する際に行う検査
検査の判定方法による分類	内容
(a) 計数抜取検査	合否判定基準が，サンプル中の不適合品の数などの計数値である抜取検査
(b) 計量抜取検査	合否判定基準が，サンプルから得られた平均値や標準偏差などの計量値である抜取検査
(c) 官能検査	音色や香り，味，こく，風味，色合い，つやなど人の感覚をもとに判断を行う検査
検査の実施方法による分類	内容
(a) 全数検査	すべての検査を行う
(b) 抜取検査	サンプルを抜き取って検査を行う
(c) 間接検査	供給側で検査を行った結果を確認し，受入側の検査を省略する方法

検査などがある。
- 受入検査……部品や材料を受け入れてよいかどうかを判定する検査
- 工程内検査……次の工程に流してよいかを，各工程の半製品の品質を判定する検査
- 最終検査……製品としての品質基準を満たしているかどうか，最終製品を判定する検査
- 出荷検査……最終製品を出荷する際に行う検査

（b） 検査の判定方法による分類

検査判定で分類する検査には，計数抜取検査，計量抜取検査，官能検査がある。
- 計数抜取検査……合否判定基準が，サンプル中の不適合品の数などの計数値である抜取検査
- 計量抜取検査……合否判定基準が，サンプルから得られた平均値や標準偏差などの計量値である抜取検査
- 官能検査……音色や香り，味，こく，風味，色合い，つやなど人の感覚をもとに判断を行う検査

（c） 検査の実施方法による分類

検査の実施方法で分類する検査には，全数検査，抜取検査，間接検査がある。
- 全数検査……すべての検査を行う
- 抜取検査……サンプルを抜き取って検査を行う
- 間接検査……供給側で検査を行った結果を確認し，受入側の検査を省略する方法

③ 検査基準の考え方

品質管理は，第一に顧客の要求に基づき，つくる側にとって最も有利な品質を目標として，この品質を持つ製品を最も経済的なコストでつくり上げることを目的とした活動である。このため，検査基準も顧客満足とつくる側にとっての経済性のバランスから考えた望ましい検査基準が必要になる。

品質基準，検査基準，製造品質の関係をふまえて，検査基準のレベルはどのように設定したらいいのだろうか。

品質基準は顧客に満足を与えるように設定される。そのため，検査基準も品質基準と一致し，製造品質はそれ以上の水準というのが理想的である。しかし，理想的な検査基準を設定したとしても，検査基準と検査技術の関係において，検査技術が十分でないために不適合な製品を適合と判断してしまうこともある。また，検査技術と製造技術の関係において，製造技術が不十分なために不適合品ばかりになってしまうこともある。検査基準が高すぎる場合には，製造技術が十分だとしても意味のない不適合品を発生させる可能性もある。

　このようにならないように，検査基準の設定においては自社の製造技術，検査技術，品質基準を考慮して，慎重に設定を行う必要がある。

④　検査基準の目的

　検査における検査基準は，物品の良し悪しを判断する基準以外に次のような役割を持つ。

（a）　製造工程での品質目標となるため，達成すべき目標を明確にし，作業手順や方法を標準化し，製造を安定させる役割を持つ。

（b）　検査は製造品質の判定のため，作業者に「この検査基準をクリアするぞ」という品質意識を向上させ，製造品質の確保の役割を持つ。

⑤　監査の目的

　監査の目的は，一定のレベルの製品をつくる仕組みができているかを審査することにある。監査には，受入検査を対象とし，品質を保証できる標準があり，標準どおりに作業を実施しているかを監査する「品質工程監査」と，組織体制と仕組みを対象として，品質を保証できるシステムを実施しているか，標準に従った作業を実施しているかの「ISO内部監査」がある。

　監査では，標準類，マニュアル，作業記録，企画書などのドキュメント類を調査し，プロセスに問題がないか，プロセスを遵守しているかを検証し，問題がある場合には是正処置として手順の見直し，手順書の改訂などを行う。

（7）　品質問題解決の手順

　一般的に管理を行う場合，計画，目標や標準を決めて（Plan），それに沿

って実行し（Do），実施した結果をチェック・評価し（Check），その結果に対して必要な対処・改善を行う（Action）という4つのステップを回し，最後の対処・改善を次の計画に結びつけ，らせん状に各プロセスの品質維持・向上や継続的な業務改善活動などを推進していく。

この管理のサイクルはPDCAサイクルといわれ，1950年代，品質管理の父といわれるW・エドワード・デミング（Dr. William Edwards Deming）氏が，生産プロセス（業務プロセス）の中で改良や改善を必要とする部分を特定・変更できるようプロセスを測定・分析し，それを継続的に行うために改善プロセスが連続的なフィードバックループとなるように提案したものである。このサイクルを回すことで，仕事を計画や目標のとおり，継続して進めていくのである。

このため，品質管理では次のようなステップで実施される。

① **現状の把握**

問題点・課題を3現主義で調査，把握し（テーマ設定），問題点・課題の影響度が大きいものから並べ，改善すべき点を絞り込む（重点化）。

② **要因の解析**

その問題が発生した原因を検討する。

③ **対策の立案**

原因に対する対策を立案する。このとき，対策の実現可能性，実施費用，効果についての評価も行う。

④ **対策の実施**

対策を行うための計画（誰が，どこで行うか）を立案し，計画に沿って実行する。

⑤ **効果の確認**

対策の実施後，実施前と実施後のデータを比較し，効果があったかを確認・評価する。

⑥ **歯どめ**

実施した対策に効果があった場合には，同じ問題が二度と発生しないように歯どめをかける。具体的には，作業標準などのマニュアルや指示書を対策をもとに改訂し，関連部門に展開する。

（8） 品質管理のツール

品質問題解決を確実に進めるためには，問題解決の段階や問題の性質に合わせて，適切なツールを活用する。このようなツールには，数値データを扱うQC7つ道具，言語データを扱う新QC7つ道具，統計学の知識を活用した統計的品質管理（SQC）の手法がある。

① QC7つ道具

（a） パレート図

パレート図とは，棒グラフと折れ線グラフを組み合わせた複合グラフである。縦軸に不良個数や不良損失金などをとり，これを原因別，工程別，原料別に層別し，度数の多いものから順に横軸に並べて棒状に表記する。

パレート図によって重要な問題を発見し，その問題が全体の何％を占めているかを把握できるため，どの不良項目に重点的に取り組むかが明確になる。

（b） ヒストグラム

ヒストグラムは，バラツキの分布状態を棒グラフで表示したもので，分布を把握するのに使用する。縦軸に度数分布表の頻度をとり，横軸にデータ区間をとる。

（c） 特性要因図

特性とは結果のことであり，要因とは重要な原因のことである。特性要因図とは，重要な原因の候補をリストアップし，特性に対する関連を系統的に図で整理したもので，原因の追究をする場合に使用する。魚の骨とも呼ばれている。

（d） 散布図

散布図は，2つの特性を横軸と縦軸とし，観測値を打点してつくるグラフで，関係の把握に使用する。一般的に，横軸（x）に原因系，縦軸（y）に結果系とする。このときのxとyの相関度合いを相関係数で表すことができる。相関係数は必ず$-1 \leq r \leq 1$の範囲になり，1，-1に近いほど相関が強いといえる。

（e） チェックシート

チェックシートは，データを取得したり確認を行ったりする場合に，ヌケ

図表 2-38 パレート図

図表 2-39 ヒストグラム

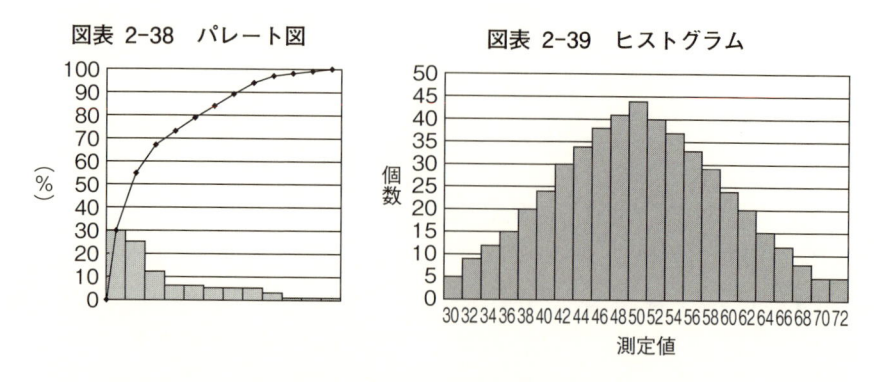

図表 2-40 プロジェクトの失敗原因分析 —魚の骨—

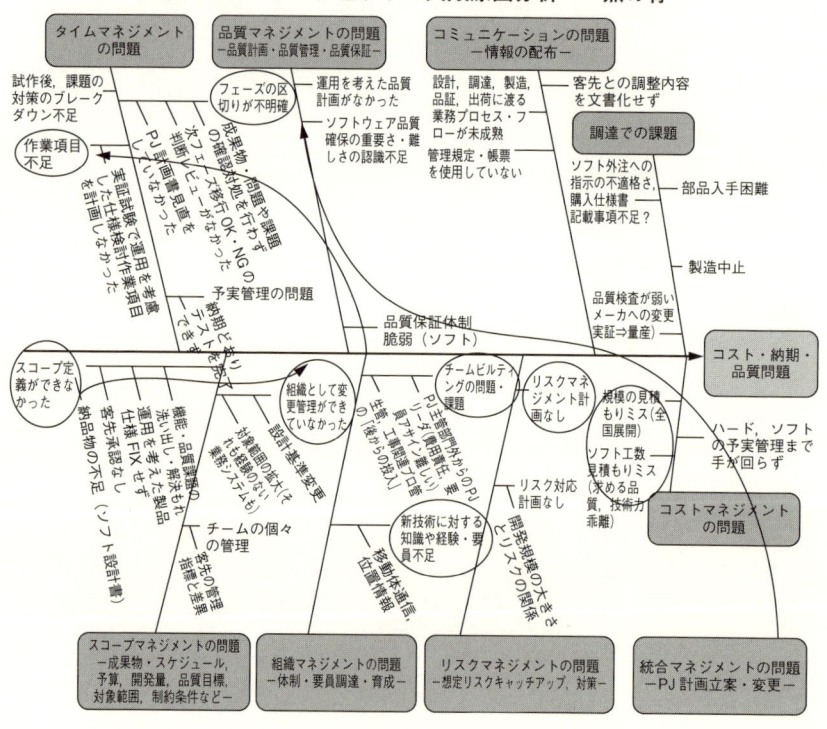

がないようにチェックするだけで簡単に結果がわかるようにつくられた図表で、点検、記録に使用する。

（f） 層別

層別とは，得られた測定値について，同じ特徴を持ったものだけを集めていくつかの層に分類することで，価値あるデータを発見する手法の１つである。

層別の例としては，
① 時間……時間，日，午前，午後，昼，夜，週，曜日，季節
② 作業者……個人，年齢，男，女，新旧別
③ 設備……機種，号機，型式，性能，工場，ライン，金型，治工具
④ 作業方法……ラインスピード，作業方法，ロット，温度，圧力，速度，回転力，湿度
⑤ 原材料……メーカ，購入先，銘柄，購入時期，製造ロット，成分，サイズ
⑥ 測定……測定器，測定者，測定方法
⑦ 検査……検査員，検査場所，検査方法
⑧ 環境……照明，気温，湿度

がある。

（g） 管理図

管理図（シューハート管理図）とは，製造工程が統計的管理状態にあるかどうかを判断するためのグラフである。製品の品質特性値はばらつくのが普通なため，管理図は品質特性値のバラツキが異常原因（見逃せないバラツ

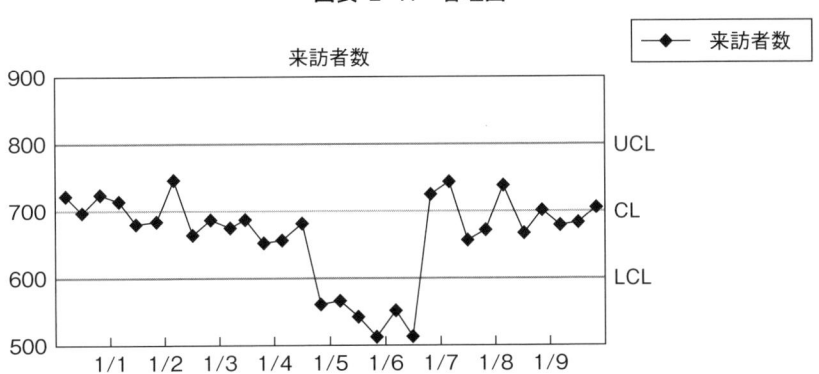

図表 2-41　管理図

キ）か偶然原因（許しえるバラツキ）かを判定するためのツールになる。

管理図は折れ線グラフに2本の管理限界線（UCL, LCL）と1本の中心線を記入して作成する。品質特性値に何かの傾向があったり，管理限界線の外に出たりすれば，異常原因があったことを示す。

管理図には次のような種類がある。

- $\bar{x}$-R 管理図：管理する品質特性値が重さ，重量などの場合に，平均値と範囲を確認するために使用する。
- x 管理図：長さ，重量などの個々の測定値の管理図。大きな変化を検出するのに向いている。
- $\bar{x}$-s 管理図：平均値と標準偏差を管理する。
- xmed-R 管理図：中央値と範囲を管理する。
- $\bar{x}$-Rs 管理図：個々の値と移動範囲を管理する。
- P 管理図：不良率管理図（fraction defective chart）ともいわれ，不良個数 Pn を検査個数 n で割った不良率 P を管理する場合に用いられる。
- Pn 管理図：不良個数管理図（defective unit chart）ともいわれ，不良率 Pn により管理する場合に使用する。
- C 管理図：欠点数管理図（defect chart）ともいわれ，各ロットに含まれる欠点数 C により管理する場合に用いられる。
- u 管理図：単位当たりの欠点数

② 新 QC 7 つ道具

問題解決が扱うデータがクレームなどの言語データの場合には，その整理および発想を導くなどの目的のために新 QC 7 つ道具が使われる。

新 QC 7 つ道具には，連関図法，親和図法，系統図，マトリックス図法，マトリックス・データ解析法，PDPC 法，アロー・ダイヤグラム法がある。

（a） 連関図法

複雑に絡んだ要素同士を矢印でつないで，因果関係や要因相互の関係を明らかにすることで問題を解決する手法である。

（b） 親和図法

もやもやとして，はっきりしていない問題について事実，意見，発想を言語データとして捉え，それらの相互の親和性によってグルーピングした図を

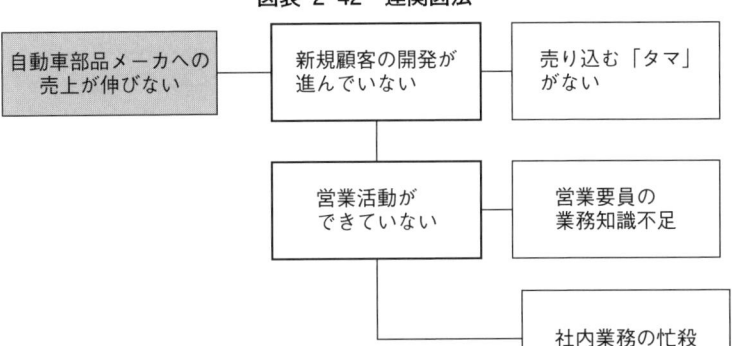

図表 2-42　連関図法

図表 2-43　マトリックス図法

	評価		役割分担			
	期待効果	実現性	設計開発	生産技術	製造	品管
1	○	○	○	◎		
2	○	△	○	○	◎	
3	○	○		○		◎
4	△	○		◎	○	
5	△	△	◎		○	
6	○	×		◎	○	

つくることにより，解決すべき問題の所在，形態を明らかにしていく方法である。

（ c ）　系統図

目標を達成する方法や手段を，目的－手段，目的－手段とブレークダウンしながら具体的実施段階のレベルに展開することで，問題の重点の明確化，目的，目標達成の手段・方策を追求していく方法である。

（ d ）　マトリックス図法

異なる切り口で要素を並べた表をつくり，その配置から問題を発見，問題解決の着眼点を見つける方法である。

（ e ）　マトリックス・データ解析法

マトリックス図法における要素間の関連を定量化できた場合，計算によっ

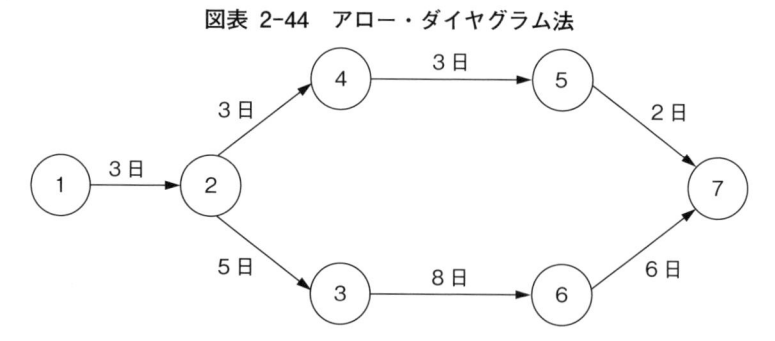

図表 2-44　アロー・ダイヤグラム法

```
        3日       3日
      ┌──→ ④ ──────→ ⑤
      │                  │ 2日
  3日 │                  ↓
① ──→ ②                  ⑦
      │                  ↑
   5日 │                 │ 6日
      └──→ ③ ──────→ ⑥
              8日
```

て整理する方法。多変量解析法の主成分分析と呼ばれる方法である。

(f)　PDPC 法（Process Decision Program Chart 法）

計画を策定する際に，計画のスタートからゴールまでの過程や手順を，起こりうるいろいろな事態を予測しながら時間の順に従って矢線でつないだ図で，計画進行や方策展開の過程を予測して，欠陥を防いで望ましいプロセスに導く手法である。

(g)　アロー・ダイヤグラム法

計画を推進するのに必要な作業の順序を矢線と結合線を用いた図。日程管理上の重要な経路を明らかにして効率的な日程計画を作成し，計画の進捗を管理する手法である。

③　統計的品質管理（SQC）

データがさらに複雑に絡み合った場合には，統計解析の知識を用いると有効である。このようなときに活用できるのは統計的品質管理（SQC）である。この方法は，品質管理においては，市場調査や分析，需要予測，工程管理や業務の管理，抜取検査，品質や工程の解析などに活用する。

代表的な SQC 手法には次のものがある。

(a)　データの収集に活用

実験計画法，標本調査法，抜取検査法

(b)　データ解析に活用

検定・推定，相関分析，回帰分析，分散分析，多変量解析，管理図

4. 総合的品質管理（TQM）

（1） 総合的品質管理とは

品質管理を効果的に実施するには，市場の調査，研究・開発，製品の企画，設計，生産準備，購買・外注，製造，検査，販売およびアフターサービスならびに財務，人事，教育など企業活動の全領域にわたり，経営者をはじめとして，監督者，作業者など企業の全員の参加と協力が必要である。このように，全社的に実施される品質管理を総合的品質管理（TQM）という。

TQMとは，JIS Z 9900では「顧客の満足を通じての長期的な成功，ならびに組織の構成員および社会の利益を目的とする，品質を中心とした，組織の構成員すべての参画を基礎とする，組織の経営の方法」と定義されていて，そのポイントは次のように整理できる。

① すべての部門とすべての階層の要員が参画すること
② 品質という概念はすべての経営上の目標の達成に関連していること
③ 社会的な要求事項を満たすこと

（2） TQMの実施手順

TQMを推進するためのポイントは，経営者によるトップダウンの推進である。このため，経営者がリーダーシップを発揮し，品質方針や目標を定め，マネジメントシステムを構築し，方針管理の下に製品を実現し，審査を継続的な改善を行うプロセスを定着させることが必要となる。

経営者のリーダーシップの下に，TQMを次の手順で実施する。

① 導入準備

経営者の理解，社内のコンセンサスづくり，導入の狙いや問題点の明確化を行う。

② 導入段階

経営者によるTQM導入宣言を行い，TQM推進組織構築，TQM推進計画を策定し，品質管理に関する教育を実施する。

③　活動実施

方針管理の導入と活動の展開を行う。社長診断の実施，小集団活動の展開，改善活動の活性化と標準化の整備と充実を図る。

④　成果の測定と評価

活動の経過を測定し，評価を行う。

(3)　TQM推進の効果

TQMは経営体質を改善し，経営システムの質を向上させることで，企業を取り巻く課題に対して戦略的に対応し，より積極的に顧客満足を追求する活動である。このような活動を推進することにより，企業の体質改善という無形の効果と，売上や利益のアップ，クレームの減少，生産性の向上などの有形の効果が期待でき，企業の永続的発展に寄与する。

5.　品質保証活動

(1)　品質保証活動とは

①　品質管理と品質保証の関係

品質管理は，第一に顧客の要求に基づき，つくる側にとって最も有利な品質を目標として，この品質を持つ製品を最も経済的なコストでつくり上げる活動である。また品質保証とは，顧客の要求する品質は十分に満たされていることを保証するために生産者が行う体系的な活動である。

前者は企業の視点から顧客満足を目指し，後者は顧客との約束を守り保証するという顧客の視点からの顧客満足を目指すという点で異なるが，両者は別々の活動ではなく，品質保証は品質管理の目的であり，中心的な活動である。

②　品質保証

ISO/DIS 9000：2000では，品質管理を「関連する品質要求事項が満たされているという信頼感を提供することに焦点を当てた品質管理の一部である」と定義している。

具体的には，顧客や社会の要求や法規制を把握し，技術情報や顧客ニーズ

を蓄積し，その情報を活用して製品の生産やサービスの提供を行うことになる。その際，品質管理に関する活動や結果を記録し，顧客や使用者や消費者に提供し，信頼性向上を図り顧客の満足度を得ていく。また，顧客満足を視野に入れた経営方針・目標の設定，それに基づく品質保証システムの構築，計画的・全社的な活動の展開も行われる。

こうした体系的な活動により，製品やサービスの信頼性を高めて品質を保証し，顧客満足の向上を図るものである。

③ 各部門での品質保証活動の進め方

品質保証活動は全社的な活動のため，業務ごとに品質をつくり込むプロセスを構築すること，そのための仕組みを決めること，その仕組みを品質保証体制として確立させることが重要である。

このためにまず，製品開発からアフターサービスまでの業務プロセスごとに次のような品質保証活動の設定を行う。

・新製品の企画……調査・研究により顧客ニーズを的確に把握，新製品企画書に反映する。
・設計・開発……目標となる設計品質の設定と設計審査を行い，設計試作で使用する。
・量産・試作……各種標準類の作成と生産方式を決定し，テストマーケティングを行う。購買・外注で材料の規格や受入検査標準の整備を行い，納入業者の選定，品質を確保できる契約の締結に使用する。
・生産……検査，作業標準を遵守し，製造作業での製造品質の確保を行う。遵守しない場合には改善を指導を行う。
・販売……販売状況を把握し，ニーズとの整合性を確認する。
・アフターサービス……クレーム処理，消耗部品の補給，定期点検・修理を行う。

次に，活動に対して担当者をアサインし，品質保証を行う体制を組織の中に設定する。この後，この業務プロセスを実施していくために作業標準などのマニュアルやチェックリストを作成し，品質保証活動を管理・改善するためのPDCAサイクルを回していく。

（2） クレーム対応
① クレーム対応の意義

クレームとは，本来できて当然と思われることができないときに発生する消費者の不平や不満や苦情を指し，消費者の「生の声」といえる。

企業としては，この声を尊重し「誠意」を持って「迅速」に対応し，「原因を究明」し，「問題を改善」し，「再発防止」をしなければならない。対応が遅れたり消費者から誠意がないと思われると，大きな損害を被り，場合によっては訴訟になったりマスコミなどに取り上げられたりすることもある。最悪の場合には，製品だけにとどまらず企業が信頼を失い，市場から淘汰されることにもなりかねない。一度失った信頼を再び築くのには莫大なエネルギーと時間が必要になるものである。

その一方で，クレームはじかに企業と消費者の接点ができる機会ということもできる。適切にクレームを処理することで，その手際のよさや誠実さを評価されて，顧客を増やすことも可能である。

② クレーム処理手順

クレームは企業と顧客の直接接点であるため，これを自社の生産管理にフィードバックし自社の強みに変えていかなければならない。このための一般的なクレームに対する対処手順は次のようになる。

（a） クレームを受ける

責任ある適切な立場の人が，顧客からのクレームを受理する。その際には，話に耳を傾けること，いいかげんな回答はしないことが重要である。「調査いたします」「責任者に代わります」といったことは迅速に行い，対応するまでの時間をかけないように配慮する。

腹痛，嘔吐，下痢などの健康被害に関するクレームを受けたときは，できるだけ早く保健所に相談，医療機関を受診することを勧め，問題となった製品の出荷を止めるなど暫定的な対策を打つ。さらに，顧客の発言は貴重な情報であり，原因究明の資料にもなるため，顧客の住所，氏名，連絡先，クレームの状況などを詳しく記録する。

（b） 原因の究明を行う

クレームの対象である現品は顧客から譲り受け，その製造工程，施設，機

械，器具などの状況，従事者の役割，健康状態の確認をし，原因の究明を行う。また，仕入伝票，レシート等の確認を行い，販売数や来客数の確認できるものを集め，被害の規模を確認，製品の回収の手配を行う。

（c） クレームの再発を防止する

原因究明で明らかになった問題点は，緊急および恒久的な改善措置を図り，再発を防止する手段を講じる。

（d） お客様へ説明する

調査したクレームの原因や再発防止措置などを誠意を持って顧客に説明を行う。また，必要な場合には，公衆に対する事実説明と自社の対処方法を広報する。

（3） トレーサビリティ

品質管理ではISO 9000対応業務として，製品に不良が出た場合の，製造プロセスや部品のトレース機能が課題となってくる。

製番管理では号機単位にトレース範囲の絞込みが可能だが，ロット生産では対象範囲が広範になってトレースが困難であるため，次のようなユーザクレームの発生に対し，同一ロットの出荷品不良や受入ロットからの出荷をトレースする機能が必要になってくる。

① 同一製造ロット出荷先トレース
・先月A社に出荷したあの製品は，どの製造ロットか
・その製造ロットは，いつ，どこに，いくつ出荷され，どのくらい在庫が残っているか
② 製造ロット不良発覚による受入ロットトレース
・この製造ロットで使われたのは，どの受入ロットか
③ クレームに対応する同一受入ロットからの出荷先トレース
④ 受入ロット不良判明による同一受入ロット出荷先トレース
・先月A社に出荷したあの製品は，どの受入ロットを使用したか
・その受入ロットを使った製品は，いつ，どこに，いくつ出荷されたか
・その受入ロットを使った部材・製品が，どのくらい在庫で残っているか
さらに，これらを実現する業務プロセスやルール，情報システムでの対応

が求められる。

6. 品質原価管理

品質管理にまつわるコスト最適化の手法に品質原価管理がある。

品質管理の課題は，品質不良を発生させないために有効な予防的処置や事前管理を行うことにある。この予防的処置を行えば，品質不良は減少するが，その効果は逓減する経験則がある。したがって，経済性の視点で最適な品質予防処置の投資水準を決定する必要がある。このためには，品質管理に関する投入費用と不良発生後の事後費用の明細を要素別に記録管理する必要がある。

品質原価管理では，品質不良発生予防投資である「品質適合原価」と品質の失敗対応による「品質不適合原価」の2種類に実績を分類する。

品質適合原価は，内訳要素として品質予防原価（品質管理計画費，研修費，TQC活動費，購買品品質検査費など）と品質評価原価（製品品質検査費，品質保証費など）に分類する。

品質不適合原価は，内訳要素として内部失敗原価（仕損費，補修費，不良品廃棄費用など）と外部失敗原価（不良原因の返品損失，無償補修費など）に分類する。

品質適合原価を増加させると品質不適合原価は減少するが，品質適合原

図表 2-45　品質原価管理の費目と体系

視　点			特　徴
品質原価管理の狙い	品質投資の経済性最適化，品質リスクの防御		
原価要素	品質適合原価	①品質予防原価	品質管理計画費，研修費，TQC活動費，購買品品質検査費など
		②品質評価原価	製品品質検査費，品質保証費など
	品質不適合原価	③内部失敗原価	仕損費，補修費，不良品廃棄費用など
		④外部失敗原価	不良原因の返品損失，無償補修費など
管理方法	原価要素の ・①＋②への投資により③＋④を削減することで ・①②③④トータルコストの最小化を図るマネジメント		

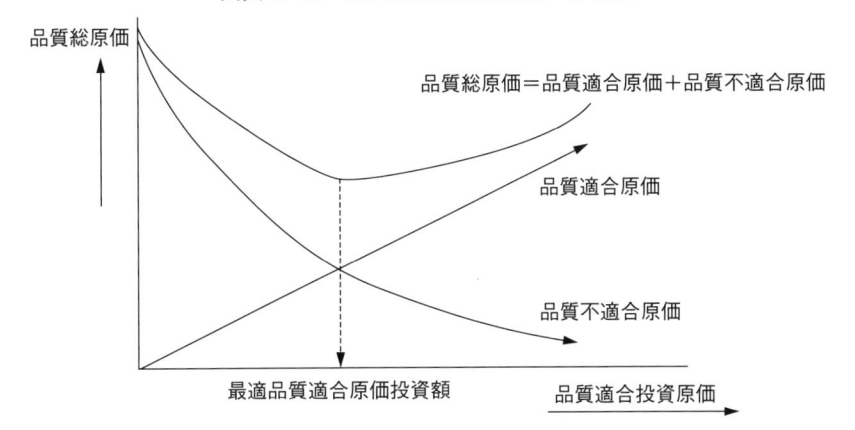

図表 2-46　最適な品質適合原価の分岐点

縦軸：品質総原価
横軸：品質適合投資原価

品質総原価＝品質適合原価＋品質不適合原価
品質適合原価
品質不適合原価
最適品質適合原価投資額

としてどこまで投資するのかという意思決定問題の解は，品質適合原価と品質不適合原価の変動曲線の交点となる水準である。この水準で総品質管理原価が最小になる。

しかし，品質不適合が発生する水準が許容範囲でなければ顧客満足を勝ち取ることはできないので，品質総原価の最小点は参考に留めるべきである。

7. 設備管理

（1）　設備管理の定義

設備管理は，企業の設備投資計画・設計・製作・保全・更新などの設備の一生涯の管理活動と，機械・設備の保守・点検とそれに使用される工具や冶具および測定具などの改善や標準化を対象とする。

近年においては，作業の機械化，自働化や作業環境の整備が進み，これらの生産手段の管理の重要度が増大してきている。それは，設備により作業の容易化，省力化，労働条件の好適化などの効果がある反面，設備のあり方や整備の状態により，製品の品質，原価，数量などに大きな影響が出たり，設備投資の資金や維持経費の増加という問題が発生したりするためである。機械が故障してラインが止まってしまうと，生産性が低下するだけでなく，不良品が発生したり受注を逸失したりして企業の収益に大きな損出を与えるこ

とになるのである。

そのため，高度な保全管理技術が求められており，たとえば，
① 作業中の設備の故障を最小限にする
② 各設備の能力を常に把握し，機能や性能を維持する
③ 設備の安全性を考慮し，労働災害を未然に防止する
④ 設備投資では，経済性評価を行う
⑤ 必要なときに各設備が使用できるような状態に整備しておく
⑥ 設備は，規格化し，同一能力のものを購入する
などがある。

（2） 設備管理保全方式の変遷

日本の設備管理の進化には，次のような5段階があるといわれている。

① 事後保全

第1段階は1950年以前に行われていた事後保全（BM：Breakdown Maintenance）の考え方である。これは「壊れたら直す」という思想であり，現在でも，事後保全は生産設備の休止損失が無視できる場合などに採用されている。修理作業の発生は突発的で事前に計画を立てにくいため，要員・材料・機材手配などが非効率になる傾向がある。しかし，平均故障間隔（MTBF）が一定でなく，平均修復期間（MTTR）が短く，定期的に部品を交換するには部品費用が高価である場合には有効な方法といえる。

② 予防保全

第2段階は，1951年に東亜燃料工業でアメリカから導入されたという，予防保全（PM：Prevention Maintenance）である。これは設備が生まれてから，故障する前に保全する考え方で，設備が突発的に故障停止するのを防ぐ目的で経済的な時間間隔で部品やユニットの交換などを行う保全である。

予防保全は，年ごと，半年ごと，月ごと，週ごとなどの周期で定期点検修理やオーバーホールなどを行う。予防保全は慎重になりすぎると過剰保全になり経済的でなくなるため，事後保全も含めた総合的検討によって予防保全の計画を策定する必要がある。

③ 生産保全

第3段階は，1960年代の生産保全（PM：Productive Maintenance）である。広義の生産保全では，設備の生産性を高める最も経済性の優れた保全であり，次の3つの思想を含んでいる。

（a） 改良保全（CM：Correct Maintenance）

設備を保全や修正がしやすいように，また保全をしなくても済むように設備改良を行う。さらに，設備そのものの生産性が上がるように改良を加えることもある。

（b） 保全予防（MP：Maintenance Prevention）

設備の保全費用を根本から引き下げるために，新設備の設計・製作時に保全に関する情報や技術を考慮し，信頼性，保全性，経済性などの高い設備を設計する。

（c） 狭義の生産保全

設備の一生涯にわたる設備自体のコスト（LCC：Life Cycle Cost）について，設備の運転維持にかかる一切の費用と設備の劣化損失との合計を引き下げることによって，企業の生産性を高めることである。

④ TPM

第4段階は1970年代の「全社的な生産保全（TPM：Total Productive Maintenance）」である。

日本電装が1971年にJIPE（現在の(社)日本プラントメンテナンス協会：JIPMの前身）が主催するPM賞を受賞したときがTPMの誕生といわれている。

TPMは，社団法人日本プラントメンテナンス協会により次のように定義されている。

（a） 生産システム効率化の極限追求（総合的効率化）をする企業体質づくりを目標にして，

（b） 生産システムのライフサイクル全体を対象とした"災害ゼロ・不良ゼロ・故障ゼロ"などあらゆるロスを未然に防止する仕組みを現場現物で構築し，

（c） 生産部門をはじめ，開発・営業・管理などのあらゆる部門にわたっ

て,
（d）トップから第一線従業員に至るまで全員が参加し,
（e）重複小集団活動により，ロス・ゼロを達成すること。

TPM の目的は設備効率を最大にすることであり，TPM の推進には次の7つのステップがある。

・ステップ1：あるべき姿の明確化
・ステップ2：職場の5S
・ステップ3：自主保全（設備の改善要素点検）
・ステップ4：生産保全（ムダ・ロスの低減）
・ステップ5：品質保全（設備の不良対策・仕組みづくり）
・ステップ6：設備改革（人手作業から自動化・無人化へ）
・ステップ7：協力会社への展開

つまり，TPM は，整理・整頓・清掃・清潔・躾の5S を徹底し，設備のムダ・ロス（設備の6大ロス＝突発事故，段取り，調整，チョコ停，速度低下，歩留りロス）をなくし，設備効率を最大にして設備の体質改善を進め，そして企業の業績向上の実現，明るい職場づくりを目指し，企業の体質改善をしようとするものといえる。

⑤ 予知保全

第5段階が1980年代に普及し始めた予知保全（PM: Predictive Maintenance）の概念である。これは設備の劣化状況や性能状況を診断し，その診断状況をもとに保全活動を展開するものである。予防保全が時間を軸に計画するのに対し，予知保全は設備の状態を軸に計画するところが異なる。

（3） 自主保全

設備の保全は専門の部門や技術者に任せることが効率的であるという考え方の1つである。設備の状態を最もよく把握できるのは，設備の最も近くにいる作業者自身であって，作業者が設備の基礎的な知識を身につけ，正しい運転操作と設備の日常的な手入れ（清掃，給油，増締めなど）を行い，故障の早期発見や予防などを行う，設備の運転部門が分担する保全活動を自主保全という。

(4) 設備の信頼性

故障とは，設備が規定の機能を失うこと，規定の性能を出せなくなること，産出物が規定の品質を満たせなくなることを指す。ここで対象となる設備とは，信頼性の対象すべてをいい，具体的には，部品（part），構成品（component），装置（device），サブシステム（subsystem），機能的ユニット（functional unit），機器（equipment）およびシステム（system）などがある。

故障は，①発生の仕方による分類，②故障の程度による分類，③故障の起こり方と程度の組み合わせによる分類により，次のような種類に整理することができる。

① 発生の仕方による分類
（a） 劣化故障（gradual failure/drift failure）
特性がしだいに劣化し，事前の検査または監視によって予知できる故障
（b） 突発故障（sudden failure）
事前の検査や監視によって予知することができない，使用中に生じる故障
（c） 間欠故障（intermittent fault）
ある期間故障状態となるが，自然に元の機能を回復し，それを繰り返す故障

② 故障の程度による分類
（a） 部分故障（partial failure）
機能が完全に失われていない部分的な故障
（b） 完全故障（complete failure）
機能が完全に失われる故障

③ 故障の起こり方と程度の組み合わせによる分類
（a） 劣化/部分故障（degradation failure）
（b） 突発/完全故障（catastrophic failure）

(5) 故障のパターン（バスタブ曲線）

故障率（failure rate）は，「ある時点まで動作してきたアイテムが，引き続く単位期間内に故障を起こす割合」で，この曲線は，その形状からバスタブ曲線（bathtub curve）と呼ばれている。

図表 2-47　バスタブ曲線

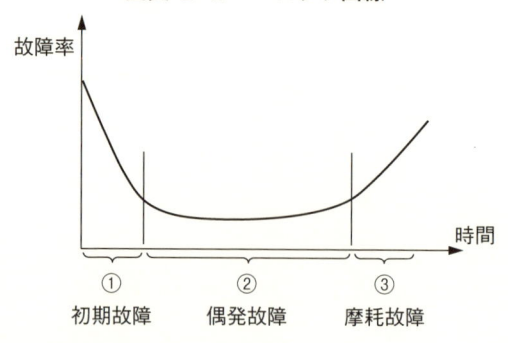

①　初期故障　②　偶発故障　③　摩耗故障

① **初期故障**（initial failure ; early failure）

使用開始後の比較的早い時期に，設計・製造上の欠点，使用環境との不適合などによって起こる故障。

② **偶発故障**（random failure/constant rate failure）

初期故障期間を過ぎ，摩耗故障期間に至る以前の時期に，偶発的に起こる故障。

③ **摩耗故障**（wear-out failure/aging failure）

疲労・摩耗・老化現象などによって時間とともに故障率が大きくなる故障。

（6）　信頼性計算

設備は多くの部品から構成され，部品の故障率から設備の信頼性を計算することができる。部品の並び方には直列方式，並列方式および混合方式があり，どの方法を採用するかにより信頼性が違ってくる。

① **設備の直列信頼性**

部品が直列に接続された場合には，1つの部品が故障すると設備全体が故障することになる。そのため，設備の故障率は各部品の信頼性の積算で計算される。

図表 2-48 のように接続された場合，

図表 2-48　設備の直列接続

○─[信頼度 0.9]─[信頼度 0.9]─[信頼度 0.9]─○

設備の信頼性＝0.9×0.9×0.9

となり，一般的には，

　　　設備の信頼性＝(部品1の信頼度)×(部品2の信頼度)
　　　　　　　　　　×(部品3の信頼度)……

となる。

② 設備の並列信頼性

　部品を並列に接続した場合には，並列の部品の全部が故障しない限りは，どれかの部品が動いて，設備全体としては稼働することができる。つまり，設備が稼働する信頼性は，並列の部品全部が故障している状態でないときの信頼となる。

　図表2-49のように接続された場合，

　　　設備の信頼性＝1－(1－0.9)×(1－0.9)

となり，一般的には，

　　　設備の信頼性＝1－(1－(部品1の信頼度))×(1－(部品2の信頼度))
　　　　　　　　　　×(1－(部品3の信頼度))……

となる。

図表 2-49　設備の並列接続

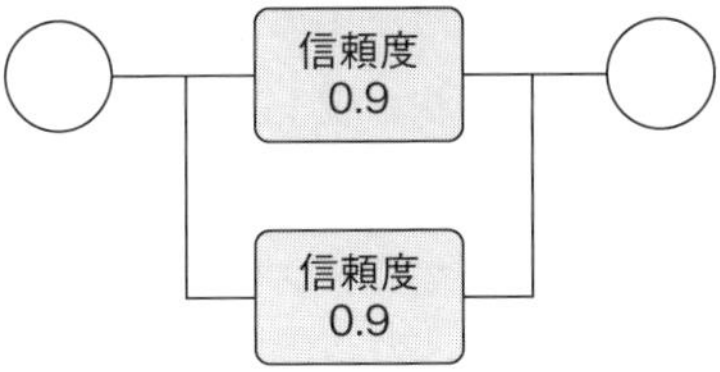

③ 設備の混合接続方式

　部品が並列と直列の両方を使用して構成されている場合には，直列方式，並列方式で接続されたブロックに分けて信頼性を計算する。

　図表2-50のように接続された場合，まず，図の上側①と下側②に注目して，それぞれの信頼性を直列での接続とみて計算を行う。①，②とも，

　　　信頼性＝0.9×0.9＝0.81

となる。

　次に，①②を信頼性がそれぞれ0.81の部品が並列に構成されていると考

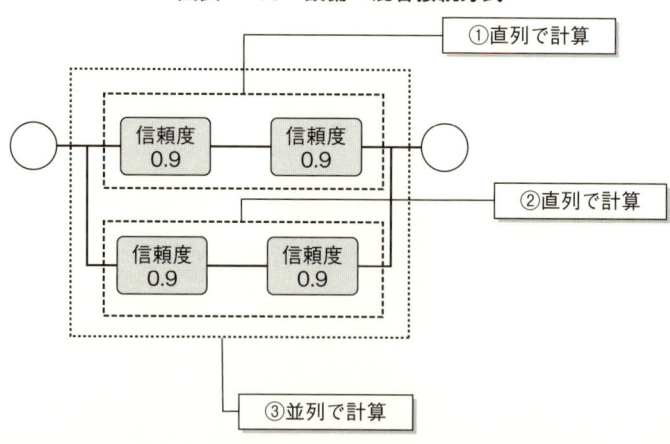

図表 2-50　設備の混合接続方式

①直列で計算：信頼度0.9 ─ 信頼度0.9
②直列で計算
信頼度0.9 ─ 信頼度0.9
③並列で計算

えて、③について並列での信頼性を求める。

　　設備の信頼性＝1－(1－0.81)×(1－0.81)＝0.9639

よって、設備全体の信頼性は0.9639と計算される。

（7）　設備投資の経済性計算

新規設備投資や既存設備の更新にあたっては、複数の投資案件や現状設備継続使用との経済性比較計算が意思決定のうえで必要になる。

経済性計算には、次のような手法が使われている。

①　回収期間法

回収期間法は、回収期間の早さで複数の投資案件の有利不利を比較する方法である。

　　投資案件の投資額÷投資期間単位の回収キャッシュフロー

で計算する。

A案は投資額220百万円であり、年間50百万円のキャッシュフローが収入できる。B案は投資額125百万円であり、年間30百万円のキャッシュフローが収入できる。

A案は220百万円÷50百万円＝4.4年、B案は125百万円÷30百万円≒4.2年で計算される。この場合は、B案が投資額の回収期間の早さで有利と判断される。

しかし，これは1つの視点であり，回収キャッシュフローの大きさでいえば，5年間でみれば，A案は50×5年－220＝30百万円の純キャッシュフローが得られるが，B案は30×5年－125＝25百万円である。したがって，回収期間法は資金の早期回収という安全性を重視した意思決定の視点に基づく見方である。

また，回収期間法では将来の回収キャッシュフローは単純に名目価値（価値の時間的変化を考慮しない価値）で計算する。将来の獲得キャッシュを現在価値で割り引いていないので的確な計算方法とはいえない。また，投資額回収点以降のキャッシュフローが直ちには示されないのが欠点である。そこで，この欠点を補完するために投資額回収点以降の期間別キャッシュフローを計算する必要がある。

② **会計的利益率法**

会計的利益率法は，投資案件を，

　　投資設備の使用期間にわたっての投資利益率

　　　　＝（回収キャッシュフロー－投資額）÷投資額

で評価する方法である。

A案では，(50百万円×5年－220百万円)÷220百万円≒13.6%

B案では，(30百万円×5年－125百万円)÷125百万円＝20%

この結果，B案が有利である。しかし，この方法は率による評価であるからキャッシュフローの大小での有利不利の判定ではないことに留意しなければならない。キャッシュフローでは前述のようにA案が5百万円有利である。

また，会計的利益率法では将来の回収キャッシュフローを現在価値で割り引いていないので正確な計算方法とはいえない。

③ **正味現在価値法**

正味現在価値法は，投資案件の将来フリーキャッシュフロー（FCF：Free Cash Flow）の大きさを評価して意思決定する方法である。

　　　　n期間の $\sum [回収CF_n \div (1+r)^n] －投資額$

で計算される。

nは投資の実施期間，rは自社の資本コストである。資本コストは，投資家が当該会社に投資するときに当社への投資リスクとの見合で期待する市場

評価ベースでの投資利回りである。投資対象の事業リスクが低ければ資本コストは低いし，事業リスクが高ければ見合いで高い利回りすなわち高い資本コストが要求される。

今，当社の資本コストが5%とすると，5年間のA案の回収キャッシュフローは，現在価値では，

1年目：50百万円÷$(1+0.05)^1$≒47.6百万円
2年目：50百万円÷$(1+0.05)^2$≒45.4百万円
3年目：50百万円÷$(1+0.05)^3$≒43.2百万円
4年目：50百万円÷$(1+0.05)^4$≒41.1百万円
5年目：50百万円÷$(1+0.05)^5$≒39.2百万円

であり，5年間の合計は216.5百万円となる。

したがって，正味キャッシュフローは現在価値ベースで216.5百万円−220百万円＝−3.5百万円と評価される。

同様に，5年間のB案の回収キャッシュフローは，現在価値では，

1年目：30百万円÷$(1+0.05)^1$≒28.6百万円
2年目：30百万円÷$(1+0.05)^2$≒27.2百万円
3年目：30百万円÷$(1+0.05)^3$≒25.9百万円
4年目：30百万円÷$(1+0.05)^4$≒24.7百万円
5年目：30百万円÷$(1+0.05)^5$≒23.5百万円

であり，その合計は129.9百万円となる。

正味キャッシュフローは，現在価値ベースで129.9百万円−125百万円＝4.9百万円と評価される。したがって，B案のほうが有利である。

この方法は，将来のキャッシュフローを現在価値に割り引くということで精度の高い方法である。しかし，これだけでは投資案件の収益率は不明である。そこで，次の収益性指数法による"率"の評価による補完が必要である。

④ 収益性指数法

収益性指数法は，正味現在価値で投資案件の収益率を評価する方法である。

$$投資利益率＝[\sum\{回収 CFn÷(1+r)^n\}−投資額]÷投資額$$

で評価する。

例では，A案が上記から−3.5百万円÷220百万円となり−1.59%となる。

B案は，4.9百万円÷125百万円≒3.9% であり，投資利益率ではB案が有利である。

⑤ 内部投資利益率法

内部投資利益率法は，投資案件と自社の資本コストを比較し，資本コストを上回らない案件は，投資家からみて機会損失になるので採用しないとする考え方である。

内部利益率は通常，資本コストを採用する。本例では5% である。

投資案件をn期間にわたる $\sum[$回収 $CFn÷(1+r)^n]-$投資額$=0$ となるr（投資利益率）を求めて，rが資本コスト（例では5%）以下であれば採択を棄却する評価を行う。A案ではr≒4% である。

しかし，A案は資本コスト5% で計算して正味現在価値はマイナスであるから，投資案件として否決される。正味現在価値＝0 となる水準が採択検討の最小条件であるが，B案は資本コスト5% で計算して正味現在価値はプラスであるから，意思決定上直ちに棄却されることはない。しかし，この方法では投資利益率の評価になるので，獲得キャッシュフローの大きさでは比較できない。正味価値現在法との併用が求められる。

（8） 設備の活用における経済性計算

設備の活用におけるコストには，設備の減価償却費，またはリース料および修繕費，保守費がある。これらの費用は，製造原価計算基準では製造間接費として，製品には当該設備の使用時間で配賦される。

ただし，減価償却費はキャッシュフロー計算では，設備投資は投資時に支出済みなので，後の年度ではキャッシュフローアウトが発生しないコストになる。

生産計画で留意しなければならないのは，設備の選択である。一般に現在では生産性の低い旧設備は，償却も終わり，使用コストは廉価である。一方，生産性の高い新設備は，償却が始まったばかりなのでコストが高い。生産計画において，コスト最適で生産パスを選ぶと旧設備だけを選好することになる。結果，新設備の稼働率は低くなり，機会損失が発生することになる。このジレンマを回避するため生産計画上のコスト比較では，設備の減価

償却費を基準にすることは避けなければならない。

しかし，比較にキャッシュフロー計算を用いれば，この弊害はない。

設備の使用は，減価償却費の負担でマイナスキャッシュフローとなるが，同時に設備が減価するので資産の減少はプラスキャッシュフローとなり，結果はゼロとなる。生産計画のパフォーマンス評価を原価ではなくキャッシュフローによることは，このような意思決定での錯誤を回避でき，有意義である。

8. 製造原価管理

（1） 原価要素

原価要素は，図表2-51のような視点で分類される。

第1は製品の製造に投入する経営資源の分類である。これを形態別原価要素と呼ぶ。第1章でも触れたが，原価計算基準による分類は，材料費，労務費，経費の3分類である。

第2の視点は，製品との関連で，製品の直接的な製造に消費量が把握できるものを直接費と呼び，直接把握できない原価は，製造間接費という。製造補助部門や製造間接部門の費用は製造間接費になる。

第3は，原価要素の価格基準の種別である。実際に発生した価格で計上する原価を実際原価という。しかし，実際に発生した原価を正確にとらえるには時間がかかるので，計算の適時化を図るため実際原価の代わりに，予め設定した原価である予定原価を使用する。正常な環境で達成可能な原価を標準原価という。目標利益を達成するため，実現すべき原価を許容原価や目標原価という。財務会計に連携する実績計上のために，実際原価と予定原価と標準原価が使用される。

第4は，操業度との関連で，材料費等，操業度に比例する原価を変動費，操業度と比例しない固定的に発生する費用を固定費という。社員に対する基準時間内の人件費は固定費である。

図表2-52～2-54に，第1の形態的視点による原価要素分類である材料費と労務費と経費について，細目を第2の視点である直接費区分と間接費区分に分けている。また経費については，計上する方法について，資源の使用に

図表 2-51 一般的な製造原価の視点別分類

- ・材料費
- ・労務費
- ・経費

①形態別分類 → 製造原価

②製品別に消費量把握可否基準で
- ・製造直接費
- ・製造間接費

③価格基準による
- ・実際原価
- ・予定原価
- ・標準原価
- ・許容原価

④操業度との相関
- ・固定費
- ・変動費

4つの視点は次元が違うので，このすべての組み合わせの原価概念が存在する
　　例示「標準 × 変動 × 直接 × 材料費」

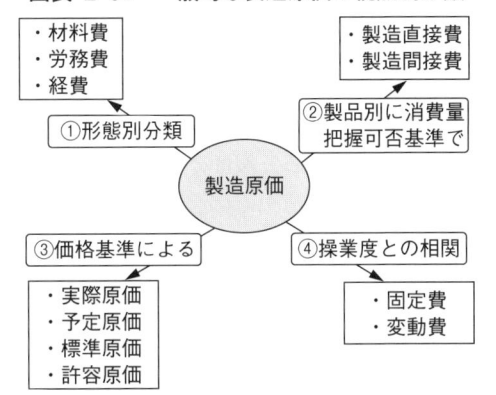

図表 2-52 材料費の形態的種別と製品構成との関連

形態別分類	製品構成
買入部品費	直接材料費
素材費（主要）	
素材費（補助）	間接材料費
燃料費	
工場消耗品費	
消耗工具器具備品費	

図表 2-53 労務費の形態的種別と製品別との関連

形態別分類	製品構成
賃金(直接工直接作業分)	直接労務費
賃金(直接工間接作業分)	間接労務費
間接工賃金	
事務職員給料	
雑給	
工場部門従業員賞与	
工場部門従業員退職給付費用	
工場部門従業員法定福利費	

図表 2-54 経費の形態的種別と製品別との関連

形態別分類	把握方法	製品との関係
外注加工費	支払経費	直接経費
特許権使用料		
仕損費	発生経費	
通信費	支払経費	間接経費
保管料		
旅費交通費		
減価償却費	月割経費	
修繕費		
保険料		
租税公課		
賃借料	測定経費	
水道光熱費		
棚卸減耗費	発生経費	

対応して時間軸での発生で計上するもの，支払に伴って計上するもの，使用量を測定して計上するもの，年間等の一括経費を月割りで計上するものに分けて分類している。

（2） 生産形態と製造原価計算の類型

ここでは，顧客の仕様に基づく個別生産形態と規格化された製品の見込生産形態に大別して，製造原価計算を説明する。

① 個別生産形態に対応する個別原価計算

顧客の要求仕様に基づいて製品を生産する業態を一般的に受注生産といっているが，この生産業態に対応する製造指図書単位の原価計算のプロセスを個別原価計算という。

指図書による生産量が1単位の場合は単品個別原価計算といい，複数単位の場合はロット別個別原価計算という（図表 2-55）。

個別原価計算は，製造指図書ごとに消費した直接原価を直接材料費，直接労務費，直接経費（外注費，特許権使用料等）など要素別に集計し，さらに当該製造指図書ごとに配賦された製造間接費（間接材料費，間接労務費，間接経費）を累積して完成までの製造勘定を集計する。未完成品は，仕掛品残高として次月に繰り越していく。期間中，一部数量の完成があれば，製品勘定に振替，製造目的以外での払出しがあれば他勘定に振り替える。

製造目的以外の払出には，販促目的でのサンプル出荷，社内設備への転用，研究開発目的での使用がある。また，製造途上で製品や仕掛品に残らない原価として材料屑，仕損品がある。

材料屑や仕損品は，適切な評価額で製造原価から控除する。仕損品のうち，評価額を控除したロス分は，正常範囲であれば製造原価に計上し，異常分は営業外費用や特別損失等に振替え，製造原価に参入しないようにする。個別原価計算における仕損・作業屑の評価手続きを図表 2-56 に示す。

以上の受払記録する帳簿が製造指図書別仕掛品元帳である（図表 2-57）。また，個別原価計算の勘定別の集計プロセスを図表 2-58 に示す。

② 見込生産形態に対応する総合原価計算

一方，企業があらかじめ製品仕様を規格化し，市場の需要予測に従って見込生産する業態に対応する原価計算を総合原価計算という。

基本的には個々の製造オーダごとの製造勘定の積上計算は行わずに，原価計算期間ごとに発生した工程別の製造原価合計を製品別完成数で配分して製品原価を計算する。

第2章 生産管理のプロセス

図表 2-55 個別原価計算の種類

顧客の仕様に基づき製造指図ごとに生産する製造業 → 製造指図分個別原価計算
- 単品個別原価計算
- ロット別個別原価計算

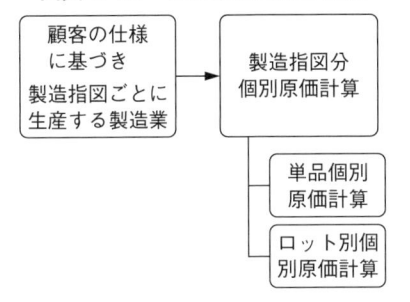

図表 2-56 個別原価計算における仕損・作業屑処理

パターン		処理
仕損	補修10円	仕損費＝補修費10円
	一部仕損・代品製作	仕損費＝代品製造原価100円－仕損品評価額30円＝70円
	全部仕損・代品製作	仕損費＝仕損品製造原価110円－仕損品評価額30円＝80円
仕損費の計上	正常範囲	直接経費区分で製造原価計上
	正常外	原価外で計上
作業屑の処理		売却価値または使用価値で部門費または製造指図書別原価から控除

（注）理解しやすくするために，例として数値を入れている。

図表 2-57 製造指図書別仕掛品元帳

借方（受入）		貸方（払出）	
月初仕掛品残高	150	製品	320
直接材料費	120	作業屑	20
直接労務費	50	正常仕損費	10
直接経費	40	異常仕損費	20
製造間接費	40	他勘定振替（販売促進，固定資産，試験研究への振替など）	30
合計	400	合計	400

図表 2-58 個別原価計算の勘定連絡図

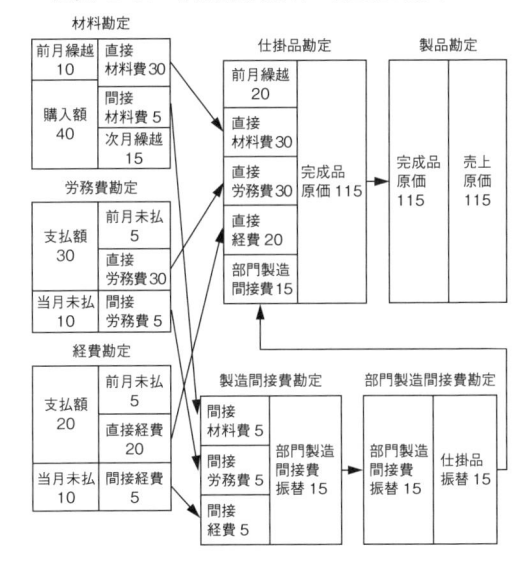

材料勘定
- 前月繰越 10
- 購入額 40
- 直接材料費 30
- 間接材料費 5
- 次月繰越 15

労務費勘定
- 支払額 30
- 当月未払 10
- 前月未払 5
- 直接労務費 30
- 間接労務費 5

経費勘定
- 支払額 20
- 当月未払 10
- 前月未払 5
- 直接経費 20
- 間接経費 5

仕掛品勘定
- 前月繰越 20
- 直接材料費 30
- 直接労務費 30
- 直接経費 20
- 部門製造間接費 15
- 完成品原価 115

製造間接費勘定
- 間接材料費 5
- 間接労務費 5
- 間接経費 5
- 部門製造間接費振替 15

部門製造間接費勘定
- 部門製造間接費振替 15
- 仕掛品振替 15

製品勘定
- 完成品原価 115
- 売上原価 115

総合原価計算も，見込生産の形態からいくつかの種別に分類される。

（a） 総合原価計算の類型

一貫する工程から副産物が生ずる場合は，副産物の製造プロセスの原価を計算することは行わず，副産物の市場価格を原価から控除する。またグレード（等級）の異なる製品が同時に生産される場合は，当該等級の価値対比で総原価を加重配分した単位原価を求める。

1つの工程で複数の製品を製造する場合は，工程の原価を複数の製品に選定した配賦基準で配賦する。これを組別総合原価計算という。また，一貫した連続工程でなく，複数の分断された工程間の連携で製品が製造される場合は，工程単位に製品別原価計算を実施し，製品軸で工程別原価を集計する。これを工程別原価計算という。

工程別原価計算には，前工程から後工程に原価を累積的に振り替えていく累加法工程別原価計算と，各工程から個別に製品ごとに原価を一括集計する非累加法工程別原価計算がある。生産管理視点で製品の工程別原価を把握するためには，非累加法が便利である。一方，財務会計視点で工程単位での仕掛品原価を把握するためには，累加法工程別原価計算が便利である。

総合原価計算の類型を図表 2-59 に示す。

（b） 総合原価計算の計算手続き

総合原価計算では，直接労務費と直接経費，製造間接費は，加工費として一括計上する（図表 2-60）。

原価計算期間に発生した当期の直接材料費と加工費は，前期末からの繰越仕掛品原価の中の直接材料費分と加工費分とを合計してから，期末時点での完成品数量と仕掛品数量×完成品換算割合で，予め定めた原価法により原価を配分し，製品原価と次期繰越仕掛品原価を確定する。投入した当期の直接材料費と加工費からは，材料の減損や作業屑，仕損品や副産物の価格を適切な評価額で控除する（差し引く）。材料の減損や仕損のうちの正常値は製造原価に算入し，製品と仕掛品に負担させる。期末仕掛品の製造工程以降に発生した減損や仕損は製品のみに負担させる。

以上の計算手続きの概要と副産物，減損，仕損の評価手続きをを図表 2-61 に示す。

第2章 生産管理のプロセス 167

図表 2-59 総合原価計算の類型

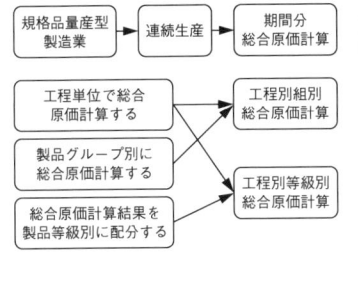

- 規格品量産型製造業 → 連続生産 → 期間分総合原価計算
- 工程単位で総合原価計算する → 工程別組別総合原価計算
- 製品グループ別に総合原価計算する
- 総合原価計算結果を製品等級別に配分する → 工程別等級別総合原価計算

図表 2-60 総合原価計算の勘定連絡図

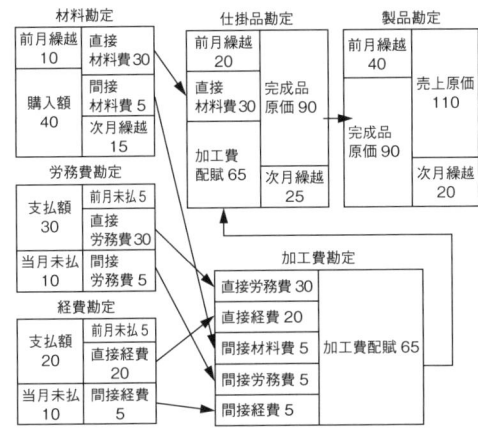

材料勘定
- 前月繰越 10
- 購入額 40
- 直接材料費 30
- 間接材料費 5
- 次月繰越 15

労務費勘定
- 支払額 30
- 当月未払 10
- 前月末払 5
- 直接労務費 30
- 間接労務費 5

経費勘定
- 支払額 20
- 当月未払 10
- 前月末払 5
- 直接経費 20
- 間接経費 5

仕掛品勘定
- 前月繰越 20
- 直接材料費 30
- 加工費配賦 65
- 完成品原価 90
- 次月繰越 25

製品勘定
- 前月繰越 40
- 完成品原価 90
- 売上原価 110
- 次月繰越 20

加工費勘定
- 直接労務費 30
- 直接経費 20
- 間接材料費 5
- 間接労務費 5
- 間接経費 5
- 加工費配賦 65

図表 2-61 総合原価計算における副産物・減損・仕損

パターン		処理要件
副産物		主産物の製造原価から副産物の評価額を控除
減損	正常分	減損発生までの原価を減損費で計上し、正常分は完成品と月末仕掛品に負担
	異常分	減損発生までの原価を減損費で計上し、総製造費用から除外する
仕損	計上額	仕損品原価−仕損品評価額
	正常分	仕損が完成直前の検査工程で発見されると想定する場合は完成品のみに負担させる 工程の途中で発見される場合は、以降の完成品と仕掛品に負担が本来だが計算は煩雑になる
	異常分	総製造費用から除外する

図表 2-62 総合原価計算プロセスの処理要件

プロセスの特徴		処理要件
原価要素の計上		直接材料費+加工費単位で計上 加工費=直接労務費+直接経費+製造間接費を合計
受払構造		〔期首仕掛品原価+製造費用〕 (中身は直接材料費+加工費) =完成品原価+期末仕掛品原価 即ち(総製造費用=完成品原価+期末仕掛品原価)
完成品の原価評価		総製造費用 × 完成品生産量 ÷ (完成品生産量+期末仕掛品完成品等価生産量)
仕掛品の評価 ①平均法による ②先入先出法による ③後入先出法による (税法では2009年4月から、会計基準では2010年4月から廃止)		総直接材料費 × 仕掛品完成品等価生産量 ÷ (完成品生産量+期末仕掛品完成品等価生産量) 総加工費 × 期末仕掛品完成品等価生産量 ÷ (完成品生産量+期末仕掛品完成品等価生産量)
仕掛品在庫の完成品等価生産量		仕掛品の直接材料費完成品等価換算量=仕掛品数量 × 投入進捗度
		仕掛品の加工費完成品等価換算量=仕掛品数量 × 加工進捗度
進捗度	直接材料費	投入済みか未投入で計上する(始点投入なら100%)
	加工費	加工進捗度で完成品並み換算する

(3) 製造原価計算の基本的なプロセス

製造原価は，最初に製造プロセスで製品製造のために消費した材料・労務費・製造経費の3区分で経営資源の消費高を集計する（要素別計算という）。

次に，消費した経営資源を発生した直接製造部門，補助・間接部門に集計する。補助・間接部門費は次の段階で直接部門費に配賦により振替し，直接製造部門に集約する（部門別計算という）。

最後に，直接製造部門費を当該部門で製造している製品単位に，継続的に選択する適切な配賦基準で配賦し，製品の製造原価を計算する（製品別計算という）。

① 製造原価計算全体プロセス

製造原価計算は，製造指図書や製造オーダごとの完成品の原価を，製造工程に伴って発生する原価要素の消費高を順次集計していくプロセスである。個別原価計算の例では，製造指図書単位に消費した材料，稼働した労務費，直接消費した経費や間接的に発生した製造間接費を合理的な基準で製品単位に発生したとみなして配賦額を集計して投入原価を集計する。これを，完成

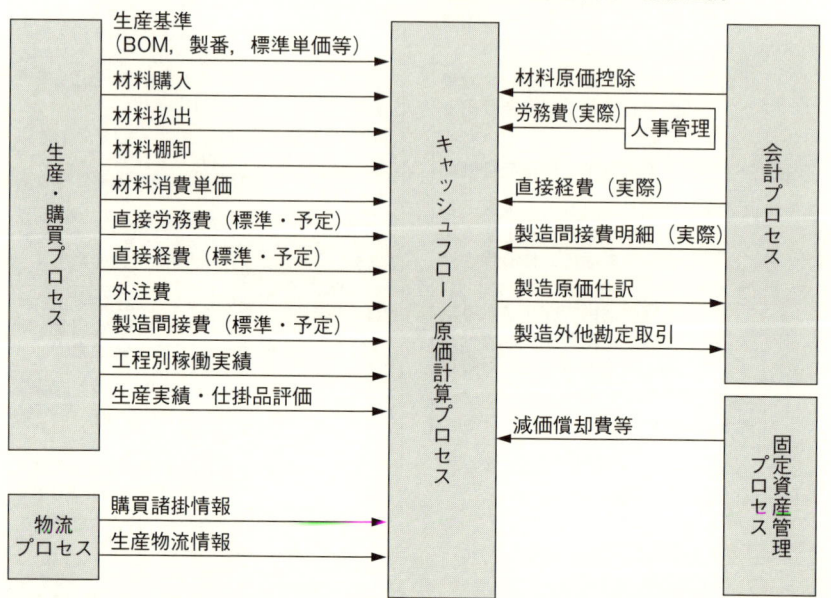

図表 2-63 キャッシュフロー／原価管理と関連業務の情報連携

生産・購買プロセス	→ 生産基準（BOM，製番，標準単価等） → 材料購入 → 材料払出 → 材料棚卸 → 材料消費単価 → 直接労務費（標準・予定） → 直接経費（標準・予定） → 外注費 → 製造間接費（標準・予定） → 工程別稼働実績 → 生産実績・仕掛品評価	キャッシュフロー／原価計算プロセス	→ 材料原価控除 ← 労務費（実際）→ 人事管理 → 直接経費（実際） → 製造間接費明細（実際） → 製造原価仕訳 → 製造外他勘定取引 ← 減価償却費等	会計プロセス
物流プロセス	→ 購買諸掛情報 → 生産物流情報			固定資産管理プロセス

図表 2-64　原価計算と関連業務の情報連携

原価計算の機能			連携データ		連携システム
共通			製番, 製造オーダ情報		生産管理
			品目		生産管理
			部品表, 配合表		生産管理
			科目マスタ		財務会計
			組織・人事マスタ		人事管理
			製品別工順		生産管理
			製品別・部門別原価標準		生産管理（製品構成表）
材料費計算	材料購入計上		材料購買明細		購買管理
			材料購買諸掛		物流
	材料払出計算		材料在庫受払		材料在庫管理
			工程別投入量		生産管理
			材料標準消費量		生産管理・部品表
	材料棚卸		材料実地棚卸		材料棚卸
	材料原価控除		材料販売		販売管理
			材料他勘定振替		財務会計, 生産管理
			無償・有償材料支給		外注購買, 材料在庫管理
	材料消費単価計算		材料在庫受払		材料在庫管理
直接労務費計算	賃率計算		勤労実績		人事管理, 生産管理
			他部門応援実績		生産管理
	製番・オーダ別計算		加工実績		生産管理
直接経費計算	配賦率計算		経費明細		財務会計, 購買管理
	製番・オーダ別計算		加工実績		生産管理
外注費計算	外注実績		外注購買		外注購買情報, 財務会計
	支給材料管理		材料支給精算情報		材料在庫管理
	製番・オーダ別計算		加工実績		生産管理
製造間接費計算	部門別集計	間接材料費計算	材料払出明細		材料在庫管理
		間接経費計算	経費仕訳明細		財務会計
		減価償却費計算	減価償却費		固定資産管理
		部門別配賦	部門別配賦基準		生産管理
	製品別配賦	予定配賦率設定	予定操業度		生産管理
			配賦率		生産管理, 財務会計
		製品別配賦	製番, 製造オーダ情報		生産管理
			配賦基準	材料費法	生産管理, 原価管理
				労務費法	生産管理, 原価管理, 人事管理
				素価法	原価管理
				作業時間法	生産管理
				機械時間法 など	生産管理
			活動基準	作業報告	生産管理
工程別稼働実績	工程別稼働実績		製造工程別稼働実績（正常稼働, 遊休故障明細）		生産管理
個別製品別計算	生産実績		生産報告		生産管理
			完成報告		生産管理
総合製品別計算	生産実績		工程別投入・生産報告		生産管理
			工程別完成報告		生産管理
	完成品評価 仕掛品評価		工程別仕掛品進捗		生産管理
	製品評価		製品別等級等価係数		原価情報
原価管理	利益速度		製品別制約工程通過時間		生産管理
	連結原価		発注オーダ別外注先原価明細報告		原価管理
	グローバル連結原価		生産事業所別原価情報 船積明細 など		原価管理 グローバル物流

品と仕掛品に分けて原価を確定するプロセスとなっている。

製造原価計算の目的は，①財務諸表作成目的，②価格決定目的，③生産効率改善目的，④予算編成目的，⑤経営意思決定目的が一般的な定義である。このうち最も基本的な財務諸表作成目的に必要な機能は，(a) 材料費計算機能，(b) 労務費計算機能，(c) 直接製造経費計算機能，(d) 製造間接費配賦計算機能，(e) 繰越仕掛品評価計算機能の5つで構成される。

この5つの基本的な機能に対する必要な情報として，他の業務から次のような情報が連携される。

(a) 材料費計算機能

材料の受入計算では購買プロセスから材料購入情報を収集し，材料種別ごとの受入数量，金額を計算する。

一方，材料の払出計算では在庫管理プロセスから，材料の受払数量と金額を計算する。受入と払出の結果として帳簿上の在庫数量と金額が管理できる。

製造目的以外の材料の払出実績は，使途を明らかにして製造原価から他の販管費等に振り替える。詳細は，次ページの材料費計算の項を参照されたい。

(b) 労務費計算機能

生産管理システムから製造指図書ごとの加工時間実績情報を収集し，単位労務費賃率を乗じて直接労務費を計算する。詳細は，第2章第1節11項の労務費計算の項を参照されたい。

(c) 直接製造経費計算機能

会計システムから外注費や特許権使用料等を収集し，生産管理システムから仕損情報を収集し，製造指図書ごとの直接製造経費を集計する。

(d) 製造間接費計算機能

製造間接費は製造指図書ごとには直接把握できないため，製造間接費合計額から製品との間接的な寄与関係を設定して按分計算を行う。詳細は (7) 製造間接費計算で説明する。

(e) 繰越仕掛品評価計算機能

製品単位での原価計算期間（1ヵ月単位）における製造プロセス投入高は，製品別の製造勘定借方に集計される。これを貸方側で次期繰越の未完成高，すなわち仕掛品残高を計算する。仕掛品残高は未完成品の完成品に対す

る進捗度で完成品並み（完成品としたらどれくらいの割合までできているのかとして）に換算して完成品と按分する。

（4） 材料費計算
① 材料の受入計算
購入した材料は棚卸資産として計上するが，原則として本体価格だけでなく引取に付随した諸掛の費用も含む。しかし，重要性の原則から購入代価のおおむね3％以下の購入事務，検収，整理，選別，手入れ等の費用，拠点間の移管費用は算入しなくてもよい規定（税法）がある。材料はアイテム別に購入原価を管理する必要があるので，輸入費用など複数のアイテムを一括して購入した場合の費用はアイテム別に配賦計算が必要になる。

配賦計算には，本体価額による配賦，通関件数や重量や容積を基準とする配賦方法が用いられる。

② 材料の消費計算
材料に関する製造原価への反映を構造的に分析してみる。

材料の購入は製造原価にならないが，製造に使用した段階で製造原価に転じる。

（a） 材料を製番や製品への紐付け
材料は，消費する段階で製品や製造オーダ単位の原価に転ずる直接材料費と，複数の製品に間接的に消費される間接材料費に区分される。間接材料費は製造間接費に包含的に集計される。

（b） 材料の払出管理のプロセス
材料の製造プロセスにおける消費量の計算方法には，おおむね3通りの方法がある。最も基本的なプロセスは，材料を倉庫から払い出すつど，品目と払出量と払出使途（製造目的以外の消費もある）を記録する方法である。帳簿記録法ないしは継続記録法ともいう。

2番目の方法は，原価計算期間ごとに実地の材料の棚卸を行って，前月棚卸高＋当月購入高－今月棚卸高を消費量とみなす方法である。棚卸法は，税法で所得を計算するのに決められた方法であるが，正当な理由以外で材料が減少しても製造原価に吸収されてしまうという欠点があり，材料の不正持出

しや減失も不明になるので内部統制上問題がある。帳簿記録法でも棚卸の減耗を確認するためには，定期的な実地棚卸の併用が必要である。帳簿残高と実地棚卸高との差異は棚卸減耗損として認識され，異常値は原因追究を通じて差異の発生解消に役立てられる。

3番目の方法は，前述したBOMを活用して完成量に対応する理論的標準量的な材料消費量を算出する方法である。これも帳簿記録法の採用が困難な場合の代替的手法で，期末には実地棚卸併用による棚卸減耗損の確認プロセスが必要となる。消費量計算にあっては，製造目的以外の払出量（製造他勘定振替高）の管理が必要である。これらには，研究開発目的，販売促進目的，自社設備使用目的，社内での消耗的消費があるが，製造原価からは分離されなければならない。

③ 消費価格計算プロセス

上記の各手法の選択による材料の消費量計算が完了すると，消費量に対する価格計算が行われる。企業における計算プロセスの選択方針は，価格変動の傾向や実務負担能力を勘案して合理的に選択されるべきであるが，選択は自由である。しかし，いったん選択した方法は，変更すると期間損益にゆがみをもたらすので，合理的な変更理由がない限り，継続適用が規制される。

価格計算には，在庫管理の節で説明した以下のような計算プロセスの選択肢がある。

- ・移動平均法
- ・月次総平均法
- ・先入先出法
- ・後入先出法（税法では2009年4月から，会計基準では2010年4月から廃止）
- ・標準・予定単価法　等

材料の払出原価計算においては購買管理プロセスから材料の発注や検収情報や実在庫情報を，生産管理プロセスからは製造現場での材料種別の消費高情報を収集する必要がある。業務間の情報連携が必要になる接点である。

④ 材料費原価差異計算

標準原価あるいは予定原価で材料費を計算するプロセスでは，材料の実際

消費量,実際消費原価との差異が発生する。この差異の分析を行うことで,材料のコストダウンのマネジメントに活用することが行われる。

材料費の予定価格消費高・標準消費高と実際価格消費高との差異は,数量差異要因と単価差異要因に分解することができる。

（a） 材料価格差異

材料の実際購入価額と予定価額または標準価額との乖離を計算する手法である。

（標準単価または予定単価－実際単価）×実際材料消費量

で計算する。

これは,購買管理の巧拙で発生した材料等の購買価格条件による価格差を意味する。

（b） 材料消費数量差異

材料の消費歩留りの標準消費量との乖離を金額計算する手法で,標準原価計算を採用している場合に発生する指標である。

（標準材料消費量－実際材料消費量）×標準単価

で計算する。これは,生産管理の巧拙で発生した材料の歩留りによるロスを意味する。また,複数の材料を混合してから製造プロセスに投入して製品を製造する業態では,材料の混合の仕様が決められているが,標準どおりに混合がなされないロスも発生する。

このような業態では,材料消費数量差異をさらに,

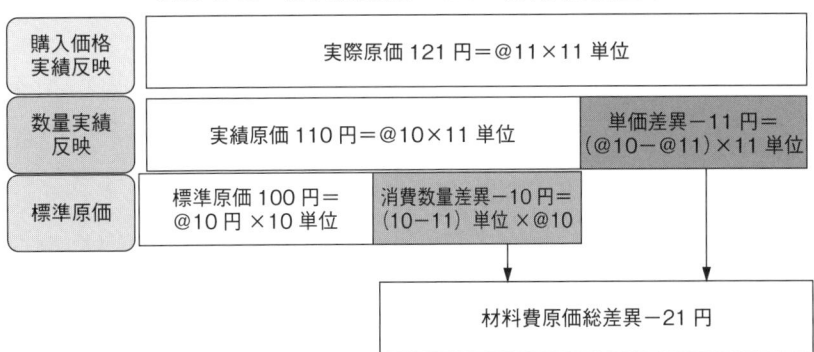

図表 2-65　標準原価計算における材料費原価差異

購入価格実績反映	実際原価 121 円＝@11×11 単位		
数量実績反映	実績原価 110 円＝@10×11 単位		単価差異－11 円＝(@10－@11)×11 単位
標準原価	標準原価 100 円＝@10 円×10 単位	消費数量差異－10 円＝(10－11) 単位×@10	

材料費原価総差異－21 円

標準混合率を基準にした場合の消費数量差異＝歩留差異

　　　標準混合率と実際混合率との差異による消費数量の差異＝混合率差異
に細分化して，数量差異の原因を分析する。

（5） 労務費計算

　労務費の計算については，第2章第1節11項（2）労務費計算を参照されたい。

（6） 直接経費計算

　直接経費は，特定の製品に消費が特定できる経費の原価であり，外注加工費，特許使用料，仕損費が該当する。原価計算期間に発生した金額を製造指図書や製品の製造ロットの製造原価に直課する。

（7） 製造間接費計算

　製造間接費の製品別の賦課計算には，補助部門で集計した製造間接費の直接製造部門への付替えを経由して賦課する一般的な基準による計算方式と，製造間接費を活動要素ごとに部門付替えをせずに直接製品に賦課する活動基準原価計算の2種類がある。

①　一般的な基準による製造間接費計算

　製造間接費は，製品の製造にかかわる原価のうち，製品個々に直接紐付けができない原価を指す。具体的には，製品への投入量が把握可能な直接材料費，直接労務費，直接経費（外注費，特許権使用料，仕損費などがある）以外のすべての製造部門で発生する経費が該当する。

　製造間接費は製品に直接賦課できないので，何らかの間接的な因果関係を設定して，仕掛品，製品に配分する。この計算手続きを製造間接費計算という。

　製造間接費は以下の手順で計算される。

（a）　製造間接費発生部門別集計（1次計算）

　発生した製造間接費を発生した部門に集計する。この場合，複数部門に共通な共通部門費は共通部門費としていったん集計する。

第 2 章 生産管理のプロセス 175

図表 2-66 配賦方法（相互配賦法による例示）

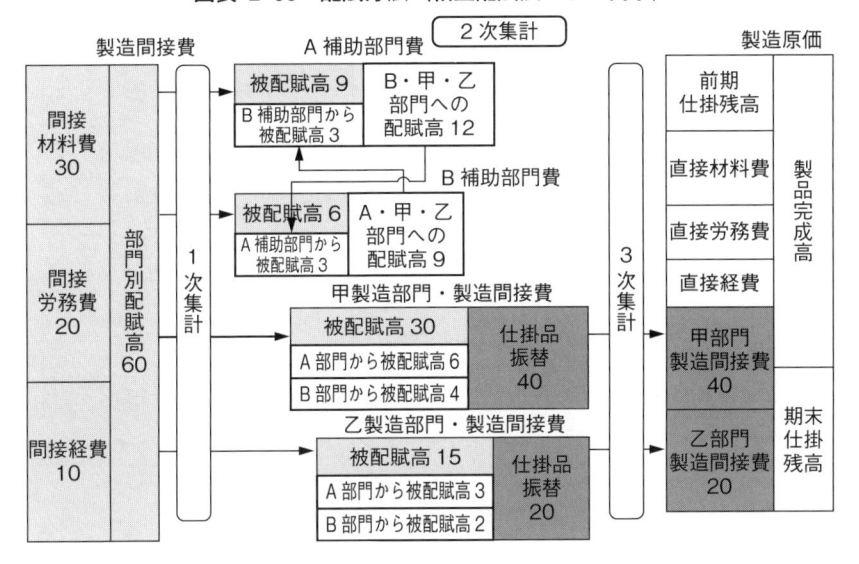

2 次集計

製造間接費 → A 補助部門費
- 被配賦高 9
  - B 補助部門から被配賦高 3
  - B・甲・乙部門への配賦高 12

B 補助部門費
- 被配賦高 6
  - A 補助部門から被配賦高 3
  - A・甲・乙部門への配賦高 9

甲製造部門・製造間接費
- 被配賦高 30
  - A 部門から被配賦高 6
  - B 部門から被配賦高 4
- 仕掛品振替 40

乙製造部門・製造間接費
- 被配賦高 15
  - A 部門から被配賦高 3
  - B 部門から被配賦高 2
- 仕掛品振替 20

製造間接費：
- 間接材料費 30
- 間接労務費 20
- 間接経費 10
- 部門別配賦高 60

1 次集計

3 次集計 → 製造原価
- 前期仕掛残高
- 直接材料費
- 直接労務費
- 直接経費
- 甲部門製造間接費 40
- 乙部門製造間接費 20
- 製品完成高
- 期末仕掛残高

1 次集計のプロセス

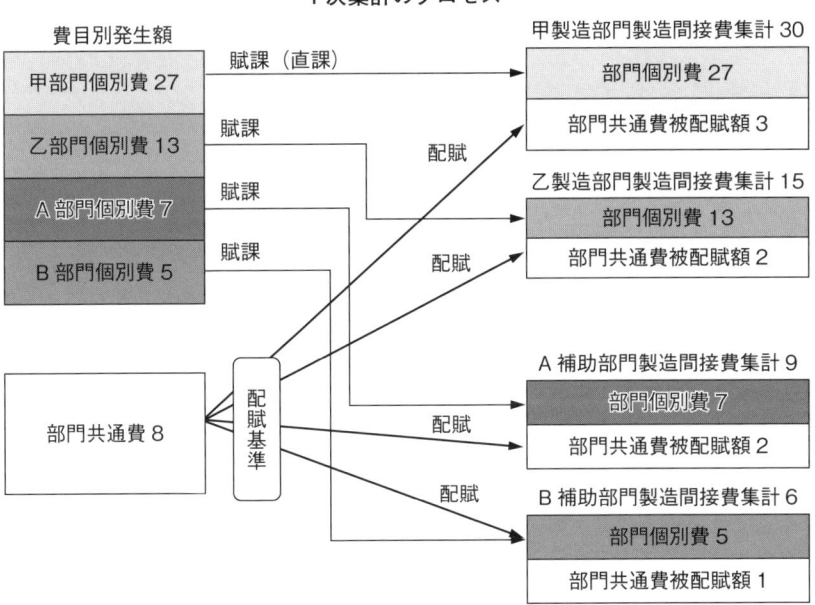

費目別発生額
- 甲部門個別費 27 — 賦課（直課）→ 甲製造部門製造間接費集計 30（部門個別費 27／部門共通費被配賦額 3）
- 乙部門個別費 13 — 賦課 → 乙製造部門製造間接費集計 15（部門個別費 13／部門共通費被配賦額 2）
- A 部門個別費 7 — 賦課 → A 補助部門製造間接費集計 9（部門個別費 7／部門共通費被配賦額 2）
- B 部門個別費 5 — 賦課 → B 補助部門製造間接費集計 6（部門個別費 5／部門共通費被配賦額 1）
- 部門共通費 8 — 配賦基準 → 配賦

相互配賦法による1次配賦計算

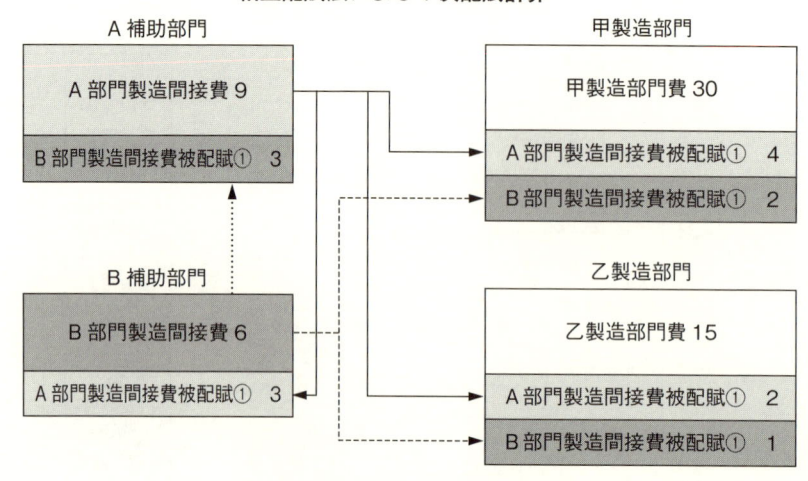

A補助部門
- A部門製造間接費 9
- B部門製造間接費被配賦① 3

B補助部門
- B部門製造間接費 6
- A部門製造間接費被配賦① 3

甲製造部門
- 甲製造部門費 30
- A部門製造間接費被配賦① 4
- B部門製造間接費被配賦① 2

乙製造部門
- 乙製造部門費 15
- A部門製造間接費被配賦① 2
- B部門製造間接費被配賦① 1

相互配賦法による2次配賦計算

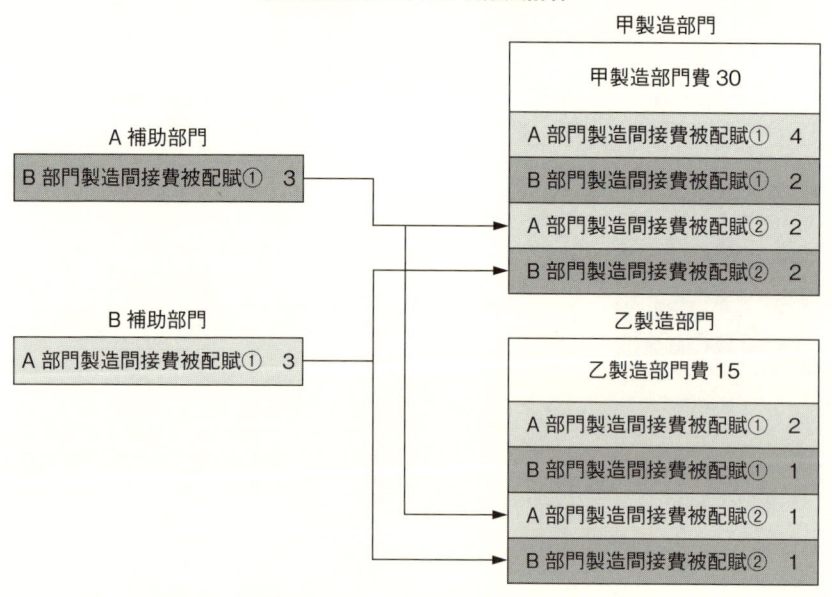

A補助部門
- B部門製造間接費被配賦① 3

B補助部門
- A部門製造間接費被配賦① 3

甲製造部門
- 甲製造部門費 30
- A部門製造間接費被配賦① 4
- B部門製造間接費被配賦① 2
- A部門製造間接費被配賦② 2
- B部門製造間接費被配賦② 2

乙製造部門
- 乙製造部門費 15
- A部門製造間接費被配賦① 2
- B部門製造間接費被配賦① 1
- A部門製造間接費被配賦② 1
- B部門製造間接費被配賦② 1

(b) 共通部門費の部門別配賦計算（**1.5次計算**）

共通部門費を，固有部門に合理的な基準で配賦する。

たとえば，建物減価償却費は各部門が専有している建物の面積比で配賦す

る。

（c） 補助部門費の他部門への配賦（2次計算）

動力，修繕，検査，材料倉庫，生産管理，IT，工場事務，勤労部門などは，伝統的な原価計算上は直接製造部門を補助する補助部門と考える。したがって，これらの補助部門費を直接製造部門への支援実績を基準に直接製造部門に振り替える。

各補助部門から支援する各直接製造部門に部門費を配分する直接配賦法と，各補助部門から他の補助部門への支援実績を踏まえた1次配賦を行った後に，補助部門から2次的に直接製造部門に配賦する間接配賦法等がある。ここでは，いくつかの配賦法のうち直接配賦と間接配賦をミックスした相互配賦法を図解する（図表2-66）。

（d） 直接製造部門費の製品別配賦法（3次計算）

この段階では，製造間接費は補助部門には残っていない。直接製造部門だけに集計されたすべての製造間接費を選択した合理的な配賦基準で製品別に配分する。

配賦基準には，製造業態によって以下のような方法が選択適用される。

① 製造（仕掛品）勘定の借方発生分の直接原価の構成価格基準で配賦する方法
　・直接材料費法
　・直接労務費法
　・両者の合計または加重平均で算定した合成基準（素価法という）

図表 2-67　主要な配賦基準

種別	配賦基準の種類
価格基準	直接材料費法
	直接労務費法
	直接原価法 （直接材料費＋直接労務費）
数量基準	直接作業時間法
	機械運転時間法
	生産量法

図表 2-68 製造間接費の配賦基準情報と活動基準情報の対比

補助部門	配賦基準例	活動種別	活動基準例
動力	消費エネルギー	動力管理	製品単位標準消費エネルギー
修繕	設備簿価	修繕活動	標準修繕時間率 × 製品単位機械加工時間
検査	直接材料費 直接労務費 素価法など	検査活動	製品単位標準検査時間 製品単位標準検査回数など
材料倉庫	直接材料費	受払件数	材料別実績受払件数 × 標準直接材料費 材料別標準受払時間
生産管理	直接材料費 直接労務費 素価法など	生産管理	製造オーダ発行数
情報処理	直接材料費 直接労務費 素価法など	情報処理	製造オーダ発行数
購買	直接材料費	購買活動	発注件数，検収件数
勤務	直接労務費	勤務管理	製品別加工時間数

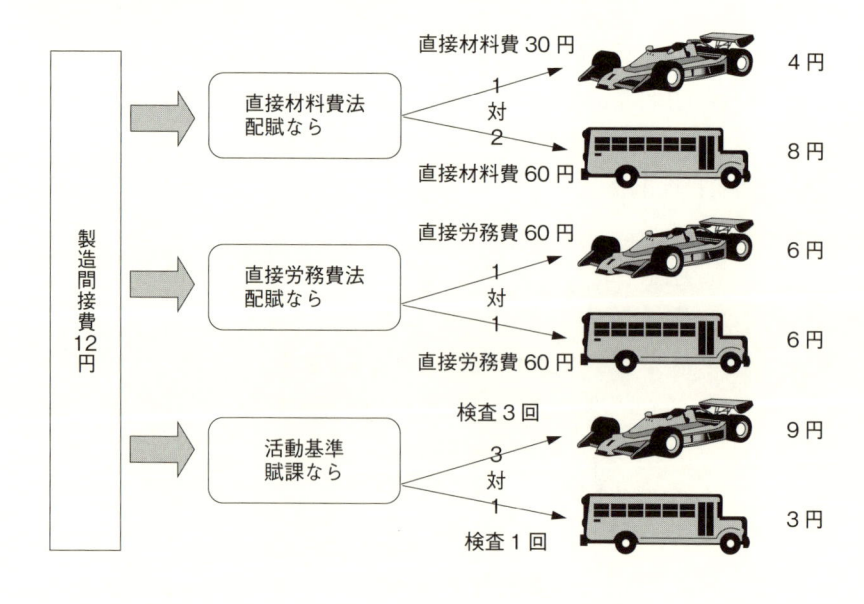

製造間接費 12円

直接材料費法配賦なら
- 直接材料費 30円 → 4円 （1 対 2）
- 直接材料費 60円 → 8円

直接労務費法配賦なら
- 直接労務費 60円 → 6円 （1 対 1）
- 直接労務費 60円 → 6円

活動基準賦課なら
- 検査3回 → 9円 （3 対 1）
- 検査1回 → 3円

② 製造（仕掛品）勘定の借方発生分の加工要素別加工量で配賦する方法
・直接作業時間法
・機械作業時間法

製造間接費計算とは，配賦計算であるともいわれる。配賦計算で重要なことは，最も的確な配賦基準の選定と配賦基準データの安定的・継続的な収集プロセスを確立することである。

1.5次計算の共通部門費の配賦は，建物面積比など一会計期間を通じて静態的な配賦基準で事足りるが，3次計算の製品別配賦計算では，原価計算期間において発生した製品別直接材料費や直接労務費，加工時間や機械作業時間など製造活動で発生し，生産管理システムから収集する動態的な配賦基準が用いられることがほとんどである。

したがって，配賦基準の選定と収集サイクルは，生産管理システムと原価計算システムとの情報連携の要件を決定する。

② **活動基準原価計算による製造間接費の製品別配賦**

製造間接費を部門間の支援関係を基準に配賦せず，製品の付加価値に対する貢献活動を定量的に評価して，製品に直接賦課する方法である。

この場合，製品に対しては活動を実施する部門が直接部門か間接部門かという概念は払拭される。いわば，すべての部門が製品の顧客効用を創造する直接部門と考える。

効用を創造する活動は，活動機能単位（活動センタという）に発生した原価を集計し，当該活動センタで製品製造に機能提供（コストドライバという）した定量値で配賦する。活動基準原価計算の運営では，いかに活動に関するコストドライバ情報を収集するかが成功要因となる。

活動基準原価計算の導入にあたっては，活動の定義が最も大事であるが，活動結果が定量的に安定的・継続的に収集可能な活動を選定しなければならない。

（8） 製造（仕掛品）勘定管理プロセス

原価計算期間サイクルごとの製造勘定は，前月の製品別の未完成残である仕掛品原価と今月新たに投入した製品別の材料費，労務費，直接製造経費，

製造間接費を集計する。これは，いわば製品製造原価のインプット合計である。これをアウトプットである月末時点での，製品完成量と未完成である仕掛品量と製造目的外払出量に配分する。すなわち，

　　　　前月仕掛品原価＋当月投入原価(材料費＋労務費＋直接製造経費
　　　　　＋製造間接費)
　　　　　＝製品完成原価＋期末仕掛品原価＋製造原価外払出額

となる。

　インプットした製造費用を，アウトプットした製品と仕掛品や製造目的以外の払出量に分配する方法としては，第2章第1節10.在庫管理(10)払出原価の決定方法で述べた，

・総平均法

・先入先出法

・後入先出法（税法では2009年4月から，会計基準では2010年4月から廃止）

などが用いられる。

図表 2-69　製造原価に算入しなくてもよい費目例示（税法基準）

- 製造後に要した検査，検定，整理，選別，手入れ等に要した費用（製造原価の概ね3％以下に限る）
- 製造所から販売所への移管費用（運賃，荷造り費等）（製造原価の概ね3％以下に限る）
- 特別の時期に販売するための長期保管費用（製造原価の概ね3％以下に限る）
- 賞与のうち記念賞与特別支給分
- 試験研究費のうち基礎研究および応用研究分，および工業化研究に該当することが明らかでない部分
- 租税特別措置法に適格な特別償却分
- 売上高対応で支払う工業所有権等の使用料や頭金償却費
- 生産高対応で支払う工業所有権等の使用料のうち最低使用料の取り決めがある場合の生産高対応以外の部分
- 複写して販売するための原本となるソフトウェアの償却費
- 通常発生する不良品の評価損相当額以外の棚卸資産評価損
- 低価法による棚卸資産評価における時価までの評価損
- 製造事業所の事業税
- 事業の閉鎖，規模縮小等のために大量に整理した使用人に対する退職給与
- 相当期間の生産休止期間の費用
- 税法における減価償却超過額
- 生産事業にかかわる障害者雇用納付金
- 工場が支出した寄付金
- 借入金の利子

図表 2-70　製造(仕掛品)元帳

借方（受入）		貸方（払出）	
期首仕掛品棚卸高	300	製品	1,100
直接材料費	300	期末仕掛品棚卸高	400
直接労務費	600		
直接経費	200		
製造間接費	100		
合計	1,500	合計	1,500

図表 2-71　製造原価報告書(製品関連科目ベース)例示

科目	金額
Ⅰ．直接材料費	300
Ⅱ．直接労務費	600
Ⅲ．直接経費	200
Ⅳ．製造間接費	100
当期総製造費用	1,200
期首仕掛品棚卸高	300
合計	1,500
期末仕掛品棚卸高	100
当期製品製造原価	1,400

　なお，製造原価に算入しなくてもよい原則性のない費目として，図表2-69のような費目が税法で例示されている。

　製造（仕掛品）勘定へのインプットとアウトプットを記録する帳簿が，製造勘定元帳で図表2-70のような表現形式をとる。また，同じ内容の製造勘定を報告式で記載したものが，製造原価報告書で図表2-71のような表示様式をとる。

　製造勘定は，製品や製造指図書1件ごとや，製造オーダ1件ごとに作成されるが，製造原価報告書は財務諸表の一部として企業や製造事業所単位で作成することが多い。

（9）　製品勘定管理プロセス

　製品勘定は，製造勘定のうち産出された完成品部分である。

製造勘定は、製品になったものと製品になっていないものの両方を含むため、製品になったものは生産管理システムから報告された完成品数とし、それ以外との比率で、製造勘定から完成品原価を按分する。製造勘定のうち完成品にならなかった部分には、仕掛品と製造目的外での払出品がある。

製造目的外には、サンプル使用、社内設備使用、社内消耗使用、研究開発用に使用、正常でない要因で発生した仕損や減損などがある。これらは他勘定振替高として製造原価計算から除外し、損益計算上の期間費用や固定資産に付替える。

COLUMN　期間費用

期間費用とは、ある一定の期間の収益と直接的な対応関係が見いだせない場合、発生した費用をその期間の共通費用とする考え方である。

たとえば、販売費・一般管理費は、売上全体には貢献しているが、どの売上に対してどれだけという対応関係は間接的であるため、期間的対応である期間費用として扱う。

（10）　売上原価勘定計算プロセス

売上原価は、完成した製品が顧客に購入された部分の原価をいう。製造（仕掛品）原価や製品原価は販売されるまでは費用にはならず棚卸資産扱いとなるが、売上原価は売上に対応する費用となる。

売上原価計算は、期首の製品在庫＋当月の完成品原価をインプットとして、期中の顧客向け出荷高＋期末の製品在庫＋販売外払出原価となる。

インプットした製品原価をアウトプットした製品出荷高と在庫高＋販売外払出高に分配する方法には、第2章第1節10.在庫管理(10)払出原価の決定方法で前述した、次のものが使用される。

・移動平均法
・総平均法
・先入先出法
・後入先出法（税法では2009年4月から、会計基準では2010年4月から廃止）

・売価還元法
・個別法　など

COLUMN　仕掛品と製品

　ある会計期間に発生した製造プロセスの原価は「当期製造費用」であり，当期製造費用のうち，製品が未完成な部分に対応する原価が「仕掛品」，完成した製品だが販売されていない部分に対応する原価が「製品」となる。
　完成した製品で販売された部分に対応する原価が「売上原価」であり，当期の実現収益に対応する当期費用となり，損益計算書に計上される。当期費用とならなかった「仕掛品」と「製品」は，棚卸資産として貸借対照表に計上される。

当期の実現収益に対応する当期費用の関係

```
                   ┌ 仕掛品                 （貸借対照表の表記）
                   │                        →棚卸資産
当期製造費用 ┤ 販売されていない製品    →棚卸資産
                   │                        （損益計算書の表記）
                   └ 販売された製品          →売上原価
```

（11）　経営意思決定のために活用される原価計算

　さまざまな課題に対する経営意思決定の場面があるが，ここでは代表的な意思決定のパターンに対する原価計算の活用を解説する。

①　直接原価計算の活用

　中期計画や予算編成のために売上目標を設定する必要がある。この計画値を設定するために活用されるのが直接原価計算である。
　また，日常の受注意思決定にも収益性の判断のために直接原価計算が活用される。直接原価計算は，製造原価を操業度と比例増減する変動費分と操業度に比例せず発生する固定費に分けて，このうち変動費分を主体に原価統制を行う仕組みである。固定費は，既に投資してしまった変更ができない原価が主体であるのに対し，変動費は発生部門で管理可能な費目が多いので，現場単位での業績責任会計を行うのに有効である（図表2-72, 2-73）。
　経営視点では，固定費を「限界利益（または変動製造マージン）＝売上

図表 2-72　直接原価計算の構造
売上高，変動費，固定費，利益の関係

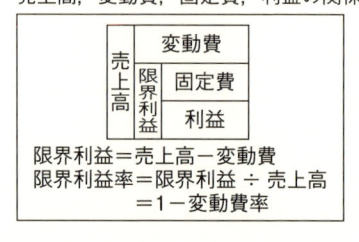

```
        ┌──────────────┐
        │    変動費     │
  売上高 ├──────┬──────┤
        │ 限界 │ 固定費 │
        │ 利益 ├──────┤
        │      │  利益  │
        └──────┴──────┘
```

限界利益＝売上高－変動費
限界利益率＝限界利益÷売上高
　　　　　＝1－変動費率

図表 2-73　直接原価計算の原価要素の例示

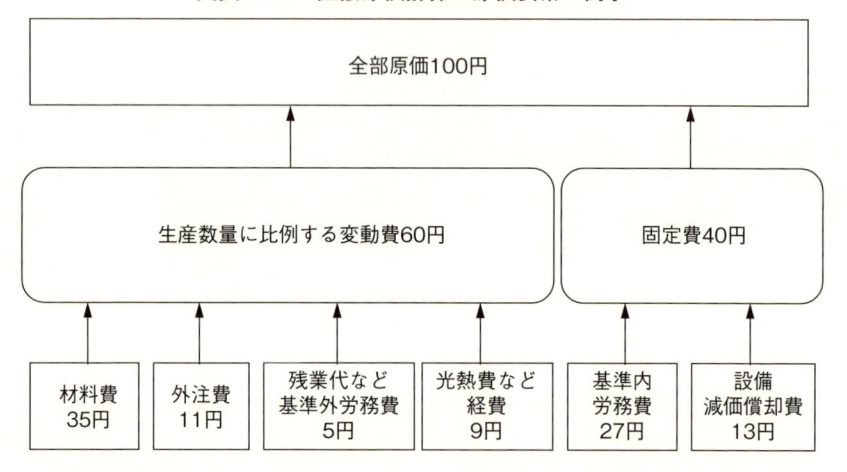

全部原価100円

　　↑　　　　　　　　　　↑
生産数量に比例する変動費60円　　　固定費40円

↑　　↑　　↑　　↑　　　↑　　↑
材料費　外注費　残業代など　光熱費など　基準内　設備
35円　11円　基準外労務費　経費　労務費　減価償却費
　　　　　　5円　　9円　　27円　　13円

高－変動費」でいかに回収し，さらに固定費を上回って利益を実現するかの損益分岐点把握による利益目標設定や予算編成に活用する。また，営業活動上の活用場面では限界利益基準により受注意思決定を行う場合がある。

　たとえば，

$$\text{固定費}(40円) + \text{変動費}(60円) = \text{売上高}(100円)$$

となる売上数量や売上高100円が，損益分岐点である。企業の中期計画や予算編成ではこの関係を利用して目標設定を行うことになる。

　所定の目標利益を達成するための目標売上高は，

$$\text{固定費}(40円) + \text{変動費}(60円) + \text{目標利益}(20円) = \text{目標売上高}$$

の方程式を解くことで求められる。

　変動費（60円）を売上高（100円）×変動費率（60％）で置き換えると，

図表 2-74 損益分岐点図表

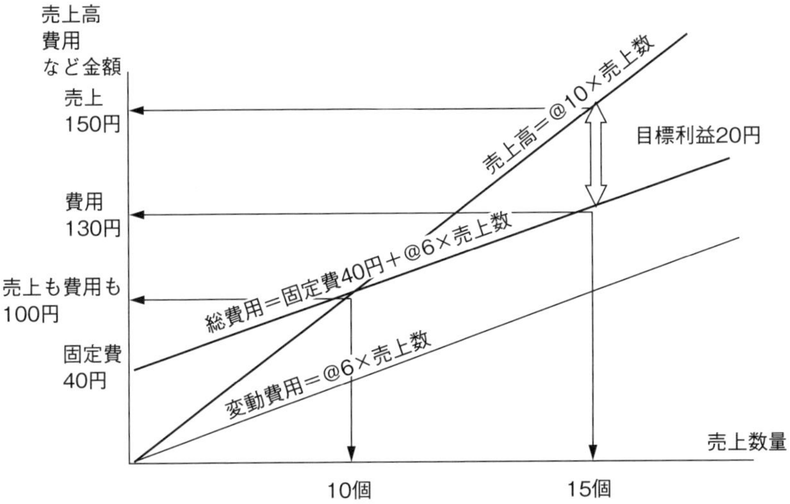

```
売上高
費用
など金額
  売上
  150円 ←――――――――――――――→  売上高=@10×売上数
                                  ↕ 目標利益20円
  費用
  130円 ←―――――――――→
                    総費用=固定費40円+@6×売上数
  売上も費用も
  100円 ←―――→
  固定費
  40円            変動費用=@6×売上数
                                              売上数量
              10個        15個
```

　固定費（40円）＋目標売上高×変動費率（60％）＋目標利益（20円）
　＝目標売上高
となる。
　目標売上高〔1－変動費率（60％）〕＝固定費（40円）＋目標利益（20円）
と置き換えられるので，
　目標売上高＝〔固定費（40円）＋目標利益（20円）〕
　　　　　　÷〔1－変動費率（60％）〕＝150円
で求めることができる（図表2-74）。
　なお，1－変動費率（60％）を限界利益率（40％）という。
　この場合，損益分岐点は40円÷0.4＝100円であるから，目標売上高と損益分岐点売上高との差額50円が余裕となり，余裕率は，
　　差額（余裕）50円÷目標売上高150円≒33％
となる。
　次に，目標利益率を10％としたい場合に必要な売上高は，
　　（固定費40円＋売上高100円×0.10）÷｛1－（変動費60円÷
　　売上高100円）｝＝目標売上高125円
となる。

一方,目標キャッシュフロー達成のための売上高は,キャッシュフロー計算書情報を使って,固定支出に区分されたキャッシュフロー科目と変動支出に区分されたキャッシュフロー科目とをそれぞれ合計し,

(固定支出＋目標キャッシュフロー)÷{(売上高－変動支出)÷売上高)}

で求めることができる。

図表 2-75 の設例では,

図表 2-75 損益分岐点＆キャッシュフロー分析表

目標・損益分岐点分析（億円）		キャッシュフロー分析（億円）	
実績売上高	100	実績売上高	100
実績変動費	60	実績変動支出	70
実績変動費率	60%	実績変動支出率	70%
限界利益率	40%	変動キャッシュフローマージン	30%
実績当期固定費	30	実績当期固定支出	27
当期損益分岐点売上高	30÷(1−0.60)=75	当期営業キャッシュフロー分岐点売上高	27÷(1−0.70)=90
損益分岐点余裕率	(100−75)÷100=25%	キャッシュフロー余裕率	(100−90)÷100=10%
目標利益を設定	20	目標営業キャッシュフローを設定	15
目標利益を実現する売上高を求める	(30+20)÷(1−0.60)=125	目標営業キャッシュフローを実現する売上高を求める	(27+15)÷(1−0.70)=140

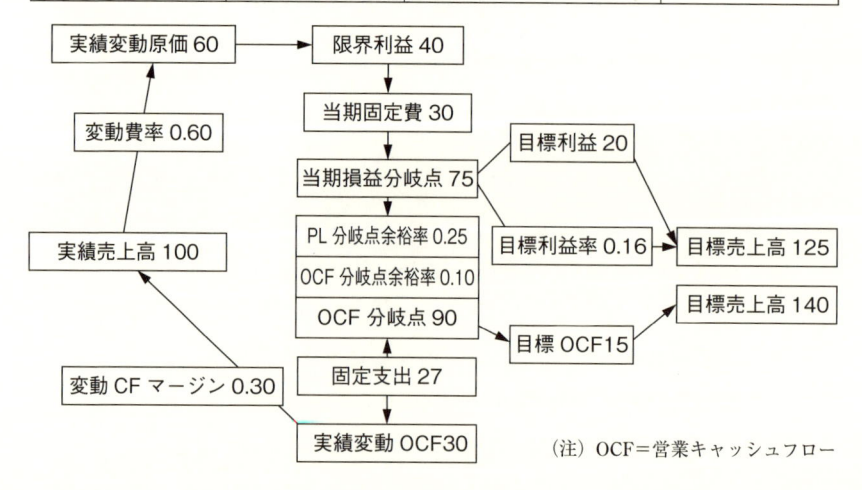

```
実績変動原価 60 ──→ 限界利益 40
    ↑               ↓
変動費率 0.60      当期固定費 30
    ↑               ↓
実績売上高 100     当期損益分岐点 75 ←── 目標利益 20
                   PL分岐点余裕率 0.25   目標利益率 0.16 ──→ 目標売上高 125
                   OCF分岐点余裕率 0.10
                   OCF分岐点 90 ←── 目標OCF15 ──→ 目標売上高 140
変動CFマージン 0.30 固定支出 27
                   実績変動OCF30
```

(注) OCF＝営業キャッシュフロー

(固定支出27億円＋目標キャッシュフロー15億円)
　　÷｛(売上高100億円－変動支出70億円)÷売上高100億円)｝＝140億円
となる。

この場合，実績売上高100億円と営業キャッシュフロー分岐点（OCF分岐点）90億円との差額10億円が余裕度となり，余裕率は10％となる。

直接原価計算は日常の営業活動における受注条件の意思決定に用いることができる。通常，受注承認上の販売利益は，売上高－製品全部原価＝粗利益や，粗利益からさらに販売費及び一般管理費を控除した営業利益で判定することが多いが，これらがマイナスであったとしても売上高－変動費＝変動製造マージンがプラスであれば，企業の利益創造に貢献することになる。

したがって，粗利益，営業利益がマイナスの受注条件でも，変動製造マージンがプラスなら受注する価値があるといえる。

② 標準原価維持のための原価差異分析

標準原価計算による原価差異分析は，設定した標準原価維持のためのツールである。標準原価と実際原価の差異を原価差異という。

原価差異分析を材料費，労務費，製造間接費別に分けて概説する。

図表 2-76　原価標準値の更新プロセス

・標準原価運用にあたっては，原価標準自体が適正でなければならない。
・直近の実績原価から異常要素を除去した統計処理によって，適正な原価標準を算出する仕組みを構築する。

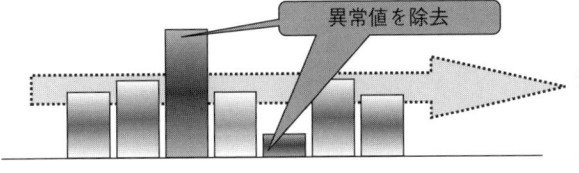

異常値を除去

プラスマイナスnσ以上の異常値を除いた修正実績の平均値を原価標準とするなどのプロセス設計を検討する（nは実態に応じて設定する）

製品別原価要素別月別原価実績

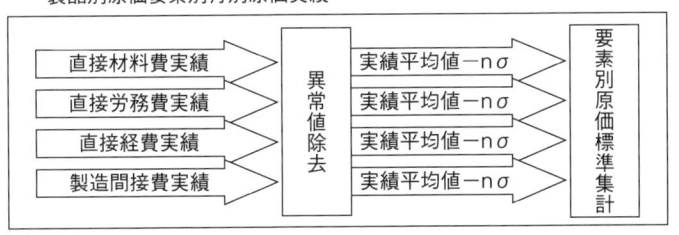

直接材料費実績		異常値除去		実績平均値－nσ		要素別原価標準集計
直接労務費実績				実績平均値－nσ		
直接経費実績				実績平均値－nσ		
製造間接費実績				実績平均値－nσ		

（a） 材料費の原価差異は，数量差異と価格差異に分解される。

数量差異は製造プロセスの非効率によるものである。価格差異は一般的には購買プロセスのロスによるものである。また，複数の材料を混合してから投入し加工する製造業態では，数量差異は，配合比の差異によるものと実際の歩留りの差異に分解して，差異を分析することがある。(数量差異＝歩留差異＋配合差異)

（b） 労務費の原価差異は時間差異と賃率差異に分解される。

時間差異は製造プロセスの非効率によるものである。賃率差異は時間外労働による割増賃金が主因であるから，工数割当の非効率によるロスと考えられている。

（c） 製造間接費の原価差異は，製造実績が少なかった場合は，固定費分の過剰投資として操業度差異が認識され，製造プロセスの非効率による固定費の遊休部分は能率差異（固定費分）として計上される。

変動費分のロスとして価格差異部分は，予算差異として計上される。

製造間接費には，製造活動を支援する活動に関する費用と製造活動の意思決定を支援する経営補助活動に関する費用がある。

製造間接費の削減手法には，標準原価の設定による実際製造間接費との差異を把握し，原因を分析することで，改善施策を通じてコストダウンを図る方法がある。

製造間接費の差異は，標準製造間接費－実際製造間接費で明らかになるが，この差異をさらに発生原因別に分解することが改善施策立案に役立つ。

（固定費＋標準変動費）と実際価額の差を予算差異という。

予算差異は，

　　　　（製造間接費の固定費部分＋実際加工時間
　　　　　×時間当たりの変動標準単価）－実際製造間接費

で計算する。固定費は予算であり，変動費は標準単価ベースでの計算値であるから，これは購入単価の標準単価と実際単価との差異が原因となる。

次に，価格要因以外の差異を追求する。まず，固定費部分の過剰投資を把握する。

固定費として投資された基準操業時間に対し実際稼働時間が満たないと，

この部分が結果としての過剰投資となる。このロスを操業度差異という。

操業度差異は，

　　予算上の固定費時間単価×(実際操業時間−予算上の想定操業時間)

で定義される。

固定費部分ではさらに，

　　予算上の固定費時間単価×(標準操業時間−実際操業時間)

で標準時間超過要因による固定費分の製造間接費投資超過額を把握する。これを能率差異固定費分という。これは，実現した生産高に対応する標準ベースでの必要固定製造間接費投資額に対して，実際に投資した製造間接費の固定費分がどれだけ多すぎたかの投資の失敗を意味する数値となる。

一方，製造間接費の変動費部分については，

　　予算上の変動費時間単価×(標準操業時間−実際操業時間)

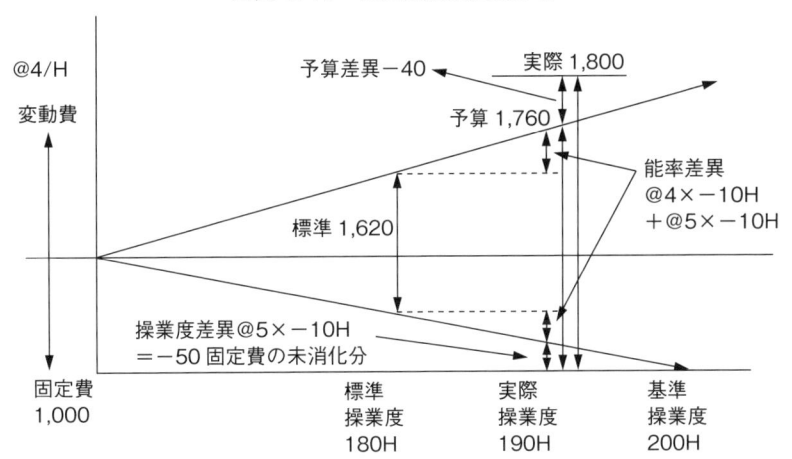

図表 2-77　製造間接費差異分析

```
@4/H
変動費          予算差異−40       実際 1,800
                             予算 1,760
                                          能率差異
                                          @4×−10H
                                          +@5×−10H
           標準 1,620

   操業度差異@5×−10H
   =−50 固定費の未消化分

固定費        標準        実際        基準
1,000        操業度      操業度      操業度
             180H        190H        200H
```

変動費予算@4円／時，基準操業時間 200 時間で固定費予算 1,000 円(@5 円／時)としたが，生産実績数量に対して標準操業時間は 180 時間だったが，実際操業時間は 190 時間かかった。また実際発生額は 1,800 円だった。
製造間接費差異＝標準製造間接費−実際製造間接費＝180H×(@4+@5)−1,800＝−180 の内訳として，
(1) 予算差異＝(実際操業度 190H× 変動予算@4+固定費予算 1,000)−実際 1,800 円＝−40 円
(2) 能率差異＝標準操業時間超過−10H× 原価標準(@4+@5)＝−90 円
(3) 操業度差異＝(実際操業度 190H−基準操業度 200H)× 固定費予算@5＝−50 円

で標準時間超過要因による変動費分の製造間接費標準時間超過額を把握する。これを能率差異変動費分という。

原価差異の調整実務は、原価計算基準や会計基準と税法では規定に差異があるので、それぞれの利益や所得計算で留意しなければならないが、正常な範囲（税法では総製造原価の1％以内）での原価差異は売上原価に含めてしまうことが認められ、異常な範囲では売上原価と期末棚卸資産に配分することが求められる。ただし、材料を購入した時点で材料購入価格差異を計上する場合は、材料購入価格差異だけは売上原価と期末棚卸資産に配分することが原価計算基準で規定されている。

(d)　原価差異を計上する工程の選択

原価差異は、実際原価と標準または予定原価との差額であるが、製造工程上、どこで標準や予定原価を計上するかで、原価差異の計上箇所が異なってくる。

図表 2-78　シングルプランとパーシャルプランの比較

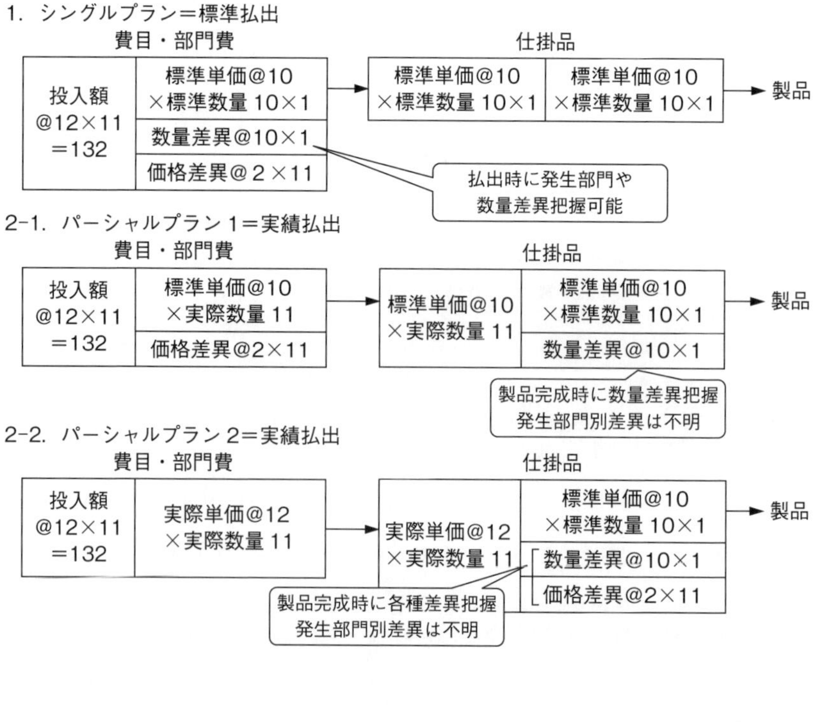

1. シングルプラン＝標準払出

費目・部門費		仕掛品	
投入額 @12×11 ＝132	標準単価@10 ×標準数量10×1	標準単価@10 ×標準数量10×1	標準単価@10 ×標準数量10×1 → 製品
	数量差異@10×1		
	価格差異@2×11		

払出時に発生部門や数量差異把握可能

2-1. パーシャルプラン1＝実績払出

費目・部門費		仕掛品	
投入額 @12×11 ＝132	標準単価@10 ×実際数量11	標準単価@10 ×実際数量11	標準単価@10 ×標準数量10×1 → 製品
	価格差異@2×11		数量差異@10×1

製品完成時に数量差異把握
発生部門別差異は不明

2-2. パーシャルプラン2＝実績払出

費目・部門費		仕掛品	
投入額 @12×11 ＝132	実際単価@12 ×実際数量11	実際単価@12 ×実際数量11	標準単価@10 ×標準数量10×1 → 製品
			数量差異@10×1
			価格差異@2×11

製品完成時に各種差異把握
発生部門別差異は不明

図表2-78は、その種別を示している。製造部門での経営資源のインプット、アウトプットともに標準原価で計上する方法をシングルプランという。インプットは実際原価でアウトプットを標準原価で行う方法をパーシャルプランという。パーシャルプランでも、原価差異のうち、価格差異と数量差異に区分して、インプットで計上するか、アウトプット時点で計上するかでパターンが分かれる。

原価差異の計上部門の違いで見ると、シングルプランは、製造工程に経営資源を投入時に単価と数量とも標準値で原価を計上している。この場合は、経営資源を払い出した部門で原価差異が、単価差異、数量差異とも計上される。

パーシャルプラン1では、単価のみ標準値で、数量は実際払出量で計上している。この場合、価格差異だけ払出部門で計上され、数量差異は、製造部門で完成品を標準原価で払い出した時点で計上することになる。

パーシャルプラン2では、製造工程には、単価、数量とも実際額で投入を計上し、製品が完成した時点で、単価、数量とも標準値で計上している。この場合、価格差異、数量差異とも完成時点で計上されることになる。

標準原価の部門責任を考えるとき、パーシャルプラン1では、購買部門など経営資源を購入した部門の材料の価格面での責任が価格差異によって明らかになる。

一方、材料の消費数量の標準値維持責任については、製造部門で数量差異が計上されるので、3つの方法のうち最も合理的な方法と考えられる。

③ 許容原価計算

標準原価計算は、達成する目標としてコストを確保するための仕組みであるのに対して、許容原価計算は経営が達成しなければならない利益を達成するための製品の原価をつくり込む仕組みである。

許容原価計算では、許容原価と現場から積み上げられた見積原価との差異を分析し、原価改善の指標とする。

④ 差額原価計算

差額原価計算は、複数の投資案件の比較優位や既存の設備に対する更新投資計画の効果を判断するための計算方法で、それぞれの原価を絶対値で比較

するのではなく，投資案件のコスト上の有利不利を差額で計算する方法である。

⑤ 製品ミックス決定，利益速度

どの製品も同じように売れるとした市場環境では，最適な製品ミックスを決定する手法に利益速度(注)がある。

利益速度は，各製品の事業に対する貢献評価基準を，制約理論（TOC）で定義される制約工程における時間当たりのスループット（売上高－外部購入原価）の多寡においている。ここでは，スループットを貢献利益として扱う。一般的には，製品の貢献度は事業単位での貢献利益の多寡で比較されるが，これは錯誤で，制約理論によれば，制約工程の通過速度だけが生産能力を決定するから，この工程だけに着目した貢献利益の多寡をもって評価しなければならないとしている。これを利益速度という。

(注) 利益速度は米国マクスジャー・テクノロジー社の商標である。マクスジャー・テクノロジー社はゴールドラット博士の制約理論をベースに製品ミックスの企業価値に与える制約条件を理論化した。

利益速度の比較によって，最優位製品を製造せず，他の製品を製造する場合の現実の製品ミックスの機会損失が計算される。

また，図表2-79のように，各製品の単位貢献利益と利益速度を座標にプ

図表 2-79 利益速度による製品ポートフォリオ

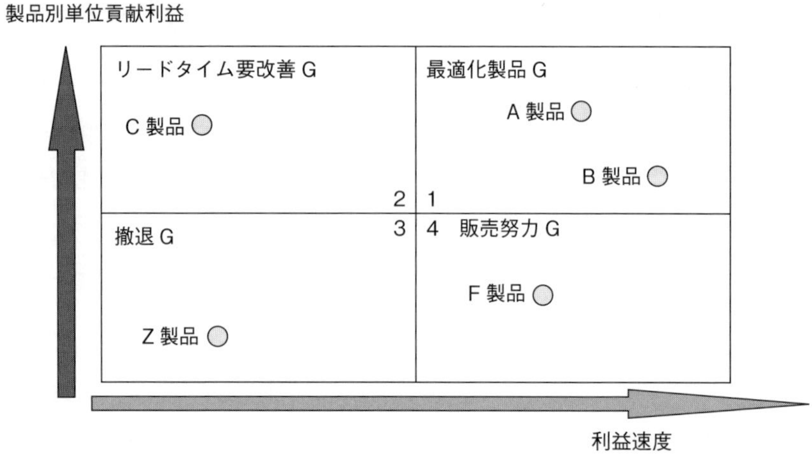

製品別単位貢献利益

リードタイム要改善 G C 製品 ○	最適化製品 G A 製品 ○ B 製品 ○
撤退 G Z 製品 ○	販売努力 G F 製品 ○

2 ｜ 1
3 ｜ 4

利益速度

図表 2-80 利益速度による製品貢献利益分析例示

製品	売上高	原価	貢献利益	貢献利益率	販売数	単位貢献利益	制約工程単位加工時間(分)	利益速度	稼働時間(分)	加工時間単位(分)機会損失	機会損失発生額
AB 構成製品 #123	1 200	800	400	0.33	200	2.0	1.0	2.0	200	—	—
AB セット製品 #098	800	480	320	0.40	100	3.2	2.0	1.6	200	0.4	80
構成製品 #001	1 000	400	600	0.60	100	6.0	4.5	1.3	450	0.7	315
セット製品 #053	900	300	600	0.67	59	10.2	10.0	1.0	590	1.0	590
計	3 900	1 980	1 920	0.49	459	4.2	—	—	1 440	—	985

(注) 利益速度は，小数点2位以下を四捨五入している。

ロットすることによって改善の方向性が把握できる。すなわち，単位貢献利益および利益速度とも高い第1象限（最適化製品G）に位置づけされる製品群は実質的に事業を支える製品であるが，どのような製品も同じように売れないのが現実の市場環境である。したがって，第2象限に位置づけられる，単位貢献利益が高い製品が利益速度も高くなければならない。

そこで，単位貢献利益は高いが現在は利益速度の低い製品群は，当該製品の制約工程の通過速度を高める改善を実施することが事業の成功要因となる。利益速度が高まるとこのような中核製品は第1象限にシフトし，金のなる木製品に転換することが可能になる。

第4象限（販売努力G）に位置づけられる製品群は，利益速度は高いが単位貢献利益が低い製品群である。これらの製品群は，販売チャネルや販売促進を改善し，もっと販売量を伸ばし単位貢献利益を増加させるべき製品である。

第3象限（撤退G）の製品群は，撤退もしくは刈取りを検討すべき製品群である。

(12) グローバル生産展開とキャッシュフロー／原価管理

グローバル展開された生産体制では，生産コストの削減または目指す市場近接での生産供給体制の確立を目的として，製造機能が地域に分散して展開される。基本的には製造コストと供給時間の2つの視点で，最も有利で安定

的な生産プロセスの地域別配置が計画される。

このため，地域別の製品の要素別（資材，工程別加工）原価，生産リードタイムに関する情報が収集されなければならない。

なお，グローバル生産体制の横断的な管理機能として，資材・部品やライセンスのグループ内部取引管理や国際物流，為替，製造原価の連結集計などのビジネスプロセスを構築する必要がある。

① グループ間の製造連携

グローバル生産では，資材調達と加工と物流の3つの視点から，安定供給とコストの両面で地勢を生かした生産機能の配置が展開される。その優劣は，拠点ごとのプロセスのパフォーマンスだけではなく，グローバルサプライチェーン全体としてのパフォーマンスの最適値を指向して配置が意思決定される。しかし，全体最適で構成されるはずの製造連携も，拠点ごとに独立した企業で運営されるので，グループマネジメントがないと，各社の経営は部分最適に走り，全体では不経済が発生するリスクがある。

② サプライチェーンの連結キャッシュフロー／原価管理

サプライチェーンの広がり，ネットワーク化の進展とともに，一製品の完成までのプロセスは複数の企業の付加価値活動の連携のうえに成立する場合が多くなっている。この場合，個々の企業のキャッシュフロー／原価管理だけでは一製品のキャッシュフロー／原価をつかむことが困難である。

そのために，統合されたオーダ管理の下に，連携したビジネスプロセスの原価やキャッシュフローを再集計する必要がある。この仕組みが連結サプライチェーンの原価管理である。

連結サプライチェーンの原価管理では，単純に原価やキャッシュフローを集計するだけではなく，財務会計の連結決算と同様に，個々のプロセスで付加した内部利益を除去する作業が必要である。

また，個々のプロセスでは原価外とされる法人税等も，連結計算では算入し，グローバル税コストとして原価要素の1つとしてみることが必要である。なぜなら，税コストの有利不利で生産供給立地の意思決定を行うこともあるからである。

さらに，サプライチェーンの個々のプロセスを担当する企業の国籍によっ

第2章 生産管理のプロセス 195

図表 2-81 グローバルキャッシュフロー／原価管理の要件

1. 品目コード等，生産・原価基準情報の統一
2. グローバルオーダ番号の共有
3. 多通貨でのキャッシュフロー／原価情報の共有
4. 積送品移動情報の管理
5. 原価要素や物流コスト，活動プロセス単位の統一
6. 移転価格（製品，ロイヤルティ）基準設定
7. 販売地売上・通貨基準での連結利益計算

図表 2-82 グローバル製品の連結原価構成要素の概要

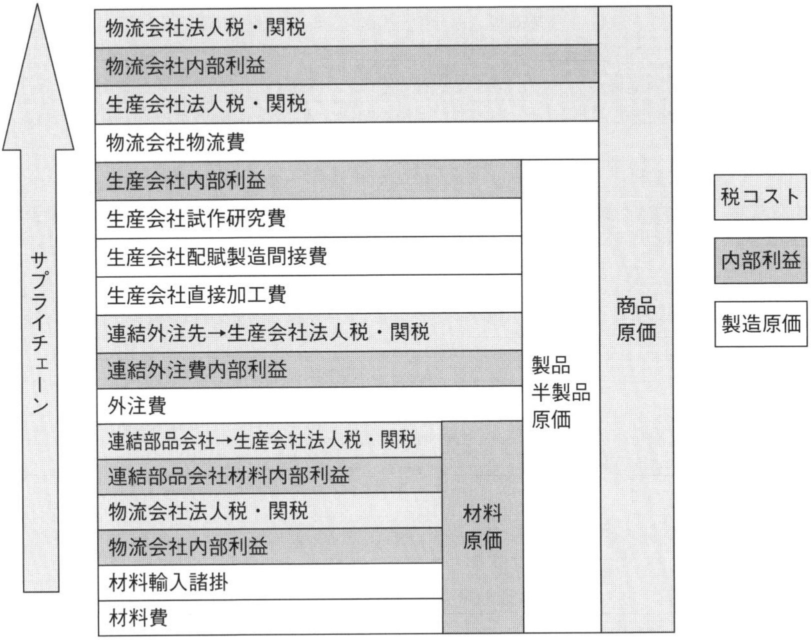

サプライチェーン				
物流会社法人税・関税				
物流会社内部利益				
生産会社法人税・関税				
物流会社物流費				
生産会社内部利益				
生産会社試作研究費				
生産会社配賦製造間接費				
生産会社直接加工費			商品原価	
連結外注先→生産会社法人税・関税		製品半製品原価		
連結外注費内部利益				
外注費				
連結部品会社→生産会社法人税・関税				
連結部品会社材料内部利益	材料原価			
物流会社法人税・関税				
物流会社内部利益				
材料輸入諸掛				
材料費				

税コスト
内部利益
製造原価

て通貨は異なるので，製品のキャッシュフロー／原価の連結管理上，発生した原価は所在国通貨で計上しなければならない。なぜなら，グループの経営管理で重要なのは，販売国の通貨で換算したキャッシュフロー／原価がコンペティターとのベンチマーク基準になるからである。また，通貨間の変換レートは時期時勢によって常に変化するので，ベンチマーク結果も流動的であることを忘れてはならない。

グローバルサプライチェーンのキャッシュフロー／原価管理の要件と多通貨計上のメリットを以下に要約する。

（a）グローバルサプライチェーンのキャッシュフロー／原価管理の3要件

● 内部利益を除去

図表 2-83 売上計上基準の例

取引		売上基準	内容
製品等	国内売上	出荷基準	納品書，出荷案内書，出荷伝票，送り状などを確証として，製品が出荷された時点で売上を計上する
		検収基準	顧客の検収書，物品受領日の押印日で売上を計上する
	輸出	工場渡し	契約に基づき，輸出者の工場から出荷された時点で売上を計上する
		運送人渡し	契約に基づき，輸出通関後，輸入者指定の運送人に引渡された時点で売上を計上する
		船側渡し	契約に基づき，輸出港の船側で船積前に売上を計上する
		本船渡し	契約に基づき，輸出通関後，本船への船積みで甲板手すりを通過した時点で売上を計上する
		本船持込渡し	契約に基づき，輸入港に到着した本船上で通関前に売上を計上する
		埠頭持込渡し	契約に基づき，輸入港の埠頭に陸揚げした時点で売上を計上する
		国境持込渡し	契約に基づき，輸入国の国境税関前で引渡された時点で売上を計上する
		関税抜き渡し	契約に基づき，輸入国の税関手続き前で引渡された時点で売上を計上する
		関税持込渡し	契約に基づき，輸入国の税関手続き後で引渡された時点で売上を計上する
工事等		工事完成基準	工事が完了した時点で売上を計上する
		工事進行基準	決算期を超える工事で，適正な工事進捗率で，工事の一部を売上に計上する
		原価回収基準	決算期を超える工事で，期末の原価を上限として回収可能額を売上に計上する

（注）売上を計上するまでは，出荷品は積送品で計上する。仕入側は所有権移転後，貨物を引き取るまでは未着品で計上する

- グローバル税コストを原価要素の1つとしてみる
- 所在国通貨でキャッシュフロー／原価に計上

(b) 多通貨管理のメリット
- 販売国でのコンペティターとの原価の優位性をベンチマークできる
- 為替変動が原価に与える影響をシミュレーションできる
- 税コストまでも勘案した有利なグローバルサプライチェーン立地の意思決定が可能になる

③ 売上管理

売上管理では，売上予算に対する進捗状況を把握し，予算や目標額を達成するよう活動を行う。売上の計上基準は，販売方法や所有権の移転時期などから，いくつかの基準がある。売上計上基準の例を図表 2-83 に示す。

④ 輸出入管理

購買，製造，販売プロセスのグローバル展開に伴って，ビジネスプロセスにおける海外取引のウエイトが高くなっている。国内取引だけのビジネスに比較して，海外取引は，生産ロット，リードタイム，製造プロセス，商流プロセス，決済プロセス，キャッシュフロー／原価管理に大きな変革を与える。

製造プロセスでは，生産ロットは，輸送単位でロット生産することが効率的となり，リードタイムでは海上か空輸かで大きな差異が生ずる。一方，空輸は高コストになるため，空輸費用を削減できるグローバル調達計画の考慮も必須となる。グローバルサプライチェーンの配置の意思決定として，資材・部品レベルで輸出するか製品にしてから輸出するかの選択問題が発生する。

海外取引では，為替予約や船舶予約，保険手続き，船積準備，通関処理などの固有の物流手続きが介在する。また原則自由とはいわれるが，国ごとの関係で適用される製品種別の輸出入規制や申請手続きが必要となる場合がある。

輸出については，「国際的な平和及び安全の維持を妨げる特定地域向け特定種類の貨物」の許可要件，「国際収支の均衡の維持並びに外国貿易及び国民経済の健全な発展に必要な範囲で特定の種類，仕向地及び取引に関する輸

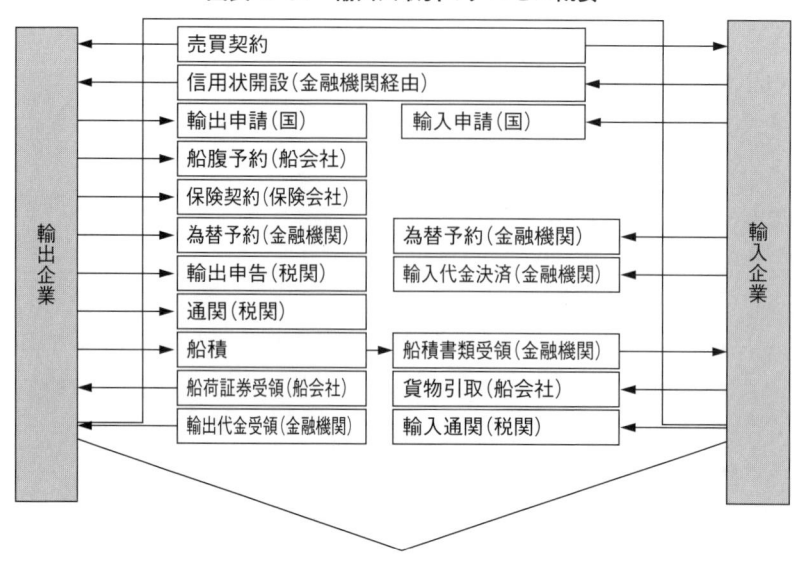

図表 2-84 輸出入取引のプロセス概要

```
輸出企業 ─┬─────────── 売買契約 ───────────┬─ 輸入企業
         ├──── 信用状開設（金融機関経由）────┤
         ├─ 輸出申請（国）  輸入申請（国）─┤
         ├─ 船腹予約（船会社）              │
         ├─ 保険契約（保険会社）            │
         ├─ 為替予約（金融機関）  為替予約（金融機関）─┤
         ├─ 輸出申告（税関）    輸入代金決済（金融機関）─┤
         ├─ 通関（税関）                    │
         ├─ 船積 ──────── 船積書類受領（金融機関）─┤
         ├─ 船荷証券受領（船会社） 貨物引取（船会社）─┤
         └─ 輸出代金受領（金融機関） 輸入通関（税関）─┘
```

出」については，承認要件が付されている。

輸入については，「輸入割当品目」，「特定の原産地又は船積み地域からの特定の貨物についての事前確認」などが規制されている。なお，品目や地域については本書では説明を省略する。

決済プロセスは信用状統一規則など，国際基準に従った決済手続きによって行われる。一連の輸出入に関する物流，決済プロセスを図表 2-84 に示す。

キャッシュフロー／原価管理では，輸出入にかかわる物流コスト，すなわち関税，輸送費用，倉庫料，通関料，保険料などの製品原価への賦課手続きが課題になる。

海上輸送か空輸かは物流コストの多寡だけではなく，輸送する製品の積送期間の在庫キャッシュアウトも加味して最適値を求めるべきである。キャッシュフローの視点では重量や容積が小さく，一方，製造原価が高額な製品は空輸が有利である。

⑤ オーダ管理

1つの受注に対する製造と供給は，サプライチェーンの全体最適の視点で，プロセスごとにいくつかのロットに分割されたり，併合されたりするこ

とがある。そのため，分割されたり併合されたりしたロットのオーダを，元の受注番号に紐付ける必要がある。

　オーダ番号は，生産プロセスごとに，そのプロセスの処理を最適ロットで行うように付与される場合が多いため，生産プロセスを一気通貫でみる場合には，それぞれのオーダ番号を紐付けて，トレースを可能にしていかなければならない。

　たとえば，1つの受注に対する総原価，つまり製造原価，物流費，販売費など，受注から生産，物流，出荷にかかわるすべての原価を捉える場合や進捗状態をモニタリングする場合，インバウンドのSCMであっても，アウトバウンドのSCMであっても，生産プロセスを一気通貫で串刺しにする紐付けが必要となるのである。

　オーダ番号は，受注，生産ロット，出荷ロット，請求単位ごとに付与されたそれぞれの指示番号を，元の受注に統合管理（紐付け）するものである。

(a) オーダ別原価計算

　製造オーダは，製造原価の集計単位である。

　製造オーダ単位に，製造加工に応じて消費した直接材料費，直接労務費数，外注費を計上するとともに，製造間接費の配賦を加算して製造原価を集計する。製造物は完成するまでは仕掛品として扱われ，完成時点で製品勘定に振り替える。オーダに積み上げられた原価が損益計算に反映され利益を生むのは，当該製品が顧客に出荷なり検収されて売上が立つ時点である。

　仕様書に基づいて製品を製作する場合の原価集計は，オーダに生産資源の要素別の原価を集計する仕組みになっており，個別原価計算と呼ばれる。

　規格品をロットで見込生産する場合の原価集計は，総合原価計算と呼ばれる。オーダに投入した総原価を完成品と未完成の仕掛品に按分する。

(b) グローバルサプライチェーンにおけるオーダ管理

　グローバルサプライチェーンにおけるビジネスプロセスでは，顧客からの受注生産や規格品の見込生産指示に対しての資材・部品調達，外注加工，自社製造加工，在庫保管，輸配送は，ビジネスライフサイクルを通じて一貫したオーダで状況を管理する必要がある。

　このための仕組みとして，グローバルサプライチェーン一貫で受注に紐付

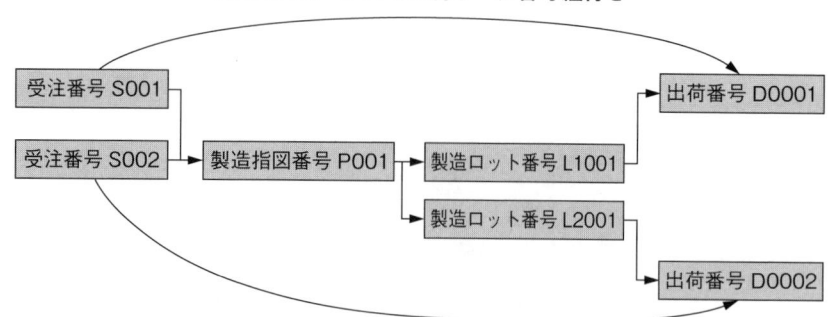

図表 2-85 プロセス別オーダ番号紐付き

```
受注番号 S001 ─────────────────────────→ 出荷番号 D0001
                                        ↑
受注番号 S002 → 製造指図番号 P001 → 製造ロット番号 L1001
                              ↘
                                製造ロット番号 L2001
                                        ↓
                                     出荷番号 D0002
```

2つの受注は1つの製造指図となり，2つの製造ロットに分割される。
出荷の段階では，受注に対応した出荷単位となる。

けられる受注番号，オーダ番号の設定が必要になる。

　受注生産といえども，1つの受注単位で各プロセスが流れるわけではない。製品の特性や数量によっては，複数の受注番号をまとめる，あるいは1つの受注番号を分割して製造指示を行う場合がある。この場合は受注番号に対して，新たに製造指図番号が付番されることになる。また製造指図番号単位に，または別の製造指図番号も一括して，資材や部品の購入指示が発行される。

　協力関係にある複数の製造事業所の連携で製造される場合は，製造指図書番号が複数に分かれる。完成した製品は，納期を同一とする一定のロットで輸配送されるので，物流部門への指示に出荷指示番号が付番される。一定の輸送ロットの製品は，個々の受注番号ごとに振り分けられ，あるいは同一納品先の複数の受注案件がセット化されて新たに配送指示番号が付番される。請求処理では納品番号が，または請求番号が付番されて入金回収消し込みに使用される。

　サプライチェーンでは個々の機能が最も効率的に運営される単位でオペレーションが行われるので，個々のプロセスごとのオーダ番号が付番される。

　このため，1つの受注番号，オーダ番号が，サプライチェーンのプロセスごとにどのような指示番号で進捗しているのかを管理する仕組みが必要になる。統合されたオーダ管理の仕組みがあることにより，グローバルサプライチェーンでの生産状況を把握することができるようになる。

キャッシュフロー生産管理

第**3**章

経営戦略と
キャッシュフロー生産管理

本章では、経営戦略と整合性ある活動として生産管理を捉えるために、経営戦略と生産管理の関わりを概説する。次に、生産活動とキャッシュフロー／原価管理の関係、生産プロセスにおける意思決定問題、生産プロセスのパフォーマンス評価指標を説明する。さらに、実践的な視点での決算日短縮の課題と解決方法を提示し、金融商品取引法（通称J-SOX法）のなかで規定される財務報告にかかわる生産管理、原価管理業務の内部統制要件、CSRについて概説を行う。

第 1 節　経営戦略と生産管理

1. 経営戦略における生産管理の役割

　企業では，経営管理という経営理念やビジョンに向かって活動を行うための仕組みがあり，この下に財務管理，販売管理，労務管理，生産管理などの相互に関連する仕組みが位置づけられ，それぞれの対象領域について，経営理念やビジョンを，経営計画，中長期計画，部門方針，実行計画のようにブレークダウンし，日常の活動に取り込めるようになっている。
　生産管理も，他の財務管理や販売管理などと同じように，経営方針や経営

図表 3-1　経営戦略と連携する生産管理，キャッシュフロー／原価管理の関係

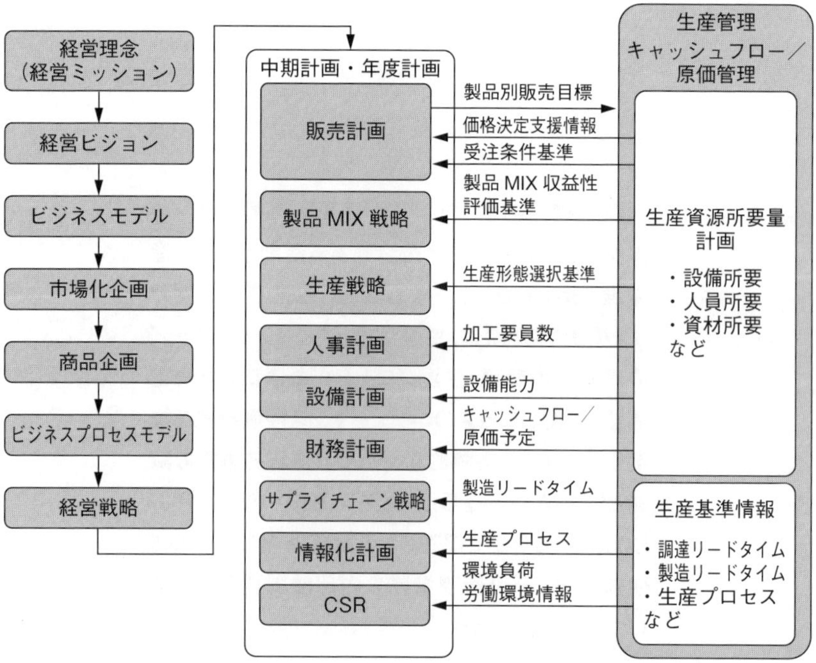

経営理念 （経営ミッション）	中期計画・年度計画		生産管理 キャッシュフロー／ 原価管理
↓			
経営ビジョン	販売計画	製品別販売目標 価格決定支援情報 受注条件基準	
↓			
ビジネスモデル	製品MIX戦略	製品MIX収益性 評価基準	生産資源所要量 計画
↓			・設備所要
市場化企画	生産戦略	生産形態選択基準	・人員所要 ・資材所要
↓			など
商品企画	人事計画	加工要員数	
↓	設備計画	設備能力	
ビジネスプロセスモデル	財務計画	キャッシュフロー／ 原価予定	
↓	サプライチェーン戦略	製造リードタイム	生産基準情報
経営戦略	情報化計画	生産プロセス 環境負荷 労働環境情報	・調達リードタイム ・製造リードタイム ・生産プロセス など
	CSR		

計画からつながるものであり，生産現場に直結している組織的な経営活動といえる。

このような活動を行うために，生産管理は，経営戦略を実現するための計画である経営計画と密な情報の連携を行っている。この経営計画策定に必要となる生産管理の役割を概観してみる。

経営計画において，生産管理は，目標達成に必要な生産資源の必要量（所要量）を算定する役割を持つ。経営計画では総売上高を計画し，それを達成するための製品構成別の売上計画を立案する。この製品別売上計画に基づいて，製品別生産量が計画され，この情報を起点として生産管理は必要な設備能力と加工要員数，資材所要量など生産資源を計画することになる。

生産資源の必要量は，予定のキャッシュフロー・原価として財務計画にフィードバックされる。

経営計画と生産管理との関係は，図表3-1のように示される。

COLUMN　ビジネスプロセスモデル

　企業の活動は，その企業が「目指すべき姿や目的・使命などの共通の基本姿勢や行動基準」を定めた経営理念に基づいて，「こうありたいと考える企業の存在価値」，「事業コンセプト」である経営ビジョンを実現するためのビジネスモデルがベースとなっている。ビジネスモデルとは，どのような顧客に対して，どのような製品やサービスを，どのような流通経路で提供し，いくらコストがかかり，どれくらい収益を上げていくかという収益構造のモデルといえる。このビジネスモデルを実現するための仕組みが，ビジネスプロセスモデルである。

（1）　販売計画との関係

生産管理とキャッシュフロー／原価管理は，市場戦略や製品価格戦略に対して製品の原価と供給リードタイム情報を提供する。

製品の価格は，製品の原価をもとに，需給環境や競争環境，事業の収益性を確保できる原価を企画し，決定される。

製品供給リードタイムは，製品単位の資材調達から販売までの日数であ

り，材料→仕掛品→製品の滞留日数でもある。棚卸資産の滞留は同額のキャッシュの減少をもたらすため，税引後売上総利益で獲得したキャッシュフローを棚卸資産の滞留で減少させないように検討を行う課題となる。

短期での価格政策としては，個別受注案件の価格設定がある。

受注をとるか，とらないかの適否を判定する場合，通常は製品の販売利益である，「売上高から製品の全部原価を差し引いた利益」で評価することが一般的である。しかし，過去に支払った原価は，変動製造マージンの累積で回収すべきもので，個々の受注案件で個別に負担すべきものではないとする考え方を基盤として，過去の投資である既決原価を差し引いて受注案件固有の収益性を評価する必要はないとする考え方がある。

この考え方では，製品の原価は「受注により純粋に追加される変動原価分を差し引いた限界利益＝変動製造マージンがあれば受注を裁可すべきである」とする。また，変動原価の範囲を絞り込んで材料費と外注費だけに絞ったスループットだけで評価する考え方もある。生産管理とキャッシュフロー／原価管理では，このような受注の適否に関する情報を提供する。

（2） 製品ミックス戦略との連携

生産管理とキャッシュフロー／原価管理は，製品ミックスの意思決定に役立つ経営資源の所要量とキャッシュフロー／原価の製品別比較情報を提供する。この情報により，異なる製品ミックスに対して必要な経営資源の差異やシナジー効果の違いが明確になり，経営資源の効率性の有利不利が明確になる。

経営資源のシナジーには，生産設備資源の共通化，生産消費資源の共通化，生産技術資源の共通化，生産情報資源の共有化，生産資源の流動性，生産時間の平準化がある。

生産消費資源のシナジーとは，製品ミックスにおける資材や部品・中間品の共通化，熟練工の工数など消費する資源の共通化を意味する。メリットとして資材の購買コストが低減でき労働生産性が向上する。

生産技術資源のシナジーとは，製品ミックスにおける必要な生産技術や情報が共有できることを意味する。この結果，生産技術・情報投資の回収率が

図表 3-2　製造業における経営資源のシナジー効果

シナジー要素	シナジーの内容
生産設備資源のシナジー	製品ミックスに対する設備共有が可能
生産消費資源のシナジー	製品ミックスに対する消費資材，部品・中間品の共有が可能
生産技術資源のシナジー	製品ミックスに対する生産技術や情報の共有が可能
生産情報資源のシナジー	製品ミックスに対する生産支援情報の共有が可能
生産資源の流動性シナジー	製品ミックスの改廃に対して生産資源の共有性が高く，ロスが生じない 生産資源の安定的供給 生産資源の売却・転用流動性
生産時間資源のシナジー	製品ミックスに対する生産時間が季節的に競合しない

高まるメリットがある。

　生産資源の流動性シナジーとは，製品ミックスの改廃に対して生産資源の共有性が高く，転用が可能なことを意味する。その結果保有する在庫の陳腐化リスクが減少するメリットがある。

　生産時間の平準化シナジーとは，製品ごとの季節的な需要ピークが分散され期間を通じて平準化できることを意味する。この結果，生産設備の使用時間が競合せず生産設備投資の回転率が向上するメリットがある。

　さらに，生産管理とキャッシュフロー／原価管理は，計画された製品ミックスに対して，資材制約，コスト制約に加えて，制約工程情報を事前に提供する。

　売上構成の中核となる製品であっても，製造能力が低いために，制約工程が発生し，得られるはずの利益を損失する場合がある。このような事態を事前に把握し，外製化などにより機会損失を軽減することが可能になる。

　また，制約工程を事前に把握することで，貢献利益率が高くても利益速度が低い製品の制約工程でのリードタイムを短縮する施策を事前に講じ，機会損失の改善を図ることができるようになる。

（3）　生産戦略との連携

　生産戦略では，内作か外製か，装置型生産か労働集約型生産か，新規設備投資かM&Aかなどの生産戦略の選択を迫られることがある。このような

場合に，生産管理やキャッシュフロー／原価管理は，生産戦略の選択に必要な対象製品の原価要素，原価構造，生産技術要件，生産リードタイム情報を提供する。たとえば，原価要素として，労務費，加工費の割合が高い製品では，労働集約型生産で，外製を主体にした生産戦略をとることになる。また，生産リードタイムの長い製品では，需要が逼迫した場合に内製体制では供給ネックに陥り，需要に対する機会損失が発生する。そこで並行生産が可能な労働集約的な生産戦略が優位となる。

（4） 人事計画との関係
生産計画は販売計画を実現するための加工要員数や間接部門要員数を算定し，不足が予定される場合は増員手配など人事計画に取り込む。

（5） 設備計画との関係
生産計画は必要な機械設備の能力を算定し，能力不足が予定される場合は必要な設備増強を設備計画に取り込む。

（6） 財務計画との連携
キャッシュフロー／原価管理は，製品ミックスに対して利益を検証するための製品製造原価情報を提供するとともに，製造リードタイムを基準に資金計画に必要なキャッシュフローを提供する。

（7） サプライチェーン戦略との関係
生産管理が提供する製品ごとの生産リードタイムは，サプライチェーン設計や在庫デカップリングポイント策定に必要な情報となる。顧客の納期ニーズや他社とのリードタイム競争から必要なリードタイムを決定し，必要な在庫準備量と市場に対する在庫供給地点を決定する。サプライチェーン計画が確定することにより設備投資額が確定する。

（8） 情報化計画との関係
企業における情報システムは，それぞれの業務プロセスが経営戦略と整合

性を保ち，相乗効果をもって活動できるように，必要な社内外の情報をすみずみまで行き渡らせる神経網の役割を持っている．このため，情報システムは，大きく，①経営戦略を立案する層，②経営管理のもと，販売管理や財務管理や生産管理などの各業務プロセスを遂行する層，③業務プロセスごとに業務を遂行し，その結果や実績を扱う層の3層と，各層を連携する役割を持つインターフェースからなる．

③の層の生産プロセスに注目すると，生産活動を経済的，効果的に行うために必要な指示や結果に関わる情報を扱うための情報システムの機能（生産管理システム）と生産活動の結果から生産プロセスが有効に遂行されているかを評価する業績評価（パフォーマンス評価）のシステムの機能が必要になる．

このような各層において必要な情報システムの内容や機能，扱う情報，どのようなハードウェア，ネットワーク，ソフトウェアを用いて，いつまでに立ち上げ，どれくらいの投資を行い，どれくらいの効果を出せるかといった企画をするのが情報化計画である．

このような情報化計画に対して，キャッシュフロー生産管理は，③については生産活動を経済的，効果的に行うために必要な情報や業務手順や帳票などのプロセス情報などの要件，生産活動の結果を企業視点で評価できるようにキャッシュフローに換算するための要件を提示する．

（9） CSR・内部統制との連携

企業が社会に対して果たす役割をCSR（Corporate Social Responsibility）という．CSRには社会的責任，環境責任，法的責任があり，投資家に対する経済的責任もCSRの1つである．

CSRへの取組みは企業価値評価の重要な要素になってきている．CSRにいかに積極的に取り組んでいるかを評価する投資ファンドも商品化されるようになってきた．近年のCSR案件としては内部統制がある．2008年4月開始年度から大会社，上場会社では，財務諸表に連携するビジネスプロセスの内部統制の整備と評価と報告開示が義務づけられることとなった．生産プロセスや原価計算は，金額的にも，財務諸表の適正表示にかかわる重要なプロセスであり，外部からはブラックボックスとなる部分であるから内部統制の

整備と評価が重要である。一方，財務視点での原価管理だけに終始することなく，製造業では環境会計や，品質原価管理への取組みが求められている。

生産プロセスに関連する品質管理や環境管理，労働環境，安全衛生基準，内部統制など諸法規や基準に対する遵法要件を明確にして，文書化と教育体制，監査体制を生産管理の一環として確立する必要がある。このように経営計画から生産管理に対して，CSRの要件が提示され，その結果の遵守状況，成果などを経営計画に戻している。

2. 生産活動とキャッシュフロー／原価管理の関係

（1） 生産プロセスにおけるキャッシュフロー増加要因

キャッシュフローを増加させるための要因には，在庫削減，労務費や材料費や経費などの生産プロセスのコストを低減することがある。しかし，これらに加えて，製造のリードタイムを短縮すること，在庫回転率をあげることもキャッシュフローを増加させる要因である。

ここでは，企業価値創造視点での生産活動の評価を行うための指標（生産ROA）とその前提となる知識である製造リードタイム，在庫回転率とキャッシュフローの関係について解説する。

（2） 製造リードタイムをキャッシュに換算する

まず，売上高が現状維持の場合，製造リードタイム短縮がどのような効果をもたらすかを見てみよう。

現在の売上高が1,000円であり，原価率が50％であるとする。受注後出荷までのリードタイムは4日である。法人税率は40％とする。

リードタイムは4日のため，調達した材料費に加工費（労務費＋経費）を加えて，仕掛品が製品になり，販売されるまでの4日間にわたり，棚卸資産として500円を保有することになる。この場合，棚卸資産は，日ごとの平均の棚卸金額のため，4日間全部の日で500円ずつ保持するということは500円×4日÷4＝500円である。今，リードタイムが2日に短縮されるとすると，棚卸資産の保有日数は半分になり，売上のサイクルは平均4日ごとで変

わらないので，500円×2日÷4日＝250円ですむことになる。

売上増加が期待できる場合には，製造リードタイムは半分の2日になるので，1種類の製品は2倍生産できることになる。このため，生産した分だけ売れるとすると売上高は2倍になる。

今，売上高が1,000円から2,000円に増加し，原価率は売上高に対して変わらず50％，製造リードタイムが2日になったとすると，

　　　　以前のキャッシュフロー＝（1,000円－500円）
　　　　　　　　　　　　　　　×（1－法人税の40％）＝300円
　　　　現在のキャッシュフロー＝（2,000円－1,000円）
　　　　　　　　　　　　　　　×（1－法人税の40％）＝600円

このため，キャッシュフロー増加額は300円となる。

つまり，製造リードタイムが短縮すると，棚卸資産の減少と製造リードタイムが短縮された分余分に製造できる（販売できるとして）ことによりキャッシュを増加させることができる。

次に在庫回転率について考えてみよう。在庫回転率とは売上高÷平均在庫金額であらわされ，売上高に対する在庫の準備量を意味する。在庫回転率が高いとは，少ない在庫でその売上高を実現できることであり，ある製品を倉庫に長い期間おいておかず，短い期間で販売でき，換金できることを意味する。つまり，在庫回転率が低い場合より，高い場合は，早く製品を販売して，早くキャッシュにすることができる。

（3）キャッシュフロー向上の効果

キャッシュフローを高めることは企業価値を高めることである。仮にすぐ利益が出なくても，資金繰りがよくなり，資金調達の量（絶対額），質（調達金利や返済条件）も向上する。このため，資金繰りのための後ろ向きの経営努力は不要となり，新製品や新市場開拓，ビジネスプロセス改善への投資が可能になる。リードタイムが競争優位の要因となれば，価格競争に陥ることが回避され，利益につながる。

さらに，リードタイム短縮は，生産能力の余力を生むので，飛込み受注や，キャンセルなど受注変動に対しても，資材調達をぎりぎりまでコントロ

ールすることができ，先行手配した資材を抱え込んでしまうリスクも軽減される。

（4） 公開企業の生産速度（製造リードタイム）を財務情報から割り出す方法

企業の財務情報から生産速度（リードタイム）を割り出す方法について紹介する。

ここでは仕掛品を主体に生産速度の測定方法を考察する。仕掛品とは着手してから終業時まで完成に至らない製造進行中の製品群をいう。

① 仕掛数から完成数への変換速度で生産速度（製造リードタイム）を考える。

生産速度とは1個の仕掛品が発生し完成品になるまでの時間である。1個の完成品ができるまで，材料投入から1日かかる場合は，生産速度は1日となる。仕掛が2日かかるならば，生産速度は2日となる。

これを定式化すると，

　　生産速度（日）＝仕掛数÷日単位の完成数

で表すことができる（図表3-3で例示）。

まったく同じ製品を毎日10個完成しているが，生産速度が異なるA，B2つの工場の仕掛数を比較する。完成までの生産速度が1日のA工場は，毎日完成数10個に対して常時10個の仕掛品を抱えている。生産速度が2日かかるB工場は，毎日10個分の仕掛品を完成まで2日間保有し1日単位でみると2ロット分20個の仕掛品を抱えていることになる。

② 財務諸表から金額ベースで生産速度を簡便に測定する。（簡便法）

企業の生産数量情報は入手できないから，A，B社の生産速度の優劣を知るためには，金額換算された財務情報に依らざるを得ない。簡便には仕掛品数には仕掛品残高を，完成数には製品製造原価をあてて求めることができる。

　　　生産速度＝仕掛品平均残高÷（年次製品製造原価÷365日）

で定義される。

しかしこの方法は完成数の金額に製品原価を使い，仕掛品原価を使用していないので正確とはいえない。

第3章　経営戦略とキャッシュフロー生産管理　211

図表 3-3　生産速度の計測法

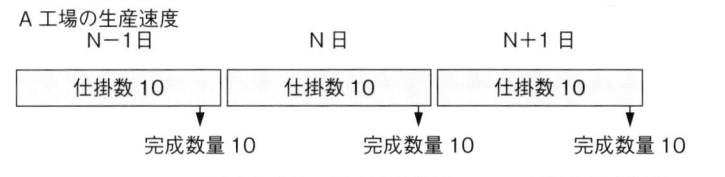

A工場の生産速度
N−1日　　　　N日　　　　N+1日
仕掛数 10　　仕掛数 10　　仕掛数 10
　↓　　　　　↓　　　　　↓
完成数量 10　完成数量 10　完成数量 10

A工場生産速度＝常時仕掛数量 10 ÷ 1 日単位完成数量 10＝1 日

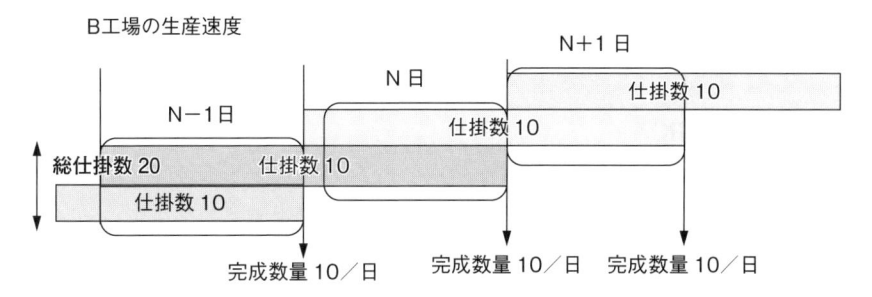

B工場の生産速度

N−1日 / N日 / N+1日
総仕掛数 20　仕掛数 10　仕掛数 10　仕掛数 10　仕掛数 10
仕掛数 10
完成数量 10／日　完成数量 10／日　完成数量 10／日

B工場生産速度＝常時仕掛数量 20 ÷ 1 日単位完成数量 10＝2 日

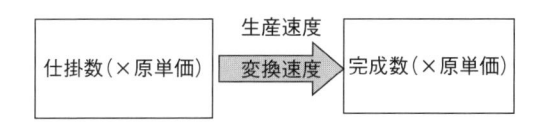

仕掛数(×原単価) ─生産速度/変換速度→ 完成数(×原単価)

① 財務情報による簡便法では：
・仕掛数の原単価には仕掛品平均原価適用
・完成数の原単価には製品製造原価適用（原価の基準が異なり正確とはいえない）
生産速度(日)＝(期首仕掛品残高＋期末仕掛品残高)／2 ÷ 製品製造原価(日)

② 財務情報による原則法では：
・仕掛数，完成数の原単価とも仕掛品平均原価適用
生産速度(日)＝{(期首仕掛品残高＋期末仕掛品残高)／2} ÷ {(日次総材料費＋日次総製品製造原価)／2}

③　金額ベースでより正確に生産速度を測定する。（原則法）

　工場内では，いつでも初工程の仕掛品は着手したばかりであり，原価は材料費分に近い。一方，仕上工程の仕掛品は製品原価に近い。したがって仕掛品原価全体の平均原単価は（材料分単価＋製品分単価）÷2 で評価すべきである。上記の簡便法は完成数の単価を仕掛数と同じ基準にそろえず，製品分原価に置き換えてしまっているところが問題である。

そこで，単価を同じ水準でそろえると，

$$\text{生産速度（日）} = \text{仕掛品平均残高} \div [\{(\text{総材料費}+\text{総製品製造原価})/365\text{日}\} \div 2]$$

ただし，仕掛品平均残高＝（期首仕掛品残高＋期末仕掛品残高）／2
　　　　　材料費＝総製品製造原価×材料費率

として定式化することができる。

このようにして，公開会社の財務諸表から生産速度を算定し，他社と比較することができるのである。

（5）生産 ROA

企業全体のキャッシュフローは，

　　税引後当期利益－現預金以外の資産の増加額＋負債の増加額
　　　＋税引後当期利益を除く資本の増加額

で定義される。

このうち製造，販売プロセスで発生するものは，

　　税引後売上総利益－現預金以外の資産の増加額＋負債の増加額

となる。

プロセス単位にキャッシュフローの増減要因をみると，購買プロセスでは，材料資産の増加と購買負債の増減をもたらし，製造プロセスでは材料資産の減少と同時に仕掛品資産の増加をもたらす。労務費の発生は，仕掛品資産の増加と労働負債の増加をもたらし，製造経費の発生は，仕掛品資産の増加と設備の減価と購買負債の増減をもたらす。また，製品の完成は，仕掛品資産の減少と製品資産の増加をもたらす。

販売プロセスでは，

・税引後売上総利益の増加〔（売上高－製品原価）×（1－法人税率）〕
・製品資産の減少
・営業債権の増減

が発生する。

現預金以外の資産勘定が増加すればキャッシュは減少し，負債勘定が増加すればキャッシュは増加する。したがって，1ヵ月単位での原価計算期間に

おける製造サイクルと販売サイクルの両方でキャッシュが増加する要素は,

　　（売上高－製品原価）×（1－法人税率）＋〔（材料＋仕掛品＋製品）

　　　　の減少高〕＋設備の減価＋営業債権の回収高－購買債務の支払高

となる。

　製造プロセスがキャッシュフロー増加に貢献する要素は,税引後利益の増加のための製造原価率の削減であるとともに,購買債務の支払よりも販売による（材料＋仕掛品＋製品）の棚卸資産の減少が上回ることである。これは製造リードタイムの速度が購買債務の支払速度より速くなければならないことを意味する。

　しかし,作り溜めにより製造原価率の削減だけに注力すると,材料や仕掛品や製品が増加し,かえってキャッシュフローが減少する。

　製造原価低減と「材料＋仕掛品＋製品」の棚卸資産削減とはトレードオフの関係にあるので,双方の活動による統合的なパフォーマンスは両者の積で評価することが適切である。そこで,

　　｛（売上高－製品原価）×（1－法人税率）｝÷（材料＋仕掛品＋製品）

で測ることにする。

　これは,

　　　税引後売上総利益÷棚卸資産

と書き換えることが可能なので,生産ROA（棚卸資産税引後売上総利益率）と言い換えることができる。

■生産ROAの向上

　数式の上では,生産ROAを向上するアプローチには,

① 分子である製品原価低減
② 分母である棚卸資産の削減
③ 棚卸資産に対する製品原価の割合の向上（製品原価回転率）
④ 棚卸資産に対する売上の割合の向上（売上回転率）

の4つのアプローチがある。

　施策としては,①については,使用する生産資源の要素と使用量削減の見直しによるコスト削減がある。

　②については,調達プロセスや在庫管理プロセスの見直しによる余剰在庫

図表 3-4　生産 ROA 向上のための要素

生産 ROA 向上	改善施策	施策による効果
税引後(①売上高－②製品原価) ③棚卸資産	生産資源の内容と使用量を見直すコストカット	②製品原価の削減
	調達プロセスや在庫管理プロセスの見直し	③棚卸資産の削減
	製造リードタイムの短縮	③棚卸資産の削減
		①売上高の増加

の削減がある。

③，④については，製造プロセスの貢献範囲では調達および製造リードタイムの短縮による棚卸資産の回転向上と生産の増加がある。これは棚卸資産に対する売上の割合を向上する（図表 3-4 参照）。

簡単な数値例のケースで検証してみよう。

〔前提〕

現状の売上高が 100 円，売上原価となる製品原価が 60 円とする。

棚卸資産は，材料が 30 円，仕掛品は 40 円，製品は 50 円が平均在庫高とする。法人税率は 40% とする。

この場合は，現状での生産 ROA は，

　　生産 ROA＝{(売上高 100 円－製品原価 60 円)
　　　　　　　×(1－法人税率 40%)}÷(材料 30 円＋仕掛品 40 円
　　　　　　　＋製品 50 円)＝20% である。

〔製品原価削減〕

いま，製品原価がコストダウンの成果で 60 円が 50 円に削減されたとする。棚卸資産の水準は変動しないものとする。

この場合は，改革後の生産 ROA は，

　　生産 ROA＝{(売上高 100 円－製品原価 50 円)
　　　　　　　×(1－法人税率 40%)}÷(材料 30 円＋仕掛品 40 円
　　　　　　　＋製品 50 円)＝25% となる。

結果，生産 ROA は 25%－20%＝5% 改善する。またキャッシュフローは，税引後売上総利益が 30 円－24 円＝6 円向上する。

〔棚卸資産削減〕

このケースでは，製品原価は削減されないが，在庫管理の見直しで棚卸資産のカットが実現できたとする。改革後の材料は25円，仕掛品は35円，製品は40円になったとする。

この場合は，改革後の生産ROAは，

　　生産ROA＝｛(売上高100円－製品原価60円)
　　　　　　×(1－法人税率40％)｝÷(材料25円＋仕掛品35円
　　　　　　＋製品40円)＝24％ となる。

結果，生産ROAは24％－20％＝4％改善する。一方，キャッシュフローは改革前棚卸資産120円－改革後棚卸資産100円＝20円増加する。

〔製造リードタイム短縮〕

このケースでは，調達，製造プロセスの見直しでリードタイムの50％短縮が可能になり(製品原価および在庫水準は従前どおりとする)，これにより売上機会が増加したとする。

調達＋製造リードタイムの50％短縮で，同一期間でも2倍の生産が可能になり，かつ材料と仕掛品に関する棚卸資産の在庫量は，従来では売上高の倍増に伴って在庫量も倍増になるものを半分の水準にとどめることが可能になる。つまり，売上高が倍増しても従来と変わらない水準で対応が可能である。

製品在庫の削減は，製造プロセスではなく，販売プロセスの改善による要因が大きいので，これが改善されない限り，製造プロセスのリードタイム短縮だけでは直接には削減効果は発揮されない。ここでは販売プロセスは改善されず，製品在庫は売上高の増加に伴って倍増するものとする。

この場合は，改革後の生産ROAは，

　　生産ROA＝｛(売上高200円－製品原価120円)
　　　　　　×(1－法人税率40％)｝÷(材料30円＋仕掛品40円
　　　　　　＋製品100円)≒28％ となる。

結果，生産ROAは28％－20％＝8％改善する。

一方，キャッシュフローは，

　　　　(税引後売上総利益が 48 円 − 24 円 = 24 円改善)
　　　　　+ (改革前棚卸資産 120 円 − 改革後棚卸資産 170 円 = 50 円減少)
　　　　= 26 円減少することになる。

〔販売リードタイム短縮〕

　上記のケースに加えて，販売リードタイムの短縮が実現し，製品在庫売上回転率が倍増できたとする。

　この場合の改革後の生産＆販売 ROA は，

　　　生産＆販売 ROA = {(売上高 200 円 − 製品原価 120 円)
　　　　　　　　　　　× (1 − 法人税率 40%)} ÷ (材料 30 円
　　　　　　　　　　　+ 仕掛品 40 円 + 製品 50 円) = 40% となる。

　結果，生産＆販売 ROA は 40% − 20% = 20% 改善する。

　一方，キャッシュフローは，

　　　(税引後売上総利益が 48 円 − 24 円 = 24 円改善)
　　　　+ (改革前棚卸資産 120 円 − 改革後棚卸資産 120 円 = 0 円)
　　　= 24 円増加することになる。

〔すべての改革が実現できるケース〕

　上記のすべてのケースが実現できた場合の生産＆販売 ROA は，

　　　生産＆販売 ROA = {(売上高 200 円 − 製品原価 100 円)
　　　　　　　　　　　× (1 − 法人税率 40%)} ÷ (材料 25 円
　　　　　　　　　　　+ 仕掛品 35 円 + 製品 40 円) = 60% となる。

　結果，生産＆販売 ROA は 60% − 20% = 40% 改善する。

　一方，キャッシュフローは，

　　　(税引後売上総利益が 60 円 − 24 円 = 36 円改善)
　　　　+ (改革前棚卸資産 120 円 − 改革後棚卸資産 100 円 = 20 円)
　　　= 56 円増加することになる。

　このように，生産 ROA では，棚卸資産を Asset とし，キャッシュフローを Return として，生産プロセス全体におけるキャッシュフローのパフォーマンスを評価することができるのである。

3. 生産プロセスにおける意思決定

（1） 製品ミックスの決定や製品別貢献利益の改善を検討する

制約工程での利益速度の高い製品の販売・生産計画量を増加することが短期的には企業全体の増益につながる。一方，製品ごとの貢献利益改善には，単位貢献利益率が高いが，制約工程での利益速度が低い製品の制約工程での加工速度を向上することが成功要因となる。長期的には後者のアプローチが採用されるべきである。

（2） 生産計画代替案の選択

生産計画は，複数案作成することができる。

複数案の差異には，工場や工程，設備の選択，使用資材の選択，内外作などの選択，可能な複数パスからの工順の選択（集中生産や分散生産などの選択も含む），生産スケジュールの選択などがある。

この場合の選択の基準には，能力の制約，稼働率の平均化，納期などがあるが，これらが満足された後の最も重要な基準は経済性である。

しかし，経済性にも，複数の尺度があるので，事業が置かれた環境の中

図表 3-5　生産計画代替案の選択基準

選択基準		視点	方法	得失
製造原価比較法	全部原価法	製造全部原価の有利な生産計画を選択	全部原価比較	埋没費用や配賦された固定費を含むので比較根拠が不透明になる。
	変動費法	製造変動原価の廉価な生産計画を選択	変動原価比較	埋没費用や配賦された固定費を含まず原価の差を評価できるが，キャッシュフローでの評価は不透明である。
キャッシュフロー比較法（総額，時間単位）		キャッシュフローが有利な生産計画を選択	キャッシュフロー比較，製造原価は変動費のみ税引後で反映	棚卸資産の滞留ロスを加味して経済性を評価できる。制約工程の発生までは見通せない。
制約工程発生比較法		ラインバランスがよく制約工程の発生度が低い生産計画を選択	シミュレーションで各工程の稼働率の偏差を比較し少ない計画を選択	制約工程発生を発見したうえで制約による不経済を評価し，経済性を評価できる。

で，企業価値向上に最も貢献する尺度を選択し，その尺度を用いて有利な基準で生産計画の代替案が事前評価された後，実行に移される必要がある。

図表3-5は，この尺度の種別と特質を示している。各基準の選択は，どれか1つということではなく，補完的に使用されるべきである。

図表 3-6　生産計画のキャッシュフロー(時間)による評価例示

生産計画甲案によるキャッシュフローと貢献利益の試算

CF要素	工程	CF要素明細	単価	数量	計算過程	CF換算値	税引後貢献利益	着手から出荷までリードタイム	時間単位CF
直接材料CF	A	税引後直接材料費	20	100	20×100×(1−0.4)	−1 200	−1 200		
		直接材料在庫減少CF	20	100	20×100	2 000			
	B	税引後直接材料費	10	300	10×300×(1−0.4)	−1 800	−1 800		
		直接材料在庫減少CF	10	300	10×300	3 000			
直接加工CF	A	税引後直接加工費	50	40 M	50×40×(1−0.4)	−1 200	−1 200		
	B	税引後直接加工費	30	80 M	30×80×(1−0.4)	−1 440	−1 440		
変動製造間接CF	A	税引後変動製造間接費	50	80 M	50×40×(1−0.4)	−1 200	−1 200		
	B	税引後変動製造間接費	40	40 M	40×40×(1−0.4)	−960	−960		
売上CF		税引後収益	20 000	1	20 000×(1−0.4)	12 000	12 000		
合計値						9 200	4 200	160 M	58

(注) 直接加工時間と変動製造間接時間は並行可能とする。

生産計画乙案によるキャッシュフローと貢献利益の試算

CF要素	工程	CF要素明細	単価	数量	計算過程	CF換算値	税引後貢献利益	着手から出荷までリードタイム	時間単位CF
直接材料CF	A	税引後直接材料費	20	100	20×100×(1−0.4)	−1 200	−1 200		
		直接材料在庫減少CF	20	100	20×100	2 000			
	B	税引後直接材料費	10	300	10×300×(1−0.4)	−1 800	−1 800		
		直接材料在庫減少CF	10	300	10×300	3 000			
直接加工CF	A	税引後直接加工費	50	70 M	50×70×(1−0.4)	−2 100	−2 100		
	B	税引後直接加工費	10	200 M	10×200×(1−0.4)	−1 200	−1 200		
変動製造間接CF	A	税引後変動製造間接費	10	100 M	10×100×(1−0.4)	−600	−600		
	B	税引後変動製造間接費	20	50 M	20×50×(1−0.4)	−600	−600		
売上CF		税引後収益	20 000	1	20 000×(1−0.4)	12 000	12 000		
合計値						9 500	4 500	300 M	32

(注) 直接加工時間と変動製造間接時間は並行可能とする。

生産計画	貢献利益	キャッシュフロー	時間当たりキャッシュフロー
甲案	○	○	◎
乙案	◎	◎	×

◎ 非常によい
○ よい
× 悪い

まず，制約工程の発生をチェックし，もし発生が予測されれば，回避案を策定し，そのうえで複数案は，キャッシュフロー比較法で評価され，キャッシュフローの比較に大きな差異がなければ，変動費を主体に比較する製造原価比較法で再評価すべきであろう。

図表3-6は，材料在庫保有済の複数の生産計画案を時間単位のキャッシュフローで評価している。

甲案は，同一の売上高である乙案との比較において，キャッシュフローと税引後貢献利益での比較ではやや劣っているが，時間単位での獲得キャッシュフローでは乙案の約1.8倍のパフォーマンスを示している。

（3） 加工速度の有効性を事前評価する

製造計画についての加工速度（単位時間当たりの処理数，タクトタイム）を速度別にキャッシュフローを試算することで，有利な速度を選択する。生産速度が速いと単位加工費は減少するが，作り溜めによるキャッシュフローの低下などトレードオフの関係があるので，

　　　キャッシュフロー成果＝税引後製造原価削減額－棚卸資産増加額

によるキャッシュフロー計算で効果を試算することが有効である。

たとえば，生産速度の向上で製造原価が10円削減されるが，期間在庫が20円増加する場合は，

　　　キャッシュフロー＝10円×（1－税率40％）－20円＝－14円

となり，結果は14円のマイナスキャッシュフローとなる。

一方，生産速度を低下させることで製造原価が10円上昇する場合でも，期間在庫が20円減少する場合は，

　　　キャッシュフロー＝－10円×（1－税率40％）＋20円＝14円

となり，結果は14円のキャッシュフロープラスとなる。

（4） 歩留率改善対象の製品別・工程別プライオリティをつける

原価差異分析が有効である。標準原価計算により不利の原価差異が大きい工程から改善を図る。数量差異を分析しバラツキがある場合は要因を明らかにし，改善施策を講ずる。

なお，歩留率の改善施策には歩留り改善のための設備投資が必要になることがあるから，歩留り改善のキャッシュフロー増加だけでなく，設備投資によるキャッシュフロー減少を加味してキャッシュフローの純増を評価する必要がある。

たとえば，期間リース料10円の設備投資で歩留り改善を通じて期間製造原価が20円削減でき，平均在庫が50円減少するとすると，投資時点では，

$$キャッシュフロー＝(20円－10円)\times(1－税率0.4)+50円＝56円$$

2年度以降では毎期6円向上する計算になる。

(5) 購買プロセスの効率性を改善する

標準原価計算で購買価格不利差異の大きいアイテムについて，購買条件の差異から要因を分析し改善施策を講ずる。購買条件の要因には，購入数量，購入先，購入取引の通貨種別，購入品の需給，物流方法，生産地などがある。

(6) 生産設備を選択する

代替的な生産パスごとのキャッシュフローを比較評価する。

原価ベースで生産設備の減価償却費やリース料をコスト比較で含めると既決コストを比較要素に入れて判断してしまうリスクがある。生産設備の活用で節約できる労務費の税引後価値で比較評価すべきである。

$$生産設備の選択によるキャッシュフロー比較値\\＝生産設備による労務費，外注費の差額原価\times(1－税率)$$

となる。

最もキャッシュの減少が少ないパスを選択することが成功要因となる。

(7) 代替的資材を選択する

選択する資材別にキャッシュフローを比較評価する。すでに保有している資材を選択的に利用する場合は原価ベースで廉価な資材を選択するよりも，在庫で滞留している残高が多い資材を使用すべきである。キャッシュフローで比較すると現実の現金収支で増減が明らかになるので的確な判断ができる。

図表 3-7　生産プロセスにおける意思決定

計画要件	評価指標	運　用
利益最適化の製品ミックス計画	利益速度	制約工程での利益速度の高い製品の販売・生産計画量を増加する。
製品別貢献利益改善	利益速度	単位貢献利益率が高く制約工程での利益速度の低い製品の制約工程での加工速度を向上する。
生産計画代替案の選択	キャッシュフロー	複数の生産計画案について、貢献キャッシュフローで有利不利を比較し選択する。
加工速度の有効性を事前評価する	生産速度別キャッシュフロー	製造計画についての加工速度を速度別にキャッシュフローを試算することで、有利な速度を選択する。 加工速度が速いと単位加工費は減少するが、作り溜めによるキャッシュフローの低下などトレードオフの関係があるので、効果を試算することが有効である。
歩留率改善プライオリティ付け	数量差異	標準原価計算により原価差異が大きい工程から改善を図る。数量差異を分析しバラツキがある場合は2次的に要因を明らかにし、改善施策を講ずる。
歩留率改善投資評価	キャッシュフロー	歩留率の改善施策には歩留り改善のための設備投資が加わることがあるから、歩留り改善のキャッシュフローインだけでなく、設備投資によるキャッシュフローアウトのトレードオフを控除して効果を試算する必要がある。
購買プロセスの効率性改善	購買価格差異	購買価格差異の大きいアイテムについて、購買条件の差異から要因を分析し改善施策を講ずる。
生産設備の選択	生産パス別キャッシュフロー	原価ベースで生産設備の減価償却費をコスト比較で含めると、埋没コストを比較要素に入れてしまうリスクがある。キャッシュフローの減少が少ないパスを選択する。
代替的資材の選択	資材別キャッシュフロー	原価ベースで廉価な資材を選択するよりも、在庫で滞留している残高が多い資材を使用すべきである。キャッシュフローで比較すると全体最適で評価できる。
加工資源の選択	変動費か固定費かで分析	生産資源の能力に余裕がある場合は、賃率が高くても固定費の経営資源を採択する。
工順の選択	キャッシュフロー（時間単位）比較評価	製品ミックスで製品ごとに複数の工順代替が可能な生産パスがある場合は、納期が実現できる範囲で、原価ベースではなくキャッシュフローベースで工順の組み合わせを選択する。仕掛品残高の滞留時間が最小なパスを選択することになる。これにより製造総合リードタイムが最も少ないパスを選択することができる。原価ベースで最小条件を選ぶと減価償却費や固定費である社員の加工費を算定に入れて埋没コストが混入して判断を誤るリスクがある。

（8）加工資源を選択する

変動費になるか固定費としてかかるのかで有利不利を分析する。生産資源の能力に余裕がある場合は，製造に賦課される配賦単価が高くても固定費性の経営資源の使用を採択する。たとえば，社員の単価が外注単価より高くても，社員の工数に余裕があれば，社員による加工を選択すべきである。

（9）生産計画において，製品ミックスの工順に複数の代替的パスがある場合の選択

製品ミックスのうえで，製品ごとに複数の工順代替が可能な生産パスがある場合は，納期が実現できる範囲で，原価ベースではなくキャッシュフローベースで工順の組み合わせの優劣比較をし，仕掛品残高の滞留時間が最少なパスである製造総合リードタイムが最も少ないパスを選択する必要がある。

製造総合リードタイムを選択基準にしないで原価ベースで最少条件を選ぶと，減価償却費や固定費である社員の加工費を算定に入れて既決コストを混入して有利不利を判断してしまうリスクがある。

図表3-7に，生産プロセスにおける意思決定のケースを例示する。

4. 生産プロセスのパフォーマンス評価指標

生産プロセスのパフォーマンスを向上させるための重要な成功要因として，機会損失・リスクを認識し改善し，コアとなる業務プロセス品質を向上することが必要である。

企業価値はキャッシュフローを主体に評価される。そのために，収益を増加させる必要がある。顧客にとっての製品の価値を高めることが重要であり，顧客のニーズや潜在的なニーズを汲み，製品を企画するプロセス，顧客が求める機能を形にする研究開発プロセス，顧客が求める適時なタイミングで市場に出せる生産体制といった生産プロセス自体の品質向上が重要な成功要因である。

収益を増加させる一方で，コストダウンを図り，潜在する機会損失のリスクを未然に防ぐ必要もある。このために，成功の見込みがない研究開発プロ

ジェクトへの投資の中止，収益化できる知的財産権の見逃し防止，売れなかった製品の市場価値視点での問題整理を行う，利益を生み出さない機械設備を保持せず適切に処分すること，資材の欠品による納期遅延や失注を防止するなどが重要な成功要因である。

その結果としてキャッシュフロー／原価低減目標が達成できるのである。

本節では，生産プロセスのパフォーマンス評価について，生産プロセスを開発プロセス，購買プロセス，直接製造プロセス，および製造支援プロセスとに区分し，パフォーマンスをコスト，キャッシュフロー，機会損失，顧客価値，プロセス品質の5つの視点から評価する体系を紹介する。

(1) 開発プロセスのパフォーマンス管理

開発プロセスは，研究開発をコアとして，新製品の市場化件数を上げるか，また研究開発の途上過程であっても，その成果をいかに知的財産価値化するかでプロセスの有効性が評価されることになる。そこで，この開発プロセスの役割に適合した成果評価指標が設定されるべきである。

以下，5つの視点での開発プロセスのパフォーマンス成果指標を説明する。

① コストおよびキャッシュフロー視点での評価

コストおよびキャッシュフロー視点では，研究開発費対売上高比率や研究開発費対売上総利益比率が多く用いられる。これらの指標値の大小は，2つの相反する意味合いを持つ。

1つの意味は，研究開発費率の予算統制効果である。過剰な研究開発費が企業の財務体力を損なわないように上限を設定する意味合いを持つ。もう1つの意味は，企業の成長の成功要因である技術投資をいかに積極的に行っているかの訴求となる指標としての位置づけであり，競合企業との成長性のベンチマーキングの指標となる。

製品開発の重要な役割に原価企画がある。シリーズとなった製品ライフサイクルにおいて，製品開発の段階でライフサイクルを通じていかに収益性のある原価を作り込むかが製品戦略における成功要因であるが，具体的には企画原価を前バージョンの原価より低下させることが目標となる。企画原価低減率はこれを評価する指標となる。

さらに，研究開発部門は既に多くの工業所有権を有している。この工業所有権の提供による知的財産権での収入が期待できる，過去の研究開発投資の回収源としてライセンス収入が評価される。また，研究開発費の成果は長期展望で評価されなければならない特性を有している。研究開発の成果による新製品上市後のキャッシュフロー獲得を確率分布的に現在価値で評価し，投資計画や投資実績との差額による貢献キャッシュフローで比較評価する意思決定が導入されつつある。

〈コストおよびキャッシュフロー視点での評価指標〉
・研究開発費対売上高比率
・研究開発費対売上総利益比率
・企画原価低減率
・ライセンス収入対研究開発費比率実績
・累積研究開発費貢献キャッシュフロー

② 機会損失・リスク視点での評価

製品開発までに至らなかった研究開発投資を埋没コストとしてリスクとして捉え，次の投資案件のリスクを評価する際のデータ源として蓄積する。評価対象期間における研究開発費に対する新製品上市件数は，見方によっては研究開発投資の有効性指標になり，またリスク指標でもある。他社とのベンチマーキングが評価基準となる。

〈機会損失・リスク視点での評価指標〉
・研究開発費に対する新製品上市件数

③ 顧客価値視点での評価

製品開発における顧客価値での評価基準には，自社製品のユーザからの機能改善要求に対応した改善実績が重要な指標である。

〈顧客価値視点での評価指標〉
・顧客機能改善要求対応率

④ プロセス品質視点での評価

研究開発投資は新製品開発の過程で新たなる知見を獲得し，工業所有権を生み出す機会が最も多いプロセスである。このプロセス品質の成果指標として評価対象期間における研究開発費に対する工業所有権取得件数が有効な指

標となる。なお，特許を申請せず，技術を公開して，技術基盤の底上げを指向する企業もあるので，すべて，この指標による評価が当てはまるわけではないことに留意されたい。

〈プロセス品質視点での評価指標〉
・研究開発費に対する工業所有権取得件数

（2） 購買プロセスのパフォーマンス管理
① コスト視点での評価

調達や受入業務などの購買プロセスでのコストは製造間接費となる。このコストが肥大しないように製造原価に対する割合を統制していく必要がある。他社とのベンチマーキングに調達コスト率を用いる。

次に，購買プロセスを調達活動要素に分解して，製造原価対比で受入業務費率，保管費率，資材移送費率などで統制する。

輸入取引では，棚卸資産会計基準上，本体価格に算入しなければならない関税や輸入諸掛が重要な原価構成を占める場合がある。関税率や輸入コスト比率が原価分析やサプライチェーンの改編意思決定で有効な管理指標となる。

本体価格については，標準価格を設定して，購買価格差異を購入時に算出し有利購買の成果を評価する会計処理が普及している。

購買価格差異は，発注購入条件についての情報を付加して価格差異の要因を分析することが有効である。

〈コスト視点での評価指標〉
・調達コスト率
・受入業務費率
・保管費率
・資材移送費率
・関税率
・輸入コスト比率
・購買価格差異率

これらの財務数値化されたコスト指標につながる生産実施現場でのパフォーマンス指標に生産性指標がある。これらの指標については，320ページ，

図表 5-1 を参照されたい。

〈生産性指標〉
- ・労働生産性　・作業能率　・資本生産性
- ・設備生産性　・操業度　・稼働率
- ・歩留率　・原単位　・良品率
- ・ライン編成効率

② **キャッシュフロー視点での評価**

購買プロセスのパフォーマンス管理におけるキャッシュフロー視点では，調達のリードタイムと在庫日数の短縮，購買債務の支払日数のコントロールが管理の主要テーマとなる。

支払日数は下請代金支払遅延等防止法に抵触しない範囲で，在庫日数および営業債権の日数，取引先との関係において有利な支払日数を設定することが望ましい。

〈キャッシュフロー視点での評価指標〉
- ・材料・部品棚卸日数（在庫日数）
- ・調達リードタイム短縮率
- ・支払日数÷（棚卸日数＋営業債権日数）

③ **機会損失・リスク視点での評価**

発注した資材が納期日で欠品または不良品を発生し，あるいは納期遅れが発生した場合は，これにより自社の顧客に対するペナルティーの発生，受注の取消，売上代金回収時期の遅れ，対応コストの発生，自社の信用欠如など多大な波及損失が発生することが多い。これを厳しく管理し，自社が蒙った損失に対する取引先への責任追及やペナルティーの徴求など適切な処置が必要である。このような見過ごされがちな波及する損失を把握するプロセスの構築が必要である。

〈機会損失・リスク視点での評価指標〉
- ・欠品・不良・納期遅延による機会損失

④ **顧客価値視点での評価**

購買部門は顧客との直接の接点はないが，購買部門として顧客価値への重要な貢献要素に調達納期の遵守がある。

〈顧客価値視点での評価指標〉
・調達納期遵守率

⑤　プロセス品質視点での評価

購買先のビジネスプロセスの品質が高く，自社と商流上のリレーションが的確であれば，納品の検収は不要となる。受入業務工数と時間の節約のため，ノー検品はベストプラクティスとして普及が進んでおり，全発注件数のうちのノー検品率は，この視点での成果指標となる。

購買価格については，予定価格に対する実際購入価額の差異が大きくばらつかないことが評価要素となる。在庫水準の管理についても回転率が安定的であることが望ましい。あまりの高回転率は欠品と受注の機会損失が隠れている可能性がある。棚卸減耗率や，回転期間経過による棚卸評価低価率は在庫の実物管理の品質管理指標となる。

〈プロセス品質視点での評価指標〉
・ノー検品率
・購買価格差異標準偏差
・棚卸日数標準偏差
・棚卸減耗率
・棚卸低価率

（3）　直接製造プロセスのパフォーマンス管理

① 　コスト視点での評価

歩留率の継続的な向上が評価指標となる。製品の製造原価低減成果については全部原価ベースで管理されるケースが多いが，全部原価には管理不可能な既決コストが含まれるので，管理可能費や変動費に絞って評価することがより有効と考えられる。

制約理論は製造原価を材料費や外注費，外部支出経費等に限定し，他の発生原価を期間費用と認識することにより，製造原価に算入しないこととしている。この理論では重視すべき成果はスループットであり，売上高から材料費や外注費，外部支出経費等を控除した価値である。

標準原価を採用している企業では，実際原価との差額である原価差異が管

理すべきギャップである。原価差異は数量差異と価格差異に分解されるが，製造プロセスでは不利差異となった数量差異の解消が改善課題であり，評価指標として活用される。

〈コスト視点での評価指標〉
・歩留率
・製造全部原価低減率
・製造変動原価低減率
・スループット増加率
・不利差異低減率

② キャッシュフロー視点での評価

キャッシュフロー視点では，製造プロセスから，いかにキャッシュフローを生み出したかが，評価対象となる。

キャッシュフロー製造マージンは，工場の製品完成時点での製造プロセスで創造したキャッシュフローの割合であり，

〔税引後(工場社内売価での製品完成高－製造原価)
　＋減価償却費－製品を除く棚卸資産増加高－購買債務減少高〕
　÷工場社内売価での製品完成高

で指標化される。

製造リードタイムは，棚卸資産の回転率を向上（棚卸日数の短縮）させキャッシュフローが向上するドライバになる。材料回転率向上は材料に投資される資金の滞留を削減する。

製造工程中に仕掛在庫を滞留させないことがキャッシュフロー向上の一成功要因となる。初工程の投入製造数と最終工程の累積完了数を製造期間にわたって把握し，これが増加していれば仕掛の滞留を起こしているアラームと認識し，対処を行う。この手法が流動数曲線管理による統制である。

〈キャッシュフロー視点での評価指標〉
・キャッシュフロー製造マージン
・製造リードタイム短縮率
・初工程投入累計数－最終工程完成累計数の期間推移統制（流動数曲線管理）

(注) 流動数曲線

　流動数曲線とは，縦軸に生産投入量と生産産出量を取り，横軸に時間を取って，時系列での投入量と産出量の差異，すなわち仕掛在庫の滞留が発生していないかを可視化する手法である。

③　機会損失・リスク視点での評価

　工程のラインバランスの不整合は，高速道路の事故発生地点に似て，前後の工程に波及損失を与える。能力的に余力がない制約工程がもたらした波及損失は，時間的に取り戻すことができないので機会損失である。また，波及された工程の損失は制約工程が原因となるので，責任会計上，他工程へ波及したロスを制約工程に振り替えて集計する手続きが取られなければならない。

　この処置を通じて，制約工程が原因の一連のロスを評価する必要がある。

　制約工程が発生したかどうかは，工程の設備の稼働率の比較で推測することができる。他の工程の設備に比して，稼働率の著しく高い設備を有する工程が制約工程と推定される。常時，設備の稼働率の相対的比較を行い，一定値以上の数値が出た場合はアラームを出すことは有意義である。

　利益速度では，制約工程における各製品の時間当たりの貢献利益が製品ミックスの貢献利益を規定してしまう。したがって，最大の貢献利益を提供する製品以外の製品を製造することは機会損失をもたらすことになる。もちろん，マーケットインの視点で製品ミックスは決定されなければならないから，売上高が大きく，しかし利益速度が低い製品は，利益速度を向上させることで，事業の利益を一層拡大することを検討すべきである。

　図表2-79を参照されたい。第2象限の高スループット率の製品グループの利益速度を高めることにより，同一資源で販売数量を増大することが可能になり，企業価値は増大する。

〈機会損失・リスク視点での評価指標〉
・制約工程発生による機会損失
・工程速度同期率
・設備稼働率
・利益速度

④ 顧客価値視点での評価

直接製造プロセスで顧客との直接的な接点は少ないが，顧客価値視点での重要な貢献要素は，製造プロセスでの納期の遵守である。

〈顧客価値視点での評価指標〉
・製造納期遵守率

⑤ プロセス品質の視点での評価

原価差異や歩留率は平均値だけでなく，バラツキ自体が一定値以内であることが，プロセス品質が高いことを示す指標になる。期間の原価差異や歩留率の平均値に対する標準偏差を指標として管理することが有効である。

〈プロセス品質の視点での評価指標〉
・原価差異標準偏差
・歩留率標準偏差

（4） 製造支援プロセスのパフォーマンス管理
① コスト視点での評価

製造原価に対する製造支援部門費比率は，間接費のためにコスト視点での製品直接原価に対する比率をモニタリングする必要があると考えられる。原価差異については，製造間接費は変動費部分と固定費部分に分解し，数量差異と価格差異に分解される。

コスト視点では，全部原価ではなく，変動費部分の評価と改善が有効である。製造間接費の変動費部分の能率差異は標準原価との数量差異として不利差異は改善すべきギャップとなる。予算差異は，変動費部分の標準原価との価格差異として不利差異が改善すべきギャップとなる。

活動基準で製造支援部門の製造間接費を製品に賦課している場合は，活動単位の賦課単価の推移をモニタリングする必要がある。

〈コスト視点での評価指標〉
・部門製造間接費（対製造原価比）率
・活動費対製造原価比率
・活動単価
・製造間接費変動費能率差異

・製造間接費予算差異

② **キャッシュフロー視点での評価**

製造間接費のキャッシュフロー改善では，下請代金支払遅延等防止法など遵法要件の中で支払サイトを短縮していないこと（支払サイトが長いほうが有利）が評価対象となる。指標は支払日数，棚卸日数，営業債権日数との対比係数で評価する。

〈キャッシュフロー視点での評価指標〉

・支払日数÷（棚卸日数＋営業債権日数）

③ **機会損失・リスク視点での評価**

製造間接費の原価差異のうち，固定費部分の差異については，事前投資と実際に活用した用役とのギャップの部分を操業度差異という。

製造間接費の固定費投資部分の基準となった基準操業時間と実際操業時間との差異に時間当たりの配賦単価を乗じた金額が該当する。

　　（実際操業時間－基準操業時間）×製造間接費固定費配賦単価

さらに完成数量基準で標準操業度ベースでの固定費投資額基準を上回って固定費投資を消化した部分が，製造間接費固定費能率差異として不利差異についてのロスが評価される。

　　（標準操業時間－実際操業時間）×製造間接費固定費配賦単価

〈機会損失・リスク視点での評価指標〉

・製造間接費操業度差異

・製造間接費固定費能率差異

④ **顧客価値視点での評価**

顧客価値視点での評価として重要な評価要素は，品質管理である。

納品する製品の品質不良は，顧客が製造する製品の品質不良と捉えられる。重要な要素別の品質不良の発生率が評価指標になる。

〈顧客価値視点での評価指標〉

・品質不良発生率

⑤ **プロセス品質視点での評価**

製造支援プロセスの中で品質管理は重要な支援活動である。

品質原価効率は，品質予防活動としての品質対応コストが事後対応的な品

質不対応コストを削減し，総品質コストが削減される投資効果を評価する指標である。

環境原価効率は，環境投資が環境負荷を改善する効果を評価する諸指標である。

ここでは，環境省の環境会計ガイドラインに示される指標を参照する。

環境負荷量／事業活動量は，環境負荷排出量と企業が算出する付加価値や売上高など事業活動量との対比を示す。環境保全効果／環境保全コストは，企業が投入した環境保全投資によるコストが温室効果ガスや大気環境を汚染する物質の排出量削減など環境保全効果を実現したコストパフォーマンスを示す。

環境保全コスト／事業全体のコストは，事業の総費用に占める環境保全のコスト割合であり，経済的な環境保全努力の指標となる。環境保全コストは更に環境活動別の費目に細分化される。

この指標を達成するための活動を考えるにあたり，まず事業活動がどの程度の環境負荷になるものを排出しているかを可視化し，次に排出量を削減する投資の有効性を評価し，その上で事業規模に応じた効果的な環境投資を実施する意思決定を行うことが必要である。

製造支援活動は，活動基準原価計算によって，支援活動の価値向上とコストパフォーマンス向上が図られてきている。この成果指標は，活動のコストドライバ当たりの安定的なコストマネジメントの成果である。成果指標として，重要な活動の配賦率の安定性があげられる。

〈プロセス品質視点での評価指標〉
・品質原価効率
・環境原価効率
・活動配賦率推移

（5）　総生産プロセスのパフォーマンス管理

生産プロセス全体のパフォーマンス評価は，企業の開示上の企業価値と整合していることが要求される。ステークホルダーに公約した企業価値は，生産プロセスのマネジメントから生み出さなければならない。

生産プロセス全体の評価には，下記の指標がある。

① コスト視点での評価

総原価低減成果として売上高に対する総原価の比率を評価する。なお，売上高は生産プロセスの責任範囲として，実売上高を使用せず売価に一定率を乗じた工場売上高を使用することが一般的である。

図表 3-8 生産パフォーマンス管理指標

プロセス	コスト視点	キャッシュフロー視点	機会損失・リスク視点	顧客価値視点	プロセス品質視点
開発プロセス	・研究開発費対売上高比率 ・研究開発費対売上総利益比率 ・企画原価低減率 ・ライセンス収入対研究開発費実績 ・累積研究開発費貢献キャッシュフロー	・研究開発費に対する新製品上市件数		・顧客要求機能改善対応率	・研究開発費に対する工業所有権取得件数比率
購買プロセス	・調達コスト率 ・受入業務費率 ・保管費率 ・資材移送費率 ・関税率 ・輸入コスト比率 ・購買価格差異率	・材料・部品棚卸日数 ・調達リードタイム短縮率 ・支払日数÷(棚卸日数＋営業債権日数)	・欠品・不良 ・納期遅延による機会損失	・調達納期遵守率	・ノー検品率 ・購買価格差異標準偏差 ・棚卸日数標準偏差 ・棚卸減耗率 ・棚卸低価率
直接製造プロセス	・歩留率 ・製造全部原価低減率 ・製造変動原価低減率 ・スループット増加率 ・不利差異低減率	・キャッシュフロー製造マージン ・製造リードタイム短縮率 ・(初工程投入累計数－最終工程完成累計数)	・制約工程発生による機会損失 ・工程速度同期率 ・設備稼働率 ・利益速度	・製造納期遵守率	・原価差異標準偏差 ・歩留率標準偏差
製造支援プロセス	・部門製造間接費率 ・活動費対製造原価比率 ・活動単価 ・製造間接費変動費能率差異 ・製造間接費予算差異	・支払日数÷(棚卸日数＋営業債権日数)	・製造間接費操業度差異 ・製造間接費固定費能率差異	・品質不良発生率	・品質原価効率 ・環境原価効率 ・活動配賦率推移
総生産プロセス	・総生産コスト率	・総生産キャッシュフローマージン ・総生産スループット ・生産ROA(資本コスト控除後)	・総機会損失	・納期遵守率 ・在庫引当率 ・新製品売上構成比 ・顧客満足度評価点数	・加重プロセス品質評点

〈コスト視点での評価指標〉
・総生産コスト率

② キャッシュフロー視点での評価

キャッシュフロー創造の成果として，売上高に対する生産キャッシュフローの比率を評価する。ただし，売上高は生産プロセスの責任範囲として，実売上高を使用せず売価に一定率を乗じた工場社内売上高を使用することが一般的である。

売上高に対するスループットを評価する。スループットとは，売上高から外部支出（材料費，外注費，外部支出経費）を控除した付加価値である。一方，総合的な評価指標としては，投下した生産資本に対する利益の回収率を評価する必要がある。この場合は，生産資本に対する投資家の期待収益であ

図表 3-9 生産パフォーマンス指標の定義と必要情報

1. 開発プロセス管理指標				
視点		指標の種別	指標の定義	必要な情報種別
コスト・キャッシュフロー視点	①	研究開発費対売上高比率	研究開発投資注力	期間売上高実績 期間研究開発費実績
	②	研究開発費対売上総利益比率	研究開発投資成果配分	期間売上総利益高実績 期間研究開発費実績
	③	企画原価低減率	シリーズ製品の企画段階での要素原価の削減実績	モデルチェンジ前の同一シリーズの要素別原価 新モデルの要素別原価
	④	ライセンス収入対研究開発費実績	研究開発部門の研究開発費に対するライセンス収入回収実績率	研究開発投資実績 ライセンス収入実績
	⑤	累積研究開発費貢献キャッシュフロー＝計画および実績研究開発費÷（将来ライセンス収入現価累積額＋累積製品貢献利益実績＋将来製品貢献利益計画の現在価値）	1プロジェクトの研究開発ライフサイクルにわたる貢献利益での回収効率	累積研究開発投資実績 将来研究開発投資計画値 ライセンス収入実績累積 ライセンス収入計画現在価値 製品貢献利益実績累積 将来製品貢献利益計画現在価値
機会損失・リスク視点	①	研究開発費に対する新製品上市件数	研究開発費投資の製品化上市効率	期間研究開発費 期間新製品上市件数
顧客価値視点	①	顧客機能改善要求対応率	顧客からの機能改善要求に対する改善実現率	顧客機能改善要求 顧客機能改善要求対応実績
プロセス品質視点	①	研究開発費に対する工業所有権取得件数	研究開発費による知的財産所有権創造効率	期間研究開発費 期間工業所有権獲得件数

2. 購買プロセス管理指標

視点		指標の種別	指標の定義	必要な情報種別
コスト視点	①	調達コスト率	製造原価に占める調達コストの比率	期間購買プロセス費 期間製造原価
	②	受入業務費率	製造原価に占める検収プロセスのコスト比率	期間検収プロセス費 期間製造原価
	③	保管費率	製造原価に占める保管プロセスのコスト比率	期間保管プロセス費 期間製造原価
	④	資材移送費率	製造原価に占める資材移送プロセスのコスト比率	期間資材移送プロセス費 期間製造原価
	⑤	関税率	製品原価に占める輸入関税比率	関税率 対象製品原価
	⑥	輸入コスト比率	製品原価に占める輸入関連コスト比率	期間輸入プロセス費 対象製品期間製造原価
	⑦	購買価格差異率	標準または予定購買価格と実際購買価格との差異比率	期間購買価格差異 期間標準または予定購買価格
キャッシュフロー視点	①	材料・部品棚卸日数	(材料・部品平均在庫高 ÷ 材料費)×365日	期間材料・部品平均在庫高 期間製造原価
	②	調達リードタイム短縮率	キー材料・部品ごとの発注から受入検収までの日数の短縮率	期間別発注情報 発注に対する検収実績情報
	③	支払日数÷(棚卸日数＋営業債権日数)	買掛金の発生から支払までの日数と棚卸＋営業債権回収日数の比較(下請法や契約など法規に反しない範囲で棚卸日数＋営業債権日数より短いのは課題)	支払日数＝買掛金平均残高÷売上原価 棚卸日数 営業債権日数
機会損失・リスク視点	①	欠品・不良・納期遅延による機会損失	欠品・不良・納期遅延により逸失した受注利益, または調整に要した追加コスト	期間欠品実績 期間不良品確認実績 期間納期遅延日数 上記要因による原価差異 上記要因による失注実績 上記要因による支払ペナルティ
顧客価値視点	①	調達納期遵守率	調達納期の達成率	指定納期 納品日
プロセス品質視点	①	ノー検品率	受入検収件数に占めるノー検品件数	期間受入検収件数 期間ノー検品件数
	②	購買価格差異標準偏差	購買価格差異のバラツキ(少ないほうがよい)	材料・部品別期間購買価格差異明細
	③	棚卸日数標準偏差	棚卸日数のバラツキ(少ないほうがよい)	材料・部品別期間平均在庫 材料・部品別期間消費明細
	④	棚卸減耗率	帳簿在庫と実地棚卸の差異	期間帳簿在庫数量 期間実地棚卸数量
	⑤	棚卸評価低価率	回転外在庫保有によるロス負担等	期間棚卸評価損計上実績 評価損計上前簿価

3. 直接製造プロセス管理指標

視点		指標の種別	指標の定義	必要な情報種別
コスト視点	①	歩留率	製品ライン別仕損，減損発生率＝製品別期間仕損，減損発生額 ÷ 製品期間製造原価	製品別期間仕損，減損発生額 製品期間製造原価
	②	製造全部原価低減率	全部原価範囲での期間製造原価低減率	製品期間製造原価履歴
	③	製造変動原価低減率	変動原価範囲での期間製造原価低減率	製品期間製造変動原価履歴
	④	スループット増加率	〔｛売上高－(材料購入高＋外部支出高)｝÷ 売上高〕の期間成長率	(製品別)期間売上高 (製品別)期間材料購入高 (製品別)外部支出高
	⑤	不利差異低減率	不利差異となった原価差異の期間比較低減率	要素別不利差異期間実績 期間製造原価
キャッシュフロー視点	①	キャッシュフロー製造マージン	工場の製品完成時点での製造プロセスで創造したキャッシュフローの割合〔税引後(工場社内売価での完成高－製造原価)＋減価償却費－製品を除く棚卸資産増加高－購買債務減少高〕÷ 工場社内売価での完成高	期間工場社内売価での完成高 期間製品製造原価 期間減価償却費 製品を除く期間棚卸資産増加高 期間購買債務減少高
	②	製造リードタイム短縮率	製品別の受注から納品までのリードタイムの短縮実績	期間別製品別受注明細 期間別製品別納品明細
	③	(初工程投入累計数－最終工程完成累計数)	工程内で仕掛在庫の滞留偏差をモニタリング	オーダ別初工程投入累計数 オーダ別最終工程完成累計数
機会損失・リスク視点	①	制約工程発生による機会損失	生産工程間の能力バランスの不整合等で制約工程が発生した場合の前後の工程の不稼働による機会損失を把握する	生産工程別稼働率履歴 生産工程別原価差異履歴
	②	設備稼働率	キーとなる設備の生産性の偏差をモニタリングする。不稼働時間が生産量の変動によるものか，不具合によるものか段取替えによるものか要因を把握する	設備稼働時間実績 要因別設備停止実績
	④	利益速度	制約工程当たりの各製品の時間当たりの貢献スループットを比較し，最高位の製品の制約に換えて他製品を生産することの潜在的な機会損失を把握する。利益速度が低いキー製品の利益速度を向上させることで，どれだけ追加利益が創造されるかの試算を行う。	製品の平均スループット 製品の制約工程における平均加工時間
顧客価値視点	①	製造納期遵守率	顧客受注オーダに対する製造プロセス範囲での納期遵守率	オーダ別納期実績
プロセス品質視点	①	原価差異標準偏差	原価差異のバラツキをモニタリングする。	製品別期間発生原価差異
	②	歩留率標準偏差	歩留りのバラツキをモニタリングする。	製品別期間歩留率

第3章 経営戦略とキャッシュフロー生産管理

		4. 製造支援プロセス管理指標		
視点		指標の種別	指標の定義	必要な情報種別
コスト視点	①	部門製造間接費率	部門別製造間接費率の低減目標に向けての実績モニタリング	期間支援部門費 期間製造原価
	②	活動費対製造原価比率	活動費率の低減目標に向けての実績モニタリング	期間活動種別活動費 期間製造原価
	③	活動単価	活動費の標準単価の低減目標に向けての実績モニタリング	期間活動種別活動費 期間活動種別活動数
	④	製造間接費変動費能率差異	製造間接費の原価差異のうち、変動数量差異を低減目標に向けての実績モニタリング	期間製造間接費能率変動費差異
	⑤	製造間接費予算差異	製造間接費の原価差異のうち、変動価格差異を低減目標に向けての実績モニタリング	期間製造間接費予算差異
キャッシュフロー視点	①	支払日数÷(棚卸日数+営業債権日数)	債務の発生から支払までの日数と棚卸、営業債権日数とのバランス対比	期間買掛・未払金平均残高 期間売上原価 棚卸日数 営業債権日数
機会損失・リスク視点	①	製造間接費操業度差異	実際操業度と設備投資額のミスマッチによる過剰投資を把握	期間製造間接費固定費 期間基準操業時間 期間実際操業時間
	②	製造間接費固定費能率差異	標準操業度に対する設備活用非効率を評価	期間製造間接費固定費 期間実際操業時間 期間実際製造実績に対する標準時間
顧客価値視点	①	品質不良発生率	顧客に供給した製品の不良発生率	顧客クレーム件数
プロセス品質視点	①	品質原価効率	事前投資としての品質対応原価による事後原価となる品質不対応原価削減を通じて総品質原価の削減効果を評価する	期間品質対応原価 期間品質不対応原価
	②	環境原価効率		
		環境負荷量/事業活動量	事業活動量に対する環境負荷発生率の実態と抑制実績の推移を可視化する	事業単位での環境負荷排出量 事業の付加価値や売上高など事業の活動量を示す指標
		環境保全効果/環境保全コスト	事業が投資した環境保全コストが温室効果ガスや大気汚染物質等の排出量削減など環境保全効果をどの程度実現しているか評価する	環境負荷排出量の事業単位での削減効果 事業単位での環境保全活動別コスト
		環境保全コスト/事業全体のコスト	事業の総費用に占める環境保全投資のコスト割合であり、環境活動別の経済的な負担努力を評価する	事業単位での環境保全活動コスト(環境原価) 事業単位での総費用
	③	活動単価推移	活動種別の単価が期間によってばらつく度合いを評価する	期間活動センター製造間接費 期間活動数

5. 総生産プロセス管理指標			
視点	指標の種別	指標の定義	必要な情報種別
コスト視点	① 総生産コスト率	売上高に占める総生産コストの比率を評価する。 ・売価還元完成高－（研究開発費＋製造原価＋総生産資本コスト）	期間研究開発費 期間製造原価 期間売価還元完成高 期間総生産資本コスト
キャッシュフロー視点	① 総生産キャッシュフローマージン	売価還元で生産した生産部門売上高（完成高）に対する総生産プロセスで創造した生産キャッシュフローの比率を評価する 〔税引後（生産部門売上高－製造原価－研究開発費）＋減価償却費－製品を除く棚卸資産増加高－購買債務減少高〕÷生産部門売上高	期間生産部門売上高 期間製造原価 期間研究開発費 期間減価償却費 製品を除く期間棚卸資産増加高 購買債務減少高
	② 総生産スループット	総生産プロセスの売上高対付加価値率を評価する （売上高－材料支出－外部支出）÷売上高	期間売上高 期間材料支出 期間外部支出
	③ 総生産資本利益率	総生産資本に対する利益率を評価する。 （税引後換算売上総利益－生産資本コスト）÷総生産資本	期間売上総利益 総生産資本期間平均残高
機会損失視点	① 総機会損失	各プロセスにおける機会損失の総計	各プロセスの機会損失
顧客価値視点	① 納期遵守率	要求納期に対する達成率	受注納期に対する納品日
	② 在庫引当率	顧客引合に対する在庫充足率	顧客引合に対する在庫引当結果情報
	③ 新製品売上高構成比	製品ポートフォリオにおける新製品の提供割合	製品ライフサイクル別売上高
	④ 顧客満足度評価点数	顧客満足度調査結果における優位性	顧客満足度調査結果評点
プロセス品質視点	② 加重プロセス品質評点	生産サブプロセスの品質水準総合評価	生産サブプロセスの品質評価結果

る資本コスト以上の成果を評価する必要がある。

〈キャッシュフロー視点での評価指標〉

・総生産キャッシュフローマージン

・総生産スループット

・生産 ROA（資本コスト控除後）

③ 機会損失・リスク視点での評価

各サブプロセスで発生した機会損失を集計して生産プロセス総計での機会損失を評価する。

〈機会損失・リスク視点での評価指標〉

・総機会損失

④ 顧客価値視点での評価

全生産プロセスにおける顧客価値視点での重要な評価要素には，納期遵守と継続的な新製品の提供がある。また，CRM（Customer Relationship Management）の一環として顧客満足度評価を実施しているケースが多い。

〈顧客価値視点での評価指標〉

・納期遵守率

・在庫引当率

・新製品売上高構成比

・顧客満足評価点数

⑤ プロセス品質視点での評価

各サブプロセスで評価したプロセス品質の評価額を加重合計している。

プロセス品質の評点は，金額計算ではないので，それぞれの評点に対して各企業の環境や戦略上のプロセスの重要性から相対的な重み付けを行い，その重みによって加重合計する。

〈プロセス品質視点での評価指標〉

・加重プロセス品質評点

5. 決算日程短縮

近年，株主利益を配慮した企業価値情報の適時提供およびスピード経営への経営管理革新の一環として，決算日程短縮改革が上場企業を主体に積極的に取り組まれている。決算日程短縮の阻害要因の1つに，月次サイクルの原価計算の確定日程が取り上げられる。

原価計算のプロセスは，生産管理での生産資源の消費に関する数量情報，各工程での歩留り・減損・作業屑・他目的払出等の発生情報，各製品の完成数量情報および仕掛残の進捗度情報および財務会計での生産部門の諸費用が確定し，この情報を起点に材料費計算，労務費計算，外注費計算，製造間接費計算，工程別原価計算，製品別製造原価計算，製品別完成品原価計算と計

算プロセスを積み上げていく。

このため，原価計算を確定するためには，実働日で翌月初から 10 日以上など相当数の日数を要するのが趨勢である。

これに対して，月次ベースでの決算日程確定の要請は実働日で 5 日以内などが条件となる。そこで原価計算日程の短縮のための取組みがなされる。

ここでは，多くの決算日程短縮プロジェクトで実施されている主要な施策をあげる。

（1） 材料費計算確定の早期化

・材料消費数を実地棚卸で月次で一括で算定する方法は棚卸に時間を費やすので，棚卸法で材料費を計上するのを廃止し，払出記録による材料費を計上する方法に変える。
・材料消費数を払出計上する方法が運用上困難な場合に，部品表をもとに，工程ごとの出来高から理論値で材料の消費数を計上する。
・材料屑の売却額を材料費から控除する計算に時間を要している場合は，実際価額でなく予定額で計上する。
・材料費の単価は，総平均法など実際購入価額の計算結果を待たずに，予定単価または標準単価で計算を行う。
・材料購入の計上を，取引先の請求書をベースに計上する企業がある。月末締めの請求書の到着が翌月遅くになる場合が多い。材料購入の計上を業者の請求書によらず，自社検収ベースでつど計上する仕組みに変える。支払も自社検収基準で業者に案内を送付する方法に変える。
・材料の棚卸は月末日に行わず，月末日までに数値が確定できる範囲の数日前までに実施する。ただし，実施日前倒しによる減耗値の確定については，循環棚卸の実施や四半期や月次での棚卸サイクルの短縮等で棚卸減耗の発生を低減し，監査法人等からの帳簿在庫数値の精度に対する信頼性を獲得する必要がある。

（2） 労務費計算確定の早期化

・給与計算の締め日が月末日でないと，締め日から月末日までの未払給与

の発生額を原価計算に反映させなければならず，勤怠実績の収集に時間を要する。これに対しての締め日を月末に変更し，給与計算結果が原価計算に反映できるようにする。
・給与計算の締め日を月末日に変更できない場合は，給与計算の勤怠実績の締め日を月末日とみなして，原価計算に反映する割り切りを行う。
・給与計算に勤怠実績を日次で計上し，原価計算期間に対応した給与計算を仮で実施できるようにする。
・生産部門の要員の他部門への応援実績を内容別に日々計上できる仕組みを構築し，部門別の労務費が短期間で計算できるようにする。
・労務費は予定賃率または標準賃率で計算し，給与計算の結果を待たずに確定する仕組みにする。

(3) 外注費計算確定の早期化
・月末締めの外注費の請求到着が翌月遅くなる場合が多い。外注費の計上を外注先の請求書によらず，自社の発注と検収ベースでつど計上し，支払も自社検収計上基準で外注先に案内を送付する改革を行う。

(4) 製造間接費計算確定の早期化
・公共料金の請求到着が翌月遅くなる場合が多い。自社でのメータ検量ベースで予定単価を乗じて予定額で計上する仕組みに変える。
・差異が発生すれば翌月に調整を計上する。
・諸経費は外注費と同様，請求到着が翌月初より遅くなる場合が多い。諸経費の計上を業者の請求書によらず，自社の発注と検収ベースでつど計上し，支払も自社検収基準で業者に案内を送付する改革を行う。

6. 内部統制

　金融商品取引法の中で規定される財務報告にかかわる内部統制（通称J-SOX法）への対応が重要な経営課題になっている。
　ここでは，生産管理，原価管理にかかわる内部統制について概説する。

（1） 内部統制の構成要素

J-SOX法で規定する内部統制の構成要素には，① 統制環境，② 統制リスクの評価と対応，③ 統制活動，④ 情報と伝達，⑤ モニタリング，⑥ ITへの対応があり，適用対象企業は，この統制要素の整備の状況と有効性の評価を自ら実施し報告する義務を持つ。内部統制の6つの構成要素について概説する。

① 統制環境

統制環境とは「組織の気風を決定し企業の構成員全員に統制に対する意識に影響を与える基盤」を意味し，誠実性，倫理感，経営者の意向および姿勢，経営方針および経営戦略，経営ガバナンス，内部統制に対する組織構造および慣行，権限および職責，人的資源などの要素があげられる。

② 統制リスクの評価と対応

統制リスクの評価と対応とは，「組織目標の達成を阻害する要因を識別，分析，評価し，適切な対応をとる一連のプロセス」として定義され，企業は自ら自社の事業上の想定されるリスクの分類（全社的リスクか業務別リスクか），評価（大きさ×発生可能性×発生頻度）と対応（回避，低減，移転，受容など）を分析評価することを意味する。

③ 統制活動

統制活動とは，「経営者の命令，指示が適切に実行されることを確保するために業務に組み込まれる方針手続き」を意味する。具体的には，権限，職責の付与，職務分掌（明確な職務の分掌と内部牽制など），手続き（継続記録の維持，適時の実地検査，資産管理など）がある。

業務プロセスごとの重要な統制活動を245ページに例示する。

④ 情報と伝達

情報と伝達とは，「必要な情報が適切，適時，十分，正確に識別，把握，処理され組織内外の関係者相互に正しく伝えられる仕組みを確保すること」を意味する。

ここでは，情報は職務の遂行に必要な情報を識別し，内容および信頼性を把握し，権限者が利用可能な形式に整えて処理することを意味する。

⑤ モニタリング

モニタリングとは,「内部統制の有効性を継続的に評価するプロセス」を意味し,統制環境,リスク,統制有効性,情報と伝達,問題報告プロセスなどがモニタリングの対象になる。モニタリングは,帳簿記録と生産数量の照合や実地棚卸など業務内で組み込まれる日常的なモニタリングのほかに,内部監査などの独立的評価体制によるモニタリングおよび外部監査によるモニタリングが必要である。

⑥ ITへの対応

ITへの対応では,企業のIT環境への対応(ITと非ITの接点における統制環境や要件,電子帳簿適用状況,IT投資水準,IT運用の安定性,アウトソーシング,経営のITへの理解,方針,IT知識の水準等に関する事項など)とITの利用(業務領域で利用されているコンピュータのデータが適切に収集,処理され財務報告に反映されるプロセス)が統制対象となる。

(2) 内部統制の有効性の評価と報告

内部統制の有効性の評価と報告は経営者の責任とされる。

有価証券報告書を提出する義務がある企業では,毎年度,財務報告と一体で内部統制の報告をしなければならない。内部統制の有効性の評価と報告の概要は,評価の範囲と決定根拠をリスクの重要性基準から明確にすることから始まる。

① 評価の範囲は,
(a) 財務諸表の表示および開示範囲,勘定科目の範囲
(b) 事業または業務範囲
(c) 取引または事象の範囲
(d) 主要な業務プロセス
(e) 事業拠点
がある。

評価の事業や業務の範囲は,連結ベースで,外部へ委託した業務も含む。評価する勘定科目の範囲は,売上高,売掛金,棚卸資産のほか,金額的な重要性と不正が出やすいなど質的な基準も併せて対象とする。

② 評価の方法は，全社的な内部統制と業務視点での内部統制の2つのアプローチが取られなければならない。
③ 全社的な内部統制は，内外の事業環境のリスク評価，全社的な財務会計方針，組織構築・運営の経営判断，経営意思決定プロセスなどが対象となる。
④ 業務視点での内部統制は，次の視点で評価される。
・実在性＝取引は実在するのか？
・網羅性＝取引は漏れなく，重複なく計上されているか？
・権利義務帰属＝資産は当社の権利対象物か？
・評価妥当性＝資産の評価額は適正か？
・期間配分の適格性＝計上された取引の内容は，当期に帰属する資産，収益費用か？
・表示妥当性＝取引が財務諸表の適格な区分に表示されているか？
⑤ 内部統制の有効性の報告は「内部統制報告書」に記載され，財務諸表開示と同期して開示されなければならない。また，外部法定監査の対象要件となる。

内部統制評価報告書の記載項目は以下が規定されるが，本書では説明を割愛する。
・内部統制プロセスの整備および運用に関する事項
・内部統制プロセスの評価の範囲，評価時点，評価手続き
・内部統制プロセスの評価結果と付記事項

生産プロセスの内部統制では，評価対象とする事業所を決定し，生産設備となる固定資産のほか，生産活動を原価計算を通じて財務会計に報告される勘定科目の範囲（買掛金，材料，仕掛品，製品など）と科目残高の増減を発生させる取引サイクル（業務プロセス：購買，製造など）を決定するとともに決定根拠を明らかにすること必要となる。

内部統制の整備状況に関する評価方法については，財務報告内部統制評価基準を制定したうえで実施する必要がある。手法としては質問，聴取，ウォークスルー，文書，運用テストなどがある。

評価時点は期末日が原則であるが，実務的には運用上困難な場合が多い。

そこで評価時点と報告時点でタイムラグがある場合は，プロセスの安定的な継続性を評価し担保することで信頼性を補完しなければならない。

内部統制の有効性の判断結果は，有効，不備，欠陥の区分で評価し報告するとともに，重要な欠陥は速やかに是正が講じられなければならない。また，評価手続きは記録され保管されなければならない。

評価結果の報告は，有効，一部正当な事由による評価未実施のうえでの有効と未実施の理由，重要な欠陥，欠陥の内容，是正されない理由，評価時点から報告日まで是正された内容，評価時点以降で発生した後発事象に区分して行う。

特に，不備についての報告は次の視点でなされることが望ましい。
・整備上の不備
・運用上の不備の区分と不備の内容
・不備の発生可能性
・不備に対する2つ以上の補完的な統制活動の有無
・財務情報に与える影響の評価　など

（3） 生産管理・原価計算業務の内部統制要件の特性

生産管理・原価計算業務にかかわる全社共通的な統制環境要件としては，
① 財務開示に関する方針
② 内外リスクに関する評価
③ 製品戦略
④ 生産方針
⑤ 生産の品質，納期に関する方針
⑥ 事業計画や予算編成に関する方針
⑦ 法令遵守（環境，安全衛生，労働法規，下請取引，諸官庁への報告など）
⑧ 資産管理に関する保全方針

などがある。

この内部統制に関する全社共通的な方針を基盤に，生産管理，原価計算に固有な業務視点での統制要件を整備していかなければならない。

生産プロセスの統制要件について概括的に俯瞰する。

① 財務開示に関する方針

生産プロセスで発生する勘定科目の特定が前提となる。生産プロセスでは比較的多額な生産設備の資産諸勘定を抱えるとともに，購買プロセスで発生する棚卸資産諸勘定，購買債務勘定，製造プロセスで発生する製造原価勘定が主要科目となる。これらの科目は企業の経営成績，財政状態，資金状態に他のプロセスに増して最も大きな影響を与えるリスク要因を内在している。

② 内外リスクに関する評価

生産プロセスは，顧客への製品の提供に関し一般的に多額な生産投資を抱えるほか，同様に販売回収時点に先立って多額な棚卸資産を保有しなければならない。これらの設備資産も棚卸資産もいずれも流動性が低く，需要予測や生産方針や生産技術が変革すると多額の陳腐化リスクを負担しなければならなくなる。内部統制プロセスの構築にあたっては，このようなリスクを適格に評価しなければならない。

製造業におけるリスクとしては，

(a) 市場の需要が変動した場合の既存の固定資産，棚卸資産および発注済みの将来の取得する資産の価値低下リスクおよび資金支出リスクはどの水準になるのか

(b) 製品ミックスを変更した場合の既存の固定資産，棚卸資産および発注済みの将来の取得する資産の価値低下リスクおよび資金支出リスクはどの水準になるのか，また追加投資の資本コストと資金支出リスクはどの水準になるのか

(c) 需要や製品ミックスに大幅な変革がない場合においても，技術革新や市況，為替の変動によって既存の生産資源の陳腐化リスクはどのように見込まれるのか

(d) 各工程の停止や著しい歩留りの低下は，予定された生産計画量において時間当たりどれだけの波及ロスや受注の逸失をもたらすのか

などがある。

③ 製品戦略

製品戦略では，前述のように製品ミックスの変更で既存の生産設備や保有

している生産資源の継承については大きなリスクを内在することになる。製品戦略の制約条件ともなるので，生産方針や設備投資計画，購買計画のあり方に大きな影響がある。

④　生産方針

生産方針は内作か外作かの基本戦略であり，生産計画や生産管理の業務視点での統制要件に大きな影響がある。

⑤　生産の品質，納期に関する方針

品質不良，納期遅延により，修復コストおよび企業信用の失墜や継続受注の喪失など波及的なロスがある。品質不良発生や納期遅延防止に関する基準が必要になる。

⑥　事業計画や予算編成に関する方針

生産計画に基づいて製品販売計画と連携した生産資源の調達所要量が計画されることなど，計画のプロセスの的確性を担保するプロセスの規定が整備されることが望ましい。

⑦　法令遵守

法令遵守事項は，遵守されない場合のペナルティーや企業信用失墜，関連受注の喪失などのリスクを明確にし，法令違反が行われないようにするための各業務プロセスにおける防止のための有効な統制活動が規定されなければならない。

⑧　資産管理に関する保全方針

資産管理に関する全社統制要件は，業務統制要件においても網羅的に統制活動に組み込まなければならない。棚卸手続きも原価計算目的だけに限定されず，保全視点での手続きが必要になる。

(4)　生産計画におけるキーとなる内部統制活動要件

生産計画関連業務についての代表的な業務統制活動要件を以下に示す。

(a)　承認された販売計画および適正在庫水準保持に対応した的確な所要量が計算され，生産量の意思決定がなされていること。また生産資源の能力，資金力，信用力の範囲での購買計画が決定されるプロセスが確立していること

（b） 生産計画の結果が，キャッシュフロー／原価計算による検証プロセスを通じて事前に評価され，承認されること

意思決定された生産計画は確実にキャッシュアウトが発生するが，これの基盤になった販売計画が達成されない場合の，そのリスクを確率的に見込んだキャッシュフロー評価が事前に必要である。生産計画の結果が，事業のキャッシュフローや損益に重大なリスクをもたらす場合は，経営意思決定責任者にその旨が適時的確に報告されることがあげられる。

このような視点での有効な統制活動としては，大日程別の販売計画と生産計画の期待成果をキャッシュフローで算定し，販売リスク，生産資源のリスクを確率分布でシミュレーションするシナリオ分析がある。

（5） 生産コントロールにおけるキーとなる内部統制活動要件

生産コントロールについてのキーとなる業務統制活動要件を示す。

生産コントロールは，生産計画による生産実績の達成度を評価する。生産活動の進捗遅延や不具合発生，工程間のラインバランス不整合をリスクの発生シグナルとして捉え，損失をキャッシュフローとして計算し原因を明らかにするとともに，改善へのフィードバックが機能しているか否かをモニタリングする仕組みが必要である。

また，生産コントロールにおける実績情報は数量情報であるが，最終的に財務諸表につながる原価計算に連携する。

生産活動諸要素の実績値は，内部統制の基準に従って下記のような統制活動が実施されるべきである。

① **購買活動実績**
・購買先が品質条件，物流条件，商流契約条件，企業信用の視点で自社の基準に則って選定されていること。
・原材料・部品など（以下，材料等）の必要量，必要時期に関する予定が明らかにされていること。
・購買先に対して，十分な材料等の支給や事前内示情報，加工納期を与えていること。
・検収のスケジュール，対象物，検収仕様要件，受入物流条件，手続き要

件が明らかにされていること。
・発注済み未検収の内容が適時に把握できていること。
・検収実績が検収要件を明らかにして記録報告されていること。
・検収が会計的に適格な要件で計上されていること。
・検収物は当社の権利が及ぶものか，仕入先からの預かり在庫か。
・検収情報が発注情報も含め，購買コストの改善施策に役立つ要件が付加されていること。
・検収情報は製造部門等関連部門に連携されること。
・検収後の対象物の保管保全が適切であり，定期的に数量と価額が会計基準に則って再評価されていること。
・保管後の払出管理，記録が的確であること。
・検収物が安全衛生基準等関連法規に則って保管管理されていること。

② **製造活動実績**
・製造指図は承認されたものであること。
・製造指示および実績数量が，販売計画や受注内容と整合性が取れていること。
・指示されるオーダは製造に必要な材料や部品など，加工要員，生産設備が手当てされていることが確認されていること。
・製造オーダに対応する製造仕様や工順，工程が明確に指定されていること。
・生産資源が製造オーダに対して十分整備されていることが確認されていること。
・生産の加工時間が労働基準諸法規や規約に適合した内容か検証されていること。
・製造活動は，製造オーダに従ったものであり，オーダ以外のものや承認されない現場裁量で，指示数量以外の数量を製造して予備品として簿外在庫していないこと。
・製造プロセスから未承認で仕掛品や製品が持ち出されていないか，持ち出されたものは生産計画責任者の承認を受けたものであり，持ち出された結果は生産計画責任者に報告がされていること。

- 仕損や減損，屑など歩留りに関する実績情報が的確に報告され，計上されていること。
- 仕損品や屑の処分や貯蔵が的確に実施されていること。
- 中間品，完成品の品質検査結果はISOなどの規定に従って記録，報告，承認，保管され，特に異常値が責任者に報告されていること。
- 製造活動情報が規定どおりの締め日に収集され計上されていること。

③ **製造原価計算**

製造原価計算はその結果が財務報告につながり，損益計算に与える製造原価の影響は大きい。また，勘定連絡や配賦計算など計算プロセスが複雑で一覧では可視化しにくい一面がある。したがって，業務視点での内部統制上，特に重要なプロセスとなる。

製造原価計算は数量計算と価格計算に大別される。

価格計算は会計基準や原価計算基準に則って体系的に継続的に実施されるので内部統制も容易であるが，数量計算は不透明になりやすいプロセスである。数量計算には，材料の検収，保管，払出，消費，仕損・減損発生，材料屑の処理，他目的での払出，現場滞留在庫，仕掛量，仕掛量の進捗率，出来高など生産現場密着での実地情報が反映される。この数量受払計算の適否検証が内部統制上の重要な対象となる。

以下に主要な統制活動を示す。

- 公正妥当な原価計算基準に則った原価計算規定に基づいて運用されていること。
- 制定された原価計算規定が連携する経理規定と整合性が取れていること。
- 原価計算の計算プロセスが規定されていること。
- 原価計算上定義されている製造工程が，現実の工程と整合性が取れていること。
- 規定の変更履歴が管理されていること。
- 生産資源要素別の受払実績情報の期間比較や異常値が記録され，責任者に報告され承認されるプロセスが確立していること。
- 発生した原価情報が最も精度の高い適時な方法で収集されていること。

次善の方法を因習的に踏襲していないこと。
・実績情報が規定どおりの日程で網羅的に重複なく収集されていること。
・原価計算の計上情報は責任者の承認を受けていること。
・原価計算の計算手順は規定どおりに進められていることを組織的に検証していること。
・勘定振替の前後の数値は整合性が検証されていること。
・標準原価計算採用企業にあっては，基準情報が整備され適時に変更がメンテナンスされていること。変更が的確に統制されていること。
・原価計算情報が財務会計情報に適時に漏れなく連携していること，または財務会計情報から原価計算情報に規定された必要な情報が漏れなく，重複なく適時に連携されていること。
・標準原価計算または予定原価計算を採用している企業にあっては，原価差異が適時に把握され，異常値について原因が追究された後，関係者の改善活動にフィードバックされていること。

(6) 生産管理・原価管理とIT統制要件
① IT統制の要件

IT統制も，全般統制と業務処理統制との2視点からのアプローチが必要とされている。本書では参照すべき基準として，公開されている「日本公認会計士協会IT委員会3号報告」の要点を要約する。

全般統制に属する統制環境についての評価指針は次のように示されている。

(a) 経営者のITへの関心，考え方

ITへの投資，信頼性，セキュリティに関する意識や認識の内部評価が必要である。

(b) ITの知的資産としての認識

経営者がITを知的資産として認識し，また情報に対するセキュリティの認識とリスク評価のプロセスを確立しているかを評価する。

(c) ITの管理範囲の認識

連携他社の情報システムが自社に及ぼすリスクやその範囲の設定について

の経営者の認識を評価する。
（d）　ネットワークの利用

　企業の構成員とは異なる価値観や倫理観を持つ人間が，電子商取引により，企業の情報システムに重要な影響を与える場合があることの経営者の認識を評価する。

（e）　法令等への準拠性

　電子商取引のビジネスモデルの特許問題や個人情報保護，ソフトウェア不正使用，多国間インターネット取引の課税問題など，財務情報に与えるリスクを明確化しているか評価する。

（f）　ITリスク

　システムの陳腐化リスクや過剰投資など，ビジネス継続性に与えるリスクに対する経営者の認識を評価する。

（g）　アウトソーシングのサービスレベル

　アウトソーシングに対する契約内容への経営者の認識を評価する。

（h）　ITに関する教育

　ITに関する教育，要員確保に対する経営者の注意を評価する。

②　IT全般統制

IT全般統制に関する具体的な整備事項としては，次のものがあげられる。

- 情報システムの新規開発やパッケージソフトの導入等，情報システムの企画，開発，調達プロセスでは，当該対象ソフトに必ず有効な内部統制活動を組み込むこと。
- 情報システムの運用・管理については，オペレータによる手動または自動実行ツールによるプログラム等の運用手順，プログラムによる処理結果の確認手続き，実行スケジュール管理，エラー発生時の再処理の方法などの対応手順，不具合発生時のプログラムの修正手順，適切なプログラムの使用のためのライブラリー管理が整備されること。
- セキュリティに関しては，データ，ソフトウェア，ハードウェアおよび関連設備等の不正使用，改竄，破壊などを防止するためのアクセス管理や自然災害への対策のための内部統制が整備されること。
- 情報システムのアウトソーシングの受委託関係については，委託元は委

託業務の管理に関する統制，契約サービスレベルに関する評価，受託会社の選定基準，成果物の検収体制を整備し，委託先は受託会社自体の内部統制とそれが不備である場合の委託会社に対するのリスクの影響を評価すること。

③ IT 業務処理統制

IT の業務処理統制の対象には，アプリケーションシステムに組み込まれた統制活動（自動化された統制活動）と人と IT が一体となって機能する統制活動（IT による情報を使用した統制活動）がある。

業務統制にあたっては，財務諸表の勘定科目へ連携する業務プロセスを支援するアプリケーションシステムにおける統制活動の整備とプロセスフローによる可視化が重要な整備要件となる。

④ IT 統制の視点

IT 統制は，準拠性，網羅性，可用性，機密性，正確性，維持継続性，正当性の7つの視点で，IT 全般と業務別 IT の有効性を評価する。

各視点の意義は以下のとおりである。

・準拠性＝IT の処理が会計原則，会計基準，関連法令，社内規則に合致していること。
・網羅性＝取引等の情報が漏れなく，重複なく，記録されていること。
・可用性＝情報が必要とされるときに利用可能であること。
・機密性＝情報が正当な権限者以外に利用されないこと。
・正確性＝情報が正確に利用され，提供されること。
・維持継続性＝情報が正確に更新され，継続使用が可能なこと。
・正当性＝情報が正規の承認手続きを経たものであること。

⑤ IT 全般に関する重要な統制活動

プログラム変更体制の確立およびアプリケーションシステムの運用監視体制が，キーとなる統制活動としてあげられている。

⑥ IT 業務統制に対する統制活動

業務個別のアプリケーションに対する IT 統制評価対象には会計データの網羅性と正確性，正当性，ファイルの維持継続性が示されている。

網羅性の評価では，基幹業務から財務報告へデータが，漏れなく，重複な

く記録され，残高更新されること，未決裁およびエラーとなった会計データは期間内にすべて適切に処理されていることを担保することが重要な整備要件とされている。内部統制基準からは自動仕訳の仕組みが的確に確立されていることであると解される。

　正確性の評価では，会計データが，正確に適時に適切な勘定に記録されていることである。

　正当性の評価では，会計データは，当該企業に財務的影響を及ぼす取引その他の事象を表し，かつ当該企業に承認されたものだけが入力され，処理されていること，適切な職務権限に応じてアクセス権限が設定され，適切な担当者により処理されていることが整備要件となる。

　ファイルの維持継続性の評価では，マスタファイルは最新状態に保たれ，正しく維持継続されていることである。取引先や価格をマスタファイルと照合する統制活動があらかじめプログラムされていることが重要な整備要件とされている。

7. CSR

　企業が社会に対して果たす役割を CSR（Corporate Social Responsibility）という。CSR には社会的責任，環境責任，法的責任，投資家に対する経済的責任等がある。

　生産プロセスに関連する品質管理や環境管理，労働環境，安全衛生基準，内部統制など諸法規や基準に対する遵法要件を明確にして，文書化と教育体制，監査体制を生産管理の一環として確立する必要がある。

　ここでは，企業が品質管理や品質保証活動に取り組むにあたり，拠り所としている規格，標準，ガイドラインとして JIS，ISO 9000，HACCP，トレーサビリティ，PL 法，環境管理を取り上げ概説する。

（1） JIS マーク表示制度

　JIS マーク表示制度は，認定を受けたうえで生産者が JIS に適合する製品に表示できるマークで，JIS マークがある製品は品質，性能，安全性などが

JISに適合する良品であることを示している。

　日本では，JISが制定する製品の製造業者や加工業者が主務大臣（あるいは主務大臣が指定する認定機関）の承認を得るとJISマークをその製品に表示できるようになる。その認定審査の審査基準の概要は，社内標準化と品質管理の推進が経営者ほか全従業員によって組織的に実施されていること，責任者として資格要件を満たす工業標準化品質管理責任者が選任されていること，該当JISなどに基づき社内標準を体系的に整備し，これに基づき品質管理活動を実施していることである。つまり，このマークがついていると，顧客はもちろん，生産者も原材料や部品を安心して購入することができることを意味している。

（2）ISO 9000

　ISOは正式名称を国際標準化機構（International Organization for Standardization）といい，各国の代表的標準化機関からなる国際標準化機関で，電気および電子技術分野を除く全産業分野（鉱工業，農業，医薬品等）に関する国際規格の作成を行っている。

　もし，規格に国際標準がなかったとしたら，どのようなことが起こるだろうか。おそらく企業は，自社の製品を国際標準とするために競争を行い，本来力を入れるべき品質や機能の作り込み，コスト削減へ手が回らなくなる可能性がある。

　また世界共通の規格があれば，どこの国に行ってもISOで決められた規格は通用する。たとえば，フィルムのISO 400もISOで決められた国際標準であり，どこの国であっても同じ規格で製造されているのである。

　ISOの中では，製造業にとっては，品質マネジメントシステムの国際規格であるISO 9001，組織体の環境マネジメントシステムの国際規格であるISO 14001が重要な国際規格である。

　ISO 9001は，企業の自主性を重んじる立場で，品質保証活動の方針や目標，製品やサービスの品質活動方法，品質保証のシステムなどの基本的な品質保証活動の審査基準を提示している。各企業が構築した品質マネジメントシステムがこの基準に適合していると審査され，承認されれば，その企業は

一定レベルの製品をつくる仕組みを持っていることを保証されたことになる。そして，結果的にその企業の製品は一定の品質レベルを持っているとみなされるのである。

ISO 14001 は，経営システムの中に地球の環境悪化に歯止めをかけることを目的とした環境管理の規格である。

（3） HACCP

科学技術の発展，国際化の進展など食生活を取り巻く環境が大きく変化する中で，日本国内でのBSE（牛海綿状脳症）発生を契機として新しい食品安全のためのシステムを確立する必要があると考えられ，食品安全基本法が平成15年7月1日に施行された。

また，農林水産省が定めた「食の安全・安心のための政策大綱」の中で，「2 政策の展開方向」の「(2) 産地段階から消費段階にわたるリスク管理の確実な実施」の「③ 食品の製造・加工，流通における取組みの促進」にHACCP が記載されている。

HACCP は，1960 年代に米国で宇宙食の安全性を確保するために開発された食品の衛生管理の方式である。原料の入荷から製造・出荷までのすべての工程において，あらかじめ危害を予測し，その危害を防止（予防，消滅，許容レベルまでの減少）するための重要管理点（CCP）を特定する。そのポイントを継続的に監視・記録（モニタリング）し，異常が認められたらすぐに対策を取り解決することで，不良製品の出荷を未然に防ぐことを可能にするシステムである。

総合衛生管理製造過程には食品の安全性を確保するためのHACCP システムが組み込まれており，安全性以外に，施設設備の保守管理と衛生管理・防虫防鼠対策・製品回収時のプログラムなどの一般的衛生管理を含めた総合的な衛生管理を文書化し，そのとおりに実行することを求めている。

（4） トレーサビリティ

トレーサビリティは生産・製造工程を記録・保管することによりロットの特定ができることである。たとえば，出荷した食品により食中毒が発生した

場合，生産者・製造者がどんなに自分に責任がないと説明しても，生産で使用した材料の使用記録，製造の状況など証拠が残っていなければ説得力がない。製造工程を記録・保管するのは，手間やコストがかかるが，このような状況が発生した場合の確証となりうるので，記録・保管することは企業にとって十分価値があることといえる。

特に，食品の生産・加工・流通では，各段階で発生した情報を記録しておき，いざ何かが発生したとき，あるいは発生しなくても副次的に安全性を向上させるための手段として，食品トレーサビリティが重要視されてきている。

（5） PL法

JISマークのように「信頼される品質の製品を提供する」視点がある一方で，「顧客が安心して製品を使用できる」という視点で，製造物の欠陥により使用者が損害を受けた場合には，製造・販売者などが賠償責任を負うことを定めたものが「製造物責任法」（PL法）である。

PL法は，日本では1995年7月に施行されている。PL法が施行される前には，被害者が民法の規定に従って企業の過失を証明しなければならなかったが，PL法では，その製品の欠陥が原因で被害が生じ損害が発生したことを証明すれば，損害賠償を請求できるようになっている。企業にとっては，訴訟になれば高額な賠償を支払うだけでなく，信頼も損なわれるために，PL事故の未然防止と事後の対応が求められている。

PL事故発生の予防には，欠陥を発生させない品質保証システムを構築することが必要である。

未然防止としては，このような品質保証システムを基盤として，設計段階は設計審査による安全設計を確保し，製造段階では指示どおりの生産を実施し，販売段階では正しい使い方の伝達を行う必要がある。

事前対応としては，万一に備えてPL保険への加入や訴訟マニュアルの作成によりPL事故に備えておく。

事後対応としては，被害者保護，訴訟対応になるが，重視すべきは，損害を受けた被害者を保護し，企業の信頼を落とさないという点である。

（6） ゴミゼロ，リサイクル，汚さないための取組み「3R」

廃棄物などの処理や管理については，第1に発生を抑制すること（リデュース），第2に再使用（リユース），第3に再生利用（リサイクル）であり，3Rといわれている。

発生抑制は，要らなくなったものを捨てること自体を見直すことである。使い捨てのゴミになりそうなものは使わないし販売を抑制する，過剰包装は自粛するなどが求められる。これには，消費者が浪費型の生活スタイルを見直すとともに，生産者としても，長く使えるものを開発・設計するという観点が重要になる。

再使用は，要らなくなったものを捨ててしまうのではなく，洗ったり修理したりしてもう一度使用することである。ビールやジュースなどの空きビンを回収して再利用するリターナルビン，リフィナブルビンなどがこれにあたる。このためには，再使用しやすいように規格を統一したり，修理技術を広めたり，保守部品を長期間保持しておくことが求められる。

再生利用は，要らなくなったものを捨てるのではなく，分類して集めて，再生して利用することで，この再生利用には2種類ある。

1つ目は「マテリアルリサイクル」で，廃棄物を材料にして，別のものをつくる再利用のことである。牛乳パックは主にトイレットペーパーに再生されており，ガラスビンは収集されるとき色ごと（緑・茶・透明）に選別されて再びガラスビンにされる。また，細かく砕いて角を取ったものを歩道の舗装材に使用している例もある。

2つ目は「資源転換（サーマルリサイクル）」といって，廃棄物を「燃料」として再利用することである。このためには，分別収集を徹底し，再生資源の回収や利用するシステムを整備することが求められる。また，リサイクル可能な製品を設計開発すること，焼却施設の整備などが求められている。

発生を抑制し，再利用し，再生利用できなかったものは，適正な処理を行う必要がある。

（7） ゼロ・エミッション

産業から出るすべての廃棄物を他の分野の原材料として活用することで，

あらゆる廃棄物をゼロにすることを目指すという考え方をゼロ・エミッションという。このようなゼロ・エミッションを，どのように進めていったらいいのだろうか。

まず，開発・設計部門では，開発・設計段階からできるだけ廃棄物が出ないように環境負荷を考えた生産設計を行う必要がある。また，ITのCAD，CAM，CATなどを組み合わせ，設計のペーパーレス化，バーチャル試作を行うことで省資源化を実現することが可能になる。

製造部門では，製造過程で生み出された排出物を再生して有効利用する，熱エネルギーとして再利用する工夫や設備を持つことが考えられる。たとえば，紙パルプ業界では土壌改良材，セメント原料などを再生利用していることがあげられる。

また，工場のスタッフ部門でも，ゴミの分別収集，食堂からの残飯の削減に配慮するなどがある。また，不要な廃棄物を資源として活用する取引先を見つけることもゼロ・エミッション推進の1つといえる。

（8） リサイクル関連個別法

リサイクルについては，具体的な義務や役割を示している「循環型社会形成推進基本法」の個別法で，企業に求められる責任を概観する。

（a） 容器包装リサイクル法……容器包装の製造・利用業者に対して，分別収集された容器包装のリサイクルを義務づけている。

（b） 家電リサイクル法……家電製品の製造・販売事業者などに，廃家電製品の回収や引渡し，リサイクルを義務づけている。

（c） グリーン購入法……国などが率先して，製品やサービスを購入する際には，環境を考慮して，必要性を考えて，環境に負担ができるだけ少ないものを選んで購入することを推進している。これは，供給側である業者・企業に対しても，環境に負担の少ない製品の開発を促すことにつながる。また，民間でも，独自のグリーン調達基準を設けて，グリーン調達達成状況を環境報告などで報告する企業も増加している。

（d） 建設リサイクル法……建設工事の受注者などに，建設物の分別解体や建設廃棄物のリサイクルを義務づけている。

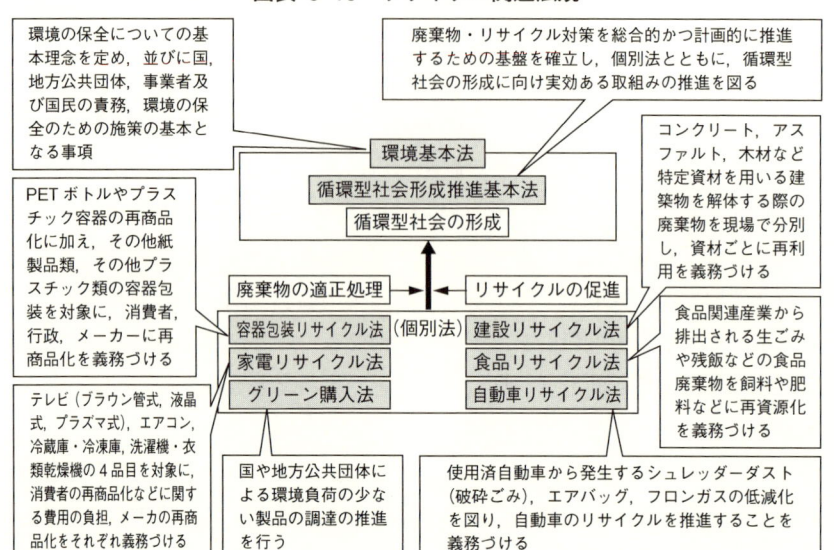

図表 3-10　リサイクル関連法規

- 環境の保全についての基本理念を定め，並びに国，地方公共団体，事業者及び国民の責務，環境の保全のための施策の基本となる事項 → **環境基本法**

- 廃棄物・リサイクル対策を総合的かつ計画的に推進するための基盤を確立し，個別法とともに，循環型社会の形成に向け実効ある取組みの推進を図る → **循環型社会形成推進基本法**

→ 循環型社会の形成

（廃棄物の適正処理 ← → リサイクルの促進）

（個別法）
- 容器包装リサイクル法
- 家電リサイクル法
- グリーン購入法
- 建設リサイクル法
- 食品リサイクル法
- 自動車リサイクル法

- PETボトルやプラスチック容器の再商品化に加え，その他紙製品類，その他プラスチック類の容器包装を対象に，消費者，行政，メーカーに再商品化を義務づける（容器包装リサイクル法）

- テレビ（ブラウン管式，液晶式，プラズマ式），エアコン，冷蔵庫・冷凍庫，洗濯機・衣類乾燥機の4品目を対象に，消費者の再商品化などに関する費用の負担，メーカの再商品化をそれぞれ義務づける（家電リサイクル法）

- 国や地方公共団体による環境負荷の少ない製品の調達の推進を行う（グリーン購入法）

- コンクリート，アスファルト，木材など特定資材を用いる建築物を解体する際の廃棄物を現場で分別し，資材ごとに再利用を義務づける（建設リサイクル法）

- 食品関連産業から排出される生ごみや残飯などの食品廃棄物を飼料や肥料などに再資源化を義務づける（食品リサイクル法）

- 使用済自動車から発生するシュレッダーダスト（破砕ごみ），エアバッグ，フロンガスの低減化を図り，自動車のリサイクルを推進することを義務づける（自動車リサイクル法）

（e）　食品リサイクル法……食品の製造・販売事業者，レストランなどに，生ごみや残飯，売れ残りの発生抑制やリサイクルなどを義務づけている。

（f）　自動車リサイクル法……自動車メーカ，輸入業者にエアバッグ，フロンガス，廃自動車を破壊した後に残るシュレッダーダスト（破砕ごみ）のリサイクルと適正処理を義務づけている。

このほかに，環境マネジメントの規格であるISO 14001の認証を取得した企業から優先的に部品や製品を調達することを打ち出している企業もあり，環境への配慮は企業側に求められる責任というだけでなく，企業活動そのものに影響を与えるものになっているといえる。

キャッシュフロー生産管理

第4章

キャッシュフロー生産管理の事例研究

本章では、第1章、第2章、第3章で説明したキャッシュフロー生産管理の重要成功要因を総括し、「モノの製造」から「キャッシュの創造」への変革のKPIを整理する。バーチャル企業、㈱未来プリンの事例をベースに、具体的なキャッシュフロー生産管理導入の実践を体験する。

第1節　キャッシュフロー生産管理

ここでは，第1章，第2章，第3章で記述したキャッシュフロー生産管理の重要成功要因について総括する。

1. キャッシュフロー生産管理の成功要因

（1）「モノの製造」から「キャッシュの創造」への変革

国際会計基準導入を機として，わが国でも，投資家を含め企業の評価をキャッシュフローで行うようになってきた。そのため，事業の目標とする企業価値創造の指標は，売上高利益率から総資本利益率（ROA）や資本コストを上回る利益である経済的付加価値および投資資金を現預金で担保できるキャッシュフローに変わってきた。

これに伴い，事業のコアプロセスである生産活動も，投下資本に対する高回転での回収やキャッシュフロー創造ができる生産プロセスに変えていく必要がある。つまり，従来の納期遵守と高品質で「モノを製造する」プロセスに加えて経済性における貢献，つまり「キャッシュを創造する」プロセスに拡大していかなければならないのである。

キャッシュフロー生産管理とは，「QCDの遵守を前提に，キャッシュフローで評価される企業価値向上に貢献するように生産活動を計画し，活動し，その成果をキャッシュフローで評価する生産プロセスの統合的なマネジメント」をいう。

（2）新たなパフォーマンス・インディケータとパフォーマンス・ドライバの設定

従来の生産管理・原価管理の評価指標は，コストダウンが主体であったが，キャッシュフロー生産管理では，次の①②に示す指標で評価を行う。

生産計画の成果の評価では，

① 達成額では，
　　　税引後利益(売上高－製品原価)＋棚卸資産の減少高
で計量し，
② パフォーマンスでは，
生産ROA：
　　　税引後利益（売上高－製品原価）÷平均棚卸資産残高
で評価する。このとき，
・売上高は，売価還元等による生産部門の社内売上高等を使用する。
・製造原価は，生産量に比例しない減価償却費や基準時間内の労務費は含まず，キャッシュフローを伴う変動原価だけで計上することが望ましい。
・棚卸資産は当該生産プロセスで消費する材料，繰越仕掛品や生産の結果増加する仕掛品と生産部門が保有する製品在庫が対象となる。

企業全体のキャッシュフローは，
　　　税引後利益－キャッシュ以外の資産の増加＋負債の増加
　　　　＋税引後利益を除く資本の増加
で定義されるが，生産プロセスで達成するキャッシュフローは，このうち「税引後利益（売上高－製品原価）の増加」と「棚卸資産の減少高」に限定される。この中で，製品原価を減少させるとキャッシュフローは増加するが，他方，製品原価の減少を意図し大量なロット生産を行ったりすると，結果として製造過程の仕掛品や在庫製品が増加し，キャッシュフローが減少する場合がある。

このトレードオフの結果を反映してパフォーマンスを総合的に評価する指標として，
　　　税引後利益（売上高－変動製品原価）÷平均棚卸資産残高
を使用するのが的確であり，これを生産ROAと定義した。

前述のキャッシュフロー生産管理の指標から，「キャッシュを創造する」プロセスとして，生産ROAを増加する定量的な要素は，
① 製品原価の低減
② 材料の在庫水準的確化

③ 製造リードタイムの短縮による棚卸資産に対する製品原価の回転向上

の3要素ということができる。

(3) 「キャッシュを創造する」ための施策
① 製品原価の低減策

製品原価の低減策としては，求めるキャッシュを生み出す原価のつくり込みである原価企画の遂行，有利購買に向けての調達先や代替資材開拓，他社との共同購買などがある。また，加工プロセスにおける歩留り改善による資材のロスの削減が有効である。

② 在庫水準の的確化施策

的確な在庫水準を維持するための施策には，需要予測の的確化（精度向上），調達リードタイムの短縮，ABC管理による在庫水準の的確化，滞留在庫の売却・廃棄，ベンダー預託在庫管理（VMI）などが主要なドライバとなる。

また，生産計画を可能な限り，出荷日直前の需要動向，受注実績に基づいて行うことにより，欠品や過剰在庫を増やすことを回避または低減することが可能になる。

これは，需要動向の予測は，未来になるほど不確定要素が多くなるために精度が低くならざるを得ないということに加えて，わが国の流通過程は多層にわたっているので，受注量は必ずしも最終需要者の実需を反映しておらず，規格品の量販型生産では，受注情報だけによる需要予測の精度は高いといえないことも起因している。つまり，中間流通業者の安全在庫量の補充による発注も多く，次に流通在庫が一定量を割るまでは次の発注は来ない。その間，市場での当該製品の売上動向が適時に把握できないことになる。このような，川上へ行くほど川下からの需要がブレる現象をブルウイップ効果という。

このために，生産計画は，市場の実需実績を適切な短いサイクル（たとえば日次サイクル）で把握し，この傾向値に連動した生産計画を立てるプロセスを確立することが必要になるのである。

さらに，需要と生産とのギャップを生じさせないためには，生産計画立案

では，出荷日にできるだけ引きつけた日程で最終生産量の意思決定を行う必要がある。

どこまで出荷日に引きつけられるかは，資材の調達リードタイムと製造リードタイムにかかっているが，それに加えて生産計画立案プロセスの効率化も重要である。

生産計画は，出荷日における販売予測量から，実施時点での出荷未引当在庫量（＝回転可能在庫量のうち安全在庫量を超える部分）を控除した量となる。この生産計画は，需要予測から製品生産量を決定し，必要な資材の所要量を MRP で算出し，資材在庫に対して引当，スケジューリングを行い製造手順を決定し，製造オーダを発行するという手順を踏むが，生産計画立案自体が制約工程にならないように IT を通じて短時間でできるようにしなくてはならない。

また，需要予測に対応する生産計画上の製品ミックスの構成比の変動によって，生産ライン設計時では平均化されていたはずの各工程の稼働時間に差異が生ずる。すなわちラインバランスが崩れると，稼働時間の長い工程の前に滞留在庫が発生し，後ろの工程に手待ちが派生する。さらに，稼働率が 100% を超えると生産自体が納期どおりに実施できないことになる。この状態の工程を制約工程といい，製品ミックスの変動によって生起する制約工程の能力が，工場全体の生産能力を決定してしまうことになる。この結果，大半の工程の生産資源が遊休し多額の波及損失が発生する。

このような状況を回避するためには，生産計画立案時において，製品ミックスに対する各工程の稼働時間と稼働率を事前にシミュレーションすることが必要である。また，制約工程回避の肝は「同期化生産」であるため，TOC 理論を適用すれば，全工程の生産速度を「制約工程の速度に落として同期させること」である。このため生産性が低下し原価率が悪化することはやむを得ない。さらに，制約工程の能力は，現有設備能力の範囲内で可能な限り最大限の能力を発揮させ，かつ停止させない施策が必要である。

能力の増強では，たとえば，3 交代制による 24 時間無休稼働へのシフト，外注工程で補完する並列生産などがある。停止防止では閑散時における事前保守，予防保全が有効である。

制約工程直前での適正水準での戦略在庫（安全在庫）設置が功を奏す。これは制約工程の前工程が停止した場合の制約工程の手待ちロス発生を防ぐためである。

さらに、生産量の多い製品の制約工程での通過速度を高める中期的な取組みも解決策となる。たとえば、製造着手の前の長時間の段取替えも制約発生の要因となるため、段取替えを内段取から外段取に変える、内段取でなければならない場合は10分以内のいわゆるシングル段取（SMED: Single Minute Exchange of Die）化するなどの改善が必要にある。

工程そのものの通過速度の向上には機械化、自動化が有効であるが、設備投資によるキャッシュアウトが発生するので、経営責任者は意思決定にあたって、このトレードオフを踏まえての経済性比較を実施する必要がある。

③ 棚卸資産に対する製品原価の回転向上施策

キャッシュフロー／原価計算上は、当期の製造は前原価計算期間から繰越された仕掛品と当期に投入する材料に加工を加えて、製品に転化するプロセスである。製品に転化できなかったものは、次期に製造を引き継ぐ仕掛品になる。製造プロセスの成果がキャッシュになるのは、顧客からの製品対価の入金であるため、生産プロセスでは、製品化へのスピードが速ければ速いほどキャッシュへの転換も早くなる。

（4） 差異管理を改善にフィードバックする方法

生産コントロールの一環としての、計画と実績の差異管理は、これを数量差異要因と価格差異要因に分解して原因を確認する必要がある。価格差異は、主因は購買プロセスの巧拙によるものであるから購買担当部の責任範囲であるが、数量差異は生産管理責任者の生産コントロールの巧拙による結果として切り分けられる。さらに、数量差異の要因は原価要素別に分析を行う必要がある。

材料消費の差異については、歩留率の変動、仕損の発生、環境変化や事故による減損、配合の錯誤、副産物の生成歩留り、不適切な現品管理、製造目的以外の払出、作業屑の回収効率の変動、棚卸数量減耗などが要因となる。金額の重要性で重点化したロス（標準使用量を超えて使用した材料のうち金

額が大きい材料)の発生を，発生時点で的確に生産管理責任者が監視し，情報収集することが予算実績差異の解消の成功要因となる。

労務費の差異については，手順統制，設備のメンテナンスの不適など余力管理，進度統制，内製や外注加工の生産性のバラツキが予実差異の要因となる。

品質管理費や生産管理費など顧客価値視点での原価についての差異分析も，実施することが望ましい。

品質管理費については，品質適合費と品質不適合費の差異についての逆相関を分析することが，総品質原価を削減する施策には重要である。

原価差異分析から，乖離が発生する構造を把握し，工程管理に適時にフィードバックしていくことが要求される。

このために有効な仕組みが MES であり，作業日報の入力や POP 情報の連携，外注受入情報の入力をもとに，現場で発生する作業指示と実績との差異を常時生産現場でモニタリングし，差異が発生した場合の差異の種別と差異の規模で，現場での自主的な調整事項と工場全体で意思決定する調整事項に切り分け，必要な措置が手遅れにならないフィードバックを行う。

(5) 発生した不具合による機会損失は企業価値向上の秘策

財務情報は，実現した経済価値や損失しか計上しない基準があるが，ロスには財務情報には現れない機会損失があるため，これを放置せず管理会計として計量化することが必要である。

機会損失には，
- 製品，資材在庫不足による失注
- 資材の納期遅れ，品質不良による失注
- 歩留率低下による納入品不足による失注
- 制約工程発生による総設備能力の低下と設備投資の回収倒れ
- 一工程の停止が原因となる全工程の波及停止による総設備能力の低下と設備投資の回収遅れ

があり，要因別不具合の発生箇所での直接的ロスと他工程への波及ロスを識別し，記録し，次期以降の改善目標や予算へ反映することが継続的な企業価

値向上のために必要である。

（6） 基準情報の整備が必要

上記に述べてきたような評価を行うために、キャッシュフロー視点での基準情報の整備を行う必要がある。

製造段階での直接的な顧客価値生成プロセスには、オーダ作成、工程計画、購買発注手続き、受入検収手続き、資材搬送、動力供給、製造ライン保守、加工工程別段取、加工工程別自作加工、加工工程別外注加工、工程別検査・品質管理、梱包、製品入庫搬送などがあり、リードタイムは生産資源原価の滞留量に換算されるため、これによって生産計画では製造によるキャッシュフローを計算することができる。このため、製造に必要な顧客価値生成プロセスで消費する生産資源の要素別原価と各要素の調達リードタイムおよび製造リードタイム情報が必須である。

また、複数の生産計画にキャッシュフローの有利不利が発生する要素は、税引後での変動製造原価（材料費、労務費、外注費、変動製造間接費）の有利不利と手持ち在庫の材料の消費量の多寡、製造された仕掛品の滞留時間の大小であるため、生産目標に対する複数の生産計画が考えられる場合、キャッシュフロー成果での有利不利を判断するためには、税引後での変動製造原価で計算する必要がある。

（7） 内部統制を組み込む

J-SOX法対応での適用対象企業では、統制プロセスの脆弱さから発生する経済的損失と粉飾決算の発生可能性を防止し、ステークホルダーの利益を保護することを目的として、経営責任者は生産プロセスに連携する財務情報適正化を担保するため、内部統制活動を組み込まなければならない。

生産活動は、企業の損益計算や財政計算における金額的重要性が極めて高く、損益計算書の項目で例示すれば、製品売上原価は売上高に次いで高い金額である。貸借対照表の項目で例示すれば、材料、仕掛品、製品で構成される棚卸資産の価格は流動資産の価格の大半を占める。また固定資産に占める生産設備の比重は極めて高い。一方、ビジネスプロセスの透明性の視点で

は，生産プロセスは企業機密でもあり，生産工程の複雑性もあり外部からみてブラックボックスである。

　このため，生産にかかわるプロセスは，金額的重要性，生産工程の複雑性から内部統制活動において重要なプロセスであるといえる。

　内部統制の適正さを開示することは，J-SOX法適用企業にとっては法律の遵守であり，そうでない企業であっても，取引先や系列の親会社が適用企業であれば，取引先や系列の中の戦略シナリオでのプレイヤーとして適切な役割を果たすことといえる。当然，内部統制の適正な開示は投資家からの継続的な資金支援を維持する必要条件であり，企業の生存条件となる。

第2節　㈱未来プリンの事例研究

　ここでは，食品メーカである㈱未来プリンにおいて，従来の生産プロセスからキャッシュフロー生産管理に業務変革を行った事例を紹介する。

1.　㈱未来プリンの現状

（1）　㈱未来プリンのプロフィール
　㈱未来プリンは，創業50年，資本金1億円，従業員1,000名，売上高300億円の中堅企業であるが，プリンの生産量ではトップ企業のポジションにある。事業拠点は，本社のほか，営業所が全国主要都市に10拠点，工場が1ヵ所，工場敷地内に資材倉庫と配送センターがある。

（2）　㈱未来プリンの経営ビジョンと課題
　㈱未来プリンを通じて消費者の食生活を豊かにすることを通じて，国内のトップシェア堅持とグローバル市場への展開を企業ビジョンとしている。
　SWOT（強み・弱み・機会・脅威）分析を俯瞰すると，次のように要約される。
　① 　強み
　・トップの強いリーダーシップと経営管理
　・ブランド力
　・商品開発力
　・量販店，大手食品卸業界に直結した強い営業ネットワーク
　・市場におけるトップシェア
　・高度に自動化された生産設備
　・ITを駆使した生産管理システム
　② 　機会
　・中国市場ほか海外市場への進出

図表 4-1　㈱未来プリンの SWOT 分析

強み	弱み
トップの強いリーダーシップと経営管理 ブランド力 商品開発力 量販店，大手食品卸業界に直結した強い営業ネットワーク 市場におけるトップシェア 高度に自動化された生産設備 IT を駆使した生産管理システム	グローバルに調達する材料の不安定な市況や為替リスク フルーツなどの先物買い 全国配送網での物流コストの高騰 需要の季節変動による生産資源の季節的遊休発生
機会	脅威
中国市場ほか海外市場への進出 量販店や外食産業からの OEM 需要	大手食品メーカのプリン市場への参入増加 少子化による需要の伸び悩み

・量販店や外食産業からの OEM 需要

③　弱み

・グローバルで調達する食材の豊凶による不安定な市況や為替リスク
・フルーツなどの先物買い取引
・全国配送網での物流コストの高騰
・需要の季節変動による生産資源の季節的遊休

④　脅威

・大手食品メーカのプリン市場への参入増加
・少子化による需要の伸び悩み

（3）　現状の㈱未来プリンの経営方針

現状の㈱未来プリンの重要な経営方針を戦略領域ごとに俯瞰する。

①　市場戦略

マーケットセグメンテーションとしては，一般家庭の食卓をターゲットに設定している。高級感というよりも，値ごろ感，親しみやすさを求める層を対象としている。

②　製品戦略

季節の果物を主体としたプリン・ア・ラ・モードをオールシーズン，食卓に値ごろ感のあるデザートとして提供する。このため，内容量の多さを訴求する商品名を打ち出している。たとえば，「ずっしり 350 g」「Full Of Peach on the Pudding」「ずっしりザボン オン ザ プリン」などである。

③ 販売チャネル戦略
量販店，大手食品卸業界に直結した強い営業ネットワークを利用。特にコンビニエンスストアに注力している。

④ 販促戦略
親しみやすいタレントを採用したテレビでのCMにより，日常感を演出している。また，食材銘柄指定の限定販売商品の場合には，その食材の原産県においてCM出演者をオーディションし，その地域限定のCMを流し，地域密着性を訴求している。その県出身のタレントなどが全国ネットの放送で話した「『ずっしりザボン オン ザ プリン』のCM」という発言をきっかけに，問い合わせが殺到したということもある。

⑤ 経営管理
売上重視，夏季のピーク時に大部分を販売し，利益を確保する。

（4） 今後の㈱未来プリンの経営方針
成長率が鈍化し，他社の安価なデザート製品にシェアを迫られつつある状況の中，今度どのような方針で経営を行っていくかについて，次のように整理を行っている。

① 市場戦略
少子化高齢化から現状の市場は飽和するとの認識の下に，高齢化市場，福祉市場需要にフォーカスを当て，製品ミックス，販売チャネルをシフトしていく。

② 製品戦略
キーワードは，次のものが検討方針にあげられている。
- 季節変動リスクを解消できるオールシーズン化，保存食，缶詰化
- 高齢化市場対応での健康，ダイエット，糖尿病食
- 酒類，和菓子など新規メニュー導入……アルコール入り，あずき，抹茶入り
- 調理を前提にした素材化
- 惣菜など内食市場への進出：例）茶碗蒸し，にこごり，車えびのコンソ

メよせ
- 若者層を意識した携帯性，スプーン不要で片手で食べられるなどの飲料並みの利便性，透明性，立体感の訴求
- メロンなど食材そのものとのセット販売による高級化，高単価化
- 食材銘柄指定の限定販売商品開発：例）青森焼きりんごプリン・ア・ラ・モード
- 業務用製品開発：例）ファミリーレストランのデザートの材料
- OEM 需要の開拓

③ 販売チャネル戦略

キーワードは次のものがあげられている。
- 市場戦略のシフトに対応したチャネルの見直し

  具体的には回転寿司，酒販店，ディスカウントショップ，学食・給食，病院，社員食堂，JR や私鉄等，航空のワゴンサービス・弁当販売との連携，インターネット通販，冠婚葬祭場
- 健康志向という観点でのドラッグストアでの販売

④ 販促戦略

キーワードは次のとおりである。
- 料理番組での紹介による日常の食事での取り入れ方と広告の一体化，立体化認知
- ドラマの 1 シーンで使用してもらい，日常感を目に焼きつける
- ドラマの中でシーンと関連づけた食べ方をしてもらい，製品を食べることでの演出性を訴求する

  例）「うれしいことがあったので，『ずっしりザボン オン ザ プリン』を買いにいかなくちゃ」というような，「うれしい」と「製品を購入」の関連を印象づける。
- コンビニエンスストアや量販店の陳列のコンサルティング

  今までは，店舗サイドに陳列をまかせていたため，㈱未来プリンの製品よりも安価で類似のデザートの下に陳列され，ゴールデンラインからはずれていることに加え，価格を比較されて購買に至らないということが，現場の定点観測で発見された。このため，店舗に対して，陳列や売

り方のアドバイスを行うコンサルタントを育成し，売場指導を行う。
・㈱未来プリンの顧客は量販店，大手食品卸業界であるが，その先の顧客である消費者を見つめるべく，店舗の現場に出向いて実際の購買状況，その反応を調査する。

⑤　経営管理

キーワードは次のとおりである。
・キャッシュフローを主体にした企業価値指向へのシフト
・そのための製品の集中と選択
・キャッシュフロー・損益分岐点による事業計画，予算編成
・閑散期における生産代行事業の展開

以上が，中期計画の重要検討課題として抽出された。

これらをベースに，現状の業務プロセスを整理し，改革仮説を設定し，改革に着手したのである。

2. 業務プロセスの課題と改革仮説

（1）　製品開発プロセスの課題と改革仮説

1つの定番製品の売上に極端に依存しており，この製品のライフサイクルが終了すると，続くヒット製品の投入までに時間がかかり，その間全体の売上が低下する傾向にあった。利益貢献，市場占有率に対する製品のライフサイクルごとのポートフォリオがうまく設定されていなかったのである。また製品の市場からの撤退に関する基準がなく，つくれば赤字になることが明確な製品も，受注があれば生産を続けていることが判明した。

改革課題として，自社だけでなく競合他社製品も含めて的確な市場動向情報を入手し，新製品の構成比を戦略的に設定し，顧客の嗜好の変化に対応する製品開発戦略と製品のライフサイクルを評価する仕組みと計画立案のプロセス導入があげられた。

これに対する改革仮説（現状の問題，将来発生すると考えられる課題に対する解決・改善施策）としては，新製品開発の目標管理，進捗評価導入と新製品の開発速度を高めるため，専用試作ラインの設置の検討を取り上げた。

また基礎研究については，外部機関を活用して開発の速度向上を図ることも検討仮説となった。

（2） 販売計画プロセスの課題と改革仮説

営業部門が過去の販売実績を基準に，翌年度の販売計画を立てたが，実際の受注は販売計画どおりには来なかった。差異は管理したが，差異が発生する原因を究明する手段はなく，嗜好の多様化が進んでいることによるものとして，過年度の実績の分析も軽視する風潮すら出てきた。

いかに精度の高い需要予測を行うかが課題として取り上げられ，取引先の在庫補充による受注ではなく，市場の店頭での売上動向により販売計画を立てる方向に変えるべきであるとする仮説が立てられて，実現への検討を進めるに至った。

（3） 生産計画プロセスの課題と改革仮説

営業部門が立てた販売計画と受注のギャップが大きいため，生産部門では販売計画を信頼することができなくなり，受注情報による生産部門独自の短期指向での生産計画を立てるようになった。

生産計画自体がレシピによる資材展開や資材の在庫引当が手作業で，約2日かかって実施されるため，オーダ確定後に，営業が捉えていなかった顧客の催事対応での追加受注が飛び込んで製品在庫の大幅な不足が発生し，資材の不足や生産ラインの混乱が生じることが多かった。製品の不足が生ずると，各顧客に不足分を配賦計算した減量調整による出荷交渉をせざるを得ない状況で，不信感を買うことも多かった。

生産計画の目標は原価低減の意向が強く，同一アイテムの大ロット集中生産による生産性の向上が図られ，原価率は低減したものの，在庫日数が増大することとなった。経理部門では，これによって損益が悪くなることもなかったためこれを甘受していたが，いよいよ在庫が相次いで賞味期限切れになる限界点を超えてしまった。滞留在庫の償却により大幅な欠損を出したことにより，在庫水準と生産計画の問題点が明白になったのである。

この事態を重大と捉えたトップは，適正在庫水準の維持と需要動向とをリ

ンクした生産計画の改変が必須であり，販売計画と生産計画の実施部門を統合し，意思決定と指示系統を社内で統一する仮説の検討を関連部門に指示した。

仮説では，市場の店頭情報をベースに需要予測を策定し，これに基づいて販売計画と安全在庫計画を立てて，生産計画にフィードバックすることとし，これを実現するシステム構築を検討することとした。

生産計画にあたっては，従来の計画が原価率削減指向でロット生産に走り，結果として在庫ロスをもたらしたことを反省し，改革仮説として，生産計画を，事前にトップがキャッシュフローで評価できる仕組みとした。

（4） 生産コントロールプロセスの課題と改革仮説

生産コントロールでは，製造プロセスごとに実績を収集する仕組みがなく，計画と実績の乖離を評価することができず，改善の手立てがないことが課題であった。現状の報告も手作業で実施していたため全社で情報を共有するのが週1回の会議であり，適時性を欠いていた。特に，原価の50％以上を占める材料のロスが，購入額と製品の中での正味量との間にどの程度発生し，どの程度まで改善により削減できるのか，評価する手段がないことが問題となっていた。また製造ラインの計画外の停止も多く，これによる生産性の評価も正確にできない状態であった。

連携するラインの一部の工程停止が発生したときに，人手で他の工程の停止を指示する体制であったため，遅れによる混乱や不良品が多数発生した。不良品の原価は，良品の原価に含められたため仕損コストは不明であった。

改革仮説では，生産実績をMESで管理することを前提にし，材料に関しては，購入量に対して，使用期限別に常時在庫管理が可能な仕組み，食材の開梱・開缶後の正味との差額の把握，さらに選別後の正味量との差額を計量しロスを評価できる仕組みの開発を目指すことにした。

製造ラインの生産性については，すべての停止時間の要因を明らかにして正確に評価できる仕組みの構築を目指すこととした。

また，生産コントロールの成果を評価する仕組みとして，直接標準原価計算を構築し，損益分岐点分析・限界利益分析，原価差額，仕損費の分析が実

第4章　キャッシュフロー生産管理の事例研究　277

施できることを目指すことにした。

メンテナンス部門は設置されていたが，発生した事故に事後的に対応する役割が設定されているだけで，生産計画を事前に確認し閑散時に空いているラインの予防保守を行う計画保守（予防保守）がなされていなかった。

また，段取替えの外段取化やシングル段取への装置の改造も研究されていなかった。

（5） 資材管理の課題と改革仮説

果肉など主要な食材に関しては，地域，季節における豊凶変動が高く，年度分の発注契約を行わないと，安定した供給が受けられない制約が課題であった。グローバル調達の拡大で供給リスクを分散することが改革方針となった。また需要予測が不十分で，資材倉庫の在庫管理精度が低いため，使用期限の到来により，実地棚卸で大量の処分在庫を出すことをいかに改善するかが課題となった。改革仮説として，購入品に種類や原産地や使用期限情報が検収情報から転記されたICタグを添付し，常時，現物レベルでリアルタイムに棚卸が可能な仕組みを構築することを目指すことにした。

また，鶏卵や乳製品，ゲル化剤，シロップなど定番性の高い食材やカップやシール，梱包材など包材については，供給業者に工場内で在庫管理を委託するVMI，CRPによる購買に切り替える交渉を行うことを検討することにした。

（6） 要員管理の課題と改革仮説

要員管理の課題は，生産プロセス全体および要員の生産性が評価できないことであった。利益改善の視点での適正要員雇用，常時雇用社員と契約社員との構成決定，日々の生産計画での適正要員の割当に確信がつかめず，また労使とも共通の課題になってきた動機づけのための成果報酬導入の前提としての評価の仕組みづくりが火急の検討テーマとなった。

常時雇用社員，契約社員ともICタグを社員カードとしてユニフォームに添付し，生産ラインでの稼働実績が収集できる仕組みを構築することを仮説とした。この仕組みによって，現実の正味の生産性を把握することを目指すこととした。

(7) 品質管理の課題と改革仮説

万が一,不良品が市場に出た場合のトレーサビリティ確保が喫緊の課題であった。市場に出た後も製品の製造オーダが確認でき,その製造オーダに関連して使用したすべての食材の購買オーダが把握できる仕組みを構築することが食品業として必須要件となった。さらに万が一,任意の購買ロットに購買品の不良が発生した場合,市場に出ている全製品の回収が実現できる機能も必要であった。

一方,工場の殺菌衛生管理設備の導入や機械化を主体に,品質管理は最先端で進めてきており諸規定からは十分と評価されているが,財務的には厳しい負担となってきた。どこまでの投資額が効果との見合いで最適値なのかを測りたいとする経営の要求が高くなった。既に先験企業で普及しつつある品質原価管理を導入し,適正品質対応原価を管理することを改革方針とした。

(8) 物流プロセスの課題と改革仮説

コンピュータに入力した受注から製品在庫引当,自動倉庫からの出荷指示の仕組みは構築済みであった。しかし,受注入力は受注センターの担当者が電話やFAXで受付した内容を手作業で入力するやり方で,受注の繁閑に変動する要員計画が課題であったため,顧客からの発注データの自動入力が課題となった。

全国の顧客に対する配送を効率的,経済的に行うという意識や目標設定がなかったため,全体を見渡した配送計画がなく,受注に対して個別に出荷便を立てていることに大きな機会損失があるのではないかとの指摘があがっていた。多数の受注を納期別・地域別に集約し,遠距離はまとめ輸送と地域拠点からの配送の連携ルートを構築すべきであるとの仮説が提起された。

従来から配送は外注体制であったが,このような仮説での効率的な輸配送を提供することが可能な物流業者へのアウトソーシングと自社の出荷手配システムとの情報連携構築が目指すところとなった。併せて,営業活動の効率化視点で阻害要因となっていた顧客からの入荷予定の確認応答業務(貨物トレース)の自動化も改革仮説とした。

(9) 営業支援の課題と改革仮説

営業の顧客訪問密度が競合他社に比べて低いという分析がなされていた。

また，顧客とのコミュニケーションが不十分で，量販店の催事などの計画を十分に把握できておらず，営業が知らないうちに大量のスポット受注が飛び込み，在庫不足で物流や生産計画部門を悩ます事態が多発した。現場の混乱の発生，営業の顧客への折衝工数増大に加えて，受注を断念する機会損失が大きかった。

このために，これ以上要員数を増やさず，いかに顧客とのコミュニケーションを向上させるかが課題であった。

改革課題として，顧客先で必要な商品情報や受注，営業報告，社内連絡，経費精算をすべて営業担当が持つパソコンやPDAから操作するSFA (Sales Force Automation) の構築を目指すこととした。

(10) パフォーマンス管理の課題と改革仮説

通常の財務上の損益計算以外にパフォーマンスを管理する仕組みがなかった。財務上の損益計算では，滞留在庫が増加しても損益に影響を与えることはなく，むしろ損益がよく見えてしまう結果になり，経営危機を看過する弊害要因となった。また財務数値にのらない機会損失も把握できない状態であった。

そこで改革仮説では，在庫滞留を財務数値でモニタリングできる機能としてキャッシュフロー計算の導入，機会損失やリスクを定量的に把握できる管理会計の構築，さらにキャッシュフローや機会損失・リスク発生を改善する要因を分析できる顧客価値発揮の要素やプロセス品質向上の要素が定量値で把握できる仕組みを構築することとした。

さらに，上記の施策の結果，十分な成果を達成できる見通しのうえに，株式上場を果たし，ストックオプション制で全従業員に企業価値を還元できる企業に成長することを中期の目標とすることをビジョンの1つとして掲げた。

3. 現状の問題・課題と改革仮説の検証

前項において述べた業務プロセスごとの改革仮説と課題を検証するために，現場ヒアリング，現状調査を行った。その結果の改革仮説と顕在化している問題・課題の関連づけを図表4-2に示す。また図表4-3には最終的な㈱未来プリンの課題と改革仮説を示す。

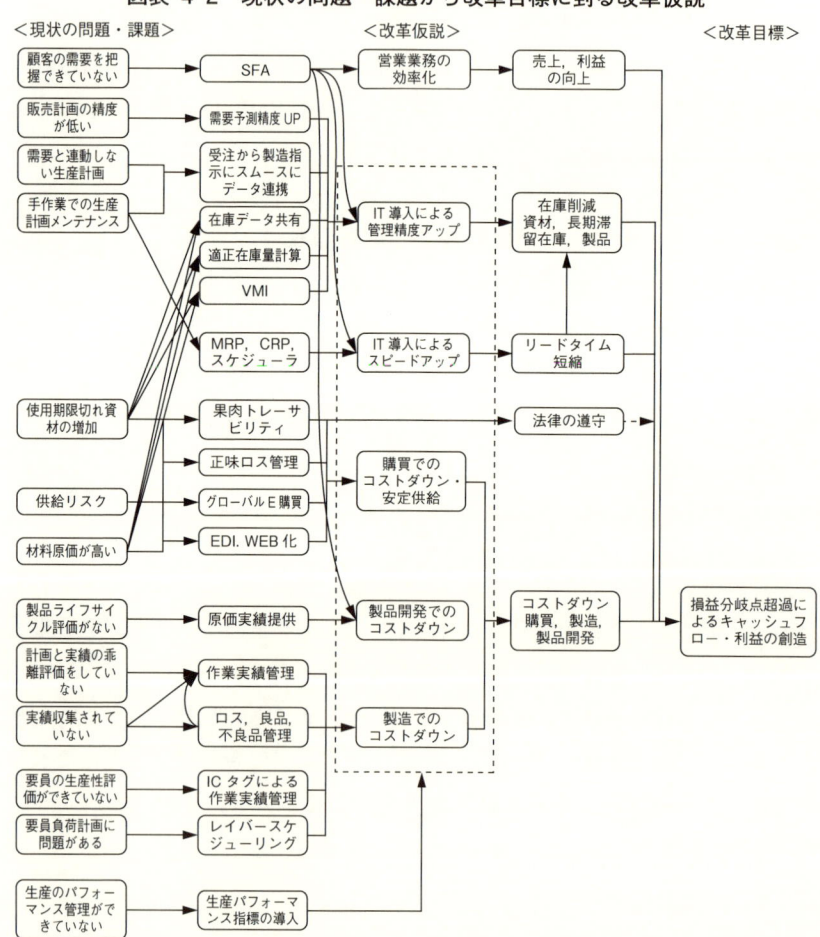

図表 4-2 現状の問題・課題から改革目標に到る改革仮説

<現状の問題・課題>   <改革仮説>   <改革目標>

現状の問題・課題	→	施策	→	改革仮説	→	改革目標
顧客の需要を把握できていない		SFA		営業業務の効率化		売上，利益の向上
販売計画の精度が低い		需要予測精度UP				
需要と連動しない生産計画		受注から製造指示にスムーズにデータ連携				
手作業での生産計画メンテナンス		在庫データ共有		IT導入による管理精度アップ		在庫削減 資材，長期滞留在庫，製品
		適正在庫量計算				
		VMI				
		MRP, CRP, スケジューラ		IT導入によるスピードアップ		リードタイム短縮
使用期限切れ資材の増加		果肉トレーサビリティ				法律の遵守
		正味ロス管理		購買でのコストダウン・安定供給		
供給リスク		グローバルE購買				
材料原価が高い		EDI. WEB化				
製品ライフサイクル評価がない		原価実績提供		製品開発でのコストダウン		コストダウン 購買，製造，製品開発		損益分岐点超過によるキャッシュフロー・利益の創造
計画と実績の乖離評価をしていない		作業実績管理				
実績収集されていない		ロス，良品，不良品管理		製造でのコストダウン		
要員の生産性評価ができていない		ICタグによる作業実績管理				
要員負荷計画に問題がある		レイバースケジューリング				
生産のパフォーマンス管理ができていない		生産パフォーマンス指標の導入				

図表 4-3　(株)未来プリンの課題と改革仮説

	領域	課題	改革仮説
1	製品開発	製品開発戦略と製品ライフサイクル評価の欠如	・新製品開発の目標管理，進捗評価 ・専用試作ラインの設置 ・基礎研究の外部機関活用
2	販売計画	販売計画の精度欠如	店頭での売上動向で需要予測実施
3	生産計画	需要と連動しない計画 手作業での計画のタイミングの遅れ	・適正在庫維持と店頭ベースでの需要動向とリンクした生産計画 ・販売計画と生産計画の組織統合
4	生産コントロール	実績収集プロセスの欠如 計画と実績の乖離評価プロセスの欠如	・生産計画対実績管理プロセス構築 ・材料使用期限別在庫管理 ・材料正味差額把握 ・ライン停止時間の要因評価 ・生産成果評価，直接標準原価計算導入 ・ラインの予防保守，外段取，シングル段取
5	資材管理	供給リスク対応施策欠如 使用期限管理欠如 人手によるトレーサビリティの手間 在庫管理リスク	・グローバル調達の拡大で供給リスクを分散 ・使用期限管理 ・トレーサビリティの自動化 ・VMIによる在庫管理委託
6	要員管理	生産性評価手段の欠如 配置計画の最適化手段欠如	・ICタグを社員カードとしてユニフォームに添付し，ラインでの稼働実績が収集できる仕組み構築
7	品質管理	人手によるトレーサビリティの手間	・トレーサビリティの自動化 ・品質原価管理の導入
8	営業支援システム	顧客需要の把握とコミュニケーション不足	・営業支援システム活用による訪問時情報の提供と顧客ニーズの全社へのフィードバック ・営業業務の効率化
9	パフォーマンス管理	生産プロセス等のパフォーマンス管理の欠如	・コスト，キャッシュフロー，機会損失の3視点での評価基準策定 ・顧客価値要因，プロセス品質要因での分析実施

4. 変革前の㈱未来プリン工場の業務プロセス

(1) 販売計画と需要予測

㈱未来プリンでは，過去の製品別，取引先別販売実績を月次で集計し，前年同月対比で実績値に会社全体の売上高成長目標を加算して計画月の予算を立てていた。

しかし，製品のライフサイクルや嗜好の変化も激しく，必ずしも前年の実績どおりの売上高構成比が維持される環境ではなくなってきた。

(2) 生産計画

1週間分の受注データから，週次で生産計画を立てていた。大量受注が来て，それに合わせた次週の生産があるのにかかわらず計画を立案すると，ピタッと次からの受注が止まり，限られた使用期限・賞味期限があるのにかかわらず，滞留在庫を形成してしまうことが多く発生していた。これは，受注データには量販店のバイヤーの予測や一定の安全在庫量を下回った段階での集中的な発注が多く，市場の実需とは異なったサイクルと発注量で受注実績が形成されるギャップがあることが判明したが，対処されないでいたためであった。

また，商品の特性上，季節により需要が大きく変動し，ピーク時には受注納期，数量を確保できないことが多く，売上の機会損失が発生していた。しかし，工場関係者は生産能力の限界の問題だと考え，受注制限は仕方ないことだと考えていた。

(3) 資材管理

さまざまな荷姿で入荷される食材などの棚卸は，工数も多くかかり精度にも問題があった。特に，使用期限が切れた滞留在庫，または使用期限が近づいた滞留在庫を探し出すのに時間を要していた。

また，資材計画は，手作業でレシピ展開を行っていた。レシピも基準量の精度が管理されていなかったので，指示量だけでは欠品も多く発生してお

り，資材担当者は，勘と経験からいつも指示量よりも5％程度多めに資材を配膳していた。余った資材は，開梱してしまうと鮮度や安全衛生上の制約のため倉庫に戻されることは禁じられており，廃棄されるのが常であった。しかし，廃棄量は計測されておらず，資材倉庫の払出も記録されていなかった。

このため，本当の必要量，払出量を把握できず，倉庫担当者の視認と定期の棚卸で前回の実績を基準に補充量を決めていた。

（4） MES

㈱未来プリンの製造工程は，図表4-4のようになっている。

① 原材料搬入および開缶検査

週単位での生産指示により，資材管理の担当者は，指示アイテムの指示数量分の食材の缶を生産前日に資材倉庫より払出す手配となっていた。

缶内の正味量にバラツキがあったため，資材担当者は前日までの過不足の状況を見て，指示量では不足と思われた場合は，少し余分に缶を払出した。

資材のピックアップは，担当者の視認により該当する缶を探し出し，カートに搭載し，指示書に払出した数量を記入した。

本来，同種の食材の缶でも先入先出で使用期限の近いものから払出すように意識づけられていたものの，この順序は完全には守られず，棚卸の実施時に使用期限切れの缶が積荷の下のほうから出てくることが多々あった。これらは，棚卸の時点で廃棄された。

払出された缶は工場内の開缶場に積下ろしされ，食材ごとに自動開缶機で開缶された。

② 調合および仕込み

開缶された食材は，缶の中の保存用のシロップを排水し，洗浄ラインを通過させた後，容器単位で指定ロット分を選別ラインに搬送し，熟練工により選別が実施された。

図表 4-4 （株)未来プリンの製造工程

原材料搬入開缶検査 ▶ 調合仕込み ▶ 充填 ▶ 殺菌冷却 ▶ 乾燥 ▶ 検査 ▶ 荷造包装 ▶ 出荷

大きさが規格外の果肉などは廃棄用の容器に詰められ廃棄場に搬送された。

選別後の使用可能な食材だけが充塡用の容器に移送され，翌日の充塡に備え冷蔵庫に保管される仕組みになっていた。

冷蔵庫には，新規に投入する食材のほか，充塡量以上の余剰在庫も翌日の充塡に使用するために戻入され保管されていた。

③ 充塡

充塡始業時に，充塡用の食材容器が充塡ラインに搬送され，製品のカップに手作業で基準量を充塡する流れになっている。熟練工によってなされた充塡を，次に控える熟練工が充塡具合を視検し過不足を調整，その後にプリン液がノズルからカップに所定量自動注入される。充塡量は，自動計量が可能で使用実績が生産報告に記入されていた。充塡後のカップはライン上の自動機でシールされ，金属探知機などで異物混入チェックを受けて殺菌層へ運ばれる流れになっている。

シールには製造年月日やオーダ，賞味期限が事前に印刷される仕組みになっている。しかし，製造オーダ当たりの充塡された食材容器数や正味投入量は管理されていなかった。

④ 殺菌・冷却・乾燥

シールされたカップは，殺菌のため，所定の温度で加熱された殺菌層に投入され所定の速度で加熱される。加熱後はライン上でそのまま移動させ，冷却層に投入され冷却される流れになっている。その後は乾燥室の中を通過させる。

殺菌，冷却，乾燥処理は，製品アイテムごとに高さの調節や通過速度など環境や付属器機の交換に伴う段取替えが必要である。搬送ガイドなどは，容器の大きさの差で交換が必要であり，ネジの外しなど数十分に及ぶ時間が必要であった。これらの段取時間は記録および報告がされていなかった。

⑤ 検査

乾燥完了後は，検査工程に入る。検査は製造ロットごとに適量の抜取検査を行う。

⑥ 荷造・包装

品質検査完了前でも，完成品は，ラインに乗って自動梱包機により一定数の単位で箱詰めされ自動倉庫に収納される。万が一，不良が出れば，ロットごと不良とし，自動倉庫からロットごと払出す規定になっている。また，自動倉庫への入庫過程で完成数が自動カウントされ記録される仕組みになっている。

⑦ 生産実績報告内容

生産実績の主な報告内容は，月次の棚卸により計算された各材料の消費量と製品の出来高，不良品の産出数，作業員の勤務時間であった。生産工程で重大な事故や長時間の停止があった場合は，責任者に報告がなされ，原因は追究されたが，朝礼で反省と訓示がなされるにとどまり，事故・停止の日時，原因，緊急処置，恒久処置，損失額の評価などの記録はされず，再発防止に向けた仕組みづくりに至っていなかった。

原価計算は実際原価による全部原価計算で，原価差異分析や限界利益分析（損益分岐点分析）は実施されていなかったが，製造原価の予算実績管理と前期対比管理は実施されていた。

（5） 要員管理

社員以外の工程作業要員は，前年同月および前々月の実績値に基づいて，責任者の経験で必要な要員数を算定し，季節単位の固定契約で雇用関係を締結していた。配置された要員は工程ごとに固定で割り当てられ，当該工程での作業に専門化していた。

他工程で長時間の事故があったときには応援に回されることはあったが，各工程間のローテーションを組まれることはなかった。作業報告は，タイムカードで出退勤の記録を行い，1日のスケジュールでは，午前シフトは8：30～17：00までで1時間休憩を含む勤務体系である。プリン液の仕込み担当は，朝6：30から洗浄を行い，7：30から仕込み作業を行う。

装置産業のため，製品はラインを流れることで製品となっていくが，昼食時にはラインの一斉停止がなされ，また1人の担当者のトイレ休憩では，いったんラインが停止される慣行であった。

（6） 品質管理

当社は ISO の認定工場でもあり，実績報告の文書化が規定されている。

品質管理基準と実施基準があり，これに従い品質管理を行っていた。特に食品の製造工場のため，異物の混入防止のための工程に入る前の塵・ほこり・髪の毛などのクリーンナップや手・作業靴の消毒，工程内での異物検査，トレーサビリティ確保のためのデータの記録などに多くの配慮と時間を要している。このため，HACCP，トレーサビリティなど遵守を求められる品質管理については適合しており，顧客からのクレームはない。

しかし，品質管理にかかわるコストについては，それを識別し，記録することはされておらず，品質原価基準による品質不適合コストと品質適合コストの対比による効果分析に活用されることはなかった。

また，工程での品質管理では，果肉や食材の投入，金属以外の異物混入確認などは人手に頼っていたので，顧客からのクレームはないが，精度維持に熟練度や属人的なムラがあり，安定した品質管理と生産性に課題があった。

（7） 物流管理

最終検査に合格した製品は，6個を1セットとしてダンボールに自動梱包され，自動倉庫に搬入される仕組みになっている。しかし，製造ラインが一部停止した場合の仕掛在庫を置くターンテーブルのような仕組みはなかったため，1ヵ所でもラインが停止すると全ラインを停止せざるを得なかった。また，その停止時間当たりの機会損失を管理する仕組みもなく，期間の決算上の利益を比較するしかなかった。

（8） 原価管理

製造原価計算は，変動費・固定費を区分しない全部原価で，かつ標準値を設定しない実際原価で実施していた。したがって，損益分岐点が把握されておらず，原価差異による異常値が金額ベースで把握できていなかった。

直接費は材料費，労務費を工程別に集計し，製品別製造個数で配賦し，製造間接費は工場全体分を製品別の直接材料費で配賦していた。このようなプロセスで製品別の大まかな原価は管理できていたが，工程別の積上げ計算が

手作業のため，手間がかかり，月次決算が確定するのは翌月 20 日以降となっていた。このため，原価計算の結果を翌月の計画や改善施策に反映するにはタイミング的に遅すぎていた。

（9） 業績評価

業績評価は，損益評価が主体で，予算達成度と前年同期成長率の加重平均値で評価指標が設定されていた。その結果，生産部門は，原価率の削減を生産計画とコントロールの目標に置いていたため，製造現場では作り溜めをする傾向が強かった。

5. 改革後の㈱未来プリン工場の業務プロセス

（1） 見込補充型をベースとした需給計画モデル

㈱未来プリンの生産モデルにおける特徴は，見込補充による需給計画，SCP（Supply Chain Planning：サプライチェーン計画）にある。SCPでは，精度が高い需要予測に基づく販売計画の立案，生販在計画システムでは材料過不足，生産負荷のシミュレーションを行い，資材制約，能力制約の検

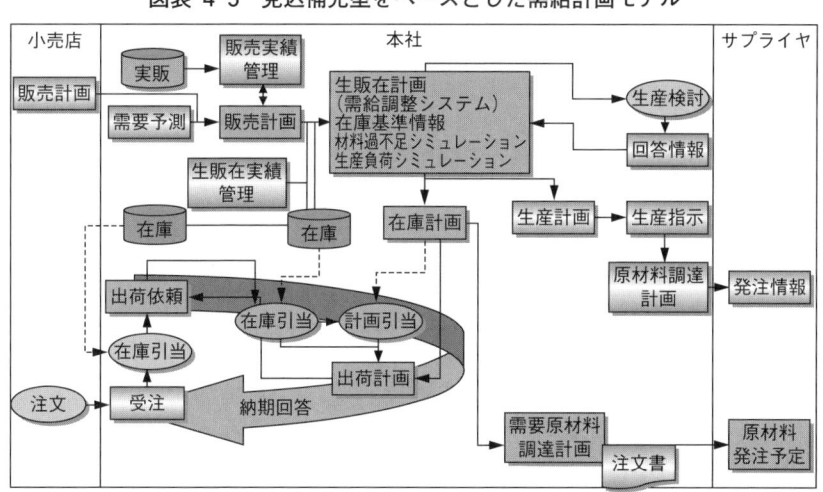

図表 4-5 見込補充型をベースとした需給計画モデル

証を行い，適正在庫量の維持を行う。これにより，欠品による販売機会損失の回避，過剰在庫のリスクを軽減することができる。また，実需に対して納期回答を行い，顧客満足度の向上を図ることができる。

㈱未来プリンの生産モデルを図表 4-5 に示す。

（2） 販売計画と需要予測

小売店舗設置の POS データをベースとした，前週の日ごとの当社製品および他社競合製品についてアイテム別販売数をデータベース業者から購入している。この POS データを時系列データとして蓄積し，時系列予測で先行期間の販売数量を予測することが可能になった。予測にあたっては，前年実績から季節変動も勘案してこれを加味した予測値を算出している。

新製品の場合は，そのものの過去の実績データを使用できないため，自社他社も含め類似製品の実績データから予測を立てている。しかし，新製品は自社の旧製品の売れ行きを食ってしまうというカニバライゼーションがあるので，予測値そのままを採用してしまうと，過剰生産となる可能性があるため，製品グループ全体としての需要予測も行い，製品グループ全体の予測値を上限とした調整もかけている。

また，損益分岐点とキャッシュフロー分岐点を同時に提示し，目標利益と目標キャッシュフローを入力することで目標達成に必要な売上高をシミュレートするシステムを導入し，キャッシュフロー視点での販売計画立案を容易にしている。

（3） 生産計画

月に 1 回開催される製販会議において，販売責任者から提示される，承認された先行期間の販売・在庫計画値に対して，製造責任者は，工場の能力，在庫の見込みを加味して，生産計画を調整，提示し，キャッシュフロー，原価を試算し，合意を得て月度生産計画としている。

特に，㈱未来プリンの製品は，季節変動が高く，ピーク時には日別の受注出荷量に生産能力が追いつかないことがあるため，先行する受注量と能力限界を勘案して，事前に見込受注量分を生産し，在庫することがある。これを

第 4 章　キャッシュフロー生産管理の事例研究　289

図表 4-6　製造，販売，在庫計画の見直しプロセス

製品別に適正在庫と実在庫の差を確認し，
製造，販売，在庫の計画の見直しを行う

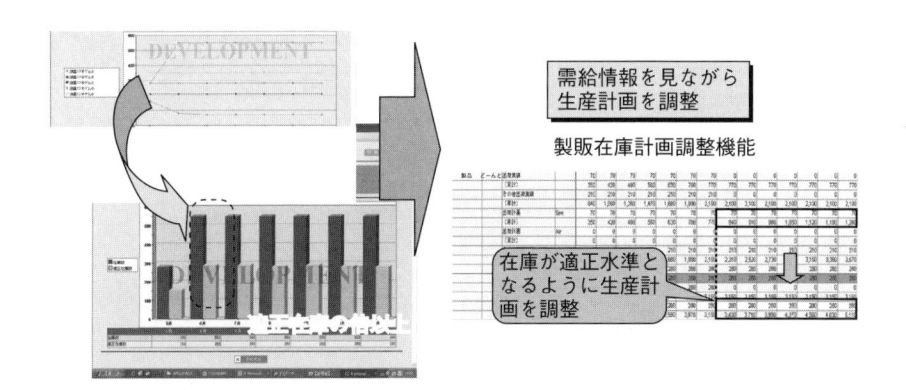

需給情報を見ながら
生産計画を調整

製販在庫計画調整機能

在庫が適正水準と
なるように生産計
画を調整

調整した製販在庫計画は，実施可能な基準日程か確認する

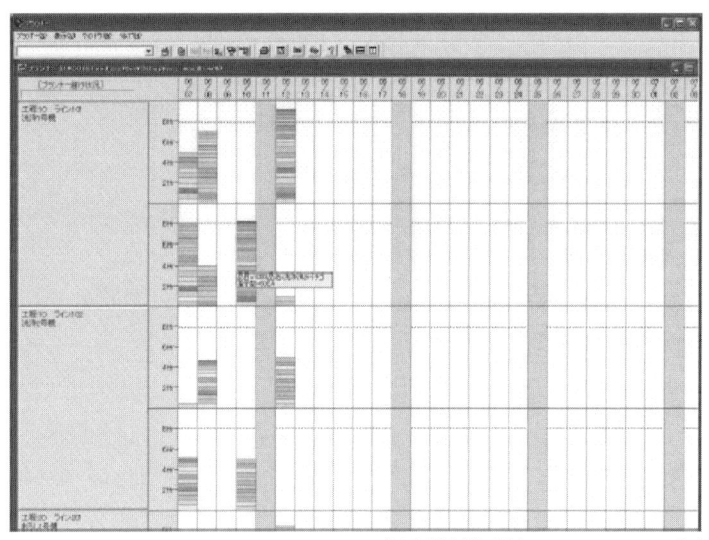

（日本事務器（株）CORE Plus qbic より引用）

図表 4-7　負荷山崩

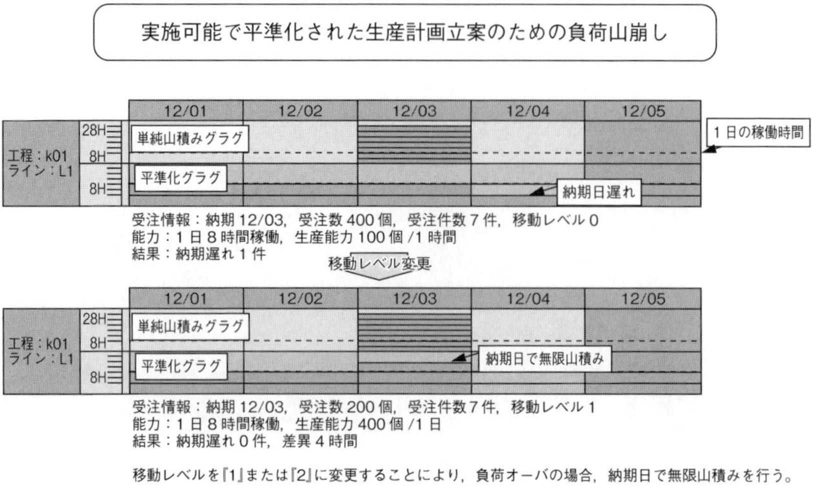
実施可能で平準化された生産計画立案のための負荷山崩し
12/01
12/02
12/03
12/04
12/05
工程：k01
ライン：L1
28H
8H
8H
単純山積みグラグ
平準化グラグ
1日の稼働時間
納期日遅れ
受注情報：納期 12/03，受注数 400 個，受注件数 7 件，移動レベル 0
能力：1 日 8 時間稼働，生産能力 100 個 /1 時間
結果：納期遅れ 1 件
移動レベル変更
12/01
12/02
12/03
12/04
12/05
工程：k01
ライン：L1
28H
8H
8H
単純山積みグラグ
平準化グラグ
納期日で無限山積み
受注情報：納期 12/03，受注数 200 個，受注件数 7 件，移動レベル 1
能力：1 日 8 時間稼働，生産能力 400 個 /1 日
結果：納期遅れ 0 件，差異 4 時間
移動レベルを『1』または『2』に変更することにより，負荷オーバの場合，納期日で無限山積みを行う。

平準化生産といっている。平準化生産計画による事前生産量は，一定の賞味期限の制約の中でも，ピーク時の増産体制の追加原価と事前生産による在庫滞留のキャッシュフローアウトを比較して最適点で生産量を決めている。

生産計画の基本要件としては，

・高い確率精度で品切れを起こさない日々の在庫量設定

・一方，安全在庫量を超える回転在庫を極小化する

・生産能力の範囲での生産計画を実施

を基準としている。

このために図表 4-7 のような負荷山崩機能を導入し，平準化生産を指向した生産計画立案を可能にした。

（4）　資材管理

㈱未来プリンでは，需要予測→販売・在庫計画→生産計画に対応した資材の調達計画を実施している。しかし，主材料では，果肉や食材の収穫の豊凶や市況によって生産適時な調達が実施できないこともある。このような環境特性の中で，資材政策としては次のことを実施している。

・一定量の内示発注の先行

- 輸入品に対する為替変動をヘッジする為替予約管理
- 先物取引の契約による価格変動ヘッジ
- 調達先，産地国の分散による調達リスクの回避
- 使用期限別滞留在庫の早期処分

一方，オペレーションレベルでは工場内での大量の資材在庫を避けるため，生産計画に対応した適時入荷指示，一部キー資材の在庫についてベンダー責任による補充を実施させている。

これにより資材の品切れと過剰在庫を防ぎ，消化ベースで購入と未払計上を行うため支払キャッシュフローが画期的に向上した。

しかし，先行発注量に対して需要予測が大幅に下回ってきた場合は，使用期限を過ぎて在庫となる資材の滞留リスクを予測し，他社への転売やペナルティを負担して契約を解消するなどの意思決定を行い，リスクの最小化を図っている。

図表 4-8 使用期限照会画面

使用期限を照会し，先入先出での材料出庫を確実に行う
また，使用期限切れでの廃棄ロスを削減する

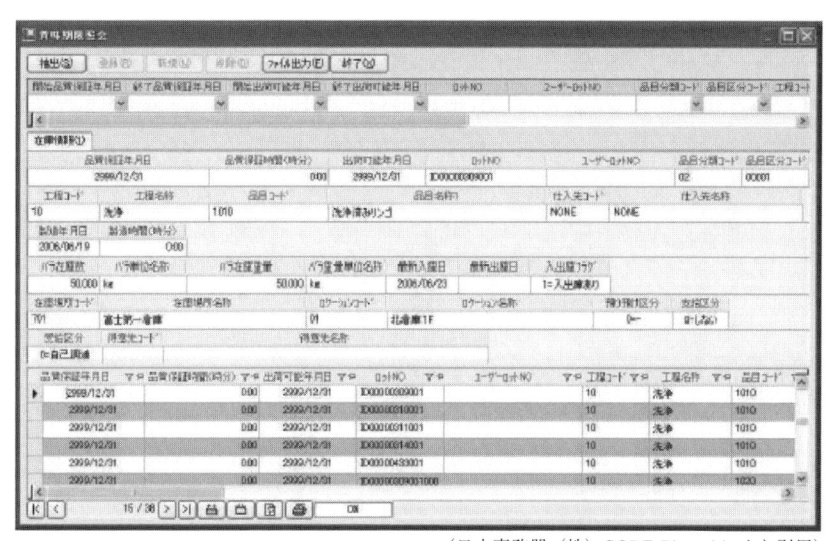

（日本事務器（株）CORE Plus qbic より引用）

㈱未来プリンは食品製造業のため鮮度管理が非常に重要であり、帳簿在庫の管理のほか、実地棚卸による在庫保持が重要な業務となる。

従来、さまざまな荷姿で入荷される食材等の棚卸は、工数も多くかかり精度にも問題があったが、現在では発注時点での資材内容がICタグで入荷時の荷姿に添付されている。これにより無線LANとICタグリーダ・ライタで任意の時点で実地棚卸を自動集計することができるようになっており、使用期限が近づいた滞留在庫も物理的に直ちにピックアップすることができるようになっている。

(5) MES

実績収集においては、生産指示に対する生産実績を、時間軸で工程ごとに収集し、差異を管理することに注力するようになった。開缶から出荷まですべての工程で実績を収集し、顕在化した不具合は作業日報の登録、または音

図表 4-9 ロットトレース機能画面

ロットトレース機能により品質管理コストの削減を実現

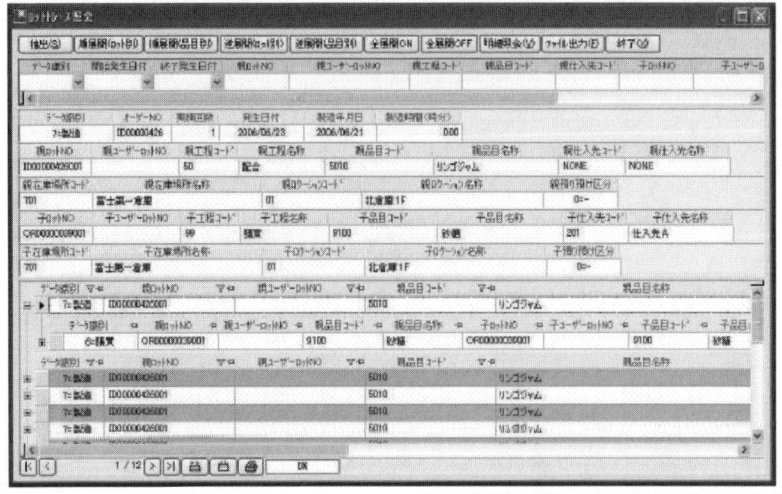

(日本事務器(株) CORE Plus qbic より引用)

声入力によりコンピュータシステムに登録を実施させている。

　ある工程の能力制約や不具合は，前後の工程に遊休や停止の非効率を波及するため，各工程の制約や不具合を，1工程だけでなく統合化された全体工程の不具合として原因が明確化できるシステムを構築している。具体的には，1工程が発生源で発生した時間ロスが，前後の工程に与えたロスを自動

図表 4-10　工程ロス波及分析表フォーマット

工程名：充填工程：＊＊ライン			集計期間：YYMMDD～YYMMDD		
ロス種別			自工程ロス	他工程波及ロス	ロス総計
停止	段取	時間			
		金額（構成比）			
	＊＊休憩	時間			
		金額（構成比）			
	＊＊障害	時間			
		金額（構成比）			
不良発生	＊＊不良	件数			
		金額（構成比）			
	＊＊不良	件数			
		金額（構成比）			
	＊＊＊	件数			
		金額（構成比）			

図表 4-11　進捗とリードタイムを可視化

適時の実績収集により進捗やリードタイムを可視化

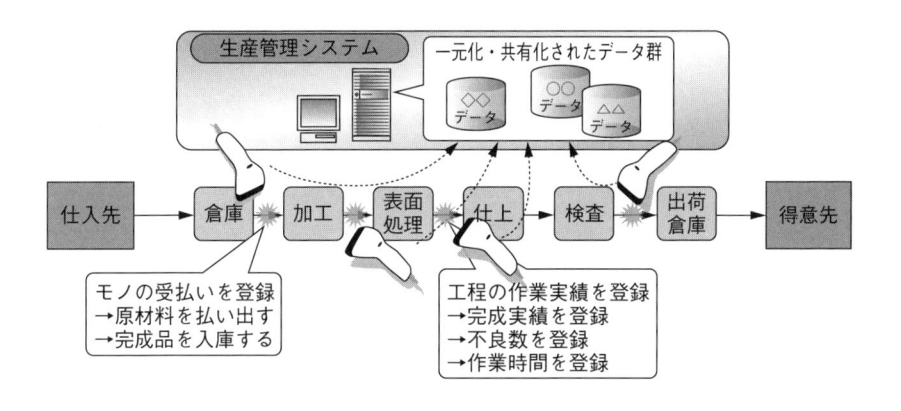

生産管理システム　一元化・共有化されたデータ群
◇◇データ　○○データ　△△データ

仕入先 → 倉庫 → 加工 → 表面処理 → 仕上 → 検査 → 出荷倉庫 → 得意先

モノの受払いを登録
→原材料を払い出す
→完成品を入庫する

工程の作業実績を登録
→完成実績を登録
→不良数を登録
→作業時間を登録

計算して波及ロス全体を計算する仕組みがある。これによって，原因別の工場全体のロスが金額ベースで定量化できるようになった。

また，作業実績の管理指標として，利益速度を採用し，製品アイテムごとの各工程別の通過速度の平均値を計測し，製品アイテムの単位粗利高を管理している。これにより，季節ごとに変動する製品アイテム構成による受注で，生産能力がどこの工程でピークになるのかを把握できるのである。

さらに，制約工程での製品アイテム別利益速度をランキングし，利益速度が最も高い製品アイテムのみを，仮想で連続フル生産した場合との機会損失を計測，評価を行い，受注量が高い製品アイテムで利益速度の低い製品アイテムにおいて制約工程での生産性向上，外作化の検討に活用している。

(6) 要員管理

要員計画は，月度生産計画で作成された概算生産計画に基づいて行っている。

生産の主力は派遣社員，パート・アルバイトで，契約折衝期間を考慮すると，少なくとも2ヵ月前には人数単位での手当てを行う必要がある。次に，週次での生産計画に対応した時間単位での稼働計画をコンピュータシステムで自動算定する。この週間稼働計画表に基づいて，個人単位での出勤予定が組まれる。しかし，突発的な欠勤，前日に欠勤願いが出たような場合の代替シフト体制が，コンピュータシステムの割付変更処理により次善策が提示されるようになっている。

また，標準原価計算の一環として，稼働計画レベルでも，生産計画に対応する標準労務費が算出できるようになっている。

個々の作業者の作業実績は，社員IDを記録したICタグをユニフォームに添付し，工程着任，工程離脱時に作業着手，作業完了，勤務時間実績，工程別直接および間接作業実績報告を簡易な入力で収集している。最終的には，作業日報をもとに工程ごとの班長により，収集された作業実績を確認，修正，承認する仕組みになっている。

第4章　キャッシュフロー生産管理の事例研究　295

（7）品質管理

　本工場の品質管理の課題は，品質管理コストの削減である。正確には，品質を維持するために所要する品質適合コストと品質不適合コストの総和を最小化する品質原価管理の導入である。

　このため，品質原価を品質適合コストと品質不適合コストに区分する。品質不適合コストは，工程内で不良が出てしまった後での修復コストや廃棄ロスを意味するため，「労働集約型での品質適合コスト」と「機械化自動化への投資を踏まえた品質適合コスト」を試算し，それぞれの品質不適合コストの削減効果を，理論値と過去の発生実績で比較を行った。

　品質を維持するために必要な品質適合コストと品質不適合コストが等価なポイントを評価した結果，機械化することにより，現行の総品質コストよりコストを削減できる見込みを得，異物感知の機械化を最適適合コストに近い基準額で実施した。また，材料から出荷ロットまでトレースを行うシステム

図表 4-12　トレース画面検索

ロットトレース機能により品質管理コストの削減を実現

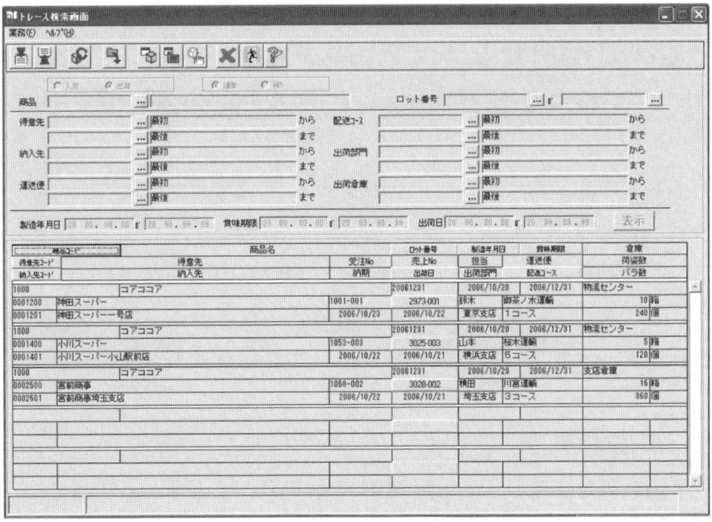

（日本事務器（株）CORE Plus qbic より引用）

を導入し，品質管理にかかわるコストを削減した。

（8） 物流管理

当社の物流プロセスには，資材の保管受払および資材倉庫から製造ラインへの搬送，自動倉庫による製品の保管受払がある。食品工場の生産プロセスは装置産業型であり，加工工程に組立などの仕掛滞留は発生しない構造であるため，キャッシュフロー視点で最もリスクが発生するポイントは，生産プロセスの遊休による機会損失である。このため，加工の流れに中断を起こさない視点での物流設計が必要とされる。

加工の流れを中断させる発生要因には以下のようなものがある。
- 材料の品切れ
- 材料の手配ミス
- 投入材料の品質不良
- 代替要員の準備がない従業員の欠勤
- 不良品の発生
- 充填機や搬送装置の故障による計画外停止
- 段取準備による製造の停止

これに対し，製造の中断を起さない物流設計として，
- 完成品の自動倉庫搬入
- 故障が発生した場合，前工程を停止させないための退避保管エリアの設置
- 前工程が停止した場合の一時的仕掛品滞留バッファの設定

を仕組みとして導入した。

また，原価計算上で，停止が発生した場合の原因別の直接ロスおよび他工程への波及ロスが記録管理され，経営に報告されている（図表4-10参照）。この機会損失は次年度での改善目標をベースに利益計画に反映される。

（9） 原価管理

製造原価計算は，標準・直接原価計算を実施しているが，業績管理は原価計算基準の範囲に閉じず，資本コストを加味した経済的価値計算およびフリ

ーキャッシュフローによる企業価値計算を実施している。

標準原価計算の導入により，実際原価と標準原価とを差異管理し，原価差異を通じて製造プロセスの標準コスト維持を図っている。

直接原価計算では，管理不可能な固定費は，現業の責任会計からは資本コストを除いては除外し，管理可能な変動費との差額を貢献マージンとして目標対比管理を行っている。

損益およびキャッシュフロー成果管理は次項で述べることとし，以下，製造原価計算の特徴を説明する。

① 材料費

材料費は変動費である。製品に占める材料原価率は 60% とコスト管理上最も重要な原価要素となっている。

主材料の1つであるフルーツ果肉は，アイテムごと，季節ごとに，標準単価を設定し更新運用している。材料倉庫からの払出時の数量，開缶後の投入正味数量，完成後のレシピによる製品単位の標準所要量の3段階を捉え，最終製品での理論材料消費量を基準に，それぞれの段階での差額を捉えている。

完成後のレシピ基準の理論消費量と充填前に開缶後計量した実際投入量の差異は，材料の製造工程における歩留りとして把握している。

材料倉庫から払出した未開缶のメーカ表示正味量と実際の量との差は，投入時差異として把握し，これはメーカへ値引請求ができる契約としている。したがって，原価計算上は開缶後投入量が実際消費量として計算される。

プリンのゲル化剤は，半期ごとに標準原価を設定し更新している。運用上は払出時の表示計量ベースで数量管理が可能で，充填前の投入量と製品ベースでのレシピ基準量との差が歩留りとして管理される。

季節ごとの材料の標準単価の更新は，実績単価の変動の標準偏差を計算し，一定の水準の異常値を除去した後の移動平均値で自動更新している。

② 労務費計算

直接労務費は，直接作業員の作業服にICタグを添付し，どの工程にいつからいつまで実作業についていたかの作業着手，作業完了，作業実績，およびトレースが可能な仕組みになっている。

これにより，実際労務費との差異については，作業時間差異を中心に工程単位，製造ロット単位，個人単位で把握することができるようになった。

なお，賃率差異は，標準賃率の改定のベースにしている。

③ 製造経費計算

㈱未来プリンには直接製造経費に相当する外注費と特許使用料は該当するものがない。したがって，製造経費はすべて製造間接費になる。

製造間接費の製品別配賦は，直接製造部門に配賦し集計してから，製品別に再配賦する伝統的な製造間接費計算を行うことを廃止した。製品ごとの原価が不明瞭になるからである。間接部門活動の製品への価値提供を分析して製造間接費を製品に賦課する活動基準原価計算の方法を採用した。また，原価企画時に製品開発や試作原価，製造原価情報や製造以降のサプライチェーン原価情報をすべて網羅的に参照できる方針を立て，会計原則に閉じない，製品ライフサイクルのすべての活動原価を収集する仕組みを確立している。

④ 仕掛品計算

当社は製造プロセスが短く，操業終了時には仕掛残は残らない。したがって，原価計算上，仕掛品残高は発生しない。

⑤ 製品開発プロセス費用の製品原価賦課計算

この原価要素は，財務会計では製造原価に算入してはならない販管費範囲であるが，当社は管理会計としての原価計算に反映している。

製品開発に要した試験研究活動，開発活動費，試作活動費，レシピ設計活動費を範囲として当該細目で活動費用を部門人件費も含めて，変動費と固定費に分別してから開発期間にわたって集計し事業計画上の製品販売数で除して，単位当たりの変動費配賦率，固定費配賦率を決めている。事業計画値を超えて販売実績をあげる優良製品は，事業計画値を超えた以降の製造原価には当該費用は賦課されることはない。

⑥ 購買プロセス費用の製品原価賦課計算

購買プロセスの費用には，購買部門の新規材料購入先の開拓活動費，購買プロセス事務費やIT費，購買先との折衝活動費，物流設備費，材料物流コスト，部門人件費がある。

前四半期に発生した部門費を変動費と固定費に分別し，当該期間の材料検

収ロット数で除したそれぞれの配賦率を設定し，原価計算期間の購買原価として検収ロット件数に乗じて購買プロセス変動費原価と購買プロセス固定費原価を計算している。

⑦　生産管理プロセス費用の製品原価賦課計算

製造プロセスの設計，生産計画や生産管理などの生産管理諸活動費は，人件費やIT費などを主体とする生産管理部門費を，前四半期ベースで変動費，固定費に分別し，製品アイテム別の完成数量で除して，変動費，固定費での単位配賦率を設定している。これを原価計算期間の製品アイテム別完成数に乗じて生産管理プロセス変動費および固定費としている。

⑧　品質管理費

前四半期の品質管理部門の部門費を変動費と固定費に分類集計し，それぞれを材料別検査回数，および製品別試食など検査回数で除して変動費，固定費のアイテム別単位配賦率を設定している。

これを当期の材料別消費量，製品別完成数に乗じ，材料別品質管理費はさらにレシピによって製品別に転換し，両者を合計して製品別品質管理変動費，固定費としている。

品質管理費情報は，製造間接費の財務的計上のほかに，品質管理コストの予防コストを最適化するための品質原価基準による科目分類を行っている。品質適合コストと品質不適合コストの変動曲線の交点が，総品質管理コストが最少になる最適投資水準となるので，これによって品質管理コストの予算枠を設定している。

品質適合管理活動コストは，

（a）　品質予防原価（品質管理計画費，研修費，TQC活動費，購買品品質検査費）

（b）　評価原価（製品品質検査費，品質保証費など）

品質不適合コストは，

（a）　内部失敗原価（仕損費，補修費，不良品廃棄費用など）

（b）　外部失敗原価（不良原因の返品損失，無償補修費など）

でそれぞれ分類している。

⑨ 工場設備費

減価償却費，設備リース料，定期的保全費用は固定費に属するが，受注量や季節によって変動する動力費などは変動費としてそれぞれ分別集計し，前四半期ベースで製品アイテム別に完成数で除し，単位配賦率を計算している。これを当期の製品アイテム別完成数で乗じて，製品別工場設備変動費と固定費を計算している。

⑩ 販売物流費の製品総原価賦課計算

販売物流費は財務会計上は販管費であり，製造原価に含めてはならないが，原価企画やサプライチェーンマネジメントのためのライフサイクル原価情報として管理会計上集計を行っている。前四半期の製品物流設備費用や運送外注費，構内搬送人件費などを変動費部分と固定費分に分別し，製品アイテム別の在庫受払数で除した配賦率を設定している。

これに当期の製品アイテム別受払数実績に換算した製造販売数で乗じた金額が，製品別販売物流費として計上される。

⑪ 受注活動費

受注活動費も財務会計上は販管費であり，会計原則では製造原価に含めてはならないが，原価企画やサプライチェーンマネジメントのためのライフサイクル原価情報として管理会計上集計を行っている。

前四半期の受注受付センターの人件費，IT費用，通信費用，フロアー費用などを，入力単位での受注件数で除し単位配賦率を設定している。これに

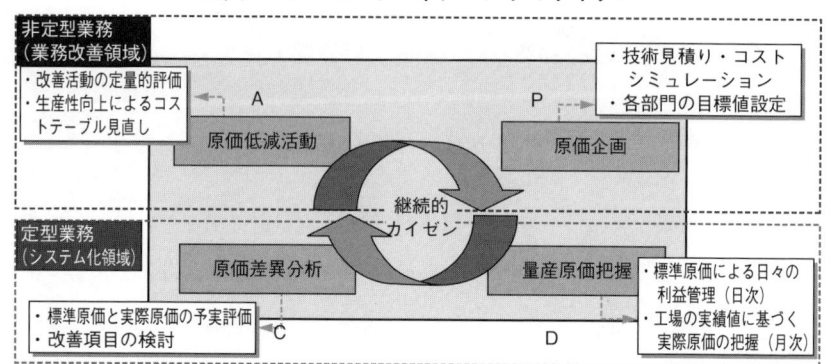

図表 4-13 コストマネジメントのサイクル

当期の製品アイテム別の受注件数に換算した完成数を乗じて受注活動費を計上している。

⑫　環境活動費

製造部門を主体とした環境会計基準に準拠した環境活動費と，販売部門における環境活動費を変動費と固定費に分別し，前四半期実績で製品アイテム別製造件数で除し，単位環境原価配賦率を変動費部分と固定費部分で設定して，当期の製品完成数量に乗じて計上している。

⑬　マーケティング活動費

マーケティング活動費は販管費であり，会計原則では製造原価に含めてはならないが，サプライチェーンマネジメントのためのライフサイクル原価情報として管理会計上集計を行っている。

前四半期の市場調査費，広告宣伝費，販促費をマーケティング費として変動費分と固定費分に分類集計し，製品アイテム別販売件数で除し，単位マーケティング原価配賦率を変動費部分と固定費部分で設定し，当期の製品販売数量に乗じて計上している。

(10)　キャッシュフロー成果管理

㈱未来プリンは，生産プロセスを，開発プロセス，購買プロセス，直接製造プロセス，および製造支援プロセスに区分して，パフォーマンスを3つの財務成果（コスト視点，キャッシュフロー視点，機会損失の視点）で評価し，併せて財務成果のドライバとなる顧客価値要因，プロセス品質要因を分析している。これらの評価のうえに生産全体のパフォーマンスも評価する体系を構築している。

①　開発プロセスのパフォーマンス管理

（a）　コスト視点

売上高対研究開発費比率で予算を設定し，原価企画にもとづく原価低減率でシリーズ製品の企画段階での要素原価の削減実績を評価している。また売上総利益に対する研究開発投資を評価している。企画原価の低減効果も管理することとした。プロジェクトの研究開発ライフサイクルにわたる貢献利益での回収効率を，

累積研究開発対貢献利益倍数
　　　　＝将来累積研究開発費÷(将来ライセンス収入現在価値累積額
　　　　　＋累積製品貢献利益実績＋将来製品貢献利益計画の現在価値)
で評価している。
(b)　キャッシュフロー視点

　開発プロセスは資産を形成しないので，研究開発損益（知財収入－研究開発コスト）を税引後で計上し，キャッシュフローベースで評価している。
(c)　機会損失視点

　研究開発費100万円単位での製品化実績を，新製品発売件数対研究開発費を指標として評価している。

　以上の財務成果以外の要素では，
(d)　顧客価値視点

　新製品の供給成果を，全製品数における年度内新製品件数の比率で評価している。
(e)　プロセスの品質向上視点

　研究開発費100万円単位での工業所有権創造実績件数である，研究開発費に対する工業所有権獲得件数を指標として評価している。

②　**購買プロセスのパフォーマンス管理**
(a)　コスト視点

　次の3つの指標で統制を行っている。
- 「調達コスト率＝製造原価に占める調達コストの比率」で調達部門の部門費を統制している。

　　果肉，食材等のコスト削減を狙って輸入を進めているものの，輸入関連の物流コストは相対的に高くなる傾向である。
- 「輸入コスト比率＝製品原価に占める輸入関連コスト比率」を評価するとともに，（本体価格＋輸入コスト）の総額で産地適性を評価している。また，
- 「購買価格差異率＝標準購買価格と実際購買価格との差異比率」で購買管理の巧拙を評価している。

（b） キャッシュフロー視点

次の３つの要素で評価を行っている。

在庫回転については，
・材料棚卸日数＝（材料平均在庫高÷材料費）×365日

調達リードタイム短縮成果については，
・調達リードタイム短縮率＝キー材料ごとの発注から受入検収までの日数の短縮率

支払キャッシュフロー向上成果については，支払日数が棚卸日数や営業債権日数を上回ることが統制できるように，
・支払日数÷（棚卸日数＋営業債権日数）

でモニタリングしている。

（c） 機会損失・リスク視点

欠品・不良・納期遅延による機会損失を，
・機会損失＝欠品・不良・納期遅延により逸失した受注利益＋顧客との調整コスト

で評価している。

（d） 顧客価値要因

財務成果に寄与した要因として，顧客価値向上がある。

購買プロセスの顧客価値貢献は，納期遵守である。そのために，購入物の納期を満たさなければならない。カムアップシステムなどにより納期には万全を期しているが，成果評価としては発注指定納期に対する業者の納期遵守率を評価している。

（e） プロセス品質視点

プロセス品質向上も財務成果達成の成功要因である。プロセスの品質向上要因では，次の４要素で評価を行っている。

・ノー検品率＝受入検収件数に占めるノー検品件数
・購買価格差異標準偏差＝購買価格差異のバラツキが少ないこと
・在庫回転率標準偏差＝在庫回転率のバラツキが少ないこと
・棚卸減耗率＝帳簿在庫と実地棚卸の差異が少ないこと

③ 直接製造プロセスのパフォーマンス管理

（a） コスト視点

次の5指標でコスト削減成果を評価している。

- 全体歩留率
- 製品ライン別仕損・減損発生率＝製品別期間仕損・減損発生額÷製品期間製造原価
- 製造変動原価低減率＝変動原価ベースでの期間製造原価低減率
- スループット増加率＝〔売上高－（材料購入高＋外部支出高）〕÷売上高の期間成長率
- 不利差異低減率＝不利差異となった原価差異の期間比較低減率

（b） キャッシュフロー視点

次の5指標で評価を行っている。

- 工場の製品完成時点での製造プロセスで創造したキャッシュフローの割合 キャッシュフロー生産マージン

  〔税引後（工場社内売価での製品完成高－製造原価）
  ＋減価償却費－製品を除く棚卸資産増加高－購買債務減少高〕
  ÷工場社内売価での製品完成高

- 製品別の受注から納品までの所要時間の短縮実績＝製造リードタイム短縮率
- 工程内で仕掛在庫の滞留偏差

（c） 機会損失・リスク視点

次の3指標で機会損失を評価している。

- 制約機会損失：生産工程間の能力バランスの不整合等で制約工程が発生した場合に前後の工程の不稼働により発生した機会損失を集計し，評価している。
- 設備稼働率：キーとなる設備の生産性の偏差を評価している。不稼働時間が生産量の変動によるものか，不具合によるものか段取替えによるものかの要因別に分析している。
- 利益速度：発生した制約工程の各製品の時間当たりのスループットを算出しスループットが最高位の製品と比較して，各製品の機会損失を評価

している。これを基準に利益速度が低いキー製品の利益速度を向上させることで，どれだけ追加利益が創造されるかの改善後の試算を行っている。

（d） 顧客価値要因

　以上の財務成果（コスト・キャッシュフロー・機会損失）達成の成功要因として顧客価値要因では，最終納期に影響を与える要因として，

　　・製造納期遵守率

を評価している。

（e） プロセス品質の視点

　原価差異のバラツキを評価視点に置き，次の2指標で評価している。

　　・原価差異標準偏差：原価差異のバラツキ

　　・歩留率標準偏差：歩留りのバラツキ

④　製造支援プロセスのパフォーマンス管理

（a） コスト視点

　製造間接費の諸費の原価率削減を，次の5つ要素に分解して低減目標達成度を評価している。

　　・部門製造間接費対製造原価比率：部門別製造間接費率の低減目標達成度
　　・活動費対製造原価比率：活動費率の低減目標達成度
　　・活動単価：活動費の標準単価の低減目標達成度
　　・製造間接費対能率変動費差異：製造間接費の原価差異のうち，変動数量差異の低減目標の達成度
　　・製造間接費対予算差異：製造間接費の原価差異のうち，変動価格差異の低減目標の達成度

（b） キャッシュフロー視点

　製造間接費のキャッシュフロー改善を支払サイトを対象として次の指標で評価している。

　　・支払日数：未払金の発生から支払までの日数の維持

（c） 機会損失・リスクの視点

　製造間接費の固定費分の過剰投資による不経済を次の2指標で評価している。

・製造間接費操業度差異：実際操業度と設備投資額のミスマッチによる結果としての過剰投資発生
・製造間接費固定費能率差異：標準操業度に対する設備活用非効率
（d） 顧客価値要因

以上の財務成果（コスト・キャッシュフロー・機会損失）達成の成功要因として顧客価値要因では，品質不良を発生させないことを最重要要因としている。

（e） プロセス品質の視点

品質原価と環境原価の効率および活動原価計算を採用していることから，活動の安定的な生産性を評価している。

・品質原価効率：事前投資としての品質対応原価による事後原価となる品質不対応原価削減効果を評価し，併せて両者の総和を評価している。
・環境原価効率：環境投資による環境負荷の削減効率を下記の指標で評価している。

売上高環境負荷率，売上総利益対環境負荷率，環境負荷削減効率，環境投資比率（企業の総投資額に占める環境投資額の割合），環境費用比率（総費用に占める環境期間費用の割合），環境事前コスト比率（環境費用のうち環境予防コストの割合）

・活動単価標準偏差：活動種別の単価のばらつきを評価している。

⑤ 工場全体のパフォーマンス管理

工場全体の評価指標としては，次の指標でパフォーマンスを評価している。

（a） コスト視点

・総生産コスト率：総生産コスト対売上高比率で工場全体のコストを統制している。

　　総生産コスト率＝（研究開発費＋製造原価＋総生産資本コスト）
　　　　÷売価還元生産部門売上高

（b） キャッシュフロー視点

キャッシュフロー視点では，次の指標で評価している。

・総生産キャッシュフローマージン：売価ベースでの生産部門売上高（完成高）に対する総生産プロセスで創造した生産キャッシュフローの比率

第4章　キャッシュフロー生産管理の事例研究

図表 4-14　(株)未来プリンの貸借対照表，損益計算書，キャッシュフロー表

貸借対照表欄　　　　　　　　　　（単位：億円）

区分	科目	改革後残高	改革前残高	キャッシュフロー集計欄	生産CF集計欄
資産	現預金	45	5		
	売掛金	40	50	10	
	材料	20	30	10	10
	製品	30	40	10	
	その他流動資産	4	25	21	21
	有形固定資産	365	365	0	
	減価償却累計額	−100	−90	10	10
	工業所有権	3	1	−2	
	合計	407	426	59	
負債	買掛金	60	55	5	5
	未払金	44	32	12	12
	借入金	176	232	−56	
	合計	280	319	−39	
純資産	資本金	100	100	0	
	繰越剰余金	3	7	−4	
	税引後当期利益	24		24	
	合計	127	107	20	
	負債・純資産合計	407	426	−19	
	純キャッシュフロー			40	

損益計算書欄

収益	売上高（知財収入含む）	300			180
製造原価	期首材料棚卸高	30			
	当期材料仕入	100			
	材料棚卸減耗損（原価外）	−1			
	期末材料棚卸高	20			
	当期加工費	91			
	当期製品製造原価	200			
売上原価	期首製品棚卸高	40			
	期末製品棚卸高	30			
	当期売上原価	210			−126
販管費	研究開発費	15			−9
	その他販管費	34			
	材料棚卸減耗損（原価外）	1			
	税引前当期利益	40			
	法人税等	16			
	税引後当期利益	24			
	生産キャッシュフロー				103

図表 4-15　(株)未来プリン・生産パフォーマンス管理指標

プロセス	成果始点と要素	指標	計算式	改革実施後	改革実施前
開発プロセス	コスト視点	研究開発費対売上高比率	研究開発費15億÷売上高300億	5%	0.67%
		研究開発費対売上総利益比率	研究開発費15億÷売上高総利益90億≒17%	17%	4.5%
		企画原価平均低減率	平均〔1－(製品別企画原価÷製品別既存原価)〕	20%	—
		累積貢献利益対累積研究開発費倍数	(累積製品貢献利益実績＋将来製品貢献利益計画の現在価値)75億÷将来累積研究開発費25億	300%	—
	キャッシュフロー視点	税引後研究開発損益(知財収入－開発コスト)	知財収入10億×(1－税率40%)－研究開発費15億	－9億	—
	機会損失・リスク視点	研究開発費に対する新製品発売件数	新製品発売件数30件÷研究開発費(1500百万÷1百万)	0.02件/1百万	0.01件/1百万
	顧客価値視点	新製品構成比	新製品数30種÷全製品数200種	15%	5%
	プロセス品質視点	研究開発費に対する工業所有権獲得件数	工業所有権獲得件数15件÷研究開発費(1500百万÷100万)	0.01件/百万	0.001件/百万
購買プロセス	コスト視点	調達コスト率	調達部門費2億÷製造原価200億	1%	1.3%
		輸入コスト比率	輸入諸掛2億÷輸入購買額20億	10%	12%
		購買価格差異率	購買価格差異2億÷購買価格100億	2%	2%
	キャッシュフロー視点	材料棚卸日数	改革後材料平均在庫25億÷改革後材料費109億×365日＝84日	84日	91日
			改革前材料平均在庫35億÷改革前材料費140億×365日＝91日		
		調達LT短縮率(副資材のみ)	キー材料改革後調達日数÷改革前調達日数	100%(VMI化)	—
		支払日数	買掛金残高60億÷売上原価210億×365日＝104日	104日	92日
		支払日数÷(棚卸日数＋営業債権日数)	棚卸日数＝材料・製品平均残高60億÷売上300億×365日＝73日 営業債権日数＝営業債権平均残高45億÷売上300億×365日≒54.8日 104日÷(73日＋54.8日)≒0.8倍	0.8倍	0.5倍
			前年度棚卸日数＝材料・製品平均残高75億÷売上270億×365日≒101.4日 前年度営業債権日数＝営業債権平均残高50億÷売上270億×365日≒67.6日 92日÷(101.4日＋67.6日)≒0.5倍		

第4章 キャッシュフロー生産管理の事例研究　309

	機会損失・リスク視点	欠品・不良・納期遅延による機会損失	失注額60億×売上総利益率30%＝18億	18億	—
	顧客価値視点	納期遵守率	受注後納期調整件数120件÷総受注件数300 000件＝0.0004	0.04%	—
	プロセス品質視点	ノー検品率	果肉以外の材料仕入14億は100%実施 14億÷100億＝14%	14%	—
		購買価格差異標準偏差	—	0.6σ	1σ
		在庫回転率標準偏差	—	0.3σ	0.9σ
		棚卸減耗率(材料)	棚卸減耗損1億÷材料平均在庫25億	4%	—
直接製造プロセス	コスト視点	歩留率	＝仕損額3億÷製造原価200億	1.5%	—
		製造全部原価率低減	改革後全部製造原価200億÷改革後売上高300億≒0.67 改革前全部製造原価226億÷改革前売上高270億≒0.84	17%	—
		製造変動原価率低減	改革後変動製造原価120億÷改革後売上高300億≒0.40 改革前変動製造原価140億÷改革前売上高270億≒0.52	12%	—
		スループット増加率	改革後スループット＝160億 改革前スループット＝100億 60億÷100億＝60%	60%	—
		不利差異低減率	不利差異となった原価差異の期間比較低減率	—	—
	キャッシュフロー視点	キャッシュフロー製造マージン	キャッシュフロー40億÷売上高300億≒13%	13%	—
		製造リードタイム短縮率	1日÷2.5日＝40%	40%	—
	機会損失・リスク視点	制約工程および停止による機会損失	開缶工程等の制約による機会損失(年間400時間ライン)の売上高総利益＝90億×(400時間÷20,000時間)＝1.8億	1.8億円	—
		設備稼働率	実際稼働(20,000−400)時間÷年間計画稼働20,000時間＝98%	98%	—
		利益速度による評価	(平均利益速度3千円−最大利益速度4千円)×5千個×240日＝12億円	12億円	—
	顧客価値視点	製造納期遵守率	納期達成件数299,700件÷300,000件≒99.9%	99.9%	—
	プロセス品質視点	原価差異標準偏差	原価差異のばらつき	1σ	—
		歩留率標準偏差	歩留まりのばらつき	0.7σ	—

製造支援プロセス	コスト視点	部門製造間接費率	全社製造間接費47億÷製造原価200億≒24%	24%	23%
		活動費対製造原価比率	活動費率の低減目標に向けてのモニタリング	省略	—
		活動単価	活動の標準単価の低減目標に向けてのモニタリング	省略	—
		製造間接費能率変動費差異（率）	改革後能率変動費差異1億÷製造間接費47億≒2%	1億(2%)	—
		製造間接費予算差異（率）	改革後予算差異2億÷製造間接費47億≒4%	2億(4%)	—
	キャッシュフロー視点	支払日数	製造間接費未払金残高9億÷製造間接費47億×365日≒69.9日	69.9日	60日
	機会損失・リスク視点	製造間接費操業度差異（率）	改革後操業度差異3億÷製造間接費47億＝6%	3億(6%)	—
		製造間接費固定費能率差異（率）	改革後能率固定費差異1億÷製造間接費47億＝2%	1億(2%)	—
	顧客価値視点	外部品質不良発生件数	改革後外部品質不良発生件数	0件	1件
	プロセス品質視点	品質原価効率	品質不適合原価削減額1億÷品質適合原価1億	100%	80%
		環境原価効率			
		売上高環境負荷率	環境負荷0.6億÷改革後売上高300億	0.2%	—
		環境投資比率	環境投資5億÷総投資額30億≒17%	17%	—
		環境費用比率	環境費用2億÷総費用250億＝0.8%	0.8%	—
		環境事前コスト比率	環境事前費用1億÷環境費用2億＝0.50	50%	—
総生産プロセス	コスト視点	総生産コスト率	（研究開発費15億＋製造原価200億＋総生産資本コスト6億）÷売価還元完成高300億≒73.7%	73.7%	84%
	キャッシュフロー視点	総生産キャッシュフローマージン	40億÷生産部門売上高300億≒13%	13%	—
		総生産スループット	（売上高300億－材料支出100億－外注支出20億）÷売上高300億＝60%	60%	33%
		総生産資本利益率	（税引後売上総利益54億－生産資本コスト20億）÷総生産資本392億≒9%	9%	—
	機会損失・リスク視点	機会損失合計	金額評価できる機会損失額を合計	35.8億	—
	顧客価値視点	開発・購買・直接製造・製造支援各プロセスで分析されるので省略			
	プロセス品質視点				

・総生産キャッシュフローマージン＝税引後（生産部門売上高－製造原価－研究開発費）＋減価償却費－製品を除く棚卸資産増加高－購買負債減少高）÷生産部門売上高
・総生産スループット：総生産プロセスの売上高対付加価値差益率
　　　総生産スループット＝（売上高－材料支出－外部支出）÷売上高
・総生産資本利益率：総生産資本に対する利益率
　　　総生産資本利益率＝（税引後換算売上総利益－生産資本コスト）÷総生産資本

（c）　機会損失の視点

　機会損失の視点では，各サブプロセスで評価された機会損失を集計して評価している。

（d）　プロセス品質の視点

　プロセス品質は，各サブプロセス品質の評価額を加重合計することで評価を行っている。ステークホルダーに公約した企業価値達成は，この生産工場のマネジメントから生み出さなければならない。したがって，開示する企業価値と生産工場の事業目標は整合していなければならない。このため，当社の生産プロセス全体の事業評価は，会社の開示上の企業価値と同期させている。

(11) 内部統制

㈱未来プリンでは，2008年度から内部統制を実施している。

　当社は会社法上の大会社または金融商品取引法上の株式公開企業ではないが，CSRの一環として，基本的に内部統制プロセスは会社法と金融商品取引法で規定する法規に準拠して整備運用することとしている。財務視点のリスクだけではなく，食品製造業として規制される各種安全衛生および品質管理に関する諸法規の遵法要件とリスクの明確化を重要な統制要件としている。

　財務諸表の虚偽報告や財務的な不正リスクのほかに事業上の重要なリスクとして，

・資材の品質維持に関するリスク

・製品の品質維持に関するリスク
・資材の在庫ショートに関するリスク
・資材の安定供給に関するリスク
・製造工程の停止に関するリスク
・製品の在庫ショートに関するリスク
・物流の停止に関するリスク
・主要資材の市況変動に関するリスク
・競合製品の動向に関するリスク
・営業債権の貸倒に関するリスク

が認識されている。

　このリスクの発生防止を主体とした，業務上に組み込まれた予防統制と予防統制を補完する発見的統制および不備が発生した場合の是正的統制が，全社の業務プロセスフロー上に明記され，内部統制基準書として整備されており，定期的に内部監査室によって抜き打ちの立会い検査が実施される仕組みを構築している。

　内部監査の結果は，四半期ごとに監査役を通じて，責任者と取締役会に報告が行われ，不備があれば代表取締役を通じて責任者に是正措置が命令される監督指揮系統が確立されている。

6. キャッシュフロー生産管理導入で経営はこう変わった

　㈱未来プリン工場の事例において，キャッシュフロー生産管理導入で経営はどう変わったかを総括する。

（1） 販売計画と需要予測

　需要予測，販売計画では，過去の自社だけの実績の延長による計画ではなく，他社製品を含めた業界全体の市場動向から統計的な需要予測を行うことにより，計画と実績の乖離が少なくなり，資材や作業員の事前手配ができ，ピーク時のための平準化生産による欠品が削減されたことに加えて，製品在庫の削減を実現できた。

（2） 生産計画

　卸売や小売店の安全在庫補充を加味した発注データによる生産計画立案ではなく，市場の店頭情報を基準に予測を行うようになったため，生産計画の精度が向上し，流通在庫を含めて，製品在庫削減に結びつけることができた。

　また，従来，週次サイクル，その先1週間の期間でしか先の生産計画を立案していなかったが，年度全体の計画を立てるようになり，季節的な需要変動を捉えた予測で平準化生産を実施するようになった。これにより品切れによる機会損失が大幅に減少した。

（3） 資材管理

　使用期限が来た食材在庫の廃棄損が当社の最大のリスクであった。

　需要予測により，使用期限に近づく資材の滞留リスクを予測し，該当資材に添付したICタグから期限に近づいた滞留在庫が直ちに現物でピックアップできるようになり転売機会も増加した。

　手作業で行っていたレシピ展開は情報システム化し，業務スピードの向上と精度向上により欠品や過剰在庫が減少した。

　主材料では，果肉や食材の収穫の豊凶や市況によって生産適時な調達が実施できないことが多かったが，内示発注，為替予約，先物取引，調達先，産地国の分散でリスクが大幅に減少した。

　定番品のベンダー在庫管理シフトにより，品切れと在庫保有リスクが根本的に解消され，消化ベースによる決済のためキャッシュフローが画期的に向上した。

（4） MES

　従来は，工程管理は，月次の棚卸による材料の推定消費量と製品の現物管理で生産実績を把握していたが，現在では開缶から出荷までのすべての工程で，工程着手日時，終了日時，完成数，不良数，材料投入量，廃棄量などの製造実績をリアルタイムに収集し，計画との差異や不具合を直ちに監視できるようになった。

1工程が原因で発生した時間ロスは，前後の工程に与えたロスも自動計算して機会損失が把握できるようになり，改善への投資効果も評価できるようになった。製品別のパフォーマンスを，利益速度で正確に評価できるようになり，売上中核製品の制約工程のリードタイムを向上させることにより，現状の受注水準でもキャッシュフローを向上させることができるようになった。

（5） 要員管理

従前は，各工程間にまたがるローテーションを組むことはなかったが，現在では生産計画に対応した要員別工程別稼働計画を自動算定できるようになった。このため，突発的な欠勤，前日に欠勤願いが出たような場合の代替シフト体制もコンピュータシステムでの割付変更ができるようになった。また，稼働計画レベルで予定労務費等が算出できるようになり，計画主導の要員管理が可能になった。

個人の作業実績は，ICタグ実装の社員IDで，工程着任，工程離脱時に作業着手，作業完了，勤務時間実績，工程別直接および間接作業実績の収集ができるようになった。

（6） 品質管理

従来から当社はISOの認定工場でもあり，HACCP，トレーサビリティなど遵守を求められる品質管理については適合しており，顧客からのクレーム発生もなかったが，この改革で品質管理原価の削減に視点を置き，品質を維持するために必要な品質適合コストと品質不適合コストが等価なポイントを評価した結果，異物感知の機械導入を行い，現行の総品質コストを削減できた。

（7） 物流管理

従来は1ヵ所でもラインが停止すると全ラインを停止せざるを得なかったが，製造の中断を起こさない物流設計として，完成品の自動倉庫搬入，故障が発生した場合，前工程を停止させないための退避保管エリアの設置，前工

程が停止した場合の一時的仕掛品滞留バッファの設定を仕組みとして導入したので，他工程への波及ロスが減少し損失が減少した。

（8）原価管理

製造原価計算は，変動費・固定費を区分しない全部原価で，かつ標準値を設定しない実際原価で実施していたので損益分岐点が把握されておらず，原価差異による異常値管理ができていなかった。また原価計算が手作業のため，月次決算の確定が翌月20日以降となっていたが，BOMによる生産資源の消費量計算の自動化により翌月実稼働日3日で確定できるようになった。

経営管理視点では，標準・直接原価計算を導入し，業績管理は経済的価値計算およびフリーキャッシュフローによる企業価値計算を実施し，将来の上場に向けての適格性を確保した。

また，品質原価管理，環境原価管理，物流原価管理，マーケティング活動原価管理など顧客価値原価計算の一環として活動基準原価計算が導入され，原価企画にあたっては，活動を設計することで原価見積が可能になってきた。

（9）業績評価

従来は，生産部門は，原価率の低減を生産計画とコントロールの目標に置いていたため，製造現場では作り溜めをする傾向が強く，在庫が過剰気味になり，賞味期限直近の在庫品も増えてしまった。

現在では，原価だけでなく，キャッシュフローが業績の財務評価基準となったため業績と企業価値との整合がとれるようになった。また，従来は簿外となり認識されなかった機会損失を把握するようになったので，将来の機会損失の改善管理で今以上の業績を向上させる確信が得られるようになった。

併せてキャッシュフローを成果基準にしたことで，成果への成功要因は原価削減よりも投下資本に対する高回転なスピード経営であることが全社で共有できるようになった。

① 季節変動のピークが高い製品を，どれだけ事前に，どの程度の量を生

産すれば最も高いキャッシュフローが得られるのかがわかるようになった。

② 資材のまとめ買いを極力削減し，精度の高い需要予測を用いて，必要なタイミングで必要な量だけを調達するようになった。

③ 生産指示を事前にキャッシュフローで試算するようになったので，時間当たりの生産速度をやみくもに早くすることなく，人的能力の範囲で最適な速度に設定することが可能になった。

以上の成果を踏まえて，㈱未来プリンの経営管理の風土が大きく変わった。

総括すると，キャッシュフロー生産管理は，原価低減指向の生産管理と比べて，改革政策が複眼的で多様であることが特徴といえる。

第1の成果は，経営成果の財務的なものさしが大きく変わったことである。

かつてはコストダウンだけが標語化していたが，改革後は全員がコストとキャッシュフローの違いを理解することができるようになり，その真の成功要因が業務の速度向上にあることに気がついたことである。生産現場のリードタイムだけでなく，営業の商談サイクルから購買発注納期，会議の時間短縮まで，あらゆる仕事の納期をキャッシュフローで換算できるようになったことである。時間をかけることはお金を失うことだと認識できるようになった。

決算日程短縮の意味も，これは外部に向けての経営のスピードのベンチマーキングであることを，社員が理解できるようになった。

㈱未来プリンのトップは，社員全員がこの価値観を共有していることに「企業が一皮向けた」と表現している。

経営のスピードは，財務指標では総資産利益率（ROA）で示される。

過去，426億円の資産に対して利益が0.6億円しかなかった当社が，より少ない資産407億円に対して利益が24億円となり，パフォーマンスは42倍に向上した。

第2の大きな成果は，従来どちらかといえば蓋を被せ，表に出さないでいた機会損失を経営の前面に出してきたことがある。

従来から，同社のトップは，「失敗は明日の成功の源泉」であると考えており，社内の訓示や朝礼ではよく言われていた。しかし，実際の業績管理では，厳しく批判すべき汚点と捉えられ，営業の失注や生産現場での不具合，仕損は部門や個人の恥であり，表面に出すことはタブーであった。このため，他の成果で覆い被せてしまう傾向があった。

　しかし，当社はキャッシュフローによる価値革命とともに，「失敗は成功の未来情報」という考え方が社内で共有できるようになった。次に来る失敗の機会は，改善を加えれば，成功に転ずるので，キャッシュフローを生むことになるのである。そこで将来のキャッシュフローの源泉である失敗を個人が抱え込み，企業の会計帳簿に記載しないのは大変な損失だと考えるようになった。

　この経営理念が管理会計として制度化されたことで，同社では，失敗のコストと要因を明らかにして，正規に計上するようになった。現在では，失敗実績は企業の財産として位置づけられ，要因によっては計上額は業績評価の対象にもなった。

　特に同社では，予算は過年度の実績に対して，過年度に発生した失敗コストにある確率を乗じた額を，次年度には確率的に獲得されるはずの収益として算入する仕組みになっている。過年度の売上実績値が300億円で，失注が60億円あったが，過年度の失敗が今年度には20％は改善されるものと目標設定したので，予算は300億円＋60億円×20％改善とし，予算額は312億円とした。

　これまでは，営業担当者を中心に無理な目標を押し付けられているという被害者的な意識があったことは否めないが，現在では，前期の失注を20％だけ改善すれば予算は確実に達成できるという自信のあるチャレンジ精神が涵養されるようになり，モラールが大幅に高まった。

　第3の成果は，顧客価値を基準に社内の業務が見直されたことである。

　特に補助部門や間接部門の活動は，発生した費用を製造間接費として雑費のように集計し製品原価に突っ込んでいたものが，顧客価値原価管理を導入以降は，すべての部門やそこで行われる活動について，顧客にとってどのような価値や効用があるのか徹底的に見直され，新たな顧客価値科目として原

価単位が設定されることになった。これによって自らの顧客への存在意義が見直しされるとともに，価値に応じた発生コストを検証しようとする動機づけが組み込まれ，価値に応じた本質的なコストパフォーマンスの追求を自ら行う社風が形成されるようになった。

この風土は，生産プロセスに属する部門だけでなく，すべての組織，業務に波及しつつあり，営業，物流，経理，総務など本社スタッフにも顧客価値会計の制度と経営マインドが広がった。

原価企画の成果指標である企画原価削減率も，この成果で前年度対比20％の削減結果を示している。

第4の成果は，実行する前に，必ず計画を策定し，計画の成果を事前に検証する風土が涵養されたことがあげられる。

これによって，キャッシュフローがマイナスになるような思いつき的な投資にブレーキがかかり，投資の失敗が激減した。この成果が42倍にも及ぶROAの大幅な向上に寄与している。

これらの成果を通じて，同社の真の重要な成功要因は，一連の生産革新がビジネスプロセスの改革だけでなく，組織の隅々のビジネスマインド，マネジメント風土の改革を巻き込み，キャッシュフローを生み続ける善循環が植え込まれたことであることを指摘すべきであろう。

同社では，生産プロセス改革におけるキャッシュフロー善循環を基盤に，続く業務革新を「統合業務革新プロジェクト」として立ち上げることとした。次の改革テーマとしては，マーケティング，営業，物流，CRMに展開することとしている。さらに，統合業務革新プロジェクトが完了する時点で上場を申請する手続きを密かに進めており，全社員を対象とするストックオプション制導入も先行して実施した。

キャッシュフロー生産管理

第5章

基本用語解説

本章では、生産管理、原価管理の基本的な用語を整理し、ヒアリングを行う際に戸惑わないようにすることを目的としている。また、資格試験準備等で用語を整理するときに使用してほしい。

第1節　生産管理の基本用語

1. 生産性の考え方

（1）生産性の指標

　生産活動にかかわる経営資源を効果的に活用し，生産活動が効率的に進められているかどうかを示す代表的な指標には，納期遵守率といった受注した製品を納期どおりに，求められる数量を出荷できたことを示す指標，在庫削減率，在庫回転率といった仕掛在庫が少なくなったという指標がある。

図表 5-1　生産性の指標

生産性指標	指標の内容	算出方法
労働生産性	ある一定単位の工数当たりの生産量	生産量（金額）／投入従業員数または投入工数
作業能率	与えられた時間内での作業者の貢献度	出来高工数／投入工数 計画工数／正味実績工数
資本生産性	投下資本当たりの生産量（金額）	生産量（金額）／投下資本 生産量（金額）／有形固定資産
設備生産性	設備能力（台数または稼働時間）に対する生産量	生産量（金額）／機械台数または設備稼働時間
操業度	ある期間における工場生産設備の利用度合い	実際生産量／標準生産量
稼働率	生産設備や機械，作業者が平均してどの程度稼働しているか	有効作業時間／総実働時間＝（実働時間－非生産時間）／総実働時間
歩留率	製品製造に実際使用された原材料の量に対する，完成品に組み込まれた全材料の割合。1－ロス率。	実際（正味）使用量／原材料使用量
原単位	生産量当たりに換算した原材料使用量	原材料使用量／生産量
良品率	検査数に対する良品個数の割合	良品数／検査数
ライン・編成効率	流れ作業における各工程の負荷のバランスの程度。流れ作業の生産性を示す	各工程の総作業時間／工程数×ピッチタイム

また，生産実施現場での活動の実態や効果を何らかの数量で表し，指標化したものに生産性がある。

生産性は，

　　　生産性＝産出量（＝アウトプット）／投入量（＝インプット）

で表され，人・機械・材料・用役の生産資源を有効に活用して生産しているかを示す尺度である。この計算式の分子，分母にどんな生産要素をとるかで，労働生産性，資本生産性などの区分があり，図表5-1のような指標がよく用いられる。

2. 生産の形態

（1） 生産形態を分類する視点

生産形態を分類する視点には次のものがある。
- 作る技術（組立加工型，プロセス型）
- 受注と生産のタイミング（受注生産，見込生産）
- 生産する数量や製品の種類（多品種少量生産，中品種中量生産，少品種多量生産，一品生産）
- 機械の配置の仕方（ライン生産＜ジョブショップ，フローショップ，GTショップ＞，セル生産）
- 流し方・生産指示の単位（個別生産，ロット生産，連続生産）
- 生産指示の仕方（プッシュ型，プル型）
- 在庫ポイント（どこまで作っておくか）

効率的で無駄がない生産活動ができるのであれば，複数の生産方法を採用することができる。たとえば，「見込みで，ロット生産をしている」などである。

（2） 作る技術での分類～組立加工型とプロセス型

作る技術，作り方によって組立加工型とプロセス型に分類される。

組立加工型の生産形態とは，自動車やパソコンのように，部品を組立てながら加工して最終製品を作る生産形態を指す。これに対して，プロセス型生

産形態とは，原料を投入し，その原料そのものを，プロセス（工程）を連続して通過させながら製品にしていく生産形態を指す。食品，石油化学，鉄鋼，肥料，製紙などはプロセス型生産形態で製造される。

（3） 受注と生産のタイミングでの分類～受注生産，見込生産

注文と生産とのタイミング，時間的な関係によって受注生産と見込生産に分類される。

受注生産とは，顧客の要求するデザイン，機能，品質などに合う製品を個別に設計し，生産する方式をいう。アパレルでいえばオートクチュールにあたる。これに対し，見込生産とは，顧客からの個々の注文に関係なく，「このデザイン，機能，品質ならこれくらい売れるだろう」と作る側が，顧客が求める製品の仕様や売れる量を見込んで，製品を設計し，計画的に生産する方式である。アパレルでいえば既製品といえる。

受注生産は注文を受けてから設計を開始するので，顧客の手許に製品を届けるまでに時間がかかる。また，顧客ごとに要望が異なるので，毎回違った材料や部品，デザインで製品を作ることになる。これに対し，見込生産では，どんなものが売れるかといった市場調査や需要予測が重要であり，予測がはずれると大量の在庫を抱えるリスクがある。

（4） 生産する数量や製品の種類での分類～多品種少量生産，中品種中量生産，少品種多量生産，一品生産

生産する数量や製品の種類によって，多品種少量生産，中品種中量生産，少品種多量生産，一品生産に分類される。

多品種少量生産とは，同じ設備で，多くの種類で，似ている機能や形などが少ない製品を，しかも1製品当たりは少量ずつ生産する方法である。これに対し，少品種多量生産とは，同じ設備で，似ている製品を，品種を絞って少なくし，1製品当たり多量に生産する方法である。この中間が中品種中量生産になる。

また，一品生産とは，注文を受けてから，その顧客のためだけに製造を行うもので，テーラーメードといえる。オーダーシャツ，船の製造がこれにあ

たる。

（5） 機械の配置の仕方での分類～ライン生産〈ジョブショップ，フローショップ，GTショップ〉，セル生産

機械（設備）の配置の仕方によってライン生産とセル生産に分類され，さらにライン生産は，ジョブショップ，フローショップ，GTショップに分類される。

① ライン生産

ライン生産方式とは，特定の製品の生産のため専用のラインを設置し，連続的に繰り返し生産する方式で，量産方式ともいわれている。分業が高度に発達した方式で，極めて生産性が高い生産方式である。

ライン生産方式は，次のような状況の場合に有効な生産方式といえる。
・専用のラインを設置する投資をして，投資に見合う需要がある。
・各製品とも，ほぼ同一の加工手順をとる。
・製品を完成するまでに，一連の作業がいくつかの要素作業に分割でき，分業化を進められる。

このようなライン生産方式は，さらに次の3パターン分類される。

（a） ジョブショップ型

ジョブショップ型は，同種類の加工機能を持った機械をまとめて配置する。このため，作業中の部品の流れは複雑になる。

図表 5-2　ライン生産方式：ジョブショップ型

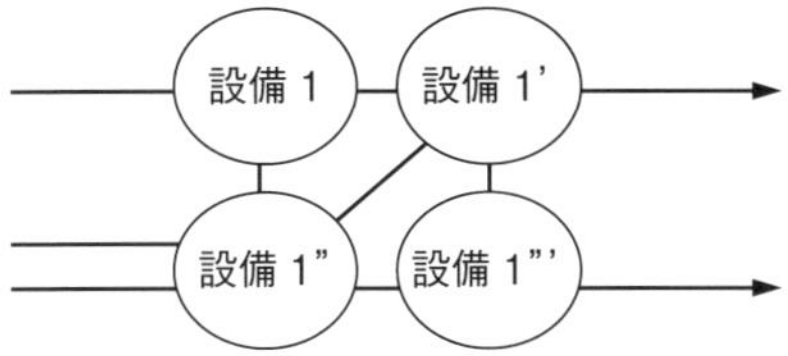

（b） フローショップ型

加工工程順に機械を配置し，作業中の部品の流れを一本化し，同じ作業を繰り返し，大量に生産する。このため，部品の流れは一本化される。

図表 5-3　ライン生産方式：フローショップ型

設備1 → 設備2 → 設備3 → 設備4 →

（c）　GTショップ型（グループテクノロジー・ショップ型）

　同一の製品でなくても，同じような加工工程をする部品を集め，加工工程順に配置した機械で作業を行う。ある製品では追加工程作業が必要になったり，不要な工程作業が発生したりする可能性もある。

図表 5-4　ライン生産方式：GTショップ型

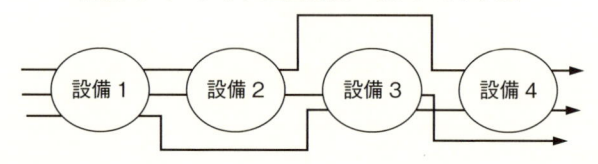

設備1 → 設備2 → 設備3 → 設備4

② セル生産

　セル生産方式とは，ラインからコンベアを取り除き，作業者の間隔を詰め（間詰め），作業性がよいU字に作業場を作って，少数の作業員が最初から最後まで作業を完結する方法（1個流し）である。

　組立部門などで広まりつつあり，作業者と作業者の間の仕掛品がなくなり，"助け合い"によって作業者の作業を重複させることにより，作業者の熟練をムダなく生産に活かすことが可能になる。

（6）流し方・生産指示の単位での分類～個別生産，ロット生産，連続生産

　流し方・生産指示の単位によって，個別生産，ロット生産，連続生産に分類される。

　個別生産とは，顧客の要求に基づき，デザイン，機能，品質などを取り決め，1つずつ設計，生産を行う生産方式を指す。

　ロット生産とは，ロット（ひとまとまり）の製品を工程ごとに生産していく生産方式で，ロットのすべての製品が1つの工程を終えて，揃ったら次の工程に取り掛かる。ある期間連続的に生産する製品（品種）のまとまりをロ

ットといい，その大きさをロットサイズという。

ロット生産方式は，次のような場合に有効な生産方法である。
・生産される製品の加工手順はあらかじめ定まっている。
・複数製品を生産する。
・製品の数量は，繰り返し継続して製造され，予測できる。
・工程は段取替えをすることにより，複数製品の生産が可能。
・段取替え時間は生産能力に対して十分大きい。
・市場の要求速度よりも生産速度が大きい。

連続生産とは，標準化された1種類の製品を，専用の機械・設備で継続して反復的に生産する方法で，たとえば，ボルトやナットなどの製造で使用されている。

（7） 生産指示の仕方での分類〜プッシュ型生産方式，プル型生産方式

生産指示の仕方によって，プッシュ型，プル型に分類される。

プッシュ型生産方式とは，作る側が販売予測から生産計画を立て，売れる見込みで生産を行う生産方式で，押し込み型生産方式ともいわれている。プッシュ型生産方式の問題点は，販売予測，生産予測の精度により作り過ぎて在庫増加，欠品になるリスクがあることである。

これに対し，プル型生産方式とは，売れた分，確実な受注分だけを生産する生産方式で，後工程引取り生産方式ともいわれている。プル型生産方式は，実際に受けた受注の分だけ作るために，生産予測が不要で，作り過ぎや在庫のムダを排除できる。

3. トヨタ生産管理方式，かんばん，平準化生産，JIT

（1） トヨタ生産管理方式とかんばん，平準化生産，JIT の関係

トヨタ生産管理方式（TPS：Toyota Production System）は，JIT（Just In Time）と自働化を柱とする無駄取りのシステムで，トヨタで採用されている生産管理方式である。かんばんは TPS で JIT 生産を実現する管

理の道具であり，平準化生産はTPSの必要条件である。

TPSの源流は，アメリカのロッキード社がジェット機の組付けにスーパーマーケット方式を採用したもので，これをトヨタが計画的な流れ生産となるように改良した。顧客にとってスーパーマーケットは，必要とする商品を，必要なときに，必要な量だけ買うことができる店である。生産現場において，この考え方を利用して，前工程（スーパーマーケット）へ後工程（顧客）は，必要な部品（商品）を，必要なときに，必要な量だけ引取り（買い）に行く。

前工程は，後工程の使用した数量だけ生産すればよく，そうすることにより，必要以上は生産しなくなる。その引き取られた数だけつくって補充するのがジャスト・イン・タイムで，それを実現するための管理道具が「かんばん」である。

（2） TPSを実現するための重要なポイント

後工程が前工程へ品物を引取りに行くことにより生産時期，生産量，品質などの情報が自動的に前工程に連絡され，前工程はこの情報によって次のものを準備し，品物は後工程へ流れるという「繰返しサイクルの継続が重要」である。

この繰返しを継続的に行うためには，①生産の継続性（継続して生産される物であること），生産の平均化・均等化（日当たり，時間当たりなどの生産量の平均化）ができること，②各工程での生産能力も合わせて平均化できていること，③作業工程の合理化・安定化（できる限り作業工程が合理

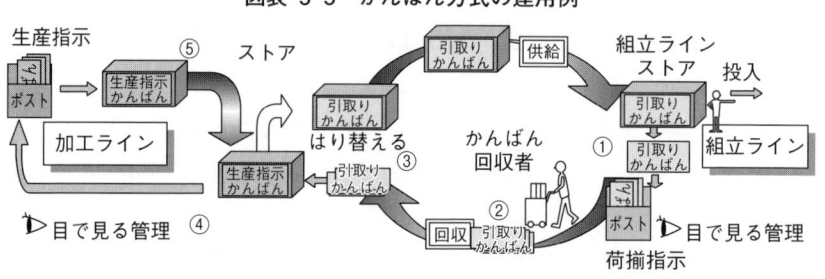

図表 5-5　かんばん方式の運用例

化され，安定化していること，自動化で作業の均一化），④品質の安定，が必要である。

ムダな在庫を持たない，ムダな経費をかけない，ムダな設備を持たないといったムダを徹底的に排除し，川下が必要なものを生産するというTPSの考え方は，キャッシュフロー経営やサプライチェーンマネジメント（SCM）の発想と通じるものがある。

（3） かんばん

かんばんとは，部品名・生産数・生産時期・加工方法・加工順番などを表示した作業指示票である。工程内の仕掛品にかんばんをつけて，その仕掛品が使われるときにかんばんが外され，外れたかんばんの分だけ生産や運搬を

図表 5-6　かんばん方式と計画生産方式

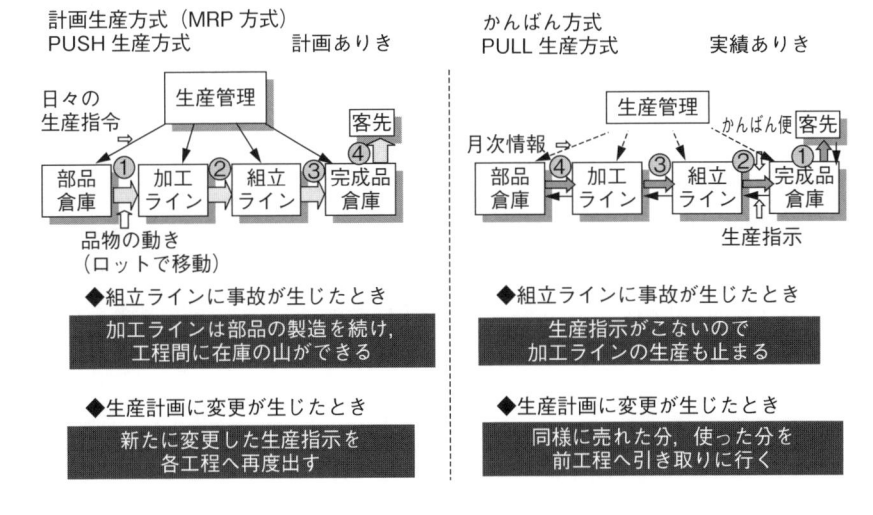

計画生産方式（MRP方式）　　　　　　　　　　かんばん方式
PUSH生産方式　　　計画ありき　　　　　　　　PULL生産方式　　　実績ありき

計画生産方式（MRP方式）PUSH生産方式	かんばん方式 PULL生産方式
◆組立ラインに事故が生じたとき	◆組立ラインに事故が生じたとき
加工ラインは部品の製造を続け，工程間に在庫の山ができる	生産指示がこないので加工ラインの生産も止まる
◆生産計画に変更が生じたとき	◆生産計画に変更が生じたとき
新たに変更した生産指示を各工程へ再度出す	同様に売れた分，使った分を前工程へ引き取りに行く

図表 5-7　かんばん方式導入のメリット・デメリット

メリット	デメリット
作りすぎのムダがなくなる	カンバンの運用・管理が難しい
詳細な作業指示がなくてもカンバン情報のみで製造・運搬できる	納入業者に負担がかかる
不良品を製造した工程を発見しやすい	管理が現場任せになり，工程の遅れや進みが見えにくい（見ないと見えない）

行う。

かんばんの種類には，生産の指示を行う生産指示かんばん，運搬の指示を行う運搬指示かんばんがある。

かんばん方式と計画生産方式の違いを整理したものを図表5-6に示す。

また，かんばん方式を導入する主なメリット，デメリットは図表5-7のとおりである。

かんばん方式では，かんばんの運搬，移動は専任者（みずすまし，段取者，配膳係など）が行うため，次のような取決めとその周知徹底が重要である。

① 部品，材料などの置場所（所番地）を決める

該当部品はそれ以外のところには絶対置かないようにすることで，運搬の便利さ，作業の効率化，機械的な運搬運用が可能となり，ミスも防げる。

② かんばんポストを所定の位置に設置する

後工程は部品を使用するときに，抜いたかんばんをかんばんポストに入れるため，そのポストの位置を決める。前工程は後工程から戻ってくるかんばんを入れるかんばんポストの設置場所を決める。

（4） JIT生産方式

JIT生産方式とは，後工程の要求に合わせて，必要なものを，必要なときに，必要なだけつくる生産方式である。JIT生産方式の狙いは，つくりすぎて中間仕掛品が山積みになったり，生産工程が遊んでいたりする状態をなくし，生産工程がいつも流れており，生産リードタイムを短縮することにある。

JIT生産方式を実現するためには，在庫のムダを含む7つのムダを徹底的に排除し，最終組立工程の生産量を平準化することが必要である。

（5） 7つのムダ

トヨタ生産方式では，ムダとは「付加価値を生まないもの」であり，①つくりすぎのムダ，②手待ちのムダ，③運搬のムダ，④加工そのもののムダ，⑤在庫のムダ，⑥動作のムダ，⑦不良をつくるムダ，の7つを定義している。

(6) 平準化生産

　平準化生産とは，作業負荷と生産する部品の種類と量とが平均化されるように生産を行うことである。これは，変動する需要に対して，極力生産の変動を抑えることにより，負荷や生産に必要な原材料や部品の変動を抑えることを目指している。

　また，平準化生産はジャスト・イン・タイム生産方式を実現するための前提条件である。もし，後工程が自分の都合だけで，一度にまとめて引き取った場合，前工程はそのための在庫を持つか，生産対応力を増やして対応しなくてはならず，負担を強いられる。後工程引取り方式では，それが順々に前工程に波及していくことになり，中間仕掛品が増え JIT 生産方式の目的からずれてしまう。このため，後工程は，前工程から引取る量や種類が平均化されるように作る必要がある。

4. デカップリングポイント

　生産リードタイム短縮と在庫リスク軽減を両立させる目的でさまざまな生産形態が考えられてきた。従来では，受注してから設計に着手する受注生産，消費者のニーズや売れ行きを予測して計画的に生産を行う見込生産が主流であった。

　これに対し，顧客の要望に応えつつ，短納期で出荷することの両方を満足させるために，部品や中間製品（ユニット）は規格化して見込生産をして，顧客のニーズをオプションとして取り込む個別受注に対しては在庫部品や中間製品を組み合わせて製造し，出荷しようとするものをマスカスタマイゼーションという。

　このような，カスタマイズへの対応と納期への適合性からどこまでの部品を在庫とし，受注後どの工程から製造を行うかという在庫分岐点の取り方が重要になってきた。この在庫分岐点をデカップリングポイント（Decoupling point）といい，見込（計画）が実際の需要に引き当てられるポイントである。

　デカップリングポイントは，製品に近い順に，

図表 5-8　納期への適合性と在庫リスク軽減から見たデカップリングポイント

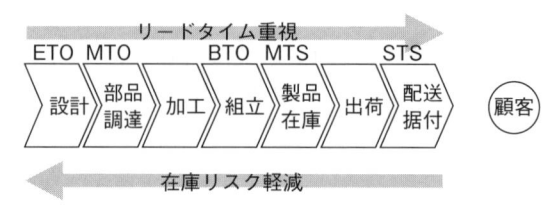

```
         ←――――― リードタイム重視 ―――――→
     ETO   MTO        BTO  MTS      STS
    ┌──┐ ┌──┐ ┌──┐ ┌──┐ ┌──┐ ┌──┐ ┌──┐    ┌──┐
    │設│ │部│ │加│ │組│ │製│ │出│ │配│    │顧│
    │計│ │品│ │工│ │立│ │品│ │荷│ │送│    │客│
    │  │ │調│ │  │ │  │ │在│ │  │ │据│    │  │
    │  │ │達│ │  │ │  │ │庫│ │  │ │付│    │  │
    └──┘ └──┘ └──┘ └──┘ └──┘ └──┘ └──┘    └──┘
         ←――――― 在庫リスク軽減 ―――――→
```

① STS（在庫補充⇒受注⇒販売）
② MTS（見込生産⇒在庫・受注⇒販売）
③ BTO（仕掛品見込生産⇒仕掛品在庫・受注⇒組立⇒販売）
④ MTO（設計完了・受注⇒加工⇒組立⇒販売）
⑤ ETO（受注⇒設計⇒加工⇒組立⇒販売）

となる。

　デカップリングポイント設定の原則は，カスタマイズにかかる時間が求められる納期までの時間に等しいか短くなるポイントを見つけることである。

5．5 S，3 S，目で見る管理

　製造現場での生産合理化を行うための活動や考え方として，5 S，3 S，目で見る管理がある。

（1）5 S

　5 Sとは「整理，整頓，清掃，清潔，躾」のことで，これらの日本語をローマ字表示したときの頭文字Sをとって「5 S」と呼ばれている。

①　整理（organizing）

いるものといらないものをハッキリ分けて，いらないものを捨てること。

②　整頓（orderliness）

いるものを必要なときにすぐ使用できるように，決められた場所に置くこと。

③ 清掃（cleanliness）
必要なものについて異物を除去し、きれいにすること。

④ 清潔（standardized cleanup）
整理，整頓，清掃の3Sを繰り返し，汚れのない状態を維持すること。

⑤ 躾（discipline）
決められたことを，いつも正しく守ること。不要なものを捨てるとスペースの有効利用が可能になり，整頓することでモノを探す手間が省け，何が不足しているかもすぐにわかる。また治工具を整頓しておけば段取り時間の短縮につながる。清掃を行うことで，作業と製品の品質向上に役立つ。

このように5Sは作業の効率化，コスト削減，品質の向上などに効果があり，特に目で見る管理を行うには，現場が整理，整頓されている必要がある。

（2） 3S
3Sは「単純化，標準化，専門化」の総称で，企業活動を効率的に行うことの考え方である。単純化（Simplification），標準化（Standardization），専門化（Specialization）の英語の頭文字Sをとって「3S」と呼ばれている。

① 単純化（Simplification）
仕事や製品の種類や数を減らすことで，作業や管理のムダを省くこと。

② 標準化（Standardization）
単に減らすだけでなく一定の種類，内容のものに統一すること。

③ 専門化（Specialization）
種類を減らす一方で，作業や製品について技術的，品質的に特徴を打ち出し，他社への優位性を獲得すること。

（3） 目で見る管理
目で見る管理とは，生産する側も，管理・監督する側も，同じ尺度で現場・現物を見て同一の認識に立ち，生産が遅れているのか進んでいるのか，品質不良が出ているのかいないのかがわかる仕組みである。対象は，作業

図表 5-9　目で見る管理の例

対象	目で見える管理の例
品質管理	危険物表示・有機溶剤保管表示・消火器置き場表示・安全緑十字・指差呼称表示・挟まれ危険個所表示・非常口表示・清掃分担マップ・清掃用具棚など
生産管理	ポカヨケ設置マーク・不良品手直品赤箱・品質の急所表示・測定具管理台・品質管理板など
在庫管理	在庫最大数-最小数表示・ロケーション表示・現品写真表示・仕掛品定位置表示
設備管理	液類汚れ表示・給油タンクレベル表示・油種ラベル・点検個所マーク・回転方向表示・バルブ開閉表示・温度表示・風量表示・振動表示・点検マップ・点検メニューカードなど
現場管理	当日配員マップ・多能工育成マップ・時間当出来高表示・作業の急所表示など
安全衛生	危険物表示・消火器置き場表示・安全緑十字・指差呼称表示・挟まれ危険個所表示・非常口表示・清掃分担マップなど

者，設備，原材料，作業方法の4Mである。

　目で見る管理の目的は，その時点での生産の進捗状況や正常か異常かを関係者が共有しやすくすることで，早期に異常の対策を講ずることによりトラブルやロスの発生を防止し，誤認識，忘れ，ポカミスなどの防止により災害や事故防止，故障防止，品質問題の発生を防止することで，管理レベルのアップ，生産の合理化・効率化，原価低減を推進することである。

　目で見る管理のポイントは，全関係者が実施する目的や効果を理解し，やらされているというのではなく，役割の1つとして実施する意識づけが重要である。また，正常か異常かの境界線や範囲を明確に設定し，色分け，記号，ランプ，回転，振り上げ・振り下ろしといった動作，ブザーやサイレンなどの音など，五感に訴える工夫が効果的である。

6. IE

　IEとは，ワークシステム（人，物，機械・設備など）を設計，改良，定着化して生産性を向上させる技術である。生産管理では，工場のフロアレイアウト，工程，運搬の設計などに利用され，特に作業研究はIEの中心的な分野で，最良の作業方法を設計し，作業改善を行う。

（1） 作業研究の内容

最良の作業方法を設計，改良，定着化するために作業研究では方法研究，作業測定を行う。

① 方法研究

仕事の系列や個々の仕事の設計，改善を行うための手法である。ムダな作業を排除し，作業順序を編成するために，モノの流れを中心とした工程分析，人の動作に着目した動作分析，人の流れを対象とした作業者分析などを行う。

② 作業測定

無駄な時間や動作を測定して，それらの削減や排除を行い，標準時間を設定するための手法である。作業時間の測定・分析手法には，PTS法などの間接測定法やストップウォッチによる直接測定法が，また稼働状態の分析手法には，ワークサンプリング法や連続観測法などがある。

COLUMN　標準時間

決められた方法と設備を用いて，決められた標準作業条件の下で，その作業に対して要求される標準的な熟練度を持った作業者が，標準程度の努力ペースで1単位の作業量を完成するのに必要な所要時間。

標準時間＝正味時間＋余裕時間＝正味時間×（1＋余裕率）

第2節　原価管理の基本用語

1. バックフラッシュ・コスティング（バックフラッシュ原価計算）

　決算日程短縮の潮流の中で，原価計算日程の短縮は中核の課題である。原価計算日程は20日程度かかるケースが多い。バックフラッシュ・コスティングは，原価計算日程の短縮のために開発された手法で，発生した要素別原価を，仕掛品，製品勘定に工程パスごとに積み上げず，直接，費用である売上原価に計上し原価計算期末に棚卸資産残高を売上原価から控除する方法である。発生した原価をいったん売上原価に計上することで，概算での利益が適時に把握できる。

　しかし，このような仕組みが採用できる前提となる環境は，リードタイムが短く，かつ生産した製品が直ちに販売できる高回転な製造業態に最適である。バックフラッシュ・コスティングはトヨタで開発されたものであり，JIT経営ならではの発想である。

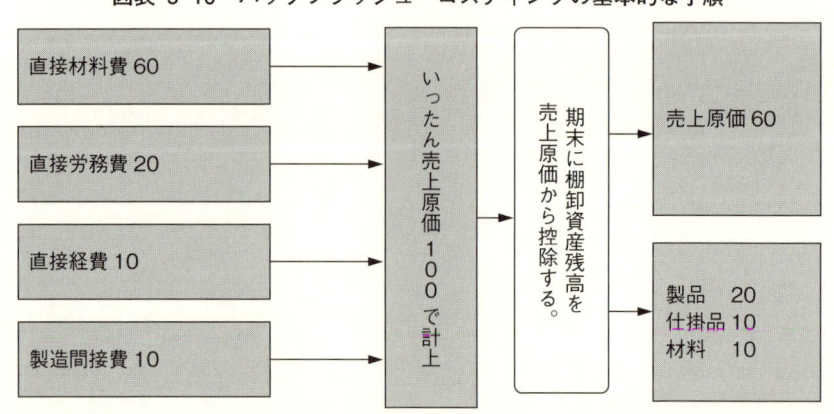

図表 5-10　バックフラッシュ・コスティングの基本的な手順

要素別原価	→	いったん売上原価100で計上	→	期末に棚卸資産残高を売上原価から控除する。	→	結果
直接材料費 60						売上原価 60
直接労務費 20						
直接経費 10						製品　　20 仕掛品　10 材料　　10
製造間接費 10						

第5章　基本用語解説　335

バックフラッシュ・コスティングは，原価計算期末に材料や仕掛品，製品在庫がほとんど残らないという仮定から構成されているので，現実には期末在庫の調整計算が必要となる。すなわち，売上原価およびいったん費用計上した原価差異勘定から期末材料，仕掛品，製品在庫分数量相当の原価を棚卸資産として戻す会計上の振替処理が必要である。この調整計算の手間を考慮しても，従来の原価計算プロセスと比較すると多数の中間工程間の振替計算が省略されるので，計算速度は画期的にスピードアップされると評価されている。

2. 四要素原価計算

　四要素原価計算は，1994年，社団法人日本機械工業連合会（略称・日機連）が設定した機械工業原価計算基準に体現されている。四要素原価計算は，近年の工業の情報化による生産の自動化，多品種少量生産化に伴い，設備費が増加するとともに，直接労務費が減少し，従来の三要素原価での原価計算では適正な製品別原価が困難になってきたことから編成された。
　たとえば，製造プロセスの機械化が進んだ製品は直接労務費は少ない。一方機械化が進んでいない製品は直接労務費は多額である。この場合，従来の三要素原価計算では，設備の減価償却費は製造間接費として計上されるが，直接労務費の割合で製品に配賦されるので機械化が進んだ製品には多くは配賦されず，逆に機械化が進んでいない製品に多くが配賦される矛盾が生じる。
　そこで，四要素原価計算は，製造間接費のうち設備費は，直接原価として計上し，その他の製造間接費も配賦をせずに，活動基準で製品に直課し，製品原価の適正化を指向している。また多品種少量化に対応して段取替えが多くなるので，段取費の適切な管理が生産性管理上必要になってきた。そこで段取費も直接費として計上する構造にした。
　四要素原価計算では，補助部門を補助作業部門，製造用役部門，副費部門，製造管理部門の4部門に分け，設計，検査，運搬など補助作業部門費は直接費として製品に直課する。

図表 5-11 四要素原価計算の体系

発生時点での集計区分		製品賦課前の集計区分				製品への賦課
材料主費部門費		直接材料費				直課
材料副費部門費　→主費部門費に振替（材料購買部門費など）						
設備維持費（減価償却費，リース料，操業情報処理費，税金，保全費，保険料，設備管理費など）	主費部門費	直接設備費	直接加工費	段取費	外段取費	直課
					内段取費	直課
	副費部門費→主費部門費に振替					
設備稼働費（動力費，燃料費，消耗工具備品費など）	主費部門費	設備稼働費		主体加工費		直課
	副費部門費→主費部門費に振替					
労務費	主費部門費	直接労務費				直課
	副費部門費→主費部門費に振替					
経費	主費部門費	直接経費	直接外部経費（外注加工費，特許使用料など）			直課
	副費部門費→主費部門費に振替		直接内部経費	仕損費		直課
				補助作業費（設計，試作，検査費，運搬費など）		直課
		職場環境費（照明，空調，清掃，衛生など）				配賦
		製造管理費（工程管理部門費，品質管理部門費，工場管理部門費，試験研究部門費など）				配賦

　電力，用水など製造用役部門費は，部門費で集計後，設備稼働費に振替える。

　購買，福利厚生，設備保全など副費部門費は，部門費で集計後，それぞれの主費に振替える。

　製造管理部門費と照明，空調，清掃，衛生など職場環境費は製品への配賦計算を行う。

　機械工業原価計算基準においては，原価改善の方法論として許容原価計算を提起している。許容原価とは，目標利益確保のために達成されるべき原価である。

　標準原価計算は原価維持を図るための仕組みとして位置づけ，原価の改善

には，利益目標を実現する許容原価を設定し，許容原価と見積原価のギャップ分析を通じて原価改善を責任者に示すプロセスである。

一方，標準原価は原価維持のための標準であるとし，原価改善に役立つものではないと考えている。許容原価と現状の標準原価とを比較し，標準原価の引き下げが検討されることになる。

3. 知的資産・無形資産の原価

① 研究開発費

会計基準では，研究とは，新知識の発見を目的とした計画的な調査探究や新製品または新技術の発明にかかわる研究として定義している。

開発とは，新製品，生産方法についての計画，もしくは設計または既存の製品などを著しく改良するための計画，もしくは設計として，研究の成果その他の知識を具体化することをいう。新技術の採用は開発に該当する。

ソフトウェアにも研究開発に該当する部分がある。会計基準では，費用処理上の差異から，研究開発と恒常的な製造活動については，発生した原価を区分する。

研究開発費としては下記のものが例示されている。

・従来にない製品・サービスに関する発想を導き出すための調査探究
・新知識の調査探究の結果を受け，製品化または業務化などを行うための活動
・従来の製品に比較して著しい違いを作り出す製造方法の具体化
・従来と異なる原材料の使用方法または部品の製造方法の具体化
・既存の製品，部品にかかわる従来と異なる使用方法の具体化
・工具，治具，金型等について従来と異なる使用方法の具体化
・新製品の試作品の設計，製作および実験
・商業生産化するために行うパイロットプラントの設計，建設などの計画
・取得した特許をもとにして販売可能な製品を製造するための技術的活動
・研究開発目的のためのソフト制作
・販売用ソフト制作で最初の製品マスタ作成までの費用ないしは著しい改

造費用

② 研究開発費情報の活用

　会計基準では試験研究や製品開発のために発生した研究開発費は，発生した年度限りの費用として処理しなければならない。したがって，価値・成果が蓄積できる研究開発であっても，会計基準では資産として計上することは認められない。研究開発のための設備投資も原則として購入した会計年度の費用とする。国際財務報告基準（IFRS）では，一定要件の開発費は資産計上となる。

　しかし，これでは経営管理のため研究開発期間にわたっての価値管理ができない。会計基準を超えて経営管理のために研究開発費を管理する仕組みが別に必要である。研究開発費会計の役割には，財務会計報告目的のほかに，節税目的，ライセンス価値管理目的，研究開発（R&D）戦略支援目的がある。

（a）　節税目的

　研究開発費の中でも特に試験研究費は，産業政策上の措置で継続的に支出が増加する場合を条件として税額控除の適用が受けられる。したがって，試験研究目的の費用が製造原価や一般管理費として埋もれないように的確に計上するプロセスが節税視点で要求される。

（b）　ライセンス価値管理目的

　完成した研究開発だけでなく，開発途上にある未完成の中間成果物でも，知的財産価値として売買することが可能である。この場合，何を評価基準として対価を設定するかが当事者の課題となる。会計基準では，研究開発費は発生した年度に費用計上するルールになっているものの，ライセンス価値評価のためには，会計基準や決算年度にかかわらず，管理会計として，当該プロジェクトの期間を通じて発生した原価を累積管理しておく必要がある。

（c）　研究開発（R&D）戦略支援目的

　ハイテク産業においては，R&D投資のない事業に将来の成長はないといわれる。一方，企業の収益力を上回る巨額のR&D投資は，R&Dの成果の不透明さゆえに現在の企業価値を低下させる。R&Dプロジェクトごとの完成見通しと，継続か撤退かの意思決定をプロジェクトのマイルストーンごとに行っていかなければならない。

一般に，R&D投資選択の意思決定は，当該プロジェクトの成果，すなわち将来の新製品の獲得キャッシュフローの現在価値額に成功確率を乗じた期待収益と，今後の継続投資の現在価値との比較で行われる。

このために，社内外の類似プロジェクトや製品の投資実績と製品化への成功実績情報を収集し参照できる体制を確立しておく必要がある。

③　グループ内でのライセンス活用と移転税のリスク

グループ内といえども，ライセンスを授受する場合は企業間での契約と対価の支払を行うことが必要である。対価は，原価または市場価値を基準に客観的に設定する必要がある。グループ内取引で節税や利益移転のために設定した不適正な価格での供与は，国内や国際間での税務当局の追加課税（移転価格税制）の対象になるので注意が必要である。

4. ライフサイクル・コスティング

ライフサイクル・コスティングとは，製品の企画・開発から廃棄処分までの，① 研究・開発，② 生産・構築，③ 運用・支援，④ 退役・廃棄，⑤ 社会対応の5区分によって定義されるライフサイクル全般にわたって発生するコストの管理プロセスを意味する。

5区分ごとのコスト明細を以下に示す。

① 　研究・開発コスト

製品企画費・設計費，試験費，評価費

② 　生産・構築コスト

製造費用，製造設備購入費

③ 　運用・支援コスト

広告費，物流費，販売費，運用費，保全費，教育訓練費

④ 　退役・廃棄コスト

製品などの退役・廃棄コスト

⑤ 　社会対応コスト

環境費，PL訴訟対策費

5区分のコスト要素のうち，計画項目としては①研究，開発コストがあ

る。これによって②生産・構築コスト＋③運用・支援コスト＋④退役・廃棄コスト＋⑤社会対応コストが既定される要素が高い。

したがって，経済性の視点での意思決定課題として，製品ライフサイクルにわたっての総コスト＝①研究・開発コスト＋②生産・構築コスト＋③運用・支援コスト＋④退役・廃棄コスト＋⑤社会対応コストの累計を最小化する研究開発投資水準の決定と各プロセスコストの予測を行うことが要請される。

なお，中期にわたる計画であるため，将来の発生原価は資本コスト等で割引かれる現在価値計算によることが必要である。

5. 環境会計

環境会計は，企業が製造活動をはじめ，製品供給サイクル全般で発生する環境負荷に対して，その負荷を低減させる活動に消費する原価の管理プロセスを意味する。

図表 5-12　環境会計ガイドライン（2005年版）による管理体系概要

管理項目	分類	管理項目	分類
環境保全コスト（金額単位）	事業エリア内コスト ①公害防止コスト ②地球環境保全コスト ③資源循環コスト	環境保全対策に伴う経済的効果（金額単位）	①収益 ②費用節減 ・資源投入費用節減 ・環境負荷及び廃棄物排出費用節減 ・環境損傷対応費用節減 ・その他費用節減
	上・下流コスト		
	管理活動コスト		
	研究開発コスト		
	社会活動コスト		
	環境損傷対応コスト		
	その他コスト		
環境保全効果（物量単位）	①投入資源 ②排出環境負荷および廃棄物 ③産出材・サービス ④その他 に関する保全効果	分析指標視点	・環境保全コスト／全体コスト ・環境保全効果／環境保全コスト ・環境負荷量／事業活動量 ・事業活動量／環境負荷量

環境負荷には業種によってさまざまな要素があるが，基準を標準化させるためにCO_2の発生量換算で評価が行われる。

環境負荷を低減させる活動には，環境負荷削減への直接活動，間接活動，研究開発活動などの区分がある。

環境省の環境会計ガイドラインによれば，図表5-12の管理項目がある。

環境会計は，内部管理目的だけでなく企業の社会的な取組活動の実績として開示されるものでもあり，エコファンドのように投資の格付け指標としても評価される。なお，企業の環境への活動に対する評価は，費用だけでなく環境投資も含むべきである。

環境会計ガイドラインでは，①環境負荷量／事業活動量，②環境保全効果／環境保全コスト，③保全コスト／事業全体のコストを評価する指標が提示されている。①は事業活動が，どの程度の環境負荷を排出しているかを認識し，②では排出量を削減する投資の有効性を評価し，③では事業規模に応じた効果的な環境投資を意思決定することを示唆するものである。

環境会計の運用上考慮すべき成功要因として，環境会計として独立した情報収集を行うのではなく，生産活動の情報収集の一環として環境負荷量を収集するプロセスを構築することが望ましい。環境会計は，前述の顧客価値原価計算のプロセスの一環としての意義がある。

なお，環境会計ガイドライン（2005年版）は環境報告ガイドライン（2012年版）と共に，2017年現在改定への取組みが始まっている。

6. TOC制約理論・スループット会計

TOC制約理論はゴールドラット氏が提起した法則である。サプライチェーンを構成する一連の工程の中で最も製品単位での生産能力の低い工程を「制約工程」と定義し，この制約工程を持ったサプライチェーンが制約工程の能力以上のオーダを取り込むと制約工程の前に在庫が溜まり，制約工程の後の工程は遊んでしまう。現実のビジネスでは，この現象が多々発生し不経済を起こしている。その原因は，各プロセスごとの生産性を個別に最大化するところに起因する。

各工程の製造原価を削減する目標で生産活動を始めると，制約プロセスの稼働能力にはお構いなしに前工程はロット生産で原価率を下げようとつくり溜めに走ってしまう。意図どおり当該前工程の単位製造原価は低下するが，制約工程の前に吸収しきれない在庫が溜まってしまう。制約工程の後の工程は十分能力があるのだが，仕掛品が制約工程で止まってしまうので，手待ち状態になってしまう。これでも損益計算書は悪化しない。損益計算書ではどんなに売れない在庫が溜まっても損は発生しない。仕掛在庫は費用に計上されないためである。

　しかし，キャッシュフロー基準では，前工程が制約工程以上に稼働したことで在庫が滞留しキャッシュフローを損なう。ゴールドラット氏が友人の工場でこの現象を発見し解決案を提言した内容は，制約工程と同期がとれるまで前工程の作業ペースを落とすことであった。その結果，制約工程の前に消化されない在庫滞留を防ぐことができる。

　この現象から，次のようなルールが法則化された。
① 受注オーダが入るときにサプライチェーンのどの工程がボトルネックになるか検出する。製品の受注構成によって，どのプロセスが制約工程

図表 5-13　TOC (Theory of Constraints) の視点と適用効果

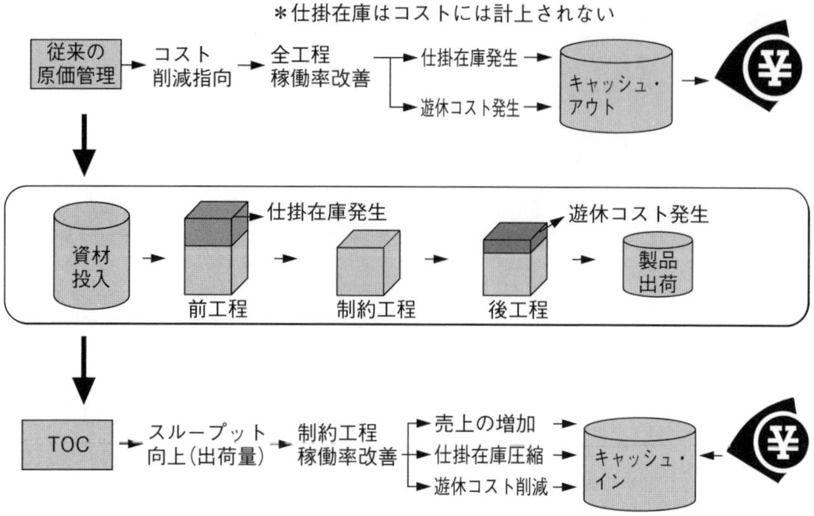

＊仕掛在庫はコストには計上されない

従来の原価管理 → コスト削減指向 → 全工程稼働率改善 → 仕掛在庫発生／遊休コスト発生 → キャッシュ・アウト

資材投入 → 前工程 → [仕掛在庫発生] 制約工程 → [遊休コスト発生] 後工程 → 製品出荷

TOC → スループット向上（出荷量） → 制約工程稼働率改善 → 売上の増加／仕掛在庫圧縮／遊休コスト削減 → キャッシュ・イン

になるかは変化する。生産管理の能力検証（CRP）のような解析をかけなければ，多様な製品構成と複雑な製造工程では，どの工程がどの程度制約になるかは人間系だけでは判断できないケースが多い。

② 検出された制約工程が，故障せず可能な範囲で稼働率を最大限上げられるよう事前保守の徹底や3交代制等での稼働時間増加など能力補強を行う。

③ 前工程が故障により停止しても制約工程の手待ちが出ないように制約工程の前に安全在庫を置く。

④ 前工程の製品単位生産速度を制約工程と同じペースまで落とす。

⑤ 後工程については，遊休が出るのは致し方ない。

⑥ 得意先への出荷工程の前に安全在庫を置く。工場全体が確率的に停止しても品切れによる売上の機会損失は防げるからである。

図表 5-14　TOCの導入ステップ

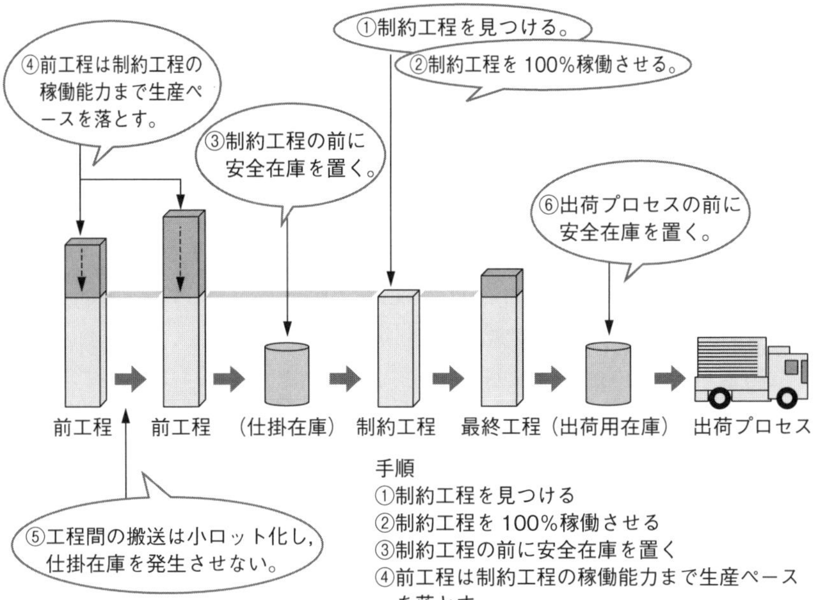

①制約工程を見つける。
②制約工程を100％稼働させる。
④前工程は制約工程の稼働能力まで生産ペースを落とす。
③制約工程の前に安全在庫を置く。
⑥出荷プロセスの前に安全在庫を置く。
⑤工程間の搬送は小ロット化し，仕掛在庫を発生させない。

前工程　前工程　（仕掛在庫）　制約工程　最終工程（出荷用在庫）　出荷プロセス

手順
①制約工程を見つける
②制約工程を100％稼働させる
③制約工程の前に安全在庫を置く
④前工程は制約工程の稼働能力まで生産ペースを落とす
⑤工程間の搬送ロットを小さくし，仕掛在庫をなくす
⑥出荷プロセスの前に安全在庫を置く

このTOCの理論は，SCP (Supply Chain Planning) や生産スケジューラにも採用されて実用化されているものがある。

われわれがTOCに学ぶことは，現実のサプライチェーンにおいて各プロセスの個別の生産性やリードタイムを向上しても，どこかに制約工程が発生すると制約工程の前に在庫が滞留するだけで，キャッシュフローではかえってロスが出るということである。

TOCでは，制約工程の解消について直ちに制約工程への能力増強投資による解決を禁じている。それは，設備投資によってキャッシュフローが失われるからである。現状の設備環境の範囲でキャッシュフローを改善し回収を図った後に，長期的な視点で設備更新を図るべきであるとしている。

7. バランスト・スコアカード（BSC）

バランスト・スコアカードはキャプラン教授とコンサルタントのノートン氏によって提唱された手法で，企業価値を生み出す戦略要素を①組織・個人の学習，②プロセスの品質，③顧客への価値，④財務成果の4つに置き，目標づけられたそれぞれの戦略目標（重要成功要因）の達成状況を可視化することで企業価値を評価する仕組みである。これを可視化した関係図を戦略マップという。

④財務目標の達成のためには，③顧客への価値提供が必要であり，価値提供のためには②プロセスの品質向上が必要である。プロセスの品質向上を実現するのは①組織や従業員の学習成果が基盤となる。

このように4つの戦略要素は，それぞれを独立して実現していくものではなく，基盤となる下位の戦略要素が高い相関関係で同位または上位の戦略要素実現に貢献する関係で企業目標の実現を説明する。

財務視点での価値は，4要素の中で，他の3要素の価値発揮の結果としての上位の要素として位置づけられる。たとえば，キャッシュフローの向上が戦略目標になるとする。この目標を定量化したものを成果指標という。たとえば，売上キャッシュフローマージンの目標値を50％とするなどである。

この財務成果指標を達成するための顧客視点での重要な戦略目標に，顧客

の納期満足がある。これに対する定量化できる成果指標は受注時納期満足率とし，95％以上を目標とする。この目標実現のためのプロセスの品質視点での重要な戦略要素に，部品の在庫切れ防止がある。定量化した成果指標はキー部品の在庫充足率が適切であるとされ，充足率99％以上を目標値とする。このために組織，個人の学習視点での重要な戦略要素に，需要予測と在庫水準の決定に関するノウハウが必要とされる。定量化できる成果指標として，統計手法の研修実績と成績が選ばれる。目標を社員受講率100％，検定試験合格率70％とする。

このような例示の戦略マップが図表5-15のように可視化できる方法で作成されるが，この段階では経営管理のPDCAサイクルのうえでは計画レベル（P）の段階である。これを確実な実行レベルに落としていくためには，戦略遂行状況の履行度をモニタリングしていくための管理体系が必要である。そこで計画レベルで作成されたバランスト・スコアカードに対して実行面での目標付けを行い，履行度を評価する管理指標が設定される。これをパフォーマンスドライバ管理という。

財務視点については，他の要素の実施成果の結果となるからパフォーマンス管理は不要である。顧客視点でのパフォーマンスドライバとしては，受注時に納期満足が達成されなかった原因の報告が必要である。プロセス視点でのドライバとしては，キー部品の欠品発生実績と原因の報告が必要である。組織・個人の学習視点でのドライバとしては，統計コース研修の受講報告と

図表 5-15　バランスト・スコアカードによる戦略マップの例示

戦略要素	戦略目標	成果指標	実行目標	実行管理指標
財務視点	キャッシュフロー向上	売上キャッシュフローマージン50％達成		
顧客視点	顧客納期要求満足	納期遵守率99％達成	納期遅延報告	納期遅延報告履行率
プロセス品質視点	部品在庫切防止	キー部品の在庫充足率99％達成	キー部品の欠品発生実績と原因の報告	キー部品の欠品発生実績と原因の報告履行率
組織・個人学習視点	需要予測および安全在庫水準策定ノウハウ獲得	統計手法研修成果70点達成	統計コース研修の受講報告と成績評点報告	統計コース研修の受講と成績評点報告率

成績評点報告が必要である。

そして，それぞれの履行度を月次サイクルでモニタリングすることを規定する。これはバランスト・スコアカードが作りっ放しにならないための運用上の成功要因となる二次的な管理手法である。

8. 棚卸資産の評価替え基準

会計基準の新設により，2008年4月開始事業年度から，棚卸資産のうち市場価格などが取得価額より低下し収益性が低下した①販売につながる棚卸資産（材料，仕掛品，製品），②事務用消耗品など，③市場が存在するトレーディング目的所有棚卸資産は，それまでの計上価額を時価（正味売却価額）まで切り下げることが規定された。

販売につながる棚卸資産（材料，仕掛品，製品）については，市場価格がある資産については，取得価額を正味売却価額（売価－見積追加製造原価－見積販売直接費）まで，市場価格が観察できない資産については，販売実績等による合理的に算定された価格－見積追加製造原価－見積販売直接費まで，通常の回転期間を経過した資産は規則的に評価減を行う。滞留処分対象資産については，処分見込価格（0も可）まで切り下げることとなる。また，製造業の原材料等のように再調達原価のほうが把握しやすい場合や正味売却価額が再調達原価と比例する場合は，継続適用を要件として取得価額を再調達原価（最終仕入原価含む）まで切下げることができる。

評価単位は棚卸資産の種類ごとに実施するのが原則であるが，合理的な基準でのグルーピングも可能である。グルーピングしたほうが切下げ額が抑えられるメリットもある。切下げの計上は，継続適用を条件に①洗替え法か，②切放し法を，棚卸資産ごとに選択することが可能である。計上区分は，価格変動の要因によって①売上原価（製品，商品），②製造原価（材料，仕掛品），③販売費（販売促進起因），④特別損失（臨時的事象起因）に区分する。

収益目的での先物商品の取引により保有する資産などはトレーディング目的保有棚卸資産として定義されるが，取得価額と市場価格を比較し市場価格

図表 5-16 棚卸資産の評価替え制度概要

基準	棚卸資産の評価原則に関する会計基準（企業会計基準委員会）		
対象	収益性が低下したすべての棚卸資産 ①最終的に販売に繋がる棚卸資産（材料，仕掛品，製品） ②事務用消耗品など ③市場が存在するトレーディング目的所有棚卸資産		
評価単位	原則	個別品目単位	
	その他	適切であれば複数の棚卸資産を一括で評価可能	
評価方法要約	①最終的に販売に繋がる棚卸資産（材料，仕掛品，製品）		
	取得価額と右価格比較	市場価格がある場合	正味売却価額（売価－見積追加製造原価－見積販売直接費）
		市場価格が観察されない場合	販売実績価格等－見積追加製造原価－見積販売直接費
		回転期間を過ぎた滞留資産や処分資産に該当する場合	規則的に滞留期間で評価切下げ
			処分見込価格（0も可）
		製造業の原材料等再調達原価が正味売却価額と比例する購入品	再調達原価(最終仕入原価含む)によることも可，ただし，継続適用が要件
		売価還元法による原価	正味売却価額
			値下後売価×値下前原価率を帳簿価額としている場合は切下げ済とみなす
	切下げ額の表示	棚卸資産ごとの選択および継続適用を要件に①洗替え法，②切放し法のいずれも可（IFRSでは①のみ可）	
	切下げ額の計上区分	①売上原価（製品，商品） ②製造原価（材料，仕掛品） ③販売費（販売促進起因） ④特別損失（臨時的事象起因）	
	②トレーディング目的保有棚卸資産		
	取得価額と右価格比較	市場価格	
	計上区分	売上高で調整して計上	

まで切下げを行う。なお，法人税法の評価額低下の規定と会計基準のこの規定は，評価替えの条件が異なるので，両者の適用結果では差異が生ずることがあるので注意が必要である。

保守部品などについては経過年数による評価切下げ引当の損金算入の規定が税法にはあるが，会計基準適用との差異について留意しなければならな

い。

　IT化も含めた実際の運用では，更新単位に区分された取得価額と更新サイクル時の正味売却価額や再調達原価等を比較して自動的に切下げ額を算出し，自動仕訳で経理計上する仕組みの構築が想定される。

　通常の回転期間を経過した資産は，それ以降の滞留による切下げ額を計算するため，経過年月を基準にした自動切下げの仕組みが構築されるであろう。そのため，棚卸資産の取得時期や最終販売時期を記録管理するデータベースを構築する必要がある。

9. アメーバ会計

　アメーバ会計とは，京セラ㈱で開発され実践されている管理会計の仕組みである。京セラでは，事業として成り立つ最小単位をアメーバとする。
　その条件は，
① 明確な収入が存在し，かつその収入を得るために要した費用を算出できること
② 最小単位となるアメーバがビジネスとして完結する単位となること
③ 会社全体の目的，方針を遂行できるように分割すること
とされている。(稲盛和夫著『アメーバ経営』日本経済新聞社より引用)
　このような基準で生産事業部門の利益責任を工程単位まで細分化し，利益責任を持って自律的な事業を執行するとともに会社全体の目的遂行，最適化が図られるようにアメーバを組織化している。
　アメーバの売上高は，市場価格ベースで次工程であるアメーバと生産物の価格を決定する。社内であっても市場原理に基づいた価値によって価格を交渉によって決定する。一方，原価は前工程から購入した市場価格により決定した部品等の社内購入価格となる。社内価格の交渉が当事者で決裂する場合にはトップが公正な基準で裁可する。なお，人件費は原価に算入しない。最終工程(アメーバ)での売上高は，外部の顧客へ販売した価格である。
　アメーバ会計では，生産アメーバが外部への販売価格に責任を持つ構造になっている。営業アメーバは生産アメーバの代理店機能として位置づけら

れ，生産アメーバは営業アメーバに受注実績に応じて営業口銭を支払う仕組みになっている。営業口銭は適切な配賦基準によって全生産アメーバに負担させる構造になっている。この狙いは，全生産アメーバに外部販売高にリンクした業績責任を持たせることによって，市場価格に俊敏な原価意識と改善への行動をとらせることを意図している。

アメーバの業績評価は，

　　売上高－人件費を除く経費

で付加価値を算定する。これを時間当たりで割って時間単位の付加価値とし，業績管理や予算編成の基準としている。

営業アメーバの業績は，売上高に対する口銭が収益であり，人件費を除く営業経費が費用となり，付加価値を算出し，時間当たりの付加価値を業績評価の基準とする。

さらにアメーバ会計では，1取引のライフサイクルを管理する仕組みが構築されている。実績管理では受注，生産，売上，入金など収支が要件となるが，関連する残高管理要件として，受注に対する完成までの製造受注残高，受注から出荷に至るまでの営業受注残高，製品完成から客先出荷までの製品在庫，売上から回収までの売掛残や手形残高などがある。フロー主体の実績管理と連携する残高とが統合的にモニタリングされる仕組みとなっている。

図表 5-17　アメーバ会計の計算体系

業績責任組織	評価指標	計算定義
製造アメーバ	総出荷高	社外出荷高＋社内売上高
	総生産高	総出荷高－他アメーバからの購入高
	差引売上高	総生産高－(製造目的社外購入高＋製造目的内部経費)
	時間当たり採算	差引売上高 ÷ 総時間(定時間＋残業時間＋部内共通時間)
営業アメーバ	総収益高	売上高 × 口銭率
	差引収益	総収益高－営業経費
	時間当たり採算	差引収益 ÷ 総時間(定時間＋残業時間＋部内共通時間)

第3節　生産にかかわる情報システム

1. 生産にかかわる情報システムテーマの変遷

これまで生産にかかわる情報システムは，情報機器やネットワークの進展，消費者のニーズの変化により数々の変遷を遂げてきた。個々の生産にかかわる情報システムを見ていく前に，これまでどのような情報システムが注目され，どのように編成していったかを概観する。

図表5-18は，年代ごとに，生産にかかわる情報システムにおいて注目されたテーマとコンピュータの処理形態の変遷を示している。

1950年代後半の工場においては，工作機械を自動化するために，数値制

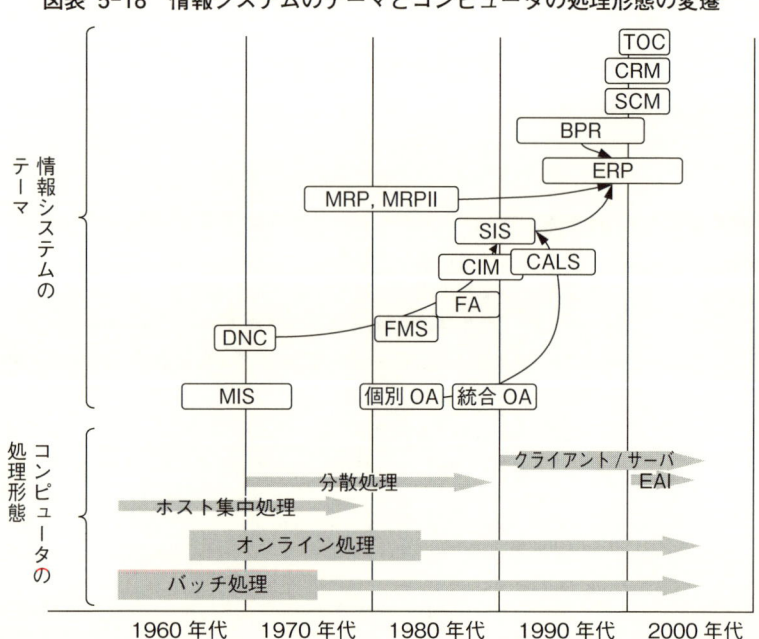

図表 5-18　情報システムのテーマとコンピュータの処理形態の変遷

御を行うことができる機能を組み込んだ NC 工作機械が使用されていた。

1960〜1970年代には，複数の NC 工作機械を中央のコンピュータで総合的に制御を行う DNC（コンピュータ統括制御システム）が開発され，機械加工システムは他のシステムと有機的につながるようになった。

1960年代後半から1970年代になると，製品に対するニーズも多様化し，多品種中・少量生産を行うことができる生産形態が求められるようになった。

このために，柔軟な機械加工，搬送などの機能を持つ FMS (Flexible Manufacturing System)，FMC (Flexible manufacturing Cell) が普及した。FMS は，設備全体をコンピュータで制御・管理し，自動搬送機械で工作物を供給し，混合生産や生産内容の変更を可能にしたシステムである。また，FMC は1台の加工機械を中心にした小規模な FMS である。

また，1980年代から1990年代にかけてはコンピュータの性能と情報ネットワークが飛躍的に進展し，生産に関連する多様な情報を共有し，効率的に使用できる環境がそろった。これに加えて，メカトロニクス技術に基づく自動化技術と，コンピュータシステムの進化に伴い発展した CAD/CAM/CAE システム，生産管理システムを情報ネットワークで統合し，工場全体の自動化を目指す FA が注目され，構築された。

1990年以降のわが国では，経営から生産，販売など各部門の業務を情報ネットワークで統合し，経営戦略の下で生産活動の最適化を図るシステムである CIM (Computer Integrated Manufacturing) が進展した。

さらに，インターネットが普及し，グローバルスタンダードが進展していく中，企業間のシームレス化を求められて，引合・見積・契約・設計・製造・検査・納品・運用・保守・廃棄に至る製品ライフサイクル全体のビジネスのスピードアップ，ペーパーレス化，品質向上，コスト削減のためにビジネスデータをデジタル化，国際標準化，データベース化し，企業の BPR を推進する CALS (Continuous Acquisition and Life-cycle Support) が展開された。

1990年代半ばには，低迷する業績から脱却するために，企業のビジネスプロセスを抜本的に改革することを目的とした BPR (Business Process

Reengineering）が提唱された。このために，コスト，品質，サービス，業務のスピードを劇的に改善するために，取引発生から完了までの一連のビジネスプロセスを再構築する。このBPRの実現手段として，ERP（Enterprise Resource Planning）が注目された。ERPは経営概念であり，この経営概念を実現する手段の1つにERPパッケージがある。

1990年代後半には，企業内の効率化や最適化だけでなく，部品供給サプライヤ，製造メーカ，卸，物流センター，小売，消費者まで商品を供給する連鎖（サプライチェーン）を捉え，川上（部品サプライヤ）から川下（消費者）までのサプライチェーンを見直し，全体最適を図るマネジメントであるSCM（Supply Chain Management）が提唱された。

消費者ニーズや小売の販売計画・売上実績などの情報をリアルタイムに近いタイミングで製造メーカに伝え，需要予測や生産計画に入れ込むなどにより，流通在庫全体の削減，リードタイムの短縮，コスト削減を狙う。

また，モノがあふれ成熟した市場においては，顧客にニーズを的確につかむ製品開発や顧客へのアプローチが求められる。これに対して，モノを供給される側の顧客の視点に立って，顧客や市場のニーズやウォンツを吸い上げ，そのニーズやウォンツに迅速に対応した生産を行い，自社のファンを増やす仕組みであるCRMが注目された。

また，2000年代にはイスラエルの物理学者ゴールドラット氏により提唱されたTOC（Theory Of Constraints）が注目された。これは，5段階改善プロセス，生産スケジューリング技法のDBR（ドラム，バッファ，ロープ）スケジューリング，直接原価計算的な業績評価情報であるスループット会計，解決技法である思考プロセス，プロジェクトマネジメント技法であるクリティカルチェーンからなるマネジメントの概念である。

2. 生産にかかわる情報システムの全体像

生産にかかわる情報システムの機能関連図を図表5-19に示す。

生産にかかわる情報システムの機能としては，需要予測，販売計画，販売管理，負荷検証，生産計画，資材所要計画，資材・外注管理，工程管理，進

第5章 基本用語解説 353

図表 5-19 生産にかかわる情報システムの機能関連図

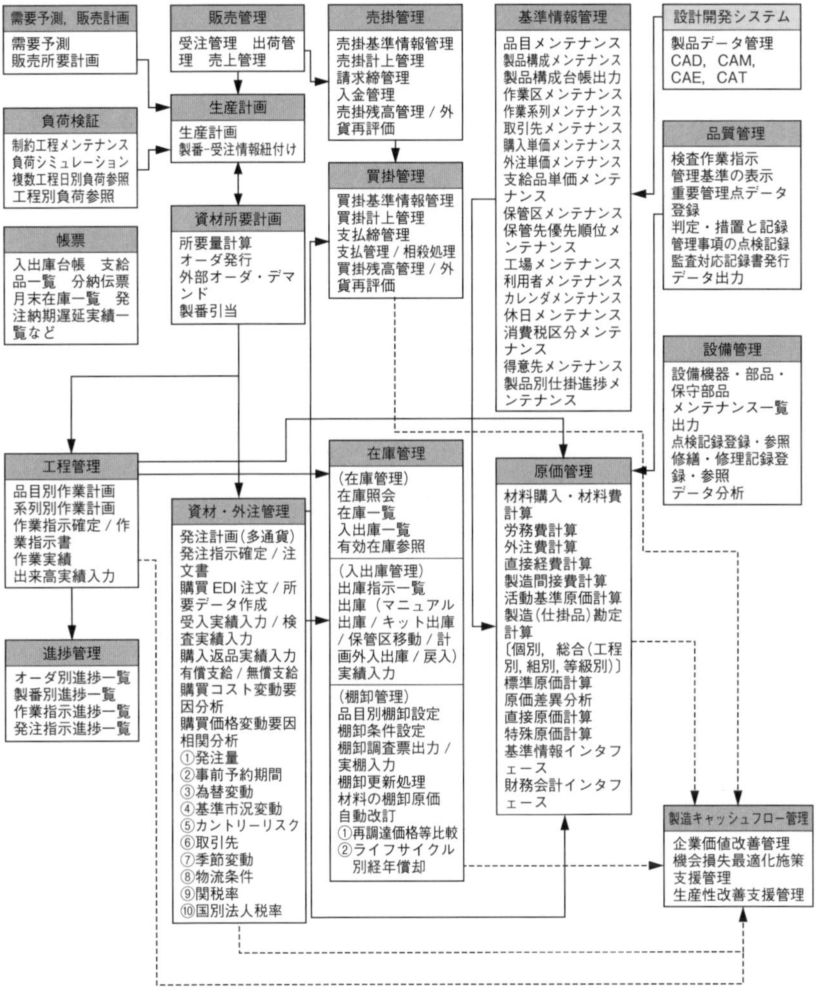

需要予測，販売計画
- 需要予測
- 販売所要計画

販売管理
- 受注管理 出荷管理 売上管理
- 売上管理

売掛管理
- 売掛基準情報管理
- 売掛計上管理
- 請求締管理
- 入金管理
- 売掛残高管理/外貨再評価

基準情報管理
- 品目メンテナンス
- 製品構成メンテナンス
- 製品構成台帳出力
- 作業区メンテナンス
- 作業系列メンテナンス
- 取引先メンテナンス
- 購入単価メンテナンス
- 外注単価メンテナンス
- 支給品単価メンテナンス
- 保管区メンテナンス
- 保管先優先順位メンテナンス
- 工場メンテナンス
- 利用者メンテナンス
- カレンダメンテナンス
- 休日メンテナンス
- 消費税区分メンテナンス
- 得意先メンテナンス
- 製品別仕掛進捗メンテナンス

設計開発システム
- 製品データ管理
- CAD，CAM，CAE，CAT

負荷検証
- 制約工程メンテナンス
- 負荷シミュレーション
- 複数工程日別負荷参照
- 工程別負荷参照

生産計画
- 生産計画
- 製番-受注情報紐付け

買掛管理
- 買掛基準情報管理
- 買掛計上管理
- 支払締管理
- 支払管理/相殺処理
- 買掛残高管理/外貨再評価

品質管理
- 検査作業指示
- 管理基準の表示
- 重要管理点データ登録
- 判定・措置と記録
- 管理事項の点検記録
- 監査対応記録書発行
- データ出力

帳票
- 入出庫台帳 支給品一覧 分納伝票
- 月末在庫一覧 発注納期遅延実績一覧など

資材所要計画
- 所要量計算
- オーダ発行
- 外部オーダ・デマンド
- 製番引当

設備管理
- 設備機器・部品・保守部品
- メンテナンス一覧出力
- 点検記録登録・参照
- 修繕・修理記録登録・参照
- データ分析

工程管理
- 品目別作業計画
- 系列別作業計画
- 作業指示確定/作業指示書
- 作業実績
- 出来高実績入力

在庫管理
- (在庫管理)
  - 在庫照会
  - 在庫一覧
  - 入出庫一覧
  - 有効在庫参照
- (入出庫管理)
  - 出庫指示一覧
  - 出庫 (マニュアル出庫/キット出庫/保管区移動/計画外出庫/戻入)
  - 実績入力
- (棚卸管理)
  - 品目別棚卸設定
  - 棚卸条件設定
  - 棚卸調査票出力/実棚入力
  - 棚卸更新処理
  - 材料の棚卸原価自動改訂
  - ①再調達価格等比較
  - ②ライフサイクル別経年償却

原価管理
- 材料購入・材料費計算
- 労務費計算
- 外注費計算
- 直接経費計算
- 製造間接費計算
- 活動基準原価計算
- 製造(仕掛品)勘定計算
- [個別，総合(工程別，組別，等級別)]
- 標準原価計算
- 原価差異分析
- 直接原価計算
- 特殊原価計算
- 基準情報インタフェース
- 財務会計インタフェース

進捗管理
- オーダ別進捗一覧
- 製番別進捗一覧
- 作業指示進捗一覧
- 発注指示進捗一覧

資材・外注管理
- 発注計画(多通貨)
- 発注指示確定/注文書
- 購買EDI注文/所要データ作成
- 受入実績入力/検査実績入力
- 購入返品実績入力
- 有償支給/無償支給
- 購買コスト変動要因分析
- 購買価格変動要因相関分析
  ①発注量
  ②事前予約期間
  ③為替変動
  ④基準市況変動
  ⑤カントリーリスク
  ⑥取引先
  ⑦季節変動
  ⑧物流条件
  ⑨関税率
  ⑩国別法人税率

製造キャッシュフロー管理
- 企業価値改善管理
- 機会損失最適化施策支援管理
- 生産性改善支援管理

捗管理，在庫管理，基準情報管理，原価管理，品質管理，設備管理，売掛管理，買掛管理がある。

さらに，キャッシュフロー生産管理を支援する機能として，製造キャッシュフロー管理がある。

3. 需要予測システム

需要予測システムは，過去の実績データから，統計手法を用いて，長期では工場の新設や増強の設備能力の決定，中期・短期では人員計画，生産計画，在庫計画に用いられるデータを提供する。

需要予測では，販売実績や引合・受注情報をもとに，季節変動を捉える，上昇傾向か下降傾向かのトレンドを捉える，キャンペーンやイベントなどのプロモーションの影響を反映させる，景気指標との相関をとるなどが必要であり，移動平均法，指数平滑法，回帰分析，指数関数近似などの統計手法の機能が提供される。

予測の際にイレギュラーな要因の影響を実績データから取り除く機能，予測誤差の確認・評価機能も必要である。

4. 販売計画システム

販売計画システムは，需要予測や営業部門の事業計画に基づき，製品単位を基準とする出荷販売計画立案を支援するシステムである。

販売計画は，必要な利益を確保するための販売活動の方針である。短期販売計画（1年以下）と長期販売計画（3～5年以上）があり，販売計画という場合は，主に短期販売計画のことを指す。

販売計画は，販売予算に基づいて販売目標（数量，金額）と販売割当，販売予算の策定を通じて決定するため，過去の販売実績，自社製品・競合他社製品の分析，市場のボリューム，チャネルの分析が必要である。

シミュレーションにより目標販売量を推定し，そのうえで企業の経営資源（ヒト，モノ，カネ，情報）を考慮しながら達成可能な売上目標を策定し，そのための予算を固定費（人件費），変動費（原価，在庫費，広告・販促費など）から算出し，具体的な販売活動を計画する。

また，計画のスパンごとに立てられた販売計画を，長いスパンの計画から短いスパンの計画に落とし込んでいくことを支援する機能があるとよい。た

とえば，年度販売計画を四半期ごとの販売計画にブレークダウンするには，予算要素の四半期割機能などがある。また，販売計画はシミュレーションも行うため，計画のバージョン管理機能も必要である。

5. 生産計画システム

生産計画システムは，営業部門が立てた製品の販売計画をベースに，「どの製品を，いつ，何台生産するか」といった生産計画を立案するシステムである。

中長期の生産計画は，工場立地や設備投資などの事業計画の意味合いが強く，また短期の場合には，生産業務の計画が中心で，資材の調達や工程の手順計画，負荷計画などの日程にかかわるものとなる。

生産計画には，1年先までの大日程計画と，2ヵ月～半年先までの中日程計画，日・週～1ヵ月程度の小日程計画がある。

生産計画の時点では，エンドアイテム（独立需要品目）の計画を行い，エンドアイテムから下位展開される品目（従属需要品目）は計画しない。

基準生産計画立案では，期間における工場の機械・設備の能力や作業者の人数などによる生産可能量を考慮し，生産量を調整して，実現可能な基準生産計画を立案する必要があるため，能力・負荷検証を行うRCCP（Rough Cut Capacity Planning）機能が必要である。RCCPにより，どの工程が制約になるかを検出し，事前に対処を行うことができる。

6. 正味所要量計画

正味所要量計画ではMRP（Material Requirements Planning）を用いて基準生産計画を入力して，部品表（BOM：Bill Of Material）を用いて部品を下位展開し，従属需要品目である構成部品の調達時期，調達量を計算する。

将来日付（先日付）で入庫される予定の発注残や製造中の仕掛品も，将来日付（先日付）の在庫として，MRPで展開された調達時期に必要な品目の

場合，引当てを行い，在庫がない場合は，製造または購買の調達計画を立てる。

MRPの詳細については，後述の17.MRP（367ページ）を参照されたい。

7. 工程管理システム

小日程計画，資材の購買計画，設備管理情報に基づき手順計画や負荷計画が行われる。さらに，スケジューリングシステムにより使用設備，加工時間，加工順序，使用資材や部品，運搬や出庫などの決定を行い，小日程計画が立案される。

提供機能を明確にするために工程管理システムとしているが，MESに相当する。詳細は後述の節を参考にされたい。

① スケジューリングシステム

製造工程におけるさまざまな制約条件を考慮し，上流工程からシミュレーションを行うことにより，多段工程の同期化・負荷平準化し，最適化を図る。

提供機能としては，無限/有限山積み，対話修正機能，再割付機能などがあり，MRP機能，要員管理を持つものもある。主な計算ロジックとしては，バックワード，フォワード，バックワード/フォワード混在シミュレーションなどがある。

その他，内段取/タンク/炉/外注などの副資源の設定，見込/確定区分設定，最早着手日の設定，ロットサイズ指定（品目単位/オーダ単位），先行関係の定義（開始合せ，重複生産可），段取替え時間指定，稼働カレンダ設定（工場単位/設備単位，日単位/時間単位），優先度の設定，ロット分割/合成，ロットサイズ制約（まるめ，最小/最大ロットサイズ），内段取り作業（作業直前，作業直後），グループ処理制約（同時並行処理，連続処理，複数作業同時割付（多台持ち））設定などの条件設定ができるものもある。

② APS（Advanced Planning and Scheduling：先進的スケジューリング）

従来は，基準日程計画→MRP→CRP→スケジューリングを行い，必要に応じて基準生産計画を見直すという作業の繰り返しを行っていた。これに対

し，スケジューリングの過程において，MRP，CRP を実行し，生産スケジューリングと MRP，CRP を統合することで，より生産現場の制約を加味した計画を作成するものを APS という。

8. 資材・外注管理システム

　資材の調達を行うために，ABC 分析から資材の最適発注量を算出し，発注を行う，在庫が一定水準になると自動的に発注する，一定間隔でそのつど必要な分を計算して発注を行う，MRP で必要資材数を計算して発注する，などの発注方式を提供する。

　資材の購買オーダは注文書として発注先に渡される。また，外注先に作業を依頼する場合には作業依頼を出し，必要な場合には部品の支給を行う。

① カムアップシステム

　指示書や注文書の控えを納期順に整理し，その納期のある期間前になった時点で指示書や注文書を取り出し，該当する工程や業者に納期どおり納品できそうかを事前に確認するシステムである。

9. 在庫管理システム

　在庫管理システムの機能には，大きな区分では① 資材や製品・中間品の入出庫に対する在庫数量や各種原価法による原価情報の更新，② 現在および将来での在庫引当可能情報の提供と需要に対応する安全在庫や補充要求管理，③ 棚卸数量・原価情報，低価法対応など棚卸評価原価情報の更新と提供がある。図表 5-20 に代表的な在庫管理システムの機能を提示する。

　昨今では，決算日程短縮の要請もあって，棚卸業務の適時化が求められている。従来の棚卸では，棚卸期間中は入出庫業務を停止する必要があったが，現在の多くの在庫管理システムでは，棚卸期間中も入出庫を継続できるようになっている。

　棚卸時に在庫情報を退避し，棚卸を実施，並行して入出庫業務は継続する。在庫退避データと在庫データの差異に対して，登録データの「実績日と

図表 5-20　在庫管理システムの機能例

```
在庫管理システム機能
    ├── 引合に対する在庫仮引当
    ├── 受注に対する在庫確定引当
    ├── 出庫に対する在庫数量・原価更新
    ├── 入庫に対する在庫数量・原価更新
    ├── 発注，生産計画に対応する入庫予定更新
    ├── 先日付在庫予定情報提供による納期回答
    ├── 現在および先日付時間軸別在庫補充点管理
    ├── 棚卸表作成
    ├── 棚卸更新と棚卸差異算出
    ├── 低価法による棚卸原価更新
    ├── 連結取引在庫未実現利益情報提供
    ├── MRP計算，SCP計画への在庫情報提供
    ├── 原価計算・会計記帳への払出・在庫原価情報連携
    └── 在庫回転有効性（過剰・品切）に関する情報提供
```

データ更新日を比較」し，「遅れ伝票」と判断した情報を加算したデータと実棚入力値をチェックし，実棚更新を行うことにより実現している。

　このように，棚卸期間中に入出庫業務を停止しなくてよいことにより，棚卸のスケジュール設定が柔軟になり，決算日程短縮阻害要因の解消にも役立つことになる。

10.　製造原価管理システム

　製造原価管理システムは，工程管理サブシステムから製造実績数量や標準原価単位情報を，財務会計システムから実際原価発生情報を受け取って，製造指図書別の製造原価の集計ないしは製品単位での期間当たりの製造原価の集計計算を行う。前者は個別原価計算システムであり，後者は総合原価計算システムと呼ばれる。

　両者に共通する機能としては次のものがある。

（a）基準情報メンテナンス機能

材料・製品など品目情報，工程などの原価計算単位情報，製品別工程連係情報，製品別構成材料，加工要素標準所要量展開表（原価管理用のBOM：部品表），製造原価の勘定科目情報，数量の原価計算用の換算表情報などで構成される。

（b）直接材料費計算機能

資材管理システムから工程別製品別の資材払出数量および原価情報を受領し，製品単位に各工程で消費した直接材料の消費高を計算する機能である。

（c）直接労務費計算機能

製品単位に各工程の労務による加工高を集計する機能である。労務費の実際発生高は給与計算で把握されるが，通常は予定単価と実際の作業時間との積で計算し，給与計算との差異は，原価差異として計上する。

（d）直接経費計算機能

製品単位に外注費，他社から購入する工業所有権の使用料，仕損費を計上する。

なお，個別原価計算では，直接労務費，直接経費は区分して計上するが，総合原価計算では，直接材料費以外の直接労務費，直接経費および後述する製造間接費は区分せず，加工費で総括し計上する。

（e）製造間接費計算機能

製造プロセスで発生した原価のうち，直接費以外の要素を製造間接費と総称するが，製造間接費の収集と部門別集計および補助部門から直接部門や製品に配賦する機能である。

（f）製造勘定計算機能（原価元帳機能）

前期の仕掛品の製造勘定と，上記の直接材料費計算機能，直接加工費計算機能，製造間接費計算機能で製品別に集計された当期の要素別原価を集計する機能である。

（g）製品勘定計算機能

製造勘定のうち完成品部分を製品勘定に振り替える機能である。

（h）原価情報インタフェース機能

原価計算プロセスに必要なインタフェース機能として次のものがある。

・基準情報共有インタフェース：生産管理との品目情報，工程情報，標準原価単位数量・歩留率情報，単位標準単価情報などがある。
・購買情報インタフェース：材料購入および外注費の計上情報とのインタフェース機能である。
・材料払出情報インタフェース：材料の製造工程への払出数量，単価に関する情報連携インタフェース機能である。
・生産実績情報インタフェース：工程別製品別加工実績，機械稼働実績，工程別材料受入生産物払出実績，仕掛進捗実績に関する情報連携インタフェース機能である。
・財務会計情報インタフェース：製造部門経費発生高，製造労務費発生高の原価計算への受入および製造原価計算結果の直接材料費，直接加工費，製造間接費，原価差異，製造勘定，製品完成情報，仕掛品残高情報の仕訳はき出し連携インタフェース機能である。

（ⅰ）原価計算管理機能

　管理会計目的での機能であって，顧客価値原価計算機能による顧客価値原価と資源別原価消費のマトリクス管理機能，直接原価計算による製造貢献マージン計算機能やスループット会計によるスループット計算機能，利益速度による製品別貢献スループット高計算機能，制約工程で発生する機会損失計算機能，そのほか第3章で紹介した生産パフォーマンス評価機能で構成される。

11. 品質管理システム

　品質管理システムは，PL法，ISO 14001などの要請による製造過程や品質管理の記録を保持し，問題が発生した場合のトレーサビリティを提供する。
　また，出荷，販売後のクレームや修理などのアフターサービスの記録を保持し，自社製品の開発・設計にフィードバック情報を提供する。

12. 設備管理システム

　設備管理システムは，機械・設備の一覧，保全記録，故障記録を保持，問

題点を明確化し，保全データを分析，問題を早期に解決できるようにする。設備機器一覧，部品一覧，点検記録，修繕・修理記録，保守部品，データ分析などの機能を提供する。

13. 基準情報管理システム

基準情報管理システムは，部品表，工程情報，工程手順，購買先情報，購買単価情報，原価情報，在庫などのマスタ類を格納し，登録，更新を行うシステムである。詳細は図表5-19を参照されたい。

14. 設計開発システム

設計開発システムには，PDM（Product Data Management）と呼ばれる製品情報管理システムを中心として，製品の設計，開発を支援するCAD，CAEなどのシステムがある。

15. CAD, CAM, CAE, CAT, PDMの活用

生産活動にかかわるITの中で設計，開発などの技術を支える情報システムには，PDM（Product Data Management）と呼ばれる製品情報管理システムを中心として，CAD, CAM, CAE, CATなどがある。

① CAD（Computer Aided Design）

CADは，コンピュータを用いて設計を支援するシステム，またはコンピュータを使用して製品設計や図面を作成することを指す。

新製品の開発において製品コンセプトをベースに製品の全体像や各パーツの図面を作成したり，製造で使用する治工具や部品の設計や図面作成に使用したりする。CADで設計を行うと2次元や3次元形状の図面が出力される。

CADのようにコンピュータを用いて設計を行うことのメリットは，次のとおりである。

・作業効率化

手書きの場合と比較して，図面の作成や修正が容易になる。
・流用設計が容易になる
　作成した図面は電子ファイルとして保存できるため，似たような設計を行う場合，コピーをして違う部分を加えるといった流用がしやすく，設計効率を上げることができる。
・情報共有の容易性
　パソコンに図面ファイルを保存し，ネットワーク経由でファイルや情報を共有することが容易になる。たとえば，インターネットを使って，顧客と図面を交換しながらデザインレビューを行うことで，移動や図面を送付する時間を削減し，結果的に設計期間の短縮を図るといった活用が考えられる。
　② CAM（Computer Aided Manufacturing）
　CAMは「コンピュータによる製造支援」のことで，コンピュータを利用して製造工程の設計や工程制御を行うことを指す。
　具体的には，製造現場で生産ラインにどのようなロボットを，どのように配置して作業を行わせるかといったラインのエンジニアリングの設計，CADで作成した製図図面を利用して，図面のとおりに加工できるように工作機械を動かすためのNC工作機械（コンピュータ制御の自動工作機械）の制御，ロボットの制御などがある。
　CAMのメリットは次の点にある。
　　・組立加工の自動化
　　・製造工程の稼働率の最適化を図れること
　③ CAE（Computer Aided Engineering）
　CAEは，「コンピュータによる設計支援」で，CADの図面などを使用して設計対象の機能・性能をシミュレーションし，その結果を分析し，問題解決につなげること，またはそのためのコンピュータシステムを指す。
　CAEは，安全性や性能を確認したり実験できないことをシミュレーションして数値的な評価したりできる，コンピュータ上での仮想試作を実現する技術手法ともいえる。このため，自動車の設計では，衝突実験などでCAE技術を利用してものづくりを行っている。
　仮想試験を実現する技術としてのCAEのメリットとしては，次のものが

ある．
・試作品を減らすことができる
・部品の内部状態を把握することが可能
・開発期間短縮，コスト削減

また，CAEはCAD，CAMと連携することで，設計をしながら製品の性能やデザインをシミュレーションする，シミュレーションをしながら設計や製造プロセスにフィードバックし最適化していく，といったコンカレントエンジニアリングを行う基盤となる．

具体的には，CAD，CAM，数値モデルをCAEでシミュレーションし解析を行う．評価に不満足ならば設計に戻って，CADで変更を行う．実験を行う必要があれば数値モデルから試作を行い，CAEで評価をする．そのデータを設計のCADにフィードバックを行う．

④ CAT (Computer Aided Testing)

CATは「コンピュータによるテストの自動化支援」技術で，コンピュータにより自動試験や検査を行うこと，あるいはそのシステムを指す．CATは，開発フェーズにおける部品や製品の各種特性の確認で使用する，生産準備，製造工程における製品の品質管理で使用することが多い．

自動車の生産工程においては，後者を目的としたCMM (Coordinate Measuring Machine：接触式3次元測定機) システムが普及している．

CATのメリットとしては次のものがある．
・検査効率向上
　コンピュータによる高速な測定と結果表示が可能．
・検査精度向上
　人による検査誤差を防止．
・テストの自動化
　CAMと組み合わせてテストデータを生成，テスト自動化，解析を行うことが可能．
・検査結果の製品設計や工程設計にフィードバックが容易

⑤ PDM (Product Data Management)

PDMは製品情報管理システムであり，CADデータなどの図面データ，

図表 5-21　生産プロセスごとの CAD, CAE, CAM, CAT 利用業務

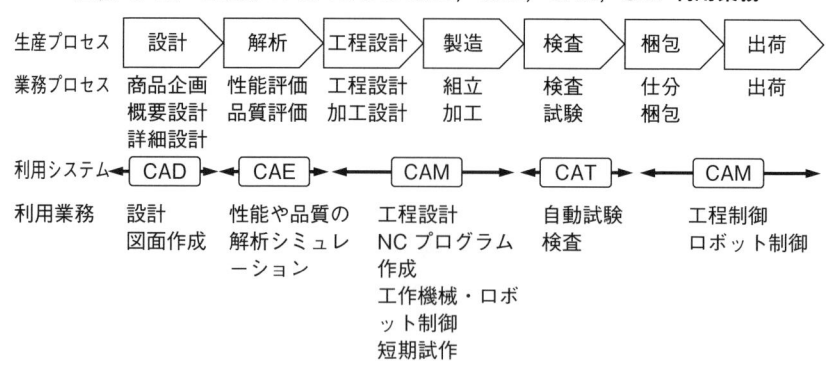

生産プロセス	設計	解析	工程設計	製造	検査	梱包	出荷
業務プロセス	商品企画 概要設計 詳細設計	性能評価 品質評価	工程設計 加工設計	組立 加工	検査 試験	仕分 梱包	出荷
利用システム	CAD	CAE	CAM		CAT	CAM	
利用業務	設計 図面作成	性能や品質の 解析シミュレ ーション	工程設計 NC プログラム 作成 工作機械・ロボ ット制御 短期試作		自動試験 検査	工程制御 ロボット制御	

　技術文書，設計変更情報，仕様書，取扱説明書などの設計に関するデータ，製品を構成する部品の構成データを一元管理し，設計・開発の工程の効率化や期間の短縮を図る。または，そのためのシステムを指す。

　PDM は，購買・資材システムと連携，設計スケジュールの把握と管理の効率化を図るワークフローなどの機能を持っている。

　PDM は，開発設計にかかわる製品データを一元管理することで，関連する部門は，必要なときに必要なデータを利用することができるため，
・最新データを共有することで業務の効率化を図る
・変更や改良に迅速に対応できる
・コンカレントエンジニアリングにより開発・設計リードタイムを短縮できる

などのメリットがある。

16. MES

（1）　MES 登場の経緯

　MES は，1990 年に，計画系システムと制御システムをつなぐ情報システムを示す言葉として提唱された。上位の生産計画系システム，下位の設備制御システムの間に位置し，製造現場の情報システムとして情報の橋渡しとなるのが MES である。

それ以前の製造現場では，生産設備システムからの稼働状況監視やデータ収集のシステム，品質管理システム，製造指示実績を捉えるPOP（Point Of Production）の仕組みを持つ工程管理システムなど，特定の課題を解決するための個々のシステムとして実現されていた。このため，システム間の横のつながりに加えて，生産計画やMRPなどの計画系システムと設備制御システムの縦のつながりが欠如していた。

しかし，進捗情報・品質情報・実績情報・設備情報など，工場における各種の情報を統合的に扱うことのメリットが認識されるようになり，製造現場では，前工程の進捗情報を後工程に連携・統合し，設備の操業状況を生産計画系システムにフィードバックし，計画を見直すといった計画系システムと制御システムとの情報の連携が始まった。これらが，POPシステムやSFC（ショップ・フロア・コントロール・システム；Shop Floor Control system）であり，MESの原型である。

（2） MESの役割と提供機能

MES（Manufacturing Execution System）は，製造現場への作業指示（どのようにつくるか）と実績収集（何がつくられたか）をする製造実施システムである。

MESでは，生産管理システムで立案された小日程計画に基づいて，工程ごとに日単位のスケジューリングを行い，製造指示を出力する。また，作業日報入力，作業実績収集システムやPOP情報からの取込みなどから作業実績，作業進捗管理を行う。この際，不良品の場合の原因などの品質情報や破棄した材料情報などを入力することもある。

また，工程制御システムから設備稼働実績，製造物産出実績情報，投入材料の量・加工時の温度，異常情報，設備の点検実績などを連携して収集することもある。

収集した実績情報から，計画に対する実績の差異，稼働率や作業時間などの実績を分析，評価し，製造工程の改善に役立て，生産計画システムにフィードバックし計画修正に活用する。

特に，生産管理とキャッシュフロー／原価管理では，工程単位での生産実

図表 5-22　MES の位置づけ

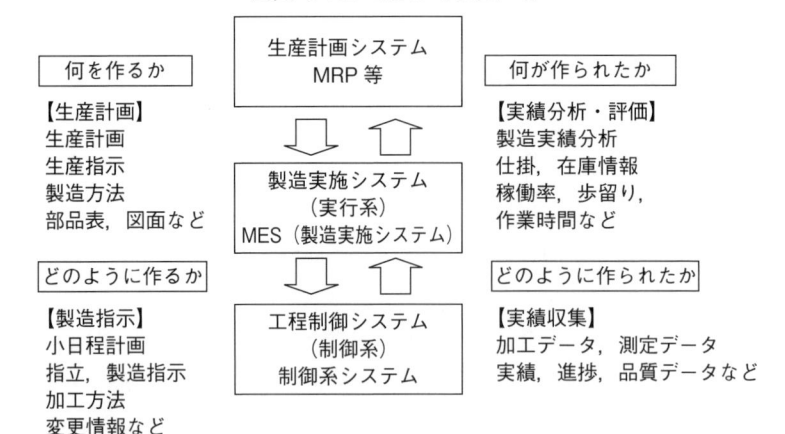

```
何を作るか              生産計画システム         何が作られたか
                          MRP 等
【生産計画】                                    【実績分析・評価】
生産計画                                        製造実績分析
生産指示             製造実施システム            仕掛，在庫情報
製造方法               （実行系）                稼働率，歩留り，
部品表，図面など    MES（製造実施システム）     作業時間など

どのように作るか                               どのように作られたか

【製造指示】         工程制御システム            【実績収集】
小日程計画             （制御系）                加工データ，測定データ
指立，製造指示         制御系システム            実績，進捗，品質データなど
加工方法
変更情報など
```

績と発生原価情報提供を行う仕組みで原価計算システムのサブシステムを構成する。

　MES は，管理機能として次の機能を提供する。

・工程基準情報のメンテナンス

　工程の製品別標準生産資源所要量単位（材料数量，加工時間，段取要件・時間，設備能力）

・生産設備制御機能とインタフェース

・工程における生産管理期間および原価計算期間における材料アイテム別投入量，材料消費，減損ロス管理

・工程における生産管理期間および原価計算期間におけるオーダ別加工活動別加工量，仕損量

・工程固有の生産管理期間および原価計算期間における総経費管理

・工程におけるオーダ別直接加工時間，段取時間，計画内補修停止時間，計画外補修停止時間など時間管理

・上記情報管理のための工程製造実績情報収集入力および設備や仕掛品オーダからの POP 情報などの自動情報収集インタフェースの諸機能が有機的に連携している。

17. MRP（Material Requirements Planning）

（1） MRPの歴史

　MRPは，基準生産計画（MPS：Master Planning Schedule），部品表（BOM：Bill of Material），在庫情報，発注残情報，製造仕掛情報の5種の情報から，生産予定がある製品に関して，その製品を生産するために，どの部品が，何個，いつ必要かを計算（部品展開）し，生産に必要な部品の総量を算出した後，有効在庫数量とすでに発注しているがまだ到着していない部品の数（発注残）を差引くことで，本当に不足する部品（発注が必要な部品）の数量を算出する方法，またはそのためのシステムを指す。

　1960年代に考案された生産管理手法の1つで，資材計画を効率的に行い，部品在庫の圧縮と部品欠品による生産停止の防止を狙ったものである。資材の調達を顧客からの受注と需要予測に直結させたために，生産計画作業は大きく改善された。また，メインフレームやオフィスコンピュータ上で稼働するMRP汎用ソフトウェアパッケージが登場したこともあり，主に組立型の製造業に広く普及している。

　その後，生産計画のまわりの業務を取り込んで発展し，MRPから得られた製造日程計画や部品調達計画が外注先や社内の生産能力を検討して本当に実施可能なのかを判断する能力所要量計画（CRP：Capacity Requirements Planning）や，現場の進捗状況からのフィードバック機能が追加されたクローズド・ループ（Closed Loop）MRPも出現した。

　1980年代になると製造ラインの能力を考慮し，要員・設備・資金といった要素を取り込み，製造活動全般における多様な資源のコスト管理に重点を置きつつ拡張され，MRP II（Manufacturing Resource Planning II）と呼ばれている。

（2） MRPの仕組み

　MRPは，需要予測，販売計画，受注，補充要求などのエンドアイテム（独立需要）の「何を，いくつ，いつまでに」を入力情報として，品目マス

タ，構成マスタ（部品表），カレンダ情報，在庫情報，発注残情報，製造仕掛情報を取り込み，独立需要から展開された従属品目を，「何を，いくつ，いつまでに」製造する（購入する）というオーダを出力する。

計算ロジックは，次のとおりである。
① 独立需要の所要量を計算し，
② それに対して，実際にある在庫，発注してまだ到着していない（もしくは入庫していない）発注残，製造指示が出ているがまだ仕掛中の製造オーダを引き当てて（引き算して），その品目が必要になる日単位で，本当に必要になる数量を計算する。
③ 次に，必要になった品目に対して，製造リードタイム・購買リードタイムと工場の稼働カレンダを考慮して，いつから着手すべきか（発注すべきか）を計算する。
④ さらに，経済的に製造，購入，管理ができる単位であるロット数量では，何ロット必要かを計算し，
⑤ 製造オーダ，購買オーダ（この時点では計画ステータス）を求める。

この製造オーダ，購買オーダをもとに，下位の品目に展開し，①を繰り返す。

最終的に MRP で出力されるものは，所要の計画オーダと納期割れリスト（今から製造，発注したのでは間に合わないオーダの一覧）であり，計画オーダは，購買オーダとするための処理，または製造オーダとするための処理を行い，購買オーダ，製造オーダを生成し，注文書，製造指示書・出庫指示書の元データとなる。

上記の MRP の仕組みを図表 5-23 に示す。

また，部品表の構成イメージを図表 5-24 に示し，これをもとに，下位品目に展開するイメージを図表 5-25 に示す。下位品目の展開では，必要となる時期から，その品目を製造または購入するためのリードタイムを考慮して何日前に製造を着手するか，または発注するかを計算していく。

最終製品 X は部品 A とユニット D それぞれ 1 個から構成され，1 日かけて製造される。そのために，最終製品 X は，製造完了の 1 日前に着手され，そのときに部品 A とユニット D が 1 個ずつ必要である。

第 5 章　基本用語解説　369

図表 5-23　MRP の仕組み

入力情報：需要予測、販売計画、受注、補充要求

MRP の処理ステップ：
1. 独立需要の所要量計算
2. 在庫, 発注残, 製造オーダ仕掛分の引当
3. リードタイム, カレンダから先行計算
4. ロットまとめ, まるめ
5. 下位品目展開

マスタ情報：品目マスタ、構成マスタ（部品表）、カレンダ情報、在庫情報、発注残情報

中間出力：従属需要の計画策定、オーダ数量決定、必要な日単位での正味所要量決定、着手日・発注予定日決定、納期割れリスト

出力：所要量計画オーダ ⇔ 購買オーダメンテナンス／製造オーダメンテナンス → 購買オーダ（注文書）、製造オーダ（製造指示書、出庫指示書）

図表 5-24　部品表の構成

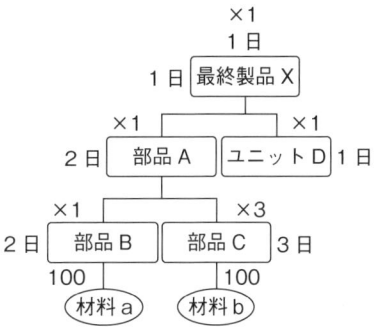

```
              ×1
              1日
            最終製品 X
          ×1 │  │ ×1
        2日 部品A  ユニットD 1日
       ×1 │    │ ×3
     2日 部品B   部品C 3日
        100      100
      材料a    材料b
```

（注）「×1」は，上位の品目を製造するのにその品目を1個使用することを意味する。「2日」などの日は，その品目を製造するための時間が2日であることを示す製造リードタイムである。

図表 5-25　下位部品の展開イメージ

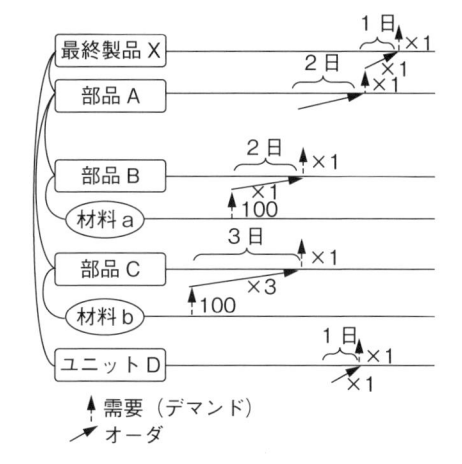

最終製品 X ───── 1日 ×1／×1
部品 A ───── 2日 ×1
部品 B ───── 2日 ×1
材料 a ───── 100
部品 C ───── 3日 ×1／×3
材料 b ───── 100
ユニット D ───── 1日 ×1／×1

↑ 需要（デマンド）
↗ オーダ

また，部品Aは部品Bを1個と部品Cを3個から構成され，2日かけて製造される。そのために，部品Aの製造完了の2日前に着手され，そのときに部品Bは1個と部品Cは3個用意されている必要がある。

　さらに，部品Bは材料a　100から2日かけて製造される。このために，部品Aが必要な日の2日前に材料aを100用意し，製造する必要がある。一方，部品Cは，材料b　100から3日かけて製造されるため，部品Cを必要な日の3日前に材料bを用意し，製造する必要がある。

　MRPを実装するには，部品表を構築することが前提となる。さらに，精度が高い基準日程計画，品目マスタ，構成マスタ（部品表），在庫情報，発注残情報を整備し，維持することが必要である。

18.　ERP（Enterprise Resource Planning）

　ERPとは，「企業の事業運営における購買，生産，販売，会計，人事など，顧客に価値を提供する価値連鎖を構成するビジネスプロセスを部門や組織をまたがって横断的に把握して，価値連鎖全体での経営資源の活用を最適化する計画，管理のための経営概念」を指す（「ERP研究推進フォーラム」の定義から引用）。

　このようなERPの経営概念を実現するための情報基盤が「ERPシステム」であり，ERPシステムを具現化するパッケージ製品が「ERPパッケージ」である。

　このERPの基幹業務全般にわたる経営資源の統合管理・活用の経営理念は，1960年代のMRPの思想を源流とする。

　MRPでは，基準生産計画（MPS：Master Planning Schedule），部品表（BOM：Bill of Material），在庫情報，発注残情報，製造仕掛情報の5種の情報から，製品の製造に必要となる資材の生産・調達を計画する。

　これをベースに，製造日程計画や部品調達計画が，外注先や社内の生産能力を検討して本当に実施可能なのかを判断する能力所要量計画（CRP：Capacity Requirements Planning）や，現場の進捗状況からのフィードバック機能を取り込んだのがクローズド・ループ（Closed Loop）MRPであ

り，さらに，MRP II では，要員・設備・資金といった要素を取り込んでいる。

ERP ではさらに，人事管理をも含め，調達から物流・販売までのサプライチェーン全般にわたる基幹業務が対象となっている。

MRP では最適化の対象が「製品生産活動のための資材の投入」であるが，ERP での最適化の対象は，「企業経営のための経営資源の投入」に拡大しているのである。

19. SCM, SCP

（1） SCM（Supply Chain Management）
① SCM の概念

サプライチェーンとは，部品や材料の供給者から消費者までを結ぶ，設計開発・調達・製造・物流・販売の一連の業務のつながりのことを指す。

従来は，一工場の中で，設計・開発を行った製品の販売計画を立て，受注し，部品や材料を調達し，製造指示の下，製造を行い，受注に従って出荷・販売を行うという業務の最適化を行うことができればよいという視点で，生産の仕組みや管理方法を考えてきた。しかし，工場がつくりたいものをつくって市場に出せば売れるという時代から，顧客の求めるものを，他社より早く，求める価格で市場に出さないと売れない時代へと変化してきており，顧客がどんな機能を求めているか，どれくらいの価格なら値ごろ感があるかなどの顧客ニーズを，つくる側（メーカ，工場）は知る必要が出てきた。

しかし，つくる側だけで得られる情報は，受注として得られる「顧客が買ったもの」や「小売が店に置きたいと思ったもの」であり，「半年後に顧客が欲しくなるもの」や「今顧客が買いたいもの」を知ることは難しく，小売から情報をもらう必要がある。

また，顧客が納得する価格で提供できるように，部品や製造のコストを削減することも求められる。これは，工場の中の効率化活動やコスト削減活動に加えて，部品を購入している部品メーカや外注を依頼している下請メーカにもコスト削減に協力してもらう必要がある。

このため，モノを供給する側からみて，モノと情報の流れを捉え，サプライチェーン全体でうまくいくようにやっていこうという考え方が出てきて，それを SCM，サプライチェーンマネジメント（供給連鎖管理，SCM: Supply Chain Management）と呼ぶようになった。

サプライチェーンマネジメントの狙いは，狭義には，トータル在庫圧縮，総リードタイム短縮，顧客サービス水準の維持向上，変化対応能力の強化であり，広義には，これらに加えて，顧客価値創造，ROA の維持向上，ライフサイクルコスト圧縮，代金の回収までの時間の短縮がある。

② 2つのサプライチェーン

サプライチェーンとは，部品や材料の供給者から消費者までを結ぶ，設計開発・調達・製造・物流・販売の一連の業務のつながりを指すが，生産分野では，2つのサプライチェーンが存在する。

1つは，企業内のサプライチェーンである。一企業の中でも，設計開発・調達・製造・物流・販売の一連の業務のつながりがあり，この連携を強化することもサプライチェーンマネジメントである。

もう1つは，一企業の枠を超えて，部品ベンダ，外注業者，工場を持つ企業，販社，卸売業，小売業といった関連する企業の業務までも業務プロセスと捉えて，サプライチェーン全体の業務プロセスが最適化され，サプライチェーンの全プレイヤーが Win-Win の関係を構築して，利益を上げ，顧客の満足を提供しようというものである。

（2） SCP（Supply Chain Planning）

SCM には計画プロセスと実施管理プロセスがある。サプライチェーン計画プロセスは SCP といわれ，需要予測/販売計画，供給計画，生産計画・スケジューリング，能力・資材・コストシミュレーション，所要量計算，供給分配計画，輸送計画，販売枠管理，納期回答がある。

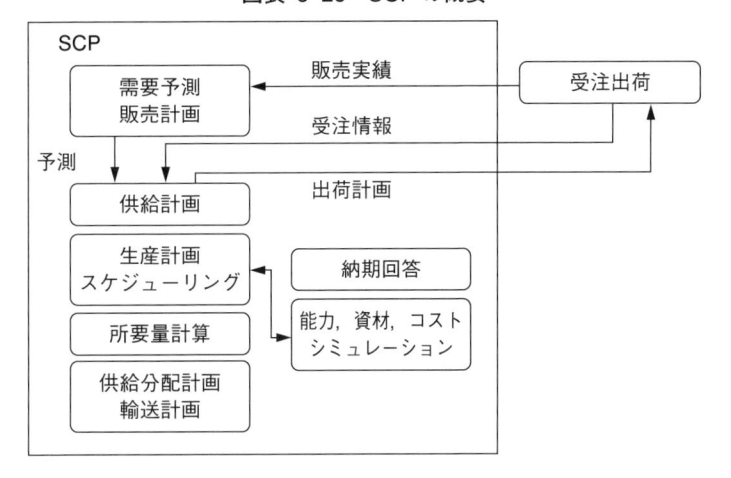

図表 5-26　SCP の概要

20. CRM の活用

(1) CRM (Customer Relationship Management)

　CRM (Customer Relationship Management) は，「顧客との関係管理」で，顧客との関係を良好に保つことで，より良い商品・サービスを提供し，顧客満足を高め，自社のファンになってもらい，売上増を実現するための考え方である。

　そのために，CRM は顧客のライフサイクルを通して非顧客を優良顧客に育成することを狙う。非顧客に対して，企業や製品のブランディング，認知度アップから見込顧客の創出を行い，見込客からの成約を得て顧客化し，サービスを通じて顧客満足を上げることで顧客維持，優良顧客の育成を行うのである。

　このため，CRM がカバーする業務領域は，マーケティング（市場調査，キャンペーン・セミナーなどの計画情報の提供，ブランディングのための顧客情報の共有化，コミュニティ構築，顧客価値の把握・顧客セグメンテーションなど），営業（見込客から成約または失注に至るステージ管理，SFA など），アフターサービス（問い合わせ・障害対応など）の多岐にわたる。

SCMは，モノを供給する側に立って，モノと情報の流れを管理し，供給側のサプライチェーン全体の最適化を狙うものであった。

これに対し，CRMは，モノを供給される側の顧客の視点に立って，顧客や市場のニーズやウォンツを吸い上げ，そのニーズやウォンツに迅速に対応した生産を行い，自社のファンを増やす仕組みであり，顧客視点でのアウトバウンドのSCMといえる。

（2） CRMシステムが提供する機能

CRMシステムが提供する機能は，WEBやメール，SFA，コールセンター，ショッピングサイトなど，営業業務，コンタクトセンター業務，保守・サービス業務，マーケティング業務などで必要となる機能や情報で，

① 顧客セグメント
　ターゲット顧客の特定を行う。
② マーケティング管理
　キャンペーン，セミナー計画立案，実施から商談までのプロセスを管理する。

図表 5-27　CRMは顧客のライフサイクルを管理する

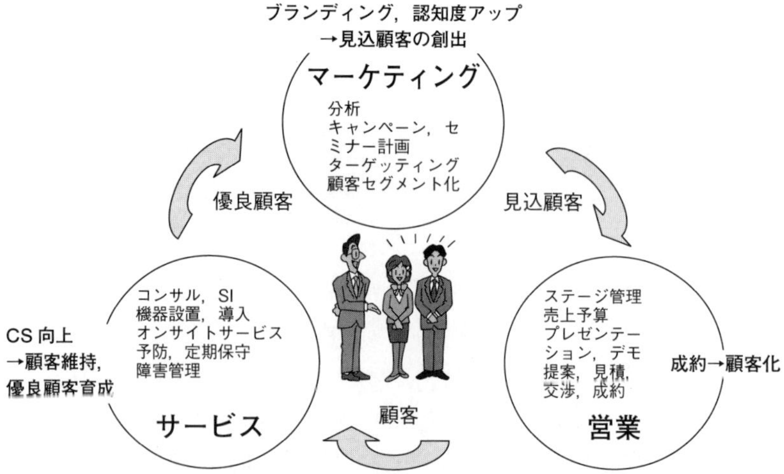

マーケティング
ブランディング，認知度アップ
→見込顧客の創出
分析
キャンペーン，セミナー計画
ターゲッティング
顧客セグメント化

営業
ステージ管理
売上予算
プレゼンテーション，デモ
提案，見積，交渉，成約
成約→顧客化
見込顧客

サービス
コンサル，SI
機器設置，導入
オンサイトサービス
予防，定期保守
障害管理
CS向上
→顧客維持，優良顧客育成
優良顧客

顧客

図表 5-28　非顧客を優良顧客に育成するのが CRM

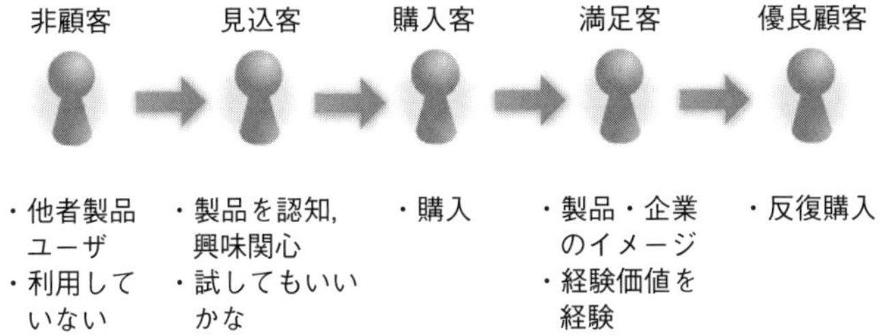

非顧客 → 見込客 → 購入客 → 満足客 → 優良顧客

- ・他者製品ユーザ
- ・利用していない

- ・製品を認知，興味関心
- ・試してもいいかな

- ・購入

- ・製品・企業のイメージ
- ・経験価値を経験

- ・反復購入

③　コンタクトセンター

電話，Web，メールなどで顧客からの資料請求などの問い合わせを管理。

④　商談管理

SFA で入力されたコンタクトレポートなど，顧客・商談単位で管理。

⑤　販売・発注管理

見積，契約，発注の管理。

⑥　コールセンター

障害の問い合わせをうけ，対処の回答，CE の派遣を行う。

⑦　ヘルプデスク

顧客から電話，Web，メールなどによる問い合わせの回答を行う。

⑧　SCM の他プロセスとの連携

⑤　共通領域

統合データベースの提供，知的財産の共有データベース

などである。

（3）　CRM で管理するデータ

CRM は顧客への顧客とのすべてのやり取り，顧客のライフサイクルを一貫して管理する。

そのデータの例を図表 5-29，図表 5-30 に示す。

（4）　CRM のツール

顧客一人ひとりに対してキメ細かい対応するためには，顧客に関するあら

図表 5-29 CRMで管理するデータ

> 顧客とのすべてのやり取り，顧客のライフサイクルを一貫して管理する

顧客
- 企業名
- 契約内容
- 業種／住所／事業所／売上高／担当者／設置品目

企業活動
- 市場調査／キャンペーン／セミナ
- 提案／見積／契約／訪問(営業)
- 電話対応／訪問(CE)／訪問(SE)／メール送信

マーケティング部門：市場調査 → キャンペーン → セミナ
営業部門：提案 → 訪問 → 見積 → 契約
コールセンタ部門：電話対応 → 訪問 → メール送信

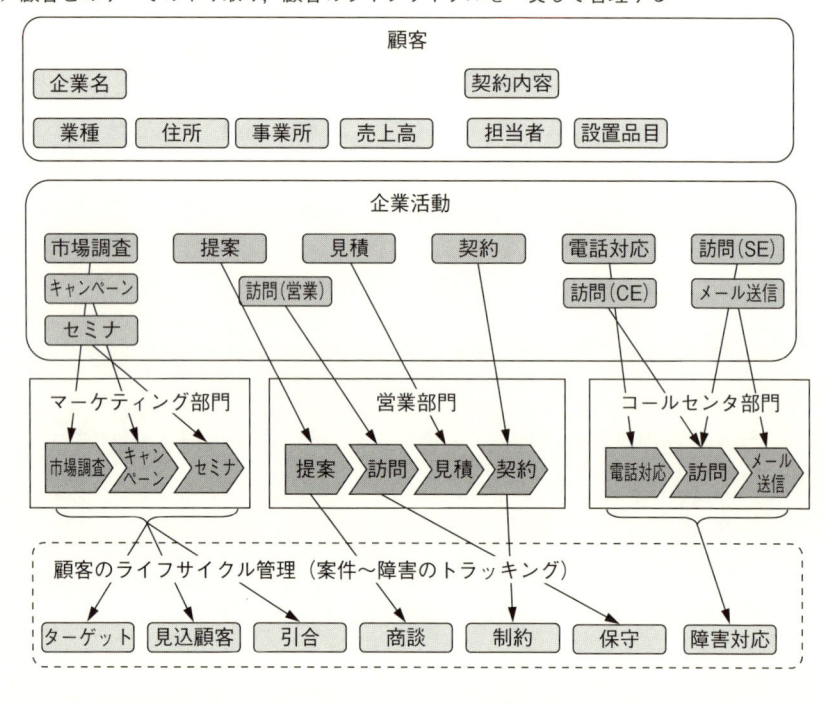

顧客のライフサイクル管理（案件〜障害のトラッキング）
ターゲット／見込顧客／引合／商談／制約／保守／障害対応

図表 5-30 顧客データベースで管理するデータモデル

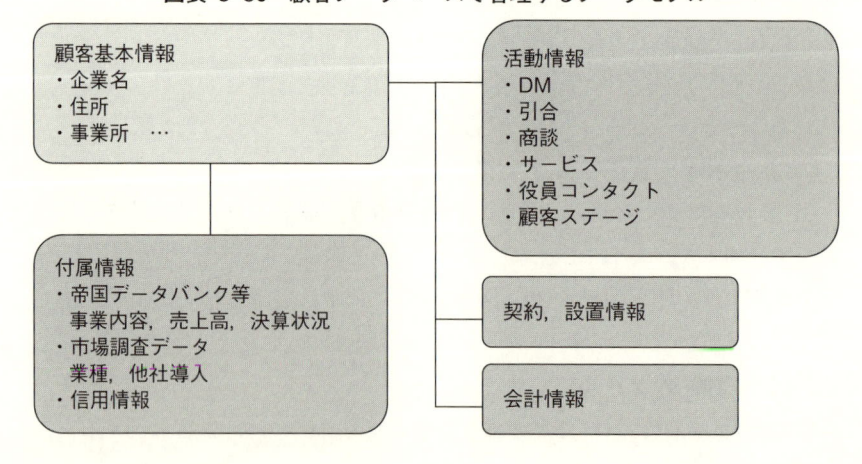

顧客基本情報
- 企業名
- 住所
- 事業所 …

付属情報
- 帝国データバンク等
  事業内容，売上高，決算状況
- 市場調査データ
  業種，他社導入
- 信用情報

活動情報
- DM
- 引合
- 商談
- サービス
- 役員コンタクト
- 顧客ステージ

契約，設置情報

会計情報

第5章　基本用語解説　377

図表 5-31　CRM を支える主要 IT 技術

1. コンタクトセンター（コールセンター）
   - ACD（Automatic Call Distribution）：自動呼分配機能
     最適なオペレータに着信させる機能（スキル，待ち時間など）
   - IVR（Interactive Voice Response）：音声自動応答装置
     企業の電話窓口で，音声による自動応答を行うコンピュータシステム。発信者のダイヤル操作に合わせて，あらかじめ録音してある音声を発信者側に自動的に再生する。
   - CTI（Computer Telephony Integration）：
     電話や FAX をコンピュータシステムに統合する技術，最近では顧客データベースと連携し，顧客情報の活用を行うシステムが増えている。
2. eCRM
   E メール，Web，Web パーソナライズ（ポータル），Web セルフサービス（FAQ，商品情報提供）などインターネットや電子メール，携帯電話などの顧客との接点を活用した CRM の仕組み。
3. 分析系 CRM
   データベース，DWH（DataWareHouse），データマイニング，テキストマイニング，ドリルダウン，名寄せ，クレンジング等の技術。
4. データベース・マーケティング
   顧客の属性や過去の購買傾向をデータベースに記録して，それぞれの顧客にあったサービスを提供するマーケティング手法。
5. SFA（Sales Force Automation）：営業支援システム
   営業日報，商談進捗管理，コンタクト管理，評価・実績管理，顧客データの共有。

ゆる情報を蓄積し，適宜分析して，活用する必要がある。

　顧客情報を顧客データベースとして蓄積し，OLAP（OnLine Application Program）やデータマイニングでデータを分析し，購入履歴パターンに合ったプロモーションを行う（RFM 分析など），顧客から電話が入った場合に顧客データベースに接続して，購入履歴や家族構成などを画面に表示し，迅速かつ適切な対応を行う CTI（Computer Telephony Integration）などがある。

参 考 資 料

① 基本的な生産管理プロセスの業務確認用チェックリスト

② 基本的な原価計算プロセスの業務確認用チェックリスト

③ 原価計算プロセスから会計への基本的な仕訳類型

※本参考資料を引用する場合は，必ず
　出典を明記してご使用ください。

（参考資料①）

基本的な生産管理プロセスの業務確認用チェックリスト

作業工程等	項目	基本的な生産管理プロセスの要件チェックリスト	プロセス要件の選択肢
全社	組織形態	既存の組織体系，職務分掌はどのようになっていますか	
	工場レイアウト，工程モデル	工場の数はいくつありますか	
		工場はどこにありますか	
		パートを含めた社員数は何人ですか（自社員数，パート数）	
		協力工場の数はいくつありますか	
		協力工場はどこにありますか	
		倉庫はどこに，いくつありますか	
		異なる倉庫にある，同じ製品や部品を区別する必要がありますか	
		デポ倉庫がありますか	
		デポ倉庫での出荷計画は必要ですか	
		工場レイアウトを教えてください	
		製造工程はどのような生産形態を採用されていますか？	①ジョブショップ型
			②GTショップ型
			③フローショップ型
			④ライン型
			⑤プロジェクト型
		どのような工程を経て製品になるか，平均的な工程とその順番，工程ごとのリードタイムを教えてください	
		1品目を製造（加工，組立等）を行う場合，内製の場合と外注の場合がありますか	
		1品目を製造（加工，組立等）を行う場合，内製，外注の混在はありますか ある場合，どのような組み合わせになりますか	
		1品目を製造（加工，組立等）を行う場合，内製，外注の混在が複数ある場合，その組み合わせは，どのような基準で選択されますか？	
		外注加工，材料・部品等購入の取引先は何件ありますか	
		主要な取引先への依存度どれくらいですか（取引先別売上高）	
		1品目を複数の取引先に発注していますか	
		1品目を複数の取引先に発注している場合の，取引先選定基準はなんですか	①単価
			②納期遵守（負荷）
			③これまでの取引高
		客先からの預かり部品はありますか	
製品，品目	製品，品目	主要製品は何ですか	
		主力製品の納期はどれくらいですか	
		主力製品の工程数はどれくらいですか	
		直近2年程度における，製造・販売している製品点数はいくつですか	

参考資料 381

作業工程等	項目	基本的な生産管理プロセスの要件チェックリスト	プロセス要件の選択肢
		保守部品等保管・管理する必要がある図面はいくつありますか	
		何年間図面を管理しますか	
		主に自社設計の製品を生産しているのですか/顧客が設計した製品を生産しているのですか	
		受注生産/見込生産のどちらが多いですか	
		製品グループ別に以下の内容を教えてください 　一般消費財か，企業生産財か 　個別設計品か，自社規格品か 　季節変動の有無 　製品の単価（最小，最大，平均） 　月間生産台数	
		製品グループ別に，過去5年間について以下の内容を教えてください 　製品グループごとの売上高 　売上高前年比 　製品構成比	
		製品グループ別に以下の内容を教えてください 　1製品あたりの部品点数（最小，最大，平均） 　部品の構成レベル（最小，最大，平均）	
基準情報管理	基準情報	管理しているマスタ情報，更新タイミング，管理部門，件数について教えてください	①品目 ②構成 ③工程手順 ④設備（ワークセンター） ⑤カレンダ ⑥取引先 ⑦単価 ⑧その他（　　　　）
		品目マスタの管理対象品目数はいくつですか	
		品目マスタで管理する管理項目（情報）は何がありますか	品目番号，品目名称，図面番号，得意先情報，材料名，材料形状，発注区分（内作・外注），手配区分（ロット，製番など）…
		品目情報は世代管理をしていますか	
		構成情報のタイプはどれですか	サマリー型
			ストラクチャー型
			その他
		部品表のレベルについて（最小，最大，平均）	
		設備情報の管理単位はなにですか	設備・機械1台ごと
			作業区，ラインごと
			工場全体
		管理している設備情報は何件ありますか	
		何年管理する必要がありますか	

作業工程等	項目	基本的な生産管理プロセスの要件チェックリスト	プロセス要件の選択肢
		どのような工程手順になっていますか	①合流型
			②分岐型
			③合流と分岐の混在型
			④直線型
			その他
		工程手順情報を管理していますか	
		工程手順は何件ありますか	
生産計画立案	生産計画立案	生産計画立案対象はどれですか	最終製品
			中間品，ユニット
			その他
		生産計画立案の対象期間はどれくらいですか（ヶ月，年）	
		生産計画立案タイミングはいつですか	①月末
			②月初
			③その他（　　　）
		生産計画立案のメッシュ（単位）はどれくらいですか	①日
			②週
			③旬
			④月
		生産計画見直しのサイクルはどのようになっていますか	①日次
			②週次
			③旬
			④月次
			⑤その他（　　　）
		生産計画変更件数は月に何件程度ありますか	
		生産計画に取り込む受注情報（内示・確定など，期間）について教えてください	
		生産計画立案時に，設備・機械の能力，作業者の工数，コストなどの負荷を検討していますか	①設備・機械の能力
			②作業者の工数
			③資材の有無
			④取引先の既存発注金額
			⑤コスト
			⑥その他
負荷計画	負荷計画	負荷計画はどのように行っていますか	①システムを利用
			②Excel等
			③その他
		負荷計画は何に対して行っていますか	①設備能力
			②作業者の工数
			③資材
		負荷計画を行う対象は何ですか	①工程ごと
			②設備機械ごと
			③その他
		負荷調整はどのように行いますか	納期変更
			休日出勤
			機械設備の振り替え

作業工程等	項目	基本的な生産管理プロセスの要件チェックリスト	プロセス要件の選択肢
			外注化
	資材所要量計画	資材所要量計画の立案期間はどのようになっていますか	① ヶ月
			② 週間
			③ 日
		資材所要量計画の確定期間はどのようになっていますか	① ヶ月
			② 週間
			③ 日
		資材所要量計画の見直しタイミングはいつですか	①日次
			②週次
			③月次
			④計画変更があったタイミング
			⑤その他
		手配方式について，どのような手配方式を採用していますか	①製番方式
			② MRP 方式
			③定期発注
			④定量発注
			⑤予測に基づき人間で判断
			⑥部品展開を行い人間で判断
			⑦在庫引当を行う製番
購買管理	購買	購買品目は何点ありますか	
		購買先は何件ありますか	
	発注	内示発注を行っていますか	
		発注件数は月当たり何件ですか	
		発注のサイクルはどのくらいですか	
		発注に関して変更は何件ありますか	
		品目，業者別に購買のリードタイムは設定されていますか	
		発注時に発注単価は決まっていますか	
		支給品はありますか。ある場合，有償支給品，無償支給品はありますか	
		有償支給がある場合，請求書では加工費，材料費をどのように記載していますか	
	EDI	①EDI 購買は利用されていますか	
		②取引社数は？	
		③EDI フォーマットは？	
	外注	外注先の件数はどれくらいですか	
		外注発注を行う品目はどれくらいありますか	
		品目ごとに外注先を決めていますか	
		1つの品目で複数の外注先がありますか。ある場合，その発注先の選定基準は？	
		協力工場への支給部品はありますか	
工程管理	作業スケジューリング	作業のスケジューリングは何に対して立案しますか	①製番
			②ロット

作業工程等	項目	基本的な生産管理プロセスの要件チェックリスト	プロセス要件の選択肢
			③工程
			④その他
		作業のスケジューリングは何を基点に作成しますか	①出荷日
			②納期
			③着手可能日
			④その他
		作業スケジューリングの対象期間は	①　　日間
			②　　週間
			③　　ヶ月
		そのうち，何日間を確定（リリース）しますか	日間
		作業スケジューリングを見直すタイミングはいつですか	①日次
			②週次
			③月次
			④その他
		生産計画の変更情報を，作業スケジューリングに反映していますか	
	作業指示	作業指示書は1ヵ月に何枚発行しますか	
		作業指示を出すタイミングはいつですか	①日次
			②週次
			③月次
			④その他
		作業指示を出す単位は何になりますか	①製番
			②ロット
			③工程
			④その他
	実績収集	作業実績を収集する単位はどこですか	①全工程
			②初工程のみ
			③最終工程のみ
			④初工程と最終工程のみ
			⑤その他
		作業実績はどの情報を収集していますか	①着手日時
			②終了日時
			③着手日時と終了日時
			④完了数
			⑤不良数
			⑥その他
		作業実績は誰が報告しますか	①作業担当者
			②班長
			③その他
		作業実績は何で報告しますか	①作業日報等の報告書
			②バーコードで入力
			③RFIDタグで入力
			④専用票に記載
	進捗確認	進捗確認のタイミングはいつですか	①シフト終了時

作業工程等	項目	基本的な生産管理プロセスの要件チェックリスト	プロセス要件の選択肢
			②日次
			③週次
			④旬次
			⑤月次
			⑥適時
			⑦その他
		進捗確認を行う単位は何ですか	①製番
			②ロット
			③工程ごと
			④オーダ
		進捗確認で，進捗遅れ，前倒しがわかった場合どのようなアクションをとりますか	
受入	受入予定表	記載内容（項目）には何がありますか	
		元情報はどこから連携されますか	
		①誰が ②どのタイミングで ③どこ（どのシステム）で印刷しますか	
		①何と ②どの項目を ③どのように照合しますか（目視，システム）	
	仕分け・移動	段積み・移動先のロケーションはどのように指定されますか	
		受入予定表から ①誰が ②どのタイミングで ③何を ④どこ（どのシステム）に対して入力するのですか	
組立・検査	検査計画書	記載内容（項目）は何ですか	
		元情報はどこから連携されますか	
		検査計画書は， ①誰が ②どのタイミングで ③どこ（どのシステム）で印刷しますか	
		ラインサイドへ払い出す際に ①何と ②どの項目を ③どのように照合（目視，システム）しますか	
	記録書	段取を記録していますか	
		記載内容（項目）は何ですか	
		記入した内容は，いつ，どこに反映されるのですか	
	検査	検査パターンの種類はいくつ存在しますか 体系化されていますか	
		検査パターンは何によって決まりますか （品種？　商品群？）	
		検査対象の製品と検査パターンとのマッピングを誰がどのようにして行いますか	
		何を見ながら検査しますか （どの帳票？　検査項目の一覧がある？）	
		検査工程（検査場所）は何箇所ですか	

作業工程等	項目	基本的な生産管理プロセスの要件チェックリスト	プロセス要件の選択肢
		1検査パターンあたりの検査項目数はいくつですか	
		1検査項目あたりの検査所要時間はどのくらいですか	
		検査作業の作業効率の改善だけが目的ですか（現場からの要望？）	
		進捗データで確認したいレベルはどこまでですか ①全項目の確認が終わっているかを確認したいですか ②個々の検査項目の進捗状況まで確認したいですか	
		音声認識を導入するとなった場合，日本語のみでよろしいですか？　日本語以外が必要な場合，何語が必要ですか	
		不良発見時に 誰がどこで手直しますか 誰がどこで再検査をするのですか 再検査の検査項目は手直し箇所のみになりますか	
		不良発生率はどれくらいですか	
		1つの製品・品目あたり何人で検査しますか？　複数の場合，役割分担は？	
	バーコード読み取り	バーコードを利用していますか	
		どのタイミングで，どこでバーコードを発行しますか	
		バーコードはどこに貼られているのですか	
		バーコードに埋め込まれた情報は何ですか（何を確認するのか？　検査済み or 未検査のチェック？）	
		何を使って読み取るのですか？（機種名）	
		バーコードの規格は何ですか	
		読み取った情報をどのように利用するのですか（他システムとの連携，現品照合のみなど）	
出荷	払出	何を使って（何の情報（帳票？）に基づいて）払出すのですか	
	出荷荷揃え	出荷可否（検査済み or 未検査）のチェックは行いますか その場合，どこで，どのように行いますか	
その他帳票	バーコードラベル確認シート	①誰が ②どのタイミング（どの作業工程）で 記入するのですか	
	検査日報	①誰が ②どのタイミング（どの作業工程）で ③何を見て 記入するのですか	
	検査不具合手直し台帳	①誰が ②どのタイミング（どの作業工程）で ③何を見て 記入するのですか	
倉庫管理	入出庫	1ヶ月あたりの入出庫件数はどれくらいですか	
		入庫実績をあげるタイミングはいつですか	①即時
			②日時
			③週次
			④月次
		入出庫の単位はどのようになっていますか	①オーダーごと
			②品目単位
			③その他

作業工程等	項目	基本的な生産管理プロセスの要件チェックリスト	プロセス要件の選択肢
		入出庫の方法はどれを採用していますか	①先入先出
			②その他
在庫照会		在庫点数はどれくらいですか	
		品目ごとに格納場所を設定していますか	
		在庫管理しているのはどれですか	①製品
			②中間品
			③外注加工されて戻ってきたもの
			④購入部品
			⑤素材
			⑥その他
		在庫金額の推移を過去3年にわたって教えてください	
	棚卸	棚卸サイクルはどうなっていますか	①1年ごと
			②半期ごと
			③四半期ごと
			④月次
			⑤適時
			⑥その他
		棚卸は何人で何時間かけて行いますか	（　）人×（　）時間
		棚卸の方法はどれを採用していますか	①定期棚卸
			②循環棚卸
情報システム		現行生産管理システムについて 部品表の精度は高いですか，低いですか	
		在庫管理の精度は高いですか，低いですか	
		部品手配，スケジューリング，進捗管理，原価管理はシステム化されていますか。それとも台帳やExcel等で管理していますか	
		協力工場の稼働状況の把握の程度はどのくらいですか	

(参考資料②)

基本的な原価計算プロセスの

　原価計算業務の要件定義等にあたって，現状業務および再構築する業務の要件を的確に
上の課題に対して右欄の選択肢を参考に業務要件を検討してください。ただしここで示し
幹業務の中の基本的な業務に範囲を限定していますので留意してください。

確認課題	基本的な原価計算プロセスの要件チェックリスト
原価計算の形態	採用している原価計算の形態を明らかにしてください (複数肢該当可能)
原価の基準区分	採用している原価の基準別区分を明らかにしてください (複数肢該当可能)
直接材料の種類	直接材料にはどのような種類がありますか (複数肢該当可能)
間接材料の種類	間接材料にはどのような種類がありますか (複数肢該当可能)
材料購入高の計算	品目別材料購入高はどのような計算プロセスで計上しますか
材料購入価格差異	材料購入価格差異は，どの時点で計上しますか
材料購入諸掛	材料購入諸掛は本体価格とは別に発生しますか (複数肢該当可能)
	材料購入諸掛はどのような方法で品目別本体価格に算入しますか

業務要件確認用チェックリスト

把握する参考資料として活用されることを想定しています。チェックリストに示した業務た業務用件は，あらゆるケースを網羅するものではなく，マネジメント領域等を除く，基

プロセス要件の選択肢
個別原価計算（単品個別原価計算，ロット別個別原価計算）
単純総合原価計算
工程別総合原価計算
組別総合原価計算
等級別総合原価計算
その他
実際原価だけ
計算簡便化のための実際原価の代用としての予定原価
標準原価
全部原価
変動原価と固定原価に分解
主要材料がある
買入部品がある
その他の費目がある（以下記入してください）
素材
燃料
工場消耗品
消耗工具器具備品
その他の費目がある（以下記入してください）
実際購入数量×実際単価だけ
実際購入数量×標準(予定)単価＋購入価格差異
材料受入検収時
材料払出時
発生しない，または本体価格に含まれている
輸入諸掛など外部副費が発生する
保管費用など内部副費が発生する
税法の許容範囲で本体価格には反映させない
材料購入諸掛を品目別本体価格に直接加算する
材料購入諸掛を実際価格で品目別本体価格に適切な基準で配賦する
材料購入諸掛を予定単価で品目別本体価格に適切な基準で配賦する。材料購入諸掛実際価額と予定価額の差額は原価差額として期末に調整する

確認課題	基本的な原価計算プロセスの要件チェックリスト
材料購入リベート	材料購入リベートは本体価格とは別に発生しますか
	材料購入リベートはどのような方法で品目別本体価格に算入しますか
材料在庫負担	材料の購入はどのような取引方法を採用していますか （複数肢該当可能）
材料購入価格分析	品目別材料の購入価格分析はどのような分析を行っていますか （複数肢該当可能）
材料購入価格分析支援情報	材料購入価格分析に関する分析情報は購入情報からどのような情報を収集活用していますか （複数肢該当可能）
材料価格差異分析	標準原価計算や予定原価計算を採用している場合の品目別材料の価格差異はどのようなタイミングで計上しますか
材料購入情報源	品目別材料購入高はどのような業務システムで計上しますか
材料払出高計算	品目別の製造目的の品目別材料払出高はどのような計算プロセスで計上しますか
材料販売計算	品目別の販売した材料払出高はどのような計算プロセスで計上しますか
有償支給材料払出計算	外注先に有償で支給した品目別材料払出高はどのような計算プロセスで計上しますか

プロセス要件の選択肢
発生しない，または本体価格に含まれている
発生する
本体価格には反映させない
材料購入リベートを本体価格から直接減算できる
材料購入リベートを本体価格に適切な基準で配賦する
材料購入リベートを予定単価で本体価格に適切な基準で配賦する
取引先に在庫責任を持たせ，当社は消費量だけを購入する
生産計画に基づいて発注を行い納品分を購入する
季節変動分析
基準物資価格市況との相関分析
競争購入者購入価格分析
発注ロットとの相関分析
産地別購入価格比較
その他
購入取引先
原産国
発注ロット
支払条件
物流条件
為替レート
関税率
発注者
特別な購入条件
材料の受入検収時点で予定単価や標準単価との差額を購入価額差異として計上する
材料の受入検収時点では購入価格差異を計上せず，払出時に払出原価と標準単価または予定単価との差異を消費単価差異方式で計上する
生産管理（購買管理含む）システム
在庫管理システム
材料管理システム
原価計算システム
実際品目別材料払出数量×実際単価だけ
実際品目別材料払出数量×標準(予定)単価
標準品目別材料払出数量×標準(予定)単価
販売目的品目別材料払出数量×実際単価
販売目的品目別材料払出数量×標準(予定)単価
有償支給目的品目別材料払出数量×実際単価
有償支給目的品目別材料払出数量×標準(予定)単価

確認課題	基本的な原価計算プロセスの要件チェックリスト
無償支給材料払出計算	外注先に無償で支給した品目別材料払出高はどのような計算プロセスで計上しますか
製造外目的材料払出計算	その他の目的で消費した品目別材料払出高はどのような計算プロセスで計上しますか
材料棚卸減耗損	棚卸減耗損はどのような計算プロセスで計上しますか
材料棚卸評価損	品目別材料棚卸評価損はどのような計算プロセスで計上しますか
材料棚卸評価損の洗替可否	低価法により切下げた評価額は，その後洗替えますか，市場価格が回復しても切下げたままにしますか
材料払出原価法	品目別材料の実際払出価格はどのような原価法で計算しますか
材料消費数量差異	標準原価計算を採用している場合の品目別材料の消費数量差異はどのようなプロセスで計算しますか
材料費差異分析（総括）	標準原価計算における直接品目別材料費の差異分析は，どのようなプロセスで計算していますか
歩留差異・配合差異分析	複数の品目別材料を配合して製品を製造している業態で，標準原価計算を採用している場合，直接品目別材料費の数量差異は，歩留差異と配合差異に分解していますか

参考資料 393

プロセス要件の選択肢
無償支給目的品目別材料払出数量×実際単価
無償支給目的品目別材料払出数量×標準(予定)単価
その他目的品目別材料払出数量×実際単価
その他目的品目別材料払出数量×標準(予定)単価
品目別材料減耗数量×実際単価
品目別材料減耗数量×標準(予定)単価
簿価と市場価格との差異
簿価と販売実績価格との差異
簿価と再調達価格との差異
回転期間を過ぎた品目別材料について期間の経年によって規則的に切下げる方法
回転期間を過ぎた品目別材料について処分見込み価格まで切下げる方法
その他の方法
洗替える
切り離す
総平均法
つど移動平均法
先入先出法
個別法
最終仕入原価法
棚卸法
標準原価法
予定原価法
その他の方法
品目別材料の実際払出量を計量し、出来高による品目別材料標準使用量との差異を把握する
品目別材料の実地棚卸で実際払出量を推定し、出来高による品目別材料標準使用量との差異を把握する
金額ベースの直接品目別材料費差異総額だけで把握する
購入時価格差異と数量差異に分解する
消費時価格差異と数量差異に分解する
購入時または消費時価格差異は(標準単価－実際単価)×実際使用数量で計算している
数量差異は(標準使用量－実際使用量)×標準単価で計算している
品目別材料の標準配合率と実際配合率との差異は把握していない
品目別材料の標準配合率の実際配合率との差異を歩留差異と配合差異に区分して把握している
歩留差異は(標準配合数量－実際投入量×標準配合率)×標準単価で計算している
配合差異は(実際投入量×標準配合率－実際投入量)×標準単価で計算している
その他の方法で実施している

確認課題	基本的な原価計算プロセスの要件チェックリスト
材料払出情報源	品目別材料の払出計算はどのような業務システムで実施しますか
労務費計算方法	労務費はどのような計算プロセスで計上しますか
直接労務費費目	直接労務費にはどのような費目がありますか (複数肢該当可能)
間接労務費費目	間接労務費にはどのような費目がありますか (複数肢該当可能)
労務支援管理	部門間の労務支援を把握計上していますか
労務費情報源	労務費はどのような業務プロセスで計算しますか
労務費計算期間	原価計算期間が月次であるのに対して,給与締め日が月末日でない場合に,給与締め日から月末日までの未払給与を反映した労務費計算を行っていますか
労務費差異分析	標準原価計算における直接労務費の差異分析は,どのようなプロセスで計算していますか
外注費計算要素	外注費はどのような要素で計算しますか
外注費差異分析	標準原価計算における外注費の差異分析は,どのようなプロセスで計算していますか

プロセス要件の選択肢
原価計算システム
品目別材料在庫管理システム
生産管理・購買管理システム
実際労務費のみ
予定賃率×実際作業時間
標準賃率×実際作業時間
標準賃率×標準作業時間
賃金（直接工直接作業分）
その他（　　　　　　　　　　　　　　　　）
賃金（直接工間接作業分）
間接工賃金
事務職員給料
雑給
工場部門従業員賞与
工場部門従業員退職給付費用
工場部門従業員法定福利費
その他（　　　　　　　　　　　　　　　　）
把握している
把握していない
給与計算システムで計算
生産管理システムで計算
原価計算システムで計算
未払給与は無視して給与支払額で原価計算上の労務費としている
未払給与を加味して原価計算上の労務費を計算している
上記の未払給与は EXCEL などを用いて手計算で計算している
上記の未払給与は給与計算システムで計算している
金額ベースの直接労務費差異総額だけで把握する
賃率差異と作業時間差異に分解する
賃率差異は（標準賃率－実際賃率）×実際作業時間で計算している
時間差異は（標準作業時間－実際作業時間）×標準賃率で計算している
その他の方法で計算している
実際外注費のみ
予定単価×実際加工時間
標準単価×実際加工時間
標準単価×標準加工時間
その他の方法で計算
金額ベースの外注費差異総額だけで把握する
単価差異と加工時間差異に分解する
単価差異は（標準単価－実際単価）×実際加工時間で計算している

確認課題	基本的な原価計算プロセスの要件チェックリスト
外注費計上プロセス	外注費はどのような業務プロセスで計算しますか
直接経費費目	直接経費には外注費以外にはどのような科目がありますか
直接経費計算要素	直接経費はどのようなプロセスで計上しますか
製造間接費費目	製造間接費に属する費目をあげてください （複数肢該当可能）
製造間接費部門別計算	製造間接費は発生した部門別にあげていますか
部門共通費配賦	部門共通費は個別部門に配賦しますか
部門共通費配賦基準	部門共通費の個別部門への配賦基準をあげてください （複数肢該当可能）
補助部門費配賦有無	補助部門費は直接部門に配賦しますか
補助部門費配賦基準	補助部門費の直接部門への配賦基準をあげてください
	補助部門費の直接部門への配賦方法をあげてください

プロセス要件の選択肢
加工時間差異は（標準加工時間－実際加工時間）×標準単価で計算している
その他の方法で計算している
生産管理・購買管理システムで計算
原価計算システムで計算
財務会計システムで計算
特許権等使用料
仕損費
その他（　　　　　　　　　　　　　　　　）
実際費用のみ
予定単価×実際消費数量
標準単価×実際消費数量
標準単価×標準消費数量
その他の方法で計算
通信費
保管料
旅費交通費
減価償却費
修繕費
保険料
租税公課
賃借料
水道光熱費
棚卸減耗費
その他（　　　　　　　　　　　　　　　　）
部門別にあげている
部門共通費がある
全社や工場全体でしか把握できない
配賦する
配賦しない
占有面積基準
部門人数基準
部門個別費基準
その他（内容を明らかにしてください）
配賦する
配賦しない（活動基準原価計算等によるので）
2段階計算による相互配賦法
線形計画法による一括相互配賦法
階梯式配賦法

確認課題	基本的な原価計算プロセスの要件チェックリスト
活動基準原価計算	補助部門費の活動基準原価法による品目別仕掛品（製造）勘定への直接賦課を行っている場合の活動費別コストドライバをあげてください
配賦基準	製造直接部門に集計された製造間接費の品目別仕掛品別配賦基準にはどのような基準が用いられていますか （複数肢該当可能）
製造間接費差異計算	製造間接費の配賦差異はどのような区分で計算していますか
仕掛品（製造）勘定の受入要素	品目別仕掛品（製造）勘定の受入要素にはどのような取引がありますか （複数肢該当可能）
仕掛品（製造）勘定の払出要素	品目別仕掛品（製造）勘定の払出要素にはどのような取引がありますか （複数肢該当可能）
品目別仕掛品（製造）勘定の払出原価法	品目別仕掛品（製造）勘定の払出原価はどのような方法で計算しますか

参考資料 399

プロセス要件の選択肢
直接配賦法
その他の配賦計算方法
コストドライバを記述する
直接品目別材料費法
直接労務費法
素価法
加工時間法
機械稼働時間法
その他
製造間接費差異総額で計上している
固定費部分を操業度差異と固定費能率差異に分解する
変動費部分を予算差異と変動費能率差異に分解する
操業度差異は（実際操業時間－基準操業時間）×固定費配賦率で計算する
固定費能率差異は（標準操業時間－実際操業時間）×固定費配賦率で計算する
予算差異は固定費＋実際操業時間×変動費配賦率－実際製造間接費で計算する
変動費能率差異は（標準操業時間－実際操業時間）×変動費配賦率で計算する
その他の方法で計算する
前原価計算期間繰越品目別仕掛品残高
当期間投入直接品目別材料費
当期間投入直接労務費
当期間投入外注費
当期間投入直接経費
当期間配賦製造間接費
当期間受入他勘定
その他の取引
当期間完成品産出高
当期間産出副産物
当期間払出他勘定
当期間発生仕損高
当期間発生減損高
当期間発生作業屑
当期間発生原価差異
次期繰越品目別仕掛品残高
その他の取引
移動平均法
総平均法
単純平均法

確認課題	基本的な原価計算プロセスの要件チェックリスト
	品目別仕掛品（製造）勘定の受払単価はどのような方法で計算しますか
制約工程等，発生時の連携工程遊休原価の処理	前工程の稼働ピーク，稼働停止等が発生した場合，連携工程の稼動待ちに対応する発生原価はどのように処置しますか
制約工程の把握	生産計画の時点で制約工程を特定できますか
工程別品目別リードタイム	各工程の製品，仕掛品ごとのリードタイムを管理していますか
工程別原価計算	工程別原価計算を行う場合には，前工程からの受入品を受入に加算しますか
組別総合原価計算	組別総合原価計算を行う場合には工程費を組別にどのような基準で配賦しますか （複数肢該当可能）
等級別総合原価計算	等級別総合原価計算を行う場合には工程費を等級別製品にどのような基準で配賦しますか
等級別配分サイクル	等級別配分は当月製造費用で配分していますか，当月完成品原価で配分していますか
工程別材料投入過程	工程別に材料の追加投入がありますか
仕損費や減損費負担	仕損や減損に関する原価は，完成品と仕掛品にどのように負担させますか

参考資料 401

プロセス要件の選択肢
先入先出法
個別法
売価還元法
最終仕入原価法
その他の方法
実際原価
予定原価（実際原価の代替原価として）
標準原価
当該工程の稼働待ちの原因となった制約工程または停止した工程に稼働待ちによる原価ロスを付け替える
特に上記のような原価付替えは行わない
その他の方法で稼働待ち原価ロスを管理する
生産計画で予めどの工程がどの程度の稼働率になるか，その結果，どの工程が制約工程になるか特定できる
予測される制約工程に対して制約を解消する生産パスの変更や制約工程の能力拡大の手が打てる
特定していない
管理している
管理していない
受入に加算する累加法を採用する
受入に加算しない非累加法を採用する
組別に直接費が識別できる
組別の間接費がある
組別間接費は組別に加工時間など配分基準を実績でカウントしている
組別間接費はあらかじめ定めた組別の加工単位配賦基準で配賦している
等級別製品の配賦上の等価係数を定め，完成数量に等価係数を積算して完成品原価を配分する
その他の方法で配分する
当月完成品原価で配分している
当月製造費用で配分している
どちらでも計算できるようにしている
全工程の始点でしか投入はない
中間の各工程で追加投入がある
異常な仕損や減損は原価から除外し，内容に応じて販管費や営業外費用，特別損失で計上する
正常範囲での仕損や減損はすべて完成品に負担させる（完成品負担法）
正常範囲での仕損や減損は完成品と仕掛品に負担を配分させるが，仕掛品には，計算期間末時点の仕掛品の工程間進捗度と仕損や減損の発生工程点を比較し，発生点が仕掛品進捗度以前であれば両者に負担させ，発生点が仕掛品進捗以降であれば完成品のみに負担させる

確認課題	基本的な原価計算プロセスの要件チェックリスト
仕損品の原価処理	仕損品が発生した場合の原価計上はどのように処理しますか
不良品の差し戻し処理	中間工程で製造着手前に前工程の不具合を発見し前工程に差し戻す場合に，どのような処理を行いますか
不良品の再生処理	中間工程で製造着手後に不良が発生し前工程から再生産を依頼する場合に，どのような処理を行いますか
副産物の評価	副産物の評価価額はどのような基準で定めますか
作業屑の評価	作業屑の評価価額はどのような基準で定めますか
仕掛品の数量棚卸	計算期末時点の仕掛品の棚卸はどのような方法で計算しますか
仕掛品の進捗度評価	計算期末時点の仕掛品の進捗度はどのような方法で計算しますか
原価標準の更新サイクル	原価標準はどのようなサイクルで改訂しますか
原価標準改訂方法	原価標準はどのような方法で改訂しますか （複数肢該当可能）
直接原価計算費目分類	原価費目に対して固定費と変動費の区分を行っていますか
原価差額の区分計上	原価差額はどのような区分で計上していますか

参考資料　403

プロセス要件の選択肢
補修すれば良品となる仕損は補修費を仕損費とする
一部の数量だけ代品製造が必要な場合は，代品製造原価から補修品の売却価額を控除した価額を仕損費用とする
全数量分代品製造が必要な場合は，もともとの製造指図やロット分の製造原価を仕損費として計上し，代品の製造原価を指図書やロットの製造原価とする
その他の方法で行う
当該工程で前工程からの受入数量，金額を控除し，前工程では払出数，払出金額を控除する
その他の方法で行う
当該工程での不良品製造原価を計算し，前工程への再受入原価を見積もり設定し，当該見積額を不良品製造原価から控除した価額を当該工程の仕損費として計上する。前工程は，再受入見積原価を材料費として計上し再加工する
その他の方法で行う
外部に売却する場合は，見積売却価額や直近の売却実績価額で評価する
材料として再利用するときは同量の材料の見積購入価額や直近の購入実績価額で評価する
外部に売却する場合は，見積売却価額や直近の売却実績価額で評価する
材料として再利用するときは同量の材料の見積購入価額や直近の購入実績価額で評価する
工程別に実数をカウントする
工程別にはカウントせず，製造ラインにある全数をカウントする
製造投入数から完成品数やその他払出高を計算し残余を仕掛品とみなす
仕掛品があっても敢えて仕掛品残高をカウントしない
工程別に標準の進捗度を設定し，工程別の品目別仕掛数に積算する
品目別仕掛品個品ごとに進捗度を評価する
実態にかかわらず，仕掛品の進捗度を50％等と一定の進捗率でみなす
月次単位で改訂する
四半期単位以上で改訂する
半期単位以上で改訂する
単価に著しい変動があったつど改訂する
個々の単価を人間系で再評価する
価格差異のバラツキを統計処理し自動的に標準単価を策定する
標準差異のバラツキを統計処理し自動的に標準単価を策定する
区分を行っている
区分を行っていない
材料受入価格差異（受入時計上）
直接材料消費差異（払出時計上）
直接労務費差異
直接経費差異
製造間接費差異

確認課題	基本的な原価計算プロセスの要件チェックリスト
原価差額の調整	決算期末に集計された材料受入価格差異はどのようなプロセスで調整しますか
	材料払出分に配分した受入価格差異と直接材料消費差異はどのようなプロセスで調整しますか
	直接労務費差異はどのようなプロセスで調整しますか
	直接経費差異はどのようなプロセスで調整しますか
	製造間接費差異はどのようなプロセスで調整しますか
	標準原価の改訂差額はどのようなプロセスで調整しますか
	原価差額はどのような単位で計上しますか
製品の低価評価	製品勘定の棚卸資産評価替基準による低価評価はどのようなプロセスで計算しますか
仕掛品の低価評価	仕掛品（製造）勘定の棚卸資産評価替基準による低価評価はどのようなプロセスで計算しますか
低価法の洗替え，切離し	低価法により切下げた製品・仕掛品評価額は，その後洗替えますか，市場価格が回復しても切下げたままにしますか

参考資料　405

プロセス要件の選択肢
標準原価の改訂差額
その他の区分
材料受入価格差異は材料払出高と期末材料に配分し、材料払出分への配分は原価差額とする。期末材料への配分部分は翌期に製造原価に算入する
その他の方法による
全額売上原価に算入する
他の原価差額と合計後、一定範囲内を超える場合は、売上原価と仕掛品期末棚卸高と製品期末棚卸高に配分する
その他の方法による
全額売上原価に算入する
他の原価差額と合計後、一定範囲内を超える場合は、売上原価と仕掛品期末棚卸高と製品期末棚卸高に配分する
その他の方法による
全額売上原価に算入する
他の原価差額と合計後、一定範囲内を超える場合は、売上原価と仕掛品期末棚卸高と製品期末棚卸高に配分する
その他の方法による
全額売上原価に算入する
他の原価差額と合計後、一定範囲内を超える場合は、売上原価と仕掛品期末棚卸高と製品期末棚卸高に配分する
その他の方法による
全額売上原価に算入する
他の原価差額と合計後、一定範囲内を超える場合は、売上原価と仕掛品期末棚卸高と製品期末棚卸高に配分する
その他の方法による
法人単位や事業単位など組織単位で一括計上する
製品別に配分する
その他の区分で計上する
製品勘定の期末時点での正味売却価額が算定できるので、正味売却価額が簿価より低下した場合は正味売却価額まで切り下げる
製品勘定の期末時点での正味売却価額が算定できないので、期末前後での実績販売価額が簿価より低下した場合は実績販売価額まで切り下げる
回転期間から外れた滞留または処分見込み等の製品は、完成時移行の時間の経過に応じて規則的に切り下げる
回転期間から外れた滞留または処分見込み等の製品は、処分見込み価格まで切り下げる
その他の方法による
仕掛品を製品に換算して製品と同様な低価評価を行う
その他の方法による
洗替える
切り放す

(参考資料③)

原価計算プロセスから会計への基本的な仕訳類型

　システム設計等における原価計算の業務要求定義では，必ず財務会計に連携する仕訳定義が必要となります。ここでは基本的な原価計算プロセスに対応する仕訳類型を例示しますので必要な場面で参考にしてください。勘定科目は最も簡略な科目名で示していますので，必要に応じて変更して使用してください。また，消費税等についての付帯科目は省略していますので注意してください。数値は貸借のバランスの理解を容易にするために仮に設定したものですから格別の意味はありません。

原価取引		借方		貸方	
材料・材料費	材料購入 （実際額で計上）	原材料	1,000	買掛金	1,000
	材料購入 （標準・予定額で計上）	原材料 （標準・予定）	950	買掛金	1,000
		材料購入価格差異	50		
	材料売却	未収金	100	原材料	100
	材料有償支給	未収金	100	原材料	100
	材料無償支給	支給原材料	100	原材料	100
	材料消費	直接材料費	800	原材料	1,000
		間接材料費	200		
	材料棚卸減耗	棚卸減耗費 （製造間接費）	10	原材料	10
	材料評価換え	棚卸評価損 （製造間接費）	50	原材料	50
	直接材料費を 仕掛品へ振替	仕掛品	800	直接材料費	800
労務費を 実際額で 計上	労務費を計上	直接労務費	640	賃金	400
		間接労務費	160	給与	100
				従業員賞与	100
				退職給付費用	100
				法定福利費等	100
	直接労務費を 仕掛品へ振替	仕掛品	640	直接労務費	640
労務費 標準賃率 または 予定賃率 で賦課	直接労務費を 仕掛品へ振替	仕掛品	600	直接労務費 （標準・予定）	600
	労務費を計上し先に 計上した標準・予定 労務費との原価差異 計上	直接労務費 （標準・予定）	600	賃金	400
		間接労務費 （標準・予定）	100	給与	100
				従業員賞与	100
				退職給付費用	100
		賃率差異	100	法定福利費等	100

参考資料

	原価取引	借方		貸方	
製造経費計上	外注費計上（材料有償支給の場合）	直接材料費（有償支給分）	100	未収金	100
		直接経費（外注費）	300	買掛金	300
	外注費計上（材料無償支給の場合）	直接材料費（無償支給分）	100	支給原材料	100
		直接経費（外注費）	300	買掛金	300
	直接外注費検収分を仕掛品に計上	仕掛品	400	直接材料費（支給分）	100
				直接経費（外注費）	300
	その他経費	直接経費	500	諸経費	800
		間接経費	300	（原価区分）	
	直接経費を仕掛品に計上	仕掛品	500	直接経費	500
製造間接費実際配賦率計上（個別原価計算）	製造間接費を部門別に集計（1次集計）	A製造部門製造間接費	330	間接材料費	200
				間接労務費	160
				間接経費	300
		B製造部門製造間接費	220		
		Z補助部門製造間接費	110		
	補助部門の製造間接費を直接部門に配賦（2次集計）	A製造部門製造間接費	70	Z補助部門製造間接費	110
		B製造部門製造間接費	40		
	製造部門の製造間接費を仕掛品に配賦（3次集計）	A1仕掛品	240	A製造部門製造間接費	400
		A2仕掛品	160		
		B1仕掛品	180	B製造部門製造間接費	260
		B2仕掛品	80		
製造間接費を仕掛品に標準・予定配賦率で計上（個別原価計算の場合）	製造間接費部門集計（1次集計）	A製造部門製造間接費	330	間接材料費	200
				間接労務費	160
				間接経費	300
		B製造部門製造間接費	220		
		Z補助部門製造間接費	110		
	補助部門製造間接費部門配賦（2次集計）	A製造部門製造間接費	70	Z補助部門製造間接費	110
		B製造部門製造間接費	40		
	製造部門製造間接費仕掛品配賦（3次集計）	A1仕掛品（予定・標準）	250	A製造部門製造間接費	400
		A2仕掛品（予定・標準）	125		
		製造間接費配賦差異	25		

原価取引		借方		貸方	
		B1仕掛品 （予定・標準） B2仕掛品 （予定・標準） 製造間接費配賦差異	160 80 20	B製造部門 製造間接費	260
加工費を 実際配賦 率で仕掛 品に計上 （総合原 価計算の 場合）	加工費 工程別 集計	A製造工程加工費 B製造工程加工費	700 460	直接労務費 直接経費 間接材料費 間接労務費 間接経費	300 200 200 160 300
	加工費 仕掛品配賦	A1仕掛品 A2仕掛品	400 300	A製造部門 加工費	700
		B1仕掛品 B2仕掛品	300 160	B製造部門 加工費	460
加工費を 標準・予 定配賦率 で仕掛品 に計上 （総合原 価計算の 場合）	加工費 工程別 集計	A製造工程加工費 B製造工程加工費	700 460	直接労務費 直接経費 間接材料費 間接労務費 間接経費	300 200 200 160 300
	加工費 仕掛品配賦	A1仕掛品 （標準・予定） A2仕掛品 （標準・予定） 製造間接費配賦差異	390 260 50	A製造部門 加工費	700
		B1仕掛品 （標準・予定） B2仕掛品 （標準・予定） 製造間接費配賦差異	290 145 25	B製造部門 加工費	460
仕掛品 受払	前工程へ差戻す再生 可能な仕損品計上	再生投入仕損品	100	仕掛品	100
	後工程から差戻され た仕損品再生受入	仕掛品	100	再生投入 仕損品	100
	再生不能分仕損計上	仕損費（直接経費）	100	仕掛品	100
	作業屑計上	作業屑	100	仕掛品	100
	作業屑売却	未収金 雑損	50 50	作業屑	100
	副産物生成	副産物	100	仕掛品	100
	副産物売却	売掛金 売上原価	110 100	売上 副産物	110 100
	製造以外 目的使用	サンプル出荷	販売費	100	仕掛品	100
		試作研究	研究開発費	100	仕掛品	100
		自社消費	一般管理費	100	仕掛品	100
		自社設備など	固定資産	100	仕掛品	100

原価取引		借方		貸方	
	棚卸減耗	棚卸減耗費 (製造間接費)	100	仕掛品	100
	仕掛品評価替え	棚卸評価損 (製造間接費)	100	仕掛品	100
期末仕掛品, 完成品評価		繰越仕掛品 製品	100 900	仕掛品	1,000
原価 差異 調整	材料購入価格差異を 調整	材料 仕掛品 製品 売上原価	5 10 15 70	材料購入 価格差異	100
	材料消費価格差異を 調整	仕掛品 製品 売上原価	10 15 75	材料消費 価格差異	100
	材料消費数量差異を 調整	仕掛品 製品 売上原価	10 15 75	材料消費 数量差異	100
	直接労務費賃率差異 を調整	仕掛品 製品 売上原価	10 15 75	直接労務費 賃率差異	100
	直接労務費時間差異 を調整	仕掛品 製品 売上原価	10 15 75	直接労務費 時間差異	100
	製造間接費差異	仕掛品 製品 売上原価	10 15 75	製造間接費 配賦差異	100

参考文献

- 企業会計審議会「原価計算基準」(昭和 37 年 11 月 8 日)
- 企業会計審議会「財務報告に係る内部統制の評価及び監査の基準並びに財務報告に係る内部統制の評価及び監査に関する実施基準の設定について (意見書)」(平成 19 年 2 月 15 日)
- (社) 日本機械工業連合会編, 佐藤進, 木島淑孝著『四要素原価計算システム』日刊工業新聞社
- 合力榮監修, 岸川善光, 井上善海, 遠藤真紀, 石内孔治, 水島多美也共著『環境問題と経営診断』同友館
- 森田政夫著『法人税実務問題シリーズ 棚卸資産』中央経済社
- 伊藤嘉博編著, 矢島茂・黒澤耀貴著『バランスト・スコアカード実践ガイド』日科技連出版社
- 渋谷武夫著『原価計算の考え方・すすめ方』中央経済社
- 稲盛和夫著『アメーバ経営』日本経済新聞社
- 菅間正二著『図解 よくわかるこれからの生産管理』同文舘出版
- 松林光男・渡部弘編著『工場のしくみ』日本実業出版社
- 河岸宏和著『食品工場のしくみ』同文舘出版
- (社) 日本経営工学会編『生産管理用語辞典』(財) 日本規格協会
- 堀内栄一・神谷幹雄共著『よくわかる! 購買・外注の管理 原則から戦略まで』税務経理協会
- 本間邦男著『資材管理』丸善
- 伊達浩憲・伊武弘章・松岡憲司編著『自動車産業と生産システム』晃洋書房
- HMS コンソーシアム編『ホロニック生産システム』新富印刷
- 樋野, 森脇「再帰的伝播法による分散型ジョブショップスケジューリング」,『日本機械学会論文集』66-647, C, pp. 2449-2455 (2000)
- 樋野, 森脇「再帰的伝播法による分散型ジョブショップスケジューリング (第 2 報, 階層構造を有するシステムのスケジューリング)」,『日本機械学会論文集』66-651, C, pp. 3791-3798 (2000)
- N. Sugimura, Y. Tanimizu, and T. Yoshioka, A study on object oriented modeling of holonicmanufacturing system, Manufacturing Systems, 27-3, pp.

253-258（1999）
- （株）東芝研究開発センター　成松克己，鳥居健太郎「ホロニック（階層的自律分散）サプライチェーン計画システム」，『IMS 研究成果講演論文集』（2004. 7. 28～29），pp. 119-122（2004）
- 冬木，井上，「バックワード/フォワード・ハイブリッドシミュレーション法に基づく個別受注生産における納期重視型生産スケジューリング」，『日本経営工学会誌』Vol. 46, No. 2（1995）pp. 144～151
- 武尾省策著『動態管理会計の理論』ダイヤモンドセールス編集企画
- 環境省『環境会計ガイドライン 2005 年版』
  http://www.env.go.jp/policy/kaikei/guide 2005
- 経済産業省 HP　3 R 生産
  http://www.meti.go.jp/policy/recycle/main/3r-action/index.html
- 環境省 HP　廃棄物・リサイクル対策　http://www.env.go.jp/recycle/
- 環境省 HP　「循環型社会形成推進基本法の趣旨」http://www.env.go.jp/recycle/shushi.html
- （社）日本プラントメンテナンス協会 HP　http://www.jipm.or.jp/

索　引

【A〜Z・数字】

ABC 管理 …………………………………98
APS ……………………………………356
BM ……………………………………152
BOM ………………………………58, 172, 355
BPR ……………………………………351
BTO ……………………………………330
C 管理図 ………………………………142
CAD ………………………………259, 361
CAE ……………………………………362
CALS ……………………………………351
CAM ………………………………259, 362
CAT ………………………………259, 363
CIM ……………………………………351
CM ……………………………………153
CO_2 の発生量換算 ……………………340
CPM ……………………………………119
CRM ………………………………234, 373
CRP ……………………………………69, 77
CSR ………………………………207, 254
CTI ……………………………………377
DBR ……………………………………352
DNC ……………………………………351
EDI による納品予定通知受領 …………78
Engineering-BOM（E-BOM）……58, 59
EOL ……………………………………45
ERP ………………………………352, 370
ETO ……………………………………330
FA ………………………………………351
FMC ……………………………………351
FMS ……………………………………351
GT ショップ型 …………………321, 324
HACCP …………………………………255
IC タグによる作業実績管理 ……………280

IE ………………………………………332
ISO/DIS 9000：2000 …………………146
ISO 14001 ……………………………260
ISO 9000 ………………………………254
ISO 9000 対応業務 ……………………149
IT 業務処理統制 ………………………253
IT 業務統制に対する統制活動 ………253
IT 全般統制 ……………………………252
IT 全般に関する重要な統制活動………253
IT 統制の視点 …………………………252
IT 統制の要件 …………………………251
IT への対応……………………………243
J-SOX 法 ………………………………241
JIS Z 9900 ……………………………145
JIS マーク表示制度 ……………………254
JIT ……………………………………325
JIT 生産方式 …………………………328
Johnson 法 ……………………………119
Manufacturing-BOM（M-BOM）…58, 59
MES …………………129, 267, 283, 292, 364
MES の位置づけ ………………………366
MP ……………………………………153
MPS ……………………………………51
MRP ………………………51, 76, 355, 367
MRP Ⅱ …………………………………371
MRP の仕組み ……………………367, 369
MTO ……………………………………330
MTS ……………………………………330
NC 工作機械 …………………………351
OLAP …………………………………377
P 管理図 ………………………………142
PDM ………………………………361, 363
PDPC 法 ………………………………144
PERT …………………………………119
PL 法 …………………………………256
PM（Prevention Maintenance）……152

索　引

PM（Productive Maintenance）	152
PM 賞	153
Pn 管理図	142
POP	130, 365
POS データ	288
PTS 法	333
QC 7 つ道具	139
QCD	2
RCCP	51, 355
RFID	125
RFM 分析	377
SCM	352, 371
SCM キャッシュフロー方程式	27
SCP	372, 373
SFA	279
SFC	365
SQC 手法	144
STS	330
SWOT 分析	271
TOC	352
TOC 制約理論	341
TOC の導入ステップ	343
TOC の理論	344
TPM	153
TPS を実現するための重要なポイント	326
TQM	145
VMI	69, 77
x̄-R 管理図	142
x̄-Rs 管理図	142
x̄-s 管理図	142
x 管理図	142
1.5 次計算	179
3 R	258
3 S	331
4 M	2, 332
5 S	154, 330

【ア行】

後入先出法	102, 104, 172, 182
アメーバ会計	348
洗替え法	346
アロー・ダイヤグラム法	144
安全在庫	97, 105
維持継続性	253
委託購買方式	68
一般競争入札方式	69
一品生産	321
移転価格（製品，ロイヤルティ）基準設定	195
移動平均法	49, 101, 103, 172, 182, 354
異物感知の機械化	295
イベント調整モデル	49
受入業務費率	225
受入検査	75, 135
受入ロット不良判明による同一受入ロット出荷先トレース	149
売上回転率	213
売上管理	197
売上計上基準	197
売上総利益対研究開発費比率	224
売上高対研究開発費比率	224
運搬管理	66
運搬のムダ	328
運用・支援コスト	339
営業キャッシュフロー分岐点	187
エコファンド	341
エンドアイテム	51, 355
オーダ管理	198
オーダ別原価計算	198

【カ行】

回帰分析	49, 354
会計的利益率法	159
回収期間法	158

外注育成	75
外注管理	65, 79
外注先との連結原価管理のプロセス	86
外注の種類	79
外注費計算確定の早期化	240
回転在庫	105
開発購買のプロセス	43
開発プロセスのパフォーマンス管理	223
外部失敗原価	150
下位部品の展開	369
改良保全	153
価格管理	70
価格構成要素	70
価格差異	187
価格変動ヘッジ	291
加工資源を選択	220
加工速度の有効性を事前評価	218, 221
加工そのもののムダ	328
加工費	166
加重プロセス品質評点	239
活動基準原価計算	179
活動基準情報	64
活動機能単位（活動センタ）	179
活動単価	230
活動配賦率推移	232
活動費対製造原価比率	230
家電リサイクル法	259
稼働カレンダ設定	356
稼働率	226, 320
カムアップシステム	74, 127, 357
貨物トレースの自動化	279
可用性	253
カレンダ情報	58
為替変動ヘッジ	291
簡易購買方式	70
環境会計	208, 340
環境保全効果	341
環境保全コスト	232
環境保全対策	341
環境省のガイドライン	340, 341

環境負荷量	341
間欠故障	155
関税率	225
間接経費	163
間接検査	135
完全故障	155
完全列挙法	119
ガントチャート	118
官能検査	135
かんばん	76, 125, 325, 327
かんばん方式	96
かんばんポスト	328
管理限界線（UCL，LCL）	141
管理図	141
キーパーツ	51
機会原価計算	87
機械工業原価計算基準	335
機械作業時間法	179
機会損失	267
企画原価低減率	224
期間配分の適格性	244
期間費用	182
基準情報管理	56
基準情報管理システム	361
基準情報共有インタフェース	360
基準情報の整備	267
基準生産計画	9, 50
基準生産計画の追加・変更のルール	56
基準操業時間	188
基準日程	9
機密性	253
「キャッシュを創造する」ための施策	264
キャッシュフロー計算書	24
キャッシュフロー／原価管理	26
キャッシュフロー／原価管理でのBOMの活用	62
キャッシュフロー製造マージン	228
キャッシュフロー生産管理	262
キャッシュフロー増減原理	21
キャッシュフロー総生産マージン	234

索引　415

キャッシュフロー比較法 …………………217
キャッシュフロー分岐点 …………………288
キャッシュフロー方程式……………………21
キャッシュフロー余裕率 …………………186
供給業者在庫管理 ……………………69, 77
共通部門費の部門別配賦計算（1.5 次計算）
　…………………………………………176
共同購買方式…………………………………68
業務標準 ……………………………………134
許容原価 …………………………………18, 39
許容原価計算 …………………………191, 336
切放し法 ……………………………………346
偶発故障 ……………………………………156
組立加工型 …………………………………321
組別総合原価計算 …………………………166
グリーン購入法 ……………………………259
グループ間の製造連携 ……………………194
グループ処理制約 …………………………356
グループ内でのライセンス活用と移転税の
　リスク……………………………………36
グループ内部取引管理 ……………………193
クレーム対応 ………………………………148
クレームに対応する同一受入ロットからの
　出荷先トレース ………………………149
クローズド・ループ（Closed　Loop）
　MRP………………………………………370
グローバルオーダ番号の共有 ……………195
グローバルキャッシュフロー／原価管理の
　要件………………………………………195
グローバルサプライチェーンにおけるオー
　ダ管理 …………………………………199
グローバル生産 ……………………………193
グローバル製品の連結原価構成 …………195
グローバルE購買 …………………………280
クロスドッキング仕分け……………………78
クロストン周期性モデル曲線近似…………49
経営資源のシナジー ………………………204
経営戦略と連携する生産管理，キャッシュ
　フロー／原価管理の関係 ……………202
経営戦略における生産管理の役割 ……202

計画在庫 ……………………………………105
経済的発注量…………………………………95
計数抜取検査 ………………………………135
継続的購買契約 ………………………69, 77
系統図 ………………………………………143
計量抜取検査 ………………………………135
系列購買方式…………………………………68
決済プロセス ………………………………198
決算日程短縮 ………………………………239
欠点数管理図 ………………………………142
欠品・不良・納期遅延による機会損失
　…………………………………………226
限界利益 ………………………………183, 204
原価管理用 BOM ……………………………59
原価企画………………………………………38
原価企画・基準生産計画評価………………62
原価企画のプロセス…………………………43
原価計算基準…………………………………14
原価計算早期化………………………………62
原価差異標準偏差 …………………………230
原価差異分析 ………………………………187
原価情報インタフェース機能 ……………359
原価標準値の更新プロセス ………………187
原価要素 ……………………………………15
研究開発 ……………………………………32
研究・開発コスト …………………………339
研究開発（R&D）戦略支援 ………………35
研究開発費 ……………………………32, 337
研究開発費会計の役割 ……………………34
研究開発費対工業所有権取得件数比率
　…………………………………………225
研究開発費対新製品上市件数比率 ………224
研究開発費対ライセンス収入実績 ………224
研究開発費に該当しない活動………………33
現在将来引当可能在庫 ……………………106
建設リサイクル法 …………………………259
原単位 …………………………………226, 320
現品管理 ………………………………89, 125
現品統制 ……………………………9, 119, 124
権利義務帰属 ………………………………244

工順の最適設定 ……………………120
工順の選択 …………………………221
工程管理………………………………11
工程管理システム…………………356
工程基準情報のメンテナンス …………366
工程（作業系列）情報………………57
工程速度同期率 ……………………229
工程内検査 …………………………135
工程別組別総合原価計算………………17
工程別原価計算 ……………………166
工程別原価情報 ………………………62
工程別総合原価計算…………………16
工程ロス波及分析 …………………293
購買改善………………………………67
購買価格差異標準偏差……………227
購買価格差異率 ……………………225
購買管理………………………………66
購買管理用BOM……………………59
購買計画………………………………66
購買債務の支払速度 ………………212
購買調査………………………………66
購買データの解析……………………71
購買プロセスの効率性改善………219, 221
購買プロセスのパフォーマンス管理…224
購買プロセス費用の製品原価賦課計算
　………………………………………298
購買方式………………………………67
購買方針策定…………………………66
ゴールドラット ……………………341
顧客価値 ………………………………3
顧客価値原価管理……………………45
顧客機能改善要求対応率 …………224
顧客データベース …………………377
顧客への価値 ………………………344
顧客満足評価点数 …………………239
国際標準化機構 ……………………255
故障のパターン ……………………155
故障率…………………………………155
コストテーブルの整備………………42
コストドライバ ……………………179

固定費の変動費化……………………74
個別原価計算………………………16, 164
個別受注条件価格設定 ……………204
個別生産 ……………………………321
個別法 ………………………………105
混合率差異 …………………………174

【サ行】

サービス率……………………………93
差異管理を改善にフィードバックする方法
　………………………………………266
在庫回転期間…………………………93
在庫回転率……………………………93
在庫回転率標準偏差………………227
在庫管理 …………………………65, 88
在庫管理システム …………………357
在庫計画………………………………89
在庫水準の的確化施策 ……………264
在庫のムダ …………………………328
在庫引当率 …………………………239
在庫ポイント ………………………321
在庫補充型発注（VMI, CRP）………96
最終検査 ……………………………135
最終仕入原価法 …………………104, 105
最小加工時間順（SPT）……………119
最早納期順（DDATE）………………119
最早着手日の設定 …………………356
再調達原価 …………………………346
最適な品質適合原価の分岐点 ……151
財務成果 ……………………………344
材料価格差異 ………………………173
材料屑 ………………………………164
材料計画 …………………………9, 118
材料購入価格差異 …………………190
材料主費部門費 ……………………336
材料消費数量差異 …………………173
材料の形態的種別と製品構成との関連
　………………………………………162
材料費計算確定の早期化 …………239

索引

材料費のコストダウン……………………70
材料副費部門費……………………336
材料・部品棚卸日数……………………226
再割付機能……………………356
差額原価計算……………………191
魚の骨……………………139, 140
先入先出管理の原則……………………100
先入先出法……………………101, 104, 172, 182
作業研究……………………333
作業準備・配給……………………89
作業測定……………………333
作業能率……………………226, 320
作業標準……………………134
サプライチェーンの原価管理……………………194
サプライチェーンの連結キャッシュフロー／原価管理……………………194
三棚法……………………96
散布図……………………139
仕掛在庫……………………106
仕掛品管理……………………126
時間当たり採算……………………349
時間差異……………………188
時間による緩衝機能……………………11
事後保全……………………152
資材移送費率……………………225
資材外注加工先直納方式……………………97
資材・外注管理システム……………………357
資材管理……………………65, 290
資材のコストダウン……………………70
資材の滞留リスク……………………291
自主保全……………………154
指数関数近似……………………354
指数平滑法……………………49, 354
仕損品……………………164
下請代金支払遅延等防止法……………………84
躾……………………331
実行管理指標……………………345
実行目標……………………345
実際稼働時間……………………188
実在性……………………244

実地棚卸在庫……………………106
自動車リサイクル法……………………260
支払経費……………………163
支払日数÷(棚卸日数＋営業債権日数)……………………226, 231
資本生産性……………………226, 320
指名競争入札方式……………………69
社員ID……………………294
社会対応コスト……………………339
ジャストインタイム……………………74
収益性指数法……………………160
従属需要品目……………………355
集中購買方式……………………68
重点管理棚卸……………………99
シューハート管理図……………………141
受注価格の判定……………………18
受注生産……………………321
出荷検査……………………135
出庫管理……………………89
需要予測……………………8, 47
需要予測システム……………………354
需要予測の代表的な手法……………………49
準拠性……………………253
使用期限照会……………………291
小日程計画……………………6
情報化計画……………………207
情報と伝達……………………242
小包法……………………96
正味現在価値法……………………159
正味所要量計画……………………51, 355
正味売却価額……………………346
正味ロス管理……………………280
将来日付（先日付）……………………355
上流での原価のつくり込み……………………42
初期故障……………………156
職場環境費……………………336
食品リサイクル法……………………260
初工程投入累計数－最終工程完成累計数の期間推移統制（流動曲線管理）………228
ジョブショップ型……………………321, 323

ジョブショップスケジューリング	119
処分見込価格	346
所要量計画	55
所要量計算	9
シングルプラン	190
シングルプランとパーシャルプランの比較	190
新製品売上高構成比	239
進度統制	9, 120, 122
信用状統一規則	198
信頼性計算	156
親和図法	142
新QC 7つ道具	142
随意契約方式	70
数量差異	187
素価法	177
スケジューリングシステム	356
スリム化	74
スループット会計	341
スループット増加率	228
正確性	253
成果指標	345
清潔	331
生産管理・原価管理とIT統制要件	251
生産管理・原価計算業務の内部統制要件の特性	245
生産管理とキャッシュフロー／原価管理の共有情報	60
生産管理のPDCAサイクル	12
生産技術資源の共通化	204
生産計画	5
生産計画システム	355
生産計画代替案の選択	216, 221
生産計画におけるキーとなる内部統制活動要件	247
生産計画の緩衝機能	10
生産計画のキャッシュフローによる評価	218
生産計画の種類	6
生産計画の流れ	8
生産形態と原価計算の種類	16
生産・構築コスト	339
生産コントロール	11
生産コントロール機能	115
生産コントロールにおけるキーとなる内部統制活動要件	247
生産時間の平準化	204
生産資源の流動性	204
生産消費資源の共通化	204
生産情報資源の共有化	204
生産性指標	226, 320
生産設備を選択	220
生産設備資源の共通化	204
生産設備制御機能とインタフェース	366
生産と製造	5
生産にかかわる情報システムの機能関連図	353
生産能力計画	9, 54
生産の4M	2
生産パフォーマンス管理指標	233
生産パフォーマンス指標の定義と必要情報	234
生産プロセスのパフォーマンス評価指標	222
生産保全	153
生産マップ	7
生産ROA	54, 212, 213, 238
生産ROAを増加する定量的な要素	263
清掃	331
製造回転率	213
製造間接費計算確定の早期化	241
製造間接費固定費能率差異	231
製造間接費差異分析	189
製造間接費操業度差異	231
製造間接費等の配賦基準情報	64
製造間接費発生部門別集計（1次計算）	174
製造間接費変動費能率差異	230
製造間接費計算	16
製造間接費予算差異	230

索　引

製造管理費 …………………………………336
製造業における経営資源のシナジー効果
　………………………………………………205
製造原価管理システム ……………………358
製造原価管理の役割………………………14
製造原価計算と財務会計への連携………17
製造原価に算入しなくてもよい費目例示
　………………………………………………180
製造原価の低減策 …………………………264
製造原価の連結集計 ………………………193
製造原価比較法 ……………………………217
製造原価報告書 ……………………………181
製造現場の進度統制 ………………………124
製造現場への直送…………………………78
製造支援プロセスのパフォーマンス管理
　………………………………………………230
製造全部原価低減率 ………………………228
製造納期遵守率 ……………………………230
製造番号（オーダ番号）…………………59
製造変動原価低減率 ………………………228
製造（仕掛品）元帳 ………………………181
製造用役部門費 ……………………………336
製造リードタイム…………………………10, 208
製造リードタイム短縮 ……………………215
製造リードタイム短縮率 …………………228
製造ロット不良発覚による受入ロットトレ
　ース ………………………………………149
正当性 ………………………………………253
整頓 …………………………………………330
製番管理……………………………………76
製品開発プロセス費用の製品原価賦課計算
　………………………………………………298
製品勘定 ……………………………………181
製品構成情報 ………………………………57
製品出荷管理 ………………………………128
製品の入出庫管理 …………………………127
製品別貢献利益改善 ………………………221
製品別貢献利益の改善 ……………………216
製品ミックス決定 …………………………192, 216
製品ミックス戦略 …………………………204

制約工程 ……………………………………341
制約工程の派生損失 ………………………130, 131
制約工程発生による機会損失 ……………229
制約工程発生比較法 ………………………217
整理 …………………………………………330
積送品移動情報の管理 ……………………195
設計・開発…………………………………37
設計開発システム …………………………361
設計の進度統制 ……………………………122
設備維持費 …………………………………336
設備稼働費 …………………………………336
設備稼働率 …………………………………229
設備管理 ……………………………………151
設備管理システム …………………………360
設備情報……………………………………64
設備生産性 …………………………………226, 320
設備投資の経済性計算 ……………………158
設備の混合接続方式 ………………………157, 158
設備の信頼性 ………………………………155
設備の直列信頼性 …………………………156
設備の並列信頼性 …………………………157
設備の6大ロス ……………………………154
設備や金型，冶工具の管理 ………………126
セル生産 ……………………………………321, 324
ゼロ・エミッション ………………………258
ゼロ・ルックVE …………………………39
線形計画法 …………………………………120
先行関係の定義 ……………………………356
センサス……………………………………49
先日付在庫予定情報 ………………………109
全数検査 ……………………………………75, 135
先着順 ………………………………………119
鮮度管理 ……………………………………292
専門化 ………………………………………331
戦略マップ …………………………………345
戦略目標 ……………………………………345
総機会損失 …………………………………238
操業度 ………………………………………226, 320
操業度差異 …………………………………188
総原価………………………………………13

総合原価計算……………………16, 164, 166	単純化……………………………………331
総合的品質管理………………………145	単純平均法………………………………105
総合日程計画表…………………………6	段取替え時間指定……………………356
倉庫管理…………………………65, 100	単品個別原価計算………………16, 164
相互購買方式…………………………68	中日程計画………………………………6
相互配賦法による1次配賦計算………176	中品種中量生産………………………321
総生産コスト率………………………233	調達コスト率…………………………225
総生産スループット…………………234	調達納期遵守率………………………227
層別……………………………………141	調達リードタイム短縮率……………226
ソーシング機能………………………43	調達リードタイム分析による在庫水準設定
測定経費………………………………163	戦略……………………………………93
組織・個人の学習……………………344	調達リスクの回避……………………291
損益分岐点……………………………288	帳簿在庫………………………………107
損益分岐点＆キャッシュフロー分析表	直接経費………………………………163
……………………………………186	直接原価計算…………………………183
損益分岐点図表………………………185	直接材料費法…………………………177
損益分岐点余裕率……………………186	直接作業時間法………………………179
	直接製造部門費の製品別配賦法（3次計算）……………………………………177
【タ行】	直接製造プロセスのパフォーマンス管理……………………………………227
退役・廃棄コスト……………………339	直接設備費……………………………336
代替的資材を選択……………………220	直接測定法……………………………333
大日程計画………………………………6	直接労務費法…………………………177
タイムバケット………………………51	賃率差異………………………………188
対話修正機能…………………………356	ツービン法……………………………96
多重レベルモデル……………………49	月次総平均法……………101, 103, 172, 182
多通貨管理のメリット………………197	月割経費………………………………163
多通貨でのキャッシュフロー／原価情報の	つくりすぎのムダ……………………328
共有……………………………………195	低回転在庫……………………………106
棚卸………………………………………99	定期発注方式……………………………94
棚卸減耗率……………………………227	定期不定量補充発注……………………95
棚卸差異………………………………109	ディスパッチング手法………………119
棚卸資産回転率…………………………54	ディスパッチングルール……………119
棚卸資産に対する製造原価の回転向上施策	定量発注方式……………………………94
……………………………………266	データ区間……………………………139
棚卸資産の評価替え基準……………346	データマイニング……………………374
棚卸低価率……………………………227	デカップリングポイント……………329
棚卸日数…………………………………93	適正在庫回転数…………………………93
棚卸表…………………………………109	適正在庫量の検討………………………92
多品種少量生産………………………321	

手順計画	9, 115
手順統制	9, 120
手待ちのムダ	328
店頭購買方式	68
同一製造ロット出荷先トレース	149
等級別総合原価計算	17
統計的品質管理	144
動作のムダ	328
統制活動	242
統制環境	242
統制リスクの評価と対応	242
当用買い方式	69
特性要因図	139
独立需要品目	355
度数分布表	139
突発/完全故障	155
突発故障	155
トヨタ自動車の原価管理	40
トヨタ生産管理方式	325
取引先の選定	67
トレーサビリティ	149, 256

【ナ行】

内示発注	291
内段取り作業	356
内部失敗原価	150
内部投資利益率法	161
内部統制	207, 241
内部統制の構成要素	242
内部統制の有効性の評価と報告	243
内部統制報告書	244
流し方・生産指示の単位での分類	324
7つのムダ	328
荷姿のバーコード	78
日程計画	9, 54, 118
入庫管理	89
抜取検査	75, 135
ネットワーク手法	119
納期管理	67, 74

納期遵守率	239
能率差異（固定費分）	188
能率差異変動費分	189
能力による緩衝機能	10
能力・負荷計画	51
ノー検品	78, 226

【ハ行】

バーコードによるポイント通過管理	78
パーシャルプラン	190, 191
売価還元法	102, 182
バケット	51
バスタブ曲線	155, 156
バックフラッシュ・コスティング	334
バックワード/フォワード混在シミュレーション	356
バックワード方式	51
発生経費	163
発注点	76
パフォーマンス・インディケータ	262
パフォーマンス・ドライバ	262
払出原価の決定方法	100
バランスト・スコアカード（BSC）	344
パレート図	139
販売計画システム	354
販売地売上・通貨基準での連結利益計算	195
ビジネスプロセスモデル	203
ヒストグラム	139
評価妥当性	244
表示の妥当性	244
標準化	331
標準混合率	174
標準時間	333
標準単価	102, 173
標準の種類	134
標準・予定単価法	102, 172
少品種多量生産	321
非累加法工程別原価計算	166

品質	131
品質管理	131, 132, 295
品質管理システム	360
品質管理のステップ	138
品質管理のツール	139
品質原価管理	150, 208
品質原価効率	232
品質適合原価	150
品質特性値	131
品質の構成要素	132
品質の種類	132
品質評価原価	150
品質標準・技術標準	134
品質不適合原価	150
品質不良発生率	231
品質保証活動	146
品質問題解決の手順	137
品質予防原価	150
品名・標準収納数SNP	97
品目情報	57
ファースト・ルックVE	39
フォワード方式	51
負荷計画	9, 116
負荷山崩	290
副産物	166
副費部門費	336
プッシュ型生産方式	321, 325
不定期不定量補充発注	95
歩留差異	174
歩留率	226, 228, 320
歩留率改善投資評価	221
歩留率改善プライオリティ付け	221
歩留率標準偏差	230
部品技術機能	44
部品，材料などの置場所	328
部品調達管理	127
部品表	58, 355
部品表の構成	369
部分故障	155
部門製造間接費率	230
ブランチアンドバウンド法	119
不利差異低減率	228
不良をつくるムダ	328
不良個数管理図	142
不良在庫	106
不良率管理図	142
ブルウィップ効果	264
プル型生産方式	321, 325
フローショップ型	321, 323
プロジェクトスケジューリング	119
プロセス型	321
プロセスの品質	344
プロセス品質視点での評価	226
フロントローディング	39
分散購買方式	68
並行生産	206
平準化生産	325, 329
変動製造マージン	183, 204
ポイント通過管理	78
方法研究	333
保管区優先順位情報	57
保管費率	225
補助部門費の他部門への配賦（2次計算）	177
保全データ	361
保全予防	153
ボックス・ジェンキンス法	49
ボトルネック	342

【マ行】

マトリックス図法	143
マトリックス・データ解析法	143
摩耗故障	156
見込/確定区分設定	356
見込仕入方式	69
見込生産	321
見込生産形態	164
見積合わせ方式	69
無限/有限山積み	356

目で見る管理 ……………………331, 332
網羅性 ……………………………244, 253
目標売上高 ……………………………185
目標営業キャッシュフロー ……………186
目標原価……………………………………38
モニタリング …………………………243
モノによる緩衝機能………………………10

【ヤ行】

優先度の設定 …………………………356
優先番号法 ……………………………119
輸出入管理 ……………………………197
輸出入取引のプロセス概要 ……………198
ユニット ………………………………329
輸入コスト比率 ………………………225
要員管理 ………………………………294
容器包装リサイクル法 …………………259
予算差異 ………………………………188
予実差異 ………………………………129
予知保全 ………………………………154
予定単価 …………………………102, 173
予防保全 ………………………………152
余裕率 …………………………………187
余力統制 ………………………9, 120, 121
四要素原価計算 ………………………335

【ラ行】

ライセンス価値管理………………………34
ライフサイクル・コスティング ………339
ライン生産 …………………………321, 323
ライン編成効率 ………………………226, 320
リードタイムに応じた在庫戦略…………92

利益最適化の製品ミックス計画 ………221
利益速度 …………………………192, 229
利益速度による製品貢献利益分析 ……193
利益速度による製品ポートフォリオ …192
リサイクル関連個別法 …………………259
離散データモデル…………………………49
良品率 ……………………………226, 320
理論在庫 ………………………………107
累加法工程別原価計算 …………………166
累積研究開発費貢献キャッシュフロー
　…………………………………………224
レイバースケジューリング ……………280
劣化故障 ………………………………155
劣化/部分故障……………………………155
連関図法 ………………………………142
連産品総合原価計算………………………17
連続観測法 ……………………………333
連続生産 ………………………………321
連帯購買方式………………………………68
労働生産性 ………………………226, 320
労務費計算確定の早期化 ………………240
労務費の原価要素 ……………………111
ロットサイズ指定 ……………………356
ロットサイズ制約 ……………………356
ロット生産 ……………………………321
ロットトレース ………………………292
ロット分割/合成………………………356
ロット別個別原価計算……………16, 164

【ワ行】

ワークサンプリング法 …………………333
ワークシステム ………………………332

■著者プロフィール

青柳　六郎太（あおやぎ　ろくろうた）

元専修大学大学院商学科客員教授，（一社）国際会計コンソーシアム副理事長，税理士，中小企業診断士，公認内部監査人，システム監査技術者，経理スタンダード機構認定コンサルタント，日本事務器㈱顧問コンサルタント，全能連マスターマネジメントコンサルタント，ERP 研究推進フォーラム講師など。早稲田大学政経学部卒業，日本電気(株)入社，財務会計，管理会計を中心にコンサルティング業務に従事。現在，ファイルース取締役社長。財務会計，管理会計を中心としたコンサルティング業務，セミナー，研修を行う。
著書：共著『キャッシュフロー経営 ERP 活用ガイド』日本工業新聞社，『ERP 活用による経営改革の秘訣』リックテレコム，全日本能率連盟主催第 68 回全国能率大会にて最優秀論文賞である経済産業大臣賞受賞。

上岡　恵子（かみおか　けいこ）

日本電気(株)を経て，現在日本ユニシス(株)勤務。ビジネスコンサルタント，サプライチェーン構築・生産管理業務コンサルタント。中小企業診断士，全能連マスターマネジメントコンサルタント，ERP 研究推進フォーラム講師，ITCA 講師など。
著書：単著『ファイナンスクイックマスター』（同友館　2002, 2003 年），『門外漢のための会計入門』（創起塾　2005 年），共著『診断助言事例クイックマスター』（同友館），『中小企業白書完全攻略』（法学書院），産能大通信教育・生産管理テキスト執筆，『企業診断』寄稿　等多数，全日本能率連盟主催第 68 回全国能率大会にて最優秀論文賞である経済産業大臣賞受賞。

2007 年 6 月 1 日　第 1 刷発行
2017 年 8 月 5 日　第 3 刷発行

キャッシュフロー生産管理
──ものづくりからキャッシュの創造へ

Ⓒ著　者　　青柳　六郎太
　　　　　　上岡　恵子
発行者　　脇坂　康弘

発行所　株式会社　同友館

〒113-0033　東京都文京区本郷 3-38-1
TEL. 03(3813)3966
FAX. 03(3818)2774
URL　http://www.doyukan.co.jp

乱丁・落丁はお取替えいたします。　　　中央印刷/松村製本所
ISBN 978-4-496-04296-6　　　Printed in Japan